中国雕塑年鉴

（2015）

ALMANAC OF CHINESE SCULPTURE

中国雕塑杂志社 编

中国轻工业出版社

图书在版编目（CIP）数据

中国雕塑年鉴：2015 / 中国雕塑杂志社编 .—北京：
中国轻工业出版社，2015.6
ISBN 978-7-5184-0376-9

Ⅰ. ①中… Ⅱ . ①中… Ⅲ . ①雕塑－中国－ 2015 －年
鉴 Ⅳ . ① J305.2-54

中国版本图书馆 CIP 数据核字（2015）第 101581 号

责任编辑：毛旭林　　责任终审：张乃柬　　封面设计：范海民
版式设计：黄　洁　　责任校对：燕　杰　　责任监印：张　可

出版发行：中国轻工业出版社（北京东长安街 6 号，邮编：100740）
印　　刷：北京联合互通彩色印刷有限公司
经　　销：各地新华书店
版　　次：2015 年 6 月第 1 版第 1 次印刷
开　　本：880×1230　1/16　印张：33.125
字　　数：680 千字
书　　号：ISBN 978-7-5184-0376-9　定价：580.00 元
邮购电话：010-65241695　传真：65128352
发行电话：010-85119835　85119793　传真：85113293
网　　址：http：//www.chlip.com.cn
Email:club@chlip.com.cn
如发现图书残缺请直接与我社邮购联系调换
150286K2X101HBW

《中国雕塑年鉴》（2015）

《中国雕塑年鉴（2015）》序

伴随着中国社会进入二十一世纪发展进程之步伐，大型综合性艺术文献《中国雕塑年鉴》问世了，至今已历十五年，编辑出版了七卷之多。

这十五年来，中国当代艺术界、中国当代雕塑界所发生的具有影响力的重大事件，所产生的重要作品，所发表的重要文献，所涌现出的优秀的、有个性的艺术家，都被记录其中。

作为两年一辑的《中国雕塑年鉴》，首先是一个客观的记录，所有能够收集、采编到的信息，都将被或都要被记录在内，既充分展示了观念变革、手段创新、材料拓展等方面所取得的各种成就，也揭示了个中所存在的问题，反映了当下雕塑家们的创作状态和生活状态；其次，是一个忠实的记录，对当下年度阶段之内中国雕塑界（广义的泛雕塑界）所发生的事件应该是没有比较性的、选择性的记录，应该是没有门户之见的信息总汇，应该是一个综合性、包容性很强的公共平台，而不是所谓“精英”的排行榜。简而言之，“年鉴”所服务的是整个中国雕塑群体，而不是某一个行业组织或者某些少数阶层的小圈子；第三，是一个发展的纪录。进入二十一世纪的这十五年，每两年的事件、人物、作品编撰一辑，则恰恰忠实地记录了中国当代雕塑艺术不断发展的态势与进程。这个记录本身，就是一种比较，就是一种观照。“年鉴”的编选，虽然是“春秋笔法”，虽无臧否，但其观点自现。

但是，“年鉴”也好，“史鉴”也罢，都是一面“广角镜”，尽管其所容纳的东西很多，可以反映中国当代雕塑界的方方面面，但是其本身都存在有一个角度的问题，也都有这面“镜子”所照不到的死角。当然，也存在一定的回避者，有不愿被这面镜子所照到的对象。更为重要的，编辑工作者还是心有余而力不足，乃至有鞭长莫及之蔽。再加上编辑部门的人手有限，所以“年鉴”的编辑工作肯定会存在某些方面的问题。然而，正因为有以上诸多问题的存在，才证明了《中国雕塑年鉴》存在的价值，以及其发展空间的存在，也才有了不断努力的目标和明确的发展方向。

2015 年 6 月

凡例

一、本书记录了国内外优秀雕塑艺术家自 2013 年 1 月 1 日至 2014 年 12 月 31 日创作的代表作品，以及在此期间发生的重要艺术事件和重要文献资料。

二、本书记录以时间为序，艺术家的出现顺序基本按出生年代的先后编排（因排版需要，做特殊调整者除外），纪事和文献按时间先后，不做逐日记录。

三、本书按类别设为“人物”“纪事”“文献”三大栏目，每个栏目下分设子栏目。记录范围分别是：

人物

囊括了国内雕塑界具有代表性和影响力的雕塑家，刊载了他们创作于 2013 年至 2014 年的最具学术贡献和实验探索精神的优秀雕塑作品。此部分以图录为主，辅以艺术家简历及艺术评论等少量文字。通过断代方式划分为“体制与艺术：新中国第一代艺术家”“形式与观念：50 后艺术家”“传承与突破：60 后艺术家”“越界与综合：70 后艺术家”“探索与创新：80 后新生代”五大板块，梳理了出生于不同历史时期的艺术家在 2013 年至 2014 年所取得的艺术成果。

纪事

记录 2013 年至 2014 年发生在雕塑艺术界，重点是中国雕塑艺术界的具有重要影响的展览、交流、研讨、拍卖等活动。此部分并非事无巨细，而是有侧重地记录两年间对雕塑艺术发展有重大影响的事件，特别是那些重量级的展览活动，并辅以图片说明。

文献

提供了 2013 年至 2014 年间对于雕塑艺术的发展和探索具有学术价值的重要文献索引。此部分以“个案 · 批评”“理论 · 研究”“公共 · 艺术”“教育 · 教学”“域外 · 交流”“优秀硕博论文”六个栏目为纲，提供发表过的雕塑专业的优秀论文与专业热点，以索引形式编辑，便于检索，具有很强的参考价值。索引内容包括作者、作者单位、刊名、关键词以及摘要等。

四、本年鉴书后附有人名索引，按人名汉语拼音字母顺序排列。

五、除必要外，地名一般不加省（市、自治区）、区、县等字样。

六、本书使用国家规定的标准简体字，特殊情况（如人名、地名）除外。

目　录

人物

体制与艺术：新中国第一代艺术家
形式与观念：50 后艺术家
传承与突破：60 后艺术家
越界与综合：70 后艺术家
探索与创新：80 后新生代

农奴愤

曹春生 《农奴愤》 铸铜 高 60cm（左图）

在祖国西藏居住着勤劳勇敢的藏族和其他各族人民。解放前，他们生活在反动、黑暗、残酷和野蛮的政教合一、僧侣贵族专政的封建农奴制社会。三大领主吸吮着农奴的血肉，百万农奴过着非人生活，长期处在水深火热中。
作品揭露和控诉了旧西藏三大领主的滔天罪行，热情地歌颂了百万农奴为求解放而反抗斗争的精神！

付新民 《追序 NO.1》 不锈钢、木 245cm×100cm×245cm（右图）

规整的几何体、钢线的缜密排序呈现出人文理性与自然灵性历经纠结之后的紧密依存，也是不可遏制的勃勃生机之涌动。

傅光大 《骏马》 铸铜 50cm×65cm×75cm（左图）

狂奔中的奔马掀起的鬃毛飘逸，如太湖石样的斑驳，充满着动势。

何鄂 《希望星辰》 青铜 30cm×28cm×70cm（右图）

作品表现了西部边远贫困地区的一位放羊儿童，他人字形站立，人小志气高，他希望能拥有知识。他挺直了腰板，昂起了头，俨然像个将军，这样的孩子一旦拥有了知识一定能成才。

韩美林 《和平守望》 青铜 高 700cm×324cm×324cm（左图）

雕塑主体由代表觉悟的菩提树、代表和平的橄榄树、代表生命的胡杨树组成。菩提树：象征亲善、关爱、升华，代表博爱；橄榄树：象征和平、安定、祈望，代表和平；胡杨树：象征生命顽强、人类尊严，代表生存。

“和平之树”主干挺拔，枝叶茂盛，至树冠顶部则幻化为凤凰羽毛，又似升腾的火焰，所呈现凤凰涅槃的形象，象征在战火中重生的人类，表现对生命的尊重和对未来的憧憬。《和平守望》是文化交融的和平之树，是浴火重生的涅槃之凤，是照亮和平的冉冉之光。

何力平 《湖》 青铜 67cm×82cm×20cm（右图）

湖上小舟，是何力平作品中常常出现的场景，船上女子与狗，形成呼应和动与静的均衡，作者以其独特的新叙事语言，给观者充满诗意的遐思。

贺中令 《翡翠天体》 翡翠（同一块料的子母雕刻）
105cm×100cm×45cm（翡翠蓝星）、37cm×40cm×57cm（时空隧道）

洪荒宇宙中运转着一颗生命之星，玄黄天地间悬浮着一群失重的地球人，追求着航天、探秘的移居梦。

问石翡翠，一路动心，也一路疼心，刻求翠语心动！剥失翠料心疼，地球翡翠已近枯竭，浪费地球珍贵资源有罪，可不能再问翡翠了！

刘政德 《陶母封鲊》 石膏 100cm×80cm×30cm

东晋名将陶侃，早年在江西做一名寻阳县吏，监管捕鱼。一次，他托人带了一罐鱼干孝敬母亲，不料陶母湛氏竟原封退回，还去信严加责备。

注：鲊为古人腌鱼的罐子

刘万琪 《仕女》 大理石着色 50cm×100cm

作品用汉白玉代替陶瓷，结合着色，进行了“青花式”的跨界模拟。用发达的现代科技与工艺，重点加强人物发型、眼睛、衣纹及道具的塑造，力图建构一种优美别致的新时代美学理念。莹润的肌理、雍容的体态、灵动的线条以及清雅的色调，体现出“新文人画”式的诗意境界与别致的神采风韵。

刘雍　《进化》　锻铜、不锈钢　297cm×90cm×173cm

我把既不模仿别人又不重复自己，作为创作的原则。人类共同价值，中国气派、民族特色和独特的个人风格是我不变的目标。

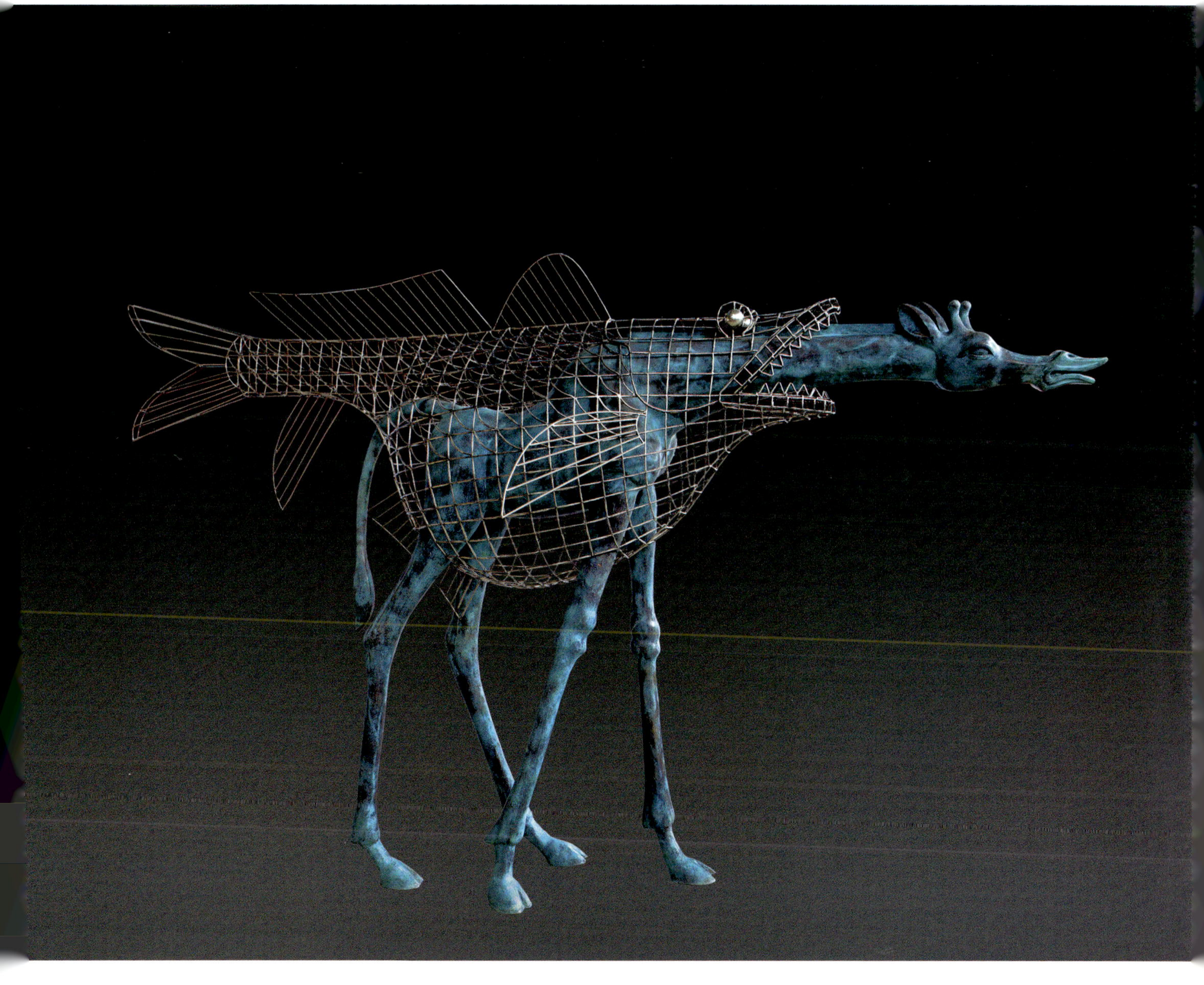

刘远长　《陶瓷》 陶瓷　68cm×39cm（左图）

作者运用夸张的雕塑手法，将一座大山塑造出若隐若现紧紧相依偎的一对恋人的造型，并运用高温影青色釉和釉上绘画等综合装饰手法，进一步刻画恋人之间纯洁无瑕，坚如磐石的情感。

陆光正　《锦绣中华》 木　800cm×300cm（右图）

东阳木雕大型立屏《锦绣中华》，运用多层叠雕的表现形式，采用深浮雕、浅浮雕、薄浮雕相结合的雕刻技法，是东阳木雕传统的立屏制式作品。整幅作品以绵亘不绝的群山、巍峨矗立的长城、铁骨铮铮的苍松、鳞次栉比的高楼，喻示中华民族历史悠久和现代祖国昌盛繁荣，构图精美、层次分明，气势磅礴、意境高阔，展示的虽是一幅壮美雄浑的河山图，唱响的却是一阙忠贞卫国的正气歌！

禁果
Forbiddenfruit

马长辐 《禁果》 汉白玉 高 40cm（左图）

敢吃禁果，才有了新的生命，才有了人类的繁衍和社会的发展进步。无论是科学的发明还是艺术的创造都要有敢吃禁果的精神。

聂承兴 《醉拳》 青铜 28cm×18cm×40cm（右图）

中华武术是中国传统文化一个不可或缺的组成部分，作品《醉拳》试图通过这样的造型语言把中国武术含蓄地表达出来。内含力量、蓄势待发。柔美和阳刚是中国武术的特性，同时亦展示了我们民族文化的特质。

漢獻王劉德

钱绍武　《刘德像》　铸铜　高 500cm（左图）

汉景帝之子河间献王刘德，一生酷爱藏书，刻苦钻研。班固在《汉书》里为其立传，赞扬他“修学好古，实事求是”。

孙家彬　《青春永铸大江魂》　锡青铜　370cm×170cm×280cm（右图）

八女投江的事迹，在中国可谓家喻户晓，感动着每一个中华儿女的心。《青春永铸大江魂》即是以抗日战争中八位为民族解放事业英勇献身的少女的真实事迹为生活原型创作的。作品以真挚的情感，鲜活的形象，悲壮凄美的情境和强劲的视觉冲击力，深情地讴歌了八位抗日女英雄宁死不屈、视死如归、为国捐躯的伟大爱国情怀和坚贞的民族气节，以示后人对她们永远的缅怀。

田世信 《朱耷小像》 铜 100cm×24cm×37cm（左图）

朱耷——八大山人是明王室后裔，从清代画家黄安平的画像中完全可以看出他，一个没落贵族哀伤的内心和似乎平静的外表的反差。大概正因为内心的激动与外表平静的反差全盘倾泻在了宣纸上，才出现了这位独一无二的巨匠。

我似乎完全理解了朱耷的内心，也似乎揣摩出了八大山人作画时的心态。在这样的时候便一气呵成地做出了这位巨匠的形容态貌。

吴显林 《孔子像》 大理石 高 7200cm（右图）

古代历史人物雕塑是历史文化的重要组成部分，往往具有丰富的文化内涵。对于孔子像来说，既要有基本的形似，还要达到神似。作者尊重历史依据，遵循人们印象中约定俗成的样式，在服饰、姿势以及面容动作等方面均有出处，塑造出的人物面部表情“温而厉，威而不猛，恭而安”，体现了孔子庄严慈祥、和蔼和谐、谦和智慧的万世师表形象以及伟大思想家、教育家及中国传统文化代表的身份。

吴诚仁 《在温暖的阳光下》 铸铜 96cm×63cm×70cm（左图）

辛劳一辈子的纳西老人，安详地在温暖的阳光下享受着幸福的晚年。一双辛勤劳作的手，平静地数动着佛珠；一对期盼的眼睛仍然有神，怀着一代老人对未来共同的梦想……简略大气的现代艺术构成手法，更让这位朴实、善良的老人在悠闲中透出几分雍容、典雅的不凡气质。

王笃芳 《唐代妇女捣练图》 黄杨木 127cm×29cm×39cm（右图）

作品雕刻仕女、女童、女仆共十二人，均雍容雅典，衣纹流畅，造型严谨，清逸大气，单纯洗练，具有鲜明的王家风格。原画面不仅表现不同的劳动过程，刻画不同人物的仪容与性格，更重视人物形象的塑造和富有情趣的细节，具有浓厚的生活气息，如熨练一节中执绢妇女身躯稍向后仰，微微着力之态形于意表，另有在绢下窥视的女童的好奇举动，煽火女孩畏热回首的情态，都生动形象，引人入胜。王笃芳大师移唐朝的经典绘画二维空间于三维的黄杨木雕创作，旨在宏扬国家级非物质文化遗产王家黄杨木雕的艺术之美，给艺术欣赏者提供一种新的视觉享受，更是盛世收藏之珍品。

王则坚　《送子观音》 德化窑白瓷 60cm×37cm×26cm（左图）

《送子观音》是众多传统观世音造像之一。中国老百姓为求自身生命的延续，往往求子心切，被誉为“东方圣母”，有求必应的观世音菩萨当然是信众们诚心祈求的最佳选择，所以《送子观音》就成为广大信众喜闻乐见的题材之一。我创作《送子观音》不愿采用人云亦云的老套路，在造型上做了虚实处理，菩萨的下半身似处于云雾中，腾云驾雾为求子心切的信众送子而来。作品材料采用德化窑高白瓷来表现白衣大士“送子观音”天衣无缝，贴切适合。

姚永康　《水 - 系列》 陶瓷 43cm×12cm×26cm（右图）

泥条、泥片、泥板凝聚着生命的张力，灵性在泥味中舒展，温润雅致的影青釉随形流变，显露浅浅的白，蕴蓄厚厚的绿，加以少之又少的点睛线刻，营造出孩童般顽皮但又略带忧伤的诗意美感。

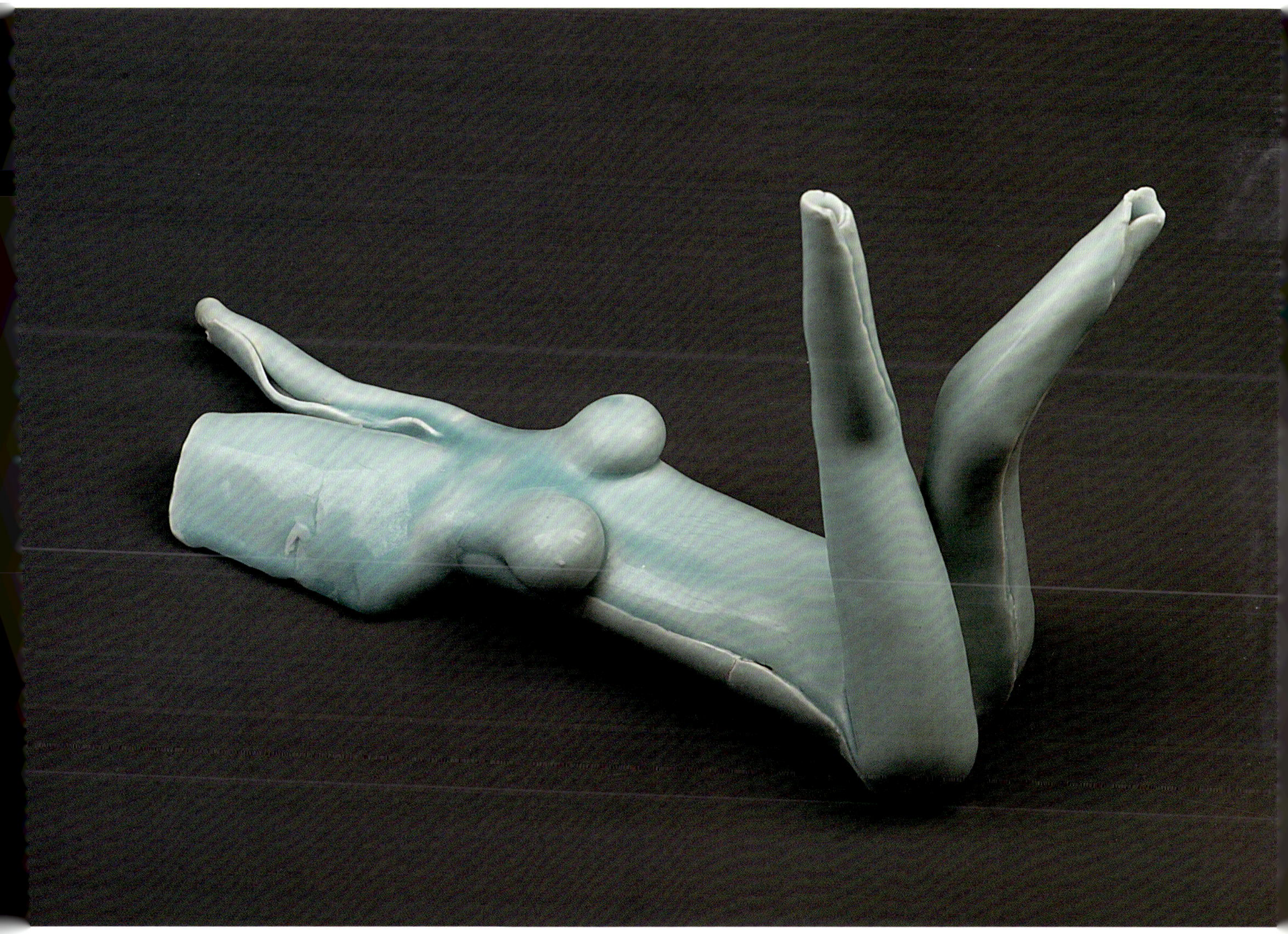

叶毓山 《苏辙》 铸铜 高 450cm 立于四川省眉山苏辙公园（左图）

作品以形写神，既符合中国传统审美精神又充满形式美感，人物表情坚毅，身上披风迎风飘逸，将苏辙一代文豪的风采还原于当代。

张得蒂 《宋庆龄和孩子们》 大理石 160cm×240cm×120cm 立于上海宋庆龄基金会新建儿童剧院（右图）

表现宋庆龄对孩子们的关爱以及孩子们对她的亲情。

人物

体制与艺术：新中国第一代艺术家
形式与观念：50 后艺术家
传承与突破：60 后艺术家
越界与综合：70 后艺术家
探索与创新：80 后新生代

曹智勇 《孕与梦》 铸铜 60cm×56cm×28cm（左图）

作品以一位极具夸张的人物动态造型，刻画出黔地大山深处，一位朴实、善良的布依族孕妇，圆润、高挺的大腹，隐喻布依人对幸福生活的向往、对新生命的祈盼之意境。

陈连富 《骄阳》 大理石 100cm×47cm×35cm（右图）

作者在塑造女人体的时候，具有一种直率、坦荡的特点。他创作的女人体细腻、性感、富于肉体的质感。他丝毫不掩饰对塑造对象的那种欣赏和赞美的态度。

陈敏 《汉韵》 花岗岩 占地 328m^2

浮雕设计采用现代设计理念，多点分布、集中刻画的手法，运用汉文化元素和造型符号，如“瓦当”“汉像砖”等生动地展现出巡、耕作、狩猎、宴饮等活动场面。整个浮雕充满独特的艺术魅力，简约、大气，透露出当代审美理念。浮雕的文化内涵，不是停留在文物的复制上，而是将每组图案的构成及尺度，在遵循传统文化元素构成形式的基础上加以重新组合和重构，形成一种悠久的历史积淀。

邓乐 《数字时代·透玉》 青玉、光 75cm×75cm×60cm

数字苏醒过来，即以疾速的步伐迈过各种时代，引领着潮流向未来奔去。中国尚玉文化源远流长，具有上万年历史，它影响着中华民族的历史、政治、文化和艺术，也影响着人们的观念、习俗和一些精神层面的东西。作品置数字光源于玉石之中，透过古老的文明，让人们在这飘然的时代回望民族独特的历史。

范伟民 《瞻》 铸铜 高 60cm（左图）

《瞻》站得高，看得远，领导者的姿态，正直、挺拔，就像一个统领千军万马的将军。

傅中望 《物以类聚 5 号》 磁铁、回形针、铁钉、硬币等现成物品 尺寸可变（右图）

《物以类聚》系列作品的产生，源于作者的工作状态和生活体验，也出于对材料的敏感。作品的制作运用了物理学中引力的原理，雕塑主体均用磁铁制成，有立体的几何形，有抽象的人形，也有平面的挂板等。各种铁制的工具、零件、日用品、办公用具等，都能被吸附在上面。“物以类聚”作为一个中性的概念提出，会带给人怎样的感受，取决于参与者各自的认知。而作品的意义呈现，在于互动所产生的变化。

傅绍相 《放歌梦想》 青铜 77cm×29cm×53cm（左图）

身背书包的孩童手指树上的鸟儿，聆听鸟儿歌唱，表现了孩童天真烂漫的放飞梦想，展现了一幅舒适、宁静、祥和的时代画面。

高蒙 《飞吧，猪》 木 140cm×140cm×140cm 立于瑞士达沃斯（右图）

作品表现了一头斗志昂扬的猪，昂首奋蹄展翅翱翔在地球之巅，俯瞰人间城郭。表达了那种没有你做不到，只有你想不到的豪迈激越的自豪感。作品由阿尔卑斯山松木制成，由于原木直径的空间限制，采取多节原木拼合而成，制作时间六天，长宽高均一米四，无助手，无帮工，亲手从劈原木开始，直至完成。作品安置地，瑞士达沃斯。

高峰 《一马平川》 陶瓷 43cm×35cm（左图）

作品融中国传统绘画之精妙，似国画大写意用笔，奔放狂野又不失法度，高温色釉形成的窑变，增添了独特韵味。

郭心聪 《石·尊者》 木、金属 80cm×40cm×160cm（右图）

作品表现的是一代宗师吴昌硕先生，题目“石·尊者”是他曾经使用过的别号，如仓石、苍石、石尊者等。作品在形式语言上做了一定的处理，人物用的是木雕，形象是朦胧的效果，金属材质的背景营造了文人书房的一角。

黄兴国 《梦》 铸铜 90cm×50cm×26cm（左图）

作品采用现实主义与浪漫主义相结合的表现手法，以概括和简约的语言表现了一位揣着音乐梦想的少女，依琴入眠的画面。琴身被巧妙地简化为一个优美并充满动律的乐符，仿佛在夜空中划过的一道祥和、静谧的弧线。形式简练而丰富，语言洗练而和谐，手法概括而饱满。

霍波洋 《一石二竹》 不锈钢、自然石 220cm×110cm×40cm（右图）

《一石二竹》复制两棵自然的竹，选一块天然的石，把它们组合在一起，构成自然之美。

何镇海 《江风》 花岗岩 250cm×420cm×90cm 立于安徽芜湖雕塑公园

作品借用了中国固有符号，组合新造型，构成一个是门非门、似栅栏非栅栏，既古老又现代的视觉形象。

贾濯非 《谢子长、刘志丹、习仲勋》 铸铜 高 410cm 立于陕西铜川照金镇陕甘边革命根据地照金纪念馆门前

冬装的选择，展现出作者寻找老一辈革命家在当年艰苦环境下的状态。

景育民 《达摩·面壁》 不锈钢 110cm×65cm×60cm（左图）

佛教中的“空”，强调灵魂和精神的承载。作品以纵横恣肆的写意手法与大面积的空白构成从写意到意象的语言修辞，呈现了中国禅宗初祖达摩祖师面对石壁、结趺静坐、明心见性、苦心练魔，与崖壁融为一体物我相溶的观念。观者面前似是栉风沐雨的达摩，又如冷寂坚韧的崖壁，从中隐约浮现出达摩的“幻象”。
不锈钢抛光的镜面映射出匆忙焦虑的人影与信念执守的达摩祖师构成穿越时空的精神追问。

蒋志强 《端着的少女》 玻璃钢 高 200cm（右图）

静，是一种生活态度，不争，不躁，不妄动。身可以劳累，心要淡定、宁静。
禅，是一种态度，不闻，不问，不争论，只要有片刻的宁静给我思考。
闲，是一种心态，不计较，不比较，舍得忘记，敢于放下，大闲之人闲其心。

大湖文明之光•肃慎人

纪连路 《肃慎王雕像》 铸铜 500cm×220cm 立于黑龙江鸡西兴凯湖（左图）

肃慎文化是黑龙江省及中国北方地区文化的重要组成部分，它发源于兴凯湖沿湖地区，距今已有 7800 年历史（省出土文物新开流文化遗址），是整个东方寒带部分的人类文明之源，它包括新石器时期的文化（石器、陶器、骨器、牙器）。新开流当时的经济生活形态是渔猎文化的代表。肃慎人，经考证是北方各少数民族的祖先。

刘炳南 《回归》 金属焊接 高 70cm（右图）

雕塑表现了一家三口在回家的路上，小夫妻带着孩子回到家乡创业，双方穿着时尚，老婆右手抱着摩托车头盔，左手在打电话，老公用家乡的背篓背着小孩，顽皮的小孩将爸爸的安全头盔戴在自己头上，显现了一种知识创业和事业有成的文化氛围。

有志青年弃城回乡发展创业、促进城乡一体化建设正是当今主流趋向。雕塑运用写实与夸张相结合的手法，强调了人物的精神面貌和时代特色，弘扬了中国改革开放带给三农发展的主旋律。

李刚 《仁者乐山》 铸铜 高 160cm（左图）

艺术家用纯粹的雕塑语言塑造了中国古代仁者，与山融为一体，高耸入云，像山一样平静稳定，宽容仁厚，不为外在的事物所动摇。

李金仙 《戴耳环的少女》 漆、脱胎 高 48cm（右图）

清纯的少女正是花样年华，充满了梦幻和憧憬。一对与她相映衬的耳环，为她的梦带来自信。

李如全 《龙》 铸铜贴金 130cm×70cm×80cm（左图）

奇谲的造型与姿态，传统的工艺与手法，将中国龙雍容的气度，表现得恣意昂扬。

李先海 《女人花》 乌木 60cm×50cm×23cm（右图）

作品反映少女青春萌动如含苞待放的花蕾，它是那样热烈和奔放，对爱的欲望如痴如醉，同时也是对生命的礼赞。

李宝龙 《飞行的树》 青铜、窑烧玻璃釉画、花岗石 200cm×200cm×120cm（左图）

一棵大树如花似蝶临风飞行，卓然英发，姿态优游、缤纷绚丽；每一叶片是窑烧玻璃透光性釉画，独具匠心，引喻团体中的各部门皆独有特色，应着阳光的照射透映在地面悄然行走；玻璃釉彩与地面的色光，产生虚实动静的有趣空间。

李庆芳 《为了世界和平》 铸铜 80cm×47cm×75cm（右图）

作者用写实的手法，再现了科学家霍金先生“消灭核武器，为了世界和平”这一伟大的呐喊。2008 年奥运火炬上有霍金先生亲笔写下的字和按下的手印。这是和平的力量和美好愿望的融合。作者力图通过作品，把霍金先生消灭核武器，为了人类长期和平生存的愿望同中国梦、世界梦、和平梦一起，传递到世界的每一个角落。

雷宜锌 《洋湖女神》 白色大理石 600cm×250cm

表达洋湖充满自然、生态、梦幻的美。女神的面容也正是楚美女的标准形象，柳叶眉，上扬的眼角和鹅蛋瓜子脸，如同辛追夫人一般，端庄又不失妩媚。放置在洋湖湿地的水系边，女神婉约的秀发如同洋湖蜿蜒的河流，大理石雕塑的曲线与洋湖的水波融为一体，洋湖女神以端庄、恬静的微笑，迎接着前来参观的游客。

闵一鸣 《空性》 铸铜、内部贴金箔 65cm×45cm×50cm

与人无限飘渺的想象对比，是它的坚硬与顽强。如果依据奇石的外形去想象就过于被动，会在此物像的似与不似之间徘徊。如果将其雕刻成随意的形状，又违背了探寻石质之实相的创作初衷。石头的凹陷处如何形成？溶洞与石材建造的房屋空间有何关联？最强的能量因其速度也最趋无行，时间驾驭着风水雷电将自然之石雕凿得斑驳陆离。

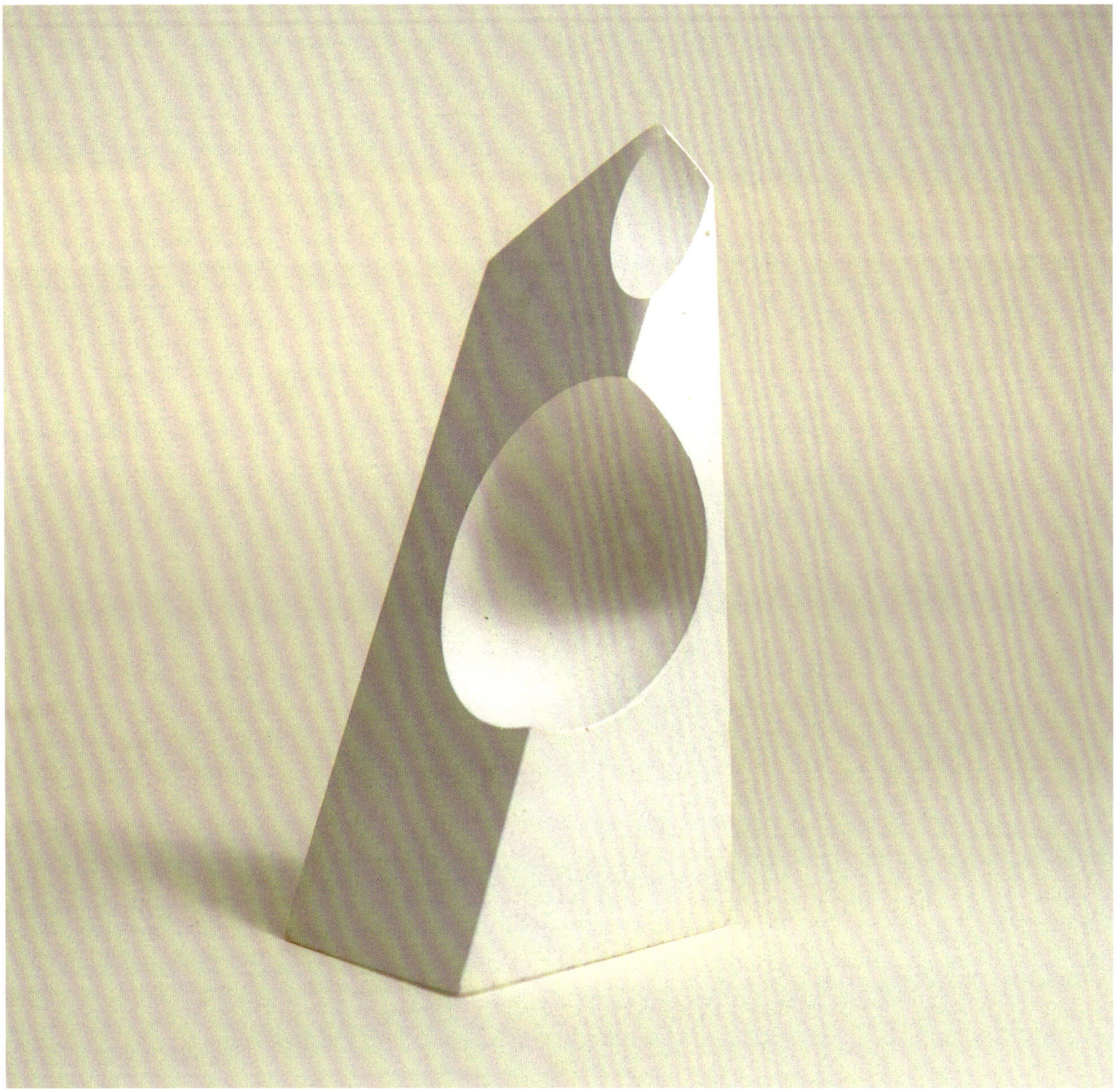

秦璞 《形态生成 1》 石膏 高 25cm（左图）

有机抽象造型凝聚艺术家的性格、气息和对形体与空间构成方式的感悟、思考、解读的过程。

钱步辉 《孔雀公主》 三彩翡翠 8.2cm×4cm×17cm（右图）

系中华人民共和国政府赠送非洲联盟的礼物。

覃继刚 《山那边》 樟木、紫铜 78cm×50cm×160cm、60cm×50cm×140cm（左图）

本作品截取木材的自然形态，采用简洁、概括的雕塑表现手法，对木材的自然属性进行切割、重构，试图表现广西山区一种人与自然和谐共生的质朴感觉。

石村 《于右任纪念像》 花岗岩 高 600cm（右图）

于右任是一位伟大的革命家和爱国志士。

雕像采用立像形式，以晚年留着大胡子的形象作为形象依据，表现于右任先生的独特气质和性格。于右任身着他最常穿的中式长褂，右手拄杖，左手背于腰后，踌躇满志，举目远望。胡须和长袍被风轻轻吹动，寓意于右任先生忧国忧民的思想境界和精神气质，也暗喻于右任先生晚年身处海峡对岸，盼望祖国统一、回归故乡的特殊心性和爱国思想。

田跃民 《龙潭三杰》 铸铜 高 100cm

中共情报战线杰出代表“龙潭三杰”——李克农、钱壮飞、胡底三英烈肖像。

吴雅琳 《岁月花鼓》 玻璃钢 34cm×80cm×50cm

作品以东方独有的审美精神和中国古代雕塑造型特殊手法创作，人物借鉴了汉陶俑造像风格，欢乐谐谑。

王小蕙《梯子系列 - 方圆》 石膏 高 13cm

《梯子系列》是一种梦境和现实的情景、一种精神性的追求与表达。

王少军 《跨越昆仑》 青铜着色 40cm×45cm×23cm

作品将人物夸大到比山高、比山大，人在天上走，山在脚下流！这样的一种幻想主题在创作中是十分重要的元素。如此超现实的臆想会有效地强化人的精神意志。作者不认为这是通常人们表述的那种励志和浪漫，而是人之成长历程中的重要部分——精神修为的必须和必然属性，并通过雕塑语言将这种隐藏于人之心灵深处的幻想图景艺术地展现给人们。

中则正
虚则欹
满则覆
——摘自《辞海》
老夏于甲午春

夏和兴 《观器论道》 铜 50cm×50cm×80cm（左图）

据载，孔子在鲁桓公的庙堂上看到一种悬挂着盛水的器皿。孔子对弟子们说："这是欹器，它空着的时候是倾斜的；而装上适量的水就端正了；如果装得水太满就会翻倒。所以贤明的国君把它比作警钟，以防止自满情绪。"挖掘这一历史典故，呈现先祖孔圣人"观其论道"的哲学思想，给当今社会以启迪。

徐龙华 《新生》 青铜 144cm×144cm（右图）

《新生》是专门为美国圣乔瑟夫教会医院设计并创作的。作品的主题思想是表现教会医院的宗教理念，宣扬天主教救死扶伤的普世精神，使病人不仅能得到医护人员的深切救助，也能在医院环境里处处感受到无微不至的关怀和神的力量，使他们在精神上得到依助。作品之所以设计为三个飞舞的天使，不仅仅是为了使作品更具有力量和平衡，同时也是为了特定的地理环境而设计，因为它所处的位置是在医院和高速公路之间的三岔路口，这样设计的目的是为了能让每个进口都能清楚地看到雕塑的一个完整的立面，同时在表现手法上根据现代人的欣赏习惯采用了一些装饰和寓意的手法。

青年茅以升

徐伯初《青年茅以升》青铜 220cm×80cm×50cm 立于西南交通大学峨眉校区（左图）

通过青年茅以升之形象，鼓励莘莘学子以无悔青春报效祖国。

徐国华 《跨越时空》 1200cm×350cm×500cm 立于美国佛蒙特州拉特兰市（右图）

雕塑以一辆蒸汽机车在峡谷中疾驰，寓意中国和美国之间的重要性。

项金国 《形态之九》 木 105cm×53cm×40cm（左图）

木是有生命的，年轮可以作证。
雕塑以木为材料，以最具生命力的躯干为形式和内容。这是作者在“知天命”后，“耳顺”后，在木质的造型与可利用的生命年轮纹理中，表达自己与作品之间在艺术上的一种亢奋；一种不干涸的、顽强的生命力。

杨冬白 《山中人》 琉璃、石膏 52cm×120cm×50cm（右图）

“结庐在人境，而无车马喧”这就是都市人无不向往的陶渊明采菊东篱下的生活。作品通过再看元明“文人画”山水，用雕塑语言以理解这一传统艺术的精神境界。“因心造境”来创作对象，以琉璃为创作材料，力求艺术风格完美结合，形成富有刚烈之气又不乏意境情怀的雕塑作品。

杨建强 《中华瑰宝·万福吉祥》 泥塑 120cm×60cm×80cm

石窟艺术兼得天地精华与人间灵气，成为传世的中华艺术宝典。世人赞叹："佛是一座山，山是一尊佛，雕刻满山崖，满山尽佛国。"《中华瑰宝》雕塑集卧佛、神山、石窟为一体，展示了中国古代文化的灿烂辉煌。卧佛面容饱满，慧眼微闭，端庄典雅，神态安详，率万佛庇佑百姓丰衣足食，风调雨顺，国泰民安，吉祥幸福。

于牧洋 《似鸟非鸟，似鱼非鱼》 陶瓷 35cm×25cm×10cm

传统手拉坯做出的陶瓷造型关键在于外轮廓线，拉坯的过程会出现非常优美的陶土的质感，按传统做法，制作过程中的质感通常会在作品完成后而消失。这件作品是将手拉坯的对称造型，重新分割组装强调拉坯时出现的陶土质感。作品使用日式 RAKU 烧成。泼墨式泼釉有意识留胎底。

于世宏 《张衡浑天仪》 铸铜 （左图）

形销骨立的张衡仰观天象，缁衣如水如瀑，恰如其分地表明人物身份，艺术家塑造了独特的古代科学家形象。

于小平 《向往》 山东雪花白 高 320cm （右图）

这是对一个集体记忆与当代群体行为高度相似性的意象化描述。作品的艺术方式似乎是在具象和抽象、现代和传统之间寻求一种融合来恰当地表现当今社会的各种问题。

袁源 《红嫂》 玻璃钢仿铜 60cm×60cm×45cm（左图）

作品选取战争年代沂蒙山区的妇女用乳汁救助伤员的感人故事。选取情节性构图与写意的形式，重点强调人物形象的塑造。通过人物神态、表情、肢体语言，刻画典型环境中典型人物的性格、特殊身份、事迹。作品从平凡母亲超常的举动与细微情节切入，以小见大，突出表现不朽的沂蒙精神。讴歌平凡而伟大的母爱情结，旨在象征沂蒙革命老区千千万万个红嫂楷模式的英雄母亲群体。

郑国明 《舞》 黄杨木（右图）

作者以传统题材木雕创作见长，舞者身材修长，在设计构思和木雕技巧上，融传统与当代于一炉，表现了作者对当代题材的驾驭能力。

张琨 《守望》 铸铜 102cm×122cm×35cm

静寂的陕西老村、秦腔余韵、老人、孩子、冬日阳光……
开始堆泥、拍形、塑花、开脸、出活……

张松正　《雨潇潇》 树脂仿石 70cm×216cm×60cm

“衙斋卧听萧萧竹， 疑是民间疾苦声；……”

赋予中国传统的太湖石以现代的雕塑理念，表现中国文人雅士的一种情怀和精神……

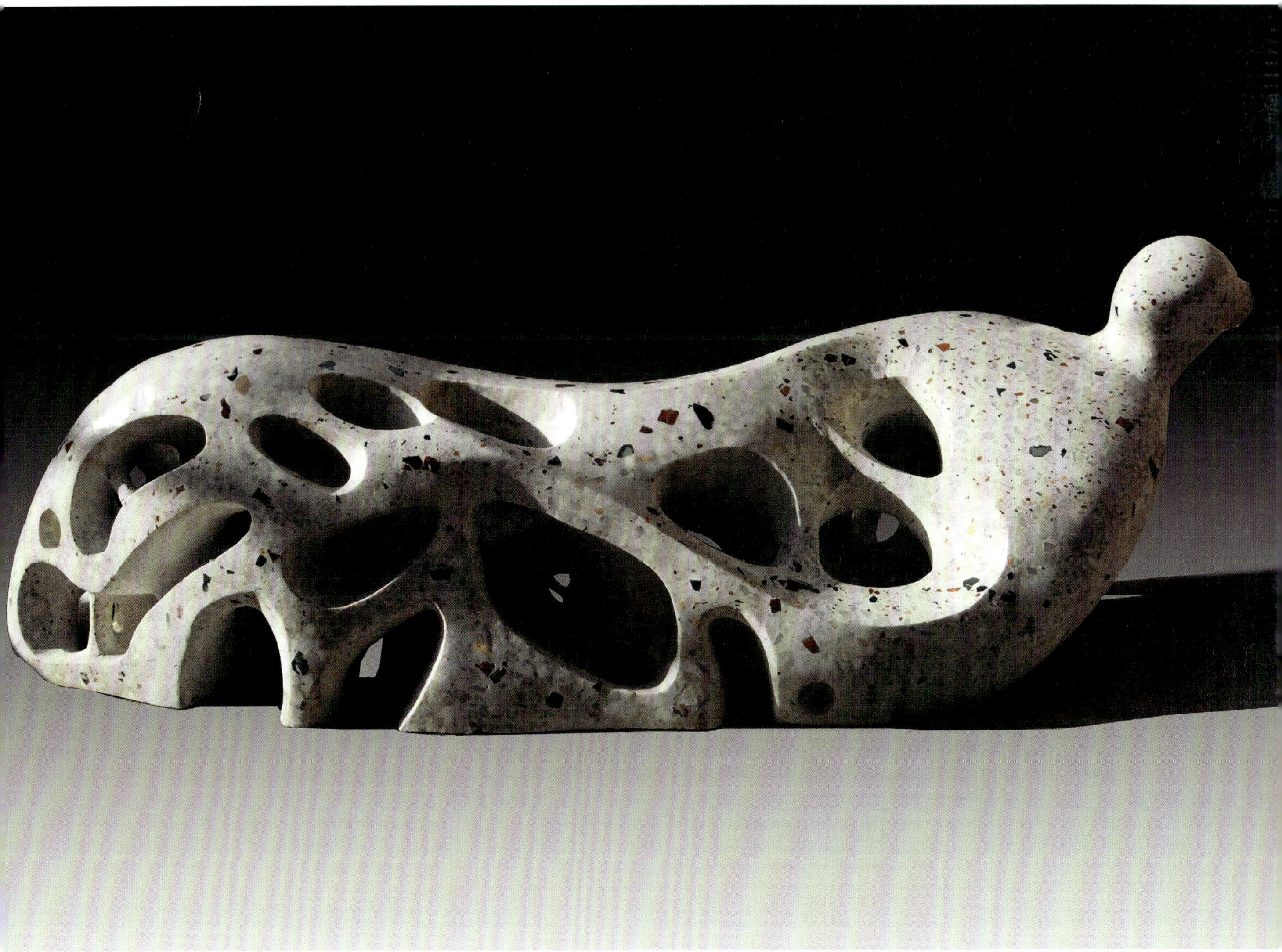

张永见 《千秋一瞬》 沉积岩、钢板 300cm×800cm×70cm（左图）

作品以中国水墨写意式的随机性和诗人的想象力，制造出类似纪念碑式的时代表情。这种陌生的艺术面貌让人在瞬间的疑虑和惊喜交加之后禁不住拍手叫绝。

朱尚熹 《春眠》 花岗岩 直径 200cm 立于北京东四十条（右图）

这个节点还是延续东直门为春门的主题而设计，雕塑主题为春天里在和煦的春风里在树下歇息的大雁们，将头颈靠在背部的大雁在形体上形成了团块感，方便了行人坐卧休息，有效地形成了公共艺术座椅的同时激活了周边的环境。公共雕塑作品《春眠》沿着东二环东直门至东四十条外环绿地以 24 只春眠的大雁分三个节点摆放，每个节点由 8 只栖息的大雁构成。每只直径在 200cm 左右，高度在 40~160cm，占地近 $300m^2$。

赵萌 《同构方舟》 不锈钢、锻铜 350cm×900cm 立于二连浩特国际地景艺术公园

针对恐龙的故乡的城市内涵，作品采用不锈钢和铸铜两种带有不同属性的材质，铸铜构成的形象代表一种自然、生态、物种原始而强劲的发展生命力，不锈钢构成的形态象征人类精神、科技、文明的延续进程。两种不同的材质寓意不同的主题，但在生命终极意义上具有同质同构的永恒价值。

周尚仪 《传奇》青铜 高75cm

童男、童女象征中国神话传说，传说本身亦是文化的传奇，文化与艺术的传奇，共创人类文明的传奇。

人物

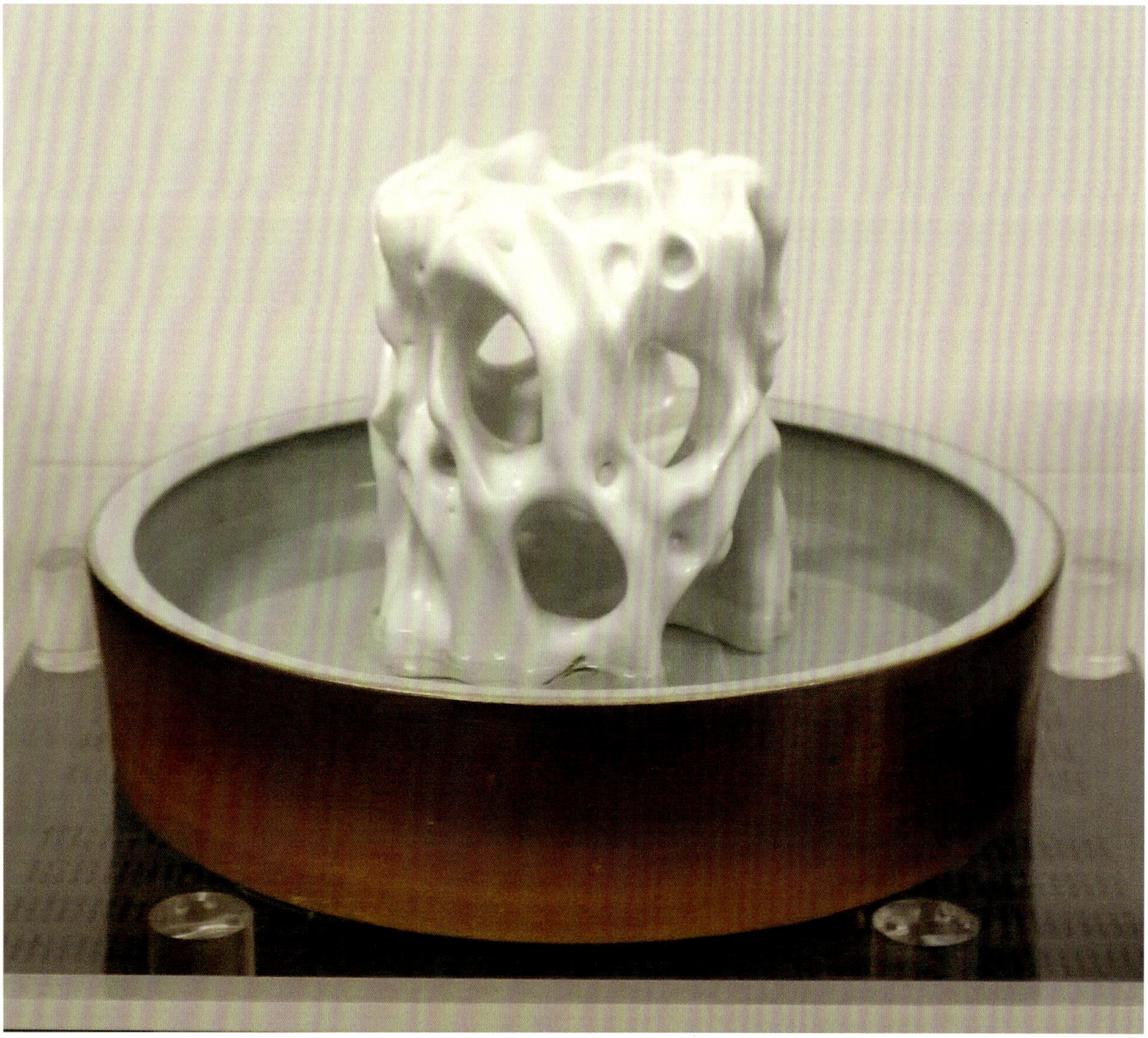

白明 《灵石之二》 瓷 高 28cm

"太湖石"的瘦、漏、透、皱所呈现的光影、虚实和动静关系满足了中国人对园林造景艺术的深层心理需求。与中国园林相比，"瓷"更是特具中国文化身份的象征之物。作品正是借用瓷石的双重文化身份对中国园林造景的精神和视觉作一次独特的追慕和追问。在整块瓷土上手工挖出通透的大小不一的孔洞，每天仔细而小心地在黏土上感悟和控制透漏的形成和穿插呼应，宛如身心化作工具在所有的孔洞中行走了一遍。除体能外，心神的牵挂和消耗更是陶艺创作中人与黏土融为一体的最独特最具魅力的体验。作品从制作的第一天开始到完成后的素烧、上釉、装窑、烧制和开窑，每一天每一步面临的美好期待和可能的失败都是一次对心灵承受力的冒险考验。中国园林中的叠石理水就是在水、石、声、影中展现东方人理解的风水观。CHINA 在英文中的意思既是瓷也是中国，用瓷仿造太湖石，是艺术家怀着敬畏，用朴实的方式表现自我理解的透漏相通的"曲境"，是人造的文化风景。

蔡沙 《融之四》 陶瓷 40cm×40cm

《融》系列，通过基因符号的重组及多民族文字符号的交融，风格化的体现融合这一概念。

曹春生 《禅华融金》 陶瓷（左图）

作品大意是：菩提树下的修行，时间与空间的凝聚相溶，菩提化成了永恒的石头之状，上升到禅化融金的美妙之态，练就出纯金浓度，体现修行者的精神高度和境界。

陈钢 《一叶轻舟》 木 67cm×16cm×55cm（右图）

先做了一条船，而后又觉得应该翻过来使用，完成了一件十字交叉的组合体。

陈克 《虎兔之六》 铸铜彩绘 高 80cm（左图）

作品受陕西周老虎事件的启发，以兔与虎为角色，结合两个迥然相异的动物形象，造成混淆的观感，意借“虎兔”探讨人性的价值、诚信的本质等问题。由虎兔的复合造假，凸显所谓“诚信”的荒谬，可“兔”、可“虎”因何而左右？虎和兔造型特征的嫁接，有点指鹿为马的意思，借着虎兔合体同时并现矛盾与统一，不但可疑甚至引人发笑。作品借动物探讨不同的角色与身份，思考真实与表象呈现的两面性，它不一定是讽刺的，而像是一种真实地呈现。

陈文令 《共同体 NO.1》 铜着色 242cm×442cm×138cm（右图）

“共同体 No.1”是一座世界人文景观的共同体更是东西方文明之桥。两个桥墩的承重方式各不相同，一边是东方古代神龟的承重方式，一边是古希腊雅典卫城人形的承重方式；而撑起拱桥的各种物件则是综合中外历史中的典型符号，从而构筑起一座奇绝而又魔幻的超现实桥梁。作者的魔幻现实主义就是一种现实的模拟，这都是作者对当代中国、当代世界的一种深刻的情感体验和艺术表达。同时，作者还企图在各种物体关联中组合出一种可读性的幽默和乐趣，使之在轻松好玩中隐藏某种深刻和严肃。

陈志光 《金刚蚁》 不锈钢锻造 600cm×800cm×600cm,10000cm×800cm×400cm

是所谓，蚂蚁就是蚂蚁，藏在蚁堆中的蚂蚁。在无数同类中隐埋起性别、年龄、面目特征及或许也存在的精神世界，以俯首接受渺小的姿态构筑了庞大，使得它们的领地无处不在。它们默认属于自己的身份，觅食、巡逻、迁徙、生养，其过程不断复制，使得它们的生命力永续并无度地

陈汉生 《苏武牧羊》 铸铜 600cm×700cm×230cm

借用西汉民族英雄、古代先贤苏武出使匈奴，19 年北海牧羊不辱使命的故事，体现冰天雪地、孤独人生、艰苦卓绝而又不失气节的人格风范；作品通过风雨岩石、人和羊与象征着国家的节杖形成一个整体，仿佛一个活化石般，给人以生命的启示。

程远 《飘逸》 青铜 65cm×62cm（左图）

似蝴蝶翩翩起舞？似嫦娥飘落人间？
似花儿手持彩练？似你我倾情放歌？
似与不似，无关紧要，重要的是表现出一种清新雅致，恬淡自然的飘逸风格和境界。

董斗斗 《拉贝日记》 铜 120cm×130cm×225cm（右图）

作品采用了象征性的浪漫主义表现手法，利用单体的形制圆浮雕的语言形式，进行刻画人物情节，日记上面滴血的太阳，表现了正在屠杀中国人民的日本军国主义，被拉贝先生从中拉出来的手臂，象征着屠刀下的生命，拉贝先生本身形象的刻画，采用完全具象的形式，是为了表达作者至高的敬意。

董书兵 《行者·探》 青铜 47cm×33cm×54cm（左图）

作品表现了一个在剑齿虎头骨上小心翼翼行走的孩童，头骨代表了恐惧及危险，孩子在保持平衡的同时正在试探性的前进，寓意人类儿时记忆中对潜在危险的恐惧与好奇，对未知领域的探知与求索。

段维国 《广陵散》 青铜 1200cm×450cm（右图）

作品取材于古琴曲《广陵散》，广陵散表现了战国时期聂政刺韩王的经过。用写意的手法塑造聂政在行刺韩王前的弹奏中全神贯注物我两忘的状态，同时将愤慨不屈的情绪和即将来临的搏击融合在一起，使人感受到美妙和不安同在，轻柔和煞气一体的意境。

高泉 《凤凰卫士》 椿木 125cm×100cm（左图）

神鸟的守护。

葛军 《静者》 紫砂 20cm×15cm×40cm（右图）

作者对雕塑形式与陶瓷材质的重新体验与发现，对陶瓷材质偶然性的随机性把握与认识，并在创作过程中与之在精神上寻找某种方式的对应，使作品充满灵感与智慧。《众生相》系列雕塑，能够感知到具象人物雕塑创作的精神力度。同时，看到独特而深厚的造型风格和纯朴自然而又惟妙惟肖的工艺手法，折射出创作者身后的文化素养和卓尔不群的陶瓷雕塑语言特征。

嫦娥奔月
梦想成真

黄剑 《嫦娥奔月》 七彩金 高 1180cm 立于西昌卫星城（左图）

嫦娥舒袖舞霓裳，祥云飞升明月轮。
太空飞扬中国梦，科学艺术臻完美。

黄庆国 《孙中山》《杨晓阳》《钱绍武》 铜 直径 50cm（右图）

作者用雕像的表情和神态来透视人物的情感和内涵，并注入了令人难以忘怀的人文主义和现实主义情感，从而产生了令人叫绝的艺术震撼。

黄月新 《最后的阻击手》 树脂施色 350cm×260cm×180cm（左图）

作品反映中国工农红军长征途经广西，与国民党军队在广西全州的湘江上发生的一场惨烈的战斗，史称“湘江战役”；红军为了突破湘江，虽然损失惨重，却体现出高度的政治热情和英勇的献身精神。作品真实地表达在战役中6位红军为掩护部队而做最后的阻击，并临死不屈最终跳下山崖的壮烈景况。

胡学富 《试》 铜 100cm×60cm×40cm（右图）

作品采用浪漫抒情的手法，表现一个清纯可爱的少女小心翼翼在水中嬉戏的瞬间动人的姿态。通过表现少女为载体，以“试”的姿态折射或隐含了人对未知事物的憧憬和幻想，小心的介入与参与。

洪涛 《普京》 青铜 48cm×30cm×25cm（左图）

这件作品是作者应朋友之邀而作，朋友说他就是喜欢普京的霸气。也怪，普京这个人，女人喜欢，男人佩服，在俄罗斯亦是如此。

金文伟 《大器系列》 瓷 130cm×46cm×50cm（右图）

运用拉坯的方式，通过切割等技法造型，运用特殊的烧制体现泥釉火的魅力。

姜杰 《大于一吨半》 环氧树脂、纺织物、铁 1000cm×4000cm×4800cm（左图）

作品以将男性符号景观化、仪式化的方式，力图对“欲望”作为一种生理符号、神话符号、历史符号和权力符号的悖谬本质进行视觉性考察，在体量庞大的造型、仪式化的光影效果和软性材料的复杂对峙和共生中，这种考察被塑造成一种盛大的日常景观。

孔庆坚 《幸福瞬间 NO.1》 树脂 100cm×50cm×26cm（右图）

作品呈现的是当下普遍的家庭结构形式。他（她）们当中表情各异，或许曾经得到过幸福，或正享受幸福，又或企盼未来幸福？

幸福是一个抽象的概念，从来不是一个事实，其和上帝很相似，只存在于相信他的人心中，而这种存在是有限的，也是短暂的，因为上帝的赋予是有限的。一开始人人都自以为能够寻求得到，并试图保持永久，可最后没有一个人敢说能恒久拥有幸福。

孔武战 《殇之二》 灰色花岗岩 40cm×148cm×85cm（左图）

抵抗中的脆弱，抵抗中的无奈，抵抗中无法退却的苦痛与悲壮，让抵抗者与被抵抗者皆沉浮在无法摆脱的“殇”感里……

林春 《专注》 德化白瓷 34cm×30cm×36cm（右图）

作品表现一少年蹲跪在地，手眼向前探摸着，神情专注，在他前方什么也没有，是完全一个空的能指。

冷杉（夏水涛）《东方之韵》黑色花岗岩 133cm×10cm×40cm（左图）

作品以极简的形式，向两端延伸，在大的弧度中体现微弱的形体转折，这也是作者对于雕塑语言的理解，试图在形体节奏变化中寻找东方精神中沉雄与含蓄之美，黑色花岗岩加强了雕塑的厚度与延伸度，在水晶的衬托下，更加具有历史的厚度。

李象群《东坡》白铜 131cm×78cm×200cm（右图）

林语堂先生曾经这么赞美苏东坡：像苏东坡这样的人物，是人间不可无一难能有二的。他是乐天派、道德家、佛教徒、造酒师、美食家……虽已是千年前的人，可是你会觉得他从未离开。苏东坡是一个人，而东坡其实跟大紫禁城一样，是中国的文化与符号，是一种象征。他的精神：谦卑、大爱、乐观、豁达、勇敢、执着始终影响着我们。历久弥新，他冷静地立在我们心头。

李钢 《莫言 20121011》 铸铝 100cm×100cm×80cm

作品被莫言文学馆及中国文联艺术研修院收藏。首获诺贝尔文学奖的中国籍作家莫言形象很中国、很土地、很古老、很含蓄、很智慧……，雕塑重灵魂表达，雕塑家将魔幻现实主义用于雕塑，借莫言的型将中国式文人的精神与灵魂浓缩于起与伏、紧与松、收与放、钝与锐、开与合、虚与实的形体之中，具有音乐般的旋律感！

李俊 《哑》

《哑》是系列作品《生态》中的一件，意在以隐喻的方式呈现今天人们生存的状态，这种生态，既是自然环境的，又指文化和精神上的。当今无孔不入、无时不在，无一人能够避免的生态恶化如雾霾、有毒食品、转基因食品；文化沉落、道德沦丧、人性扭曲等便是这件作品创作灵感的起点。作品的材质、色彩和形态都比较夸张，力图用驳杂肮脏的色彩，肿块密集的皮肤，和无声嘶喊的造型来与现实生态构成共振。只要有生命存在，生态就是一个永不过时的话题。对于眼下的生态，我们每一个人都有权利批判，每一个人也都有义务建设。

李迅 《或是云烟或是梦》 综合材料 180cm×145cm×80cm（左图）

作品塑造了民主革命的先驱孙中山和夫人宋庆龄，在国家处于风雨飘摇，烟云弥漫，政权腐败且沦为半殖民地境地时，毅然走上民主革命的道路，通过不懈努力和斗争结束了中国两千年的封建帝制，提出了构建民主共和国家的梦想并为之奔波奋斗的历史画面。在作品的表达语言上将传统与当代，中与西相结合，力求在传承与创新之中表达作品的主题和作者的情感。

梁好 《韵》 木、石 120cm×90cm×45cm（右图）

“韵”，凝重盘错的枣木，静静伫立。浓郁的色，掩盖着纯净的心。石韵缭绕在空中，与心律碰撞共鸣。在交融后消失，留下一片虚空。

蔺宝钢 《东望长安、心系大汉》 铸铜 60cm×50cm×125cm（左图）

苏武作为中国最具爱国情结的历史人物之一，千百年来为后人所称颂，类似苏武的雕塑作品也层出不穷，我要做出自己心目中的雕塑无疑也就是在处理手法上追求艺术内在的张力与表现力，追求中国风韵的写意精神。通过苏武的形象，被狂风吹而微睁眼睛并东望长安而呈现的坚定刚毅的表情，体现一种不畏困难、矢志不渝、誓归大汉之精神。羊群处理手法更是追求羊随人性，孤傲东望的拟人手法进行表现。整座雕塑浑然一体，尽显悲壮。

刘延久 《自塑像——天命之年》 树脂 高 95cm（右图）

一个已知天命之龄的男人，耸立在寒风凛冽的征途中，几度疲惫，几度徘徊。浑身充满褶皱和沧桑之感衬映出一颗在岁月的流逝和精神折磨之中依然不屈的心灵，这样的形象代表着一直奋斗在生活中的同龄人，他们虽然知道前方的道路依然充满艰辛，但是还要以百折不挠的姿态，朝着更加理想的方向继续向前！

刘艺杰 《秦王》 碳钢 高140cm（左图）

凝厉，彪悍，凝重、睿智、神圣，抽象雕塑《秦王》，造型承载着秦文明的厚重内涵和凝重，造型上大气磅礴，充满当代主流的国际审美理念和人文精神。精神气质上，绽放着开拓、进取、博大、包容的时代风貌，象征着中华民族自凤鸟栖于这片沃土，从此拉开了华夏文明辉煌的篇章，寓意三秦大地上勤劳的人民，披荆斩棘，不怕艰险，勇于进取，开拓向前的时代精神！

罗小平 《林风眠与傅雷》 铸铜 450cm×160cm×200cm（右图）

艺术家用老照片这种“瞬即永恒”的定格表现，再现了一个不真实的“真实”，两位挚友一站一坐。傅雷戴着眼镜，手里拿着烟斗，透过看不见眼睛的镜片，仿佛炯炯眼神依然可感，傅雷总是这样果决和坚毅的，即便是“大难临头”时也是如此。身边的林风眠，此刻已是饱经磨难，体态有些佝偻，但神色中还是掩不住大师之气，这大概就是苦难中，旧式中国知识分子清高与气节的姿态。

罗雪春 《暮晨》 不锈钢、大理石 90cm×37cm×55cm（左图）

从朝雾笼罩的清晨，到云淡风轻的晌午。
坐观流云，漫随天外云卷云舒。
去留无意，形色变幻，犹如人生百态。

罗志奇 《冰与彩虹》 白铜 100cm×80cm×120cm（右图）

2014 年索契冬季奥运会中国运动员张虹以 1 分 14 秒 02 的成绩获得速度滑冰女子 1000 米比赛的金牌，这是中国冬奥会历史上的第一枚速度滑冰金牌。作品用纪实及现代的雕塑手法记录了这辉煌的一刻。作品结合作者多年在艺术创作实践中探索和积累的风格——用柔中带刚的雕塑表面机理去刻画人物的内心，力量和精神，手法既有写实的细节又有强调、夸张，使作品产生视觉力度的冲击；同时色彩也很强调它的时代性，传递出一种透明的色感。在材料方面，也采用了新的材料——白铜，“白铜”不同于铜的沉闷和不锈钢的花哨，它在两者之间，既有铜的一种历史沉积感，又有不锈钢的现代气息。在材质方面，白铜可以说是这个雕塑的点睛之笔。

吕品昌 《中国写意 No.42》 青铜 30cm×30cm×100cm（左图）

人物简约概括，手法意象与枯树相依，营造了一个爱情话题的文人意境……
“情”似尘埃，落在过去、飘向未来……

刘国柱 《世界是倒三角》 玻璃钢着色 高 50cm（右图）

生命无常，生活无常。未知、不测、黑暗、苍白、孤寂等，使我们的内心对世界感受，对外部所见，形成巨大的分裂与反差。作品运用倒三角形体的不稳定性，喻世界对人的内心所产生的深刻影响是：动荡、失衡、孤独、脆弱、无望与不安。

马辉 《射月》 铸铜 高 80cm

《射月》用传统意象雕塑创作语言，将人们内心深处的古老情怀，人与自然的和谐共生，浪漫方式表达出来，让人们游离的目光，随着作品的牵引，去感受那 1000 年前的风花雪月。

朴古友 《水瓶》 青铜、老家具 85cm×65cm×55cm

自由与桎梏的矛盾、说与不说的矛盾、动与静的矛盾、含蓄与直接的矛盾……所有这些矛盾制造出一种紧张，这紧张似乎是在另一个空间的门里面，是作者呈现给观者的一个慵懒又自由的世界。

乔迁 《民国人物——蒋介石》 青铜 高 30cm（左图）

这是作者对一个历史人物的解读。一分孤傲、一分懦弱、一分机缘、一分不幸。历史塑造了他，他也塑造了历史！

乔旭明 《钟灵》 青铜 27cm×15cm×19cm（右图）

以女性形象为造型元素，打破传统的人体塑造模式，以朦胧意向的手法，如梦似幻，在表现女性美的同时，给予观者清新脱俗之感。

戚雅峰　《灵·魄系列 008》　铸铜　77.5cm×56.5cm×28.5cm（左图）

形神尽美显妙绝，法意并重抒情愫。
纵横潇洒总弥珍，探妙测深取精灵。

秦红　《花开花落》　青铜 50cm×40cm×30cm（右图）

缘去缘来缘如水，花开花落终有时，一些事，一些人，会离去会再来，结束意味着开始，分别意味着重逢……..冬去春来万物生生不息。

任戎 《创世纪》 铁雕 300cm×75cm×75cm（左图）

通过创作铁艺雕塑装置作品系列《创世纪》，张扬对中国传统文化中“生生不息”的存在意识和“天人合一”的自然关系，通过这些“万物同源”的混种生物，反映出“随心所欲”的生命本能的活力。运用千回百转的柔软造型与线条和所使用的坚韧的钢铁材料的并置，产生刚柔并济的跨越界限的震撼，并邀请观众通过触摸和敲击作品表面所产生的音响，来产生一场跨越时空的听觉、触觉、视觉的对话盛宴。

石向东 《大美·山河》 铸铜 132cm×43cm×36cm（右图）

以中华民族的审美意识为创作核心，重点体现天人合一的东方哲学理念；以京剧形象造型的特点，男人似山，女人似水，突出表现人与自然和谐的审美情趣。

尚晓风 《如花系列》 青铜 高 85cm

观人如观花，用泥同笔墨，形似与神似间的泥中生命。

申红飙 《走马对饮》 铸铜

沈烈毅 《静水流石》 木、石（左图）

禅师傅大士曾作偈语一首：“空手把锄头，步行骑水牛，人在桥上走，桥流水不流。”在这首颇具趣味的禅诗中，桥与水的动静恰恰隐喻了中国传统哲学中的辩证思想。在《静水流石》中，那泛起的粼粼微波是水动？是石动？亦或是心动？

沈允庆 《菜篮子》 纸、竹 96cm×56cm×44cm（右图）

雕塑以普通卷纸作为材料，营造出了独特的质感和视觉效果。以白菜作为表现对象，在纸张不断贴塑的过程中，体验内心真正的平静，并传递出一种朴拙素雅的审美情趣。

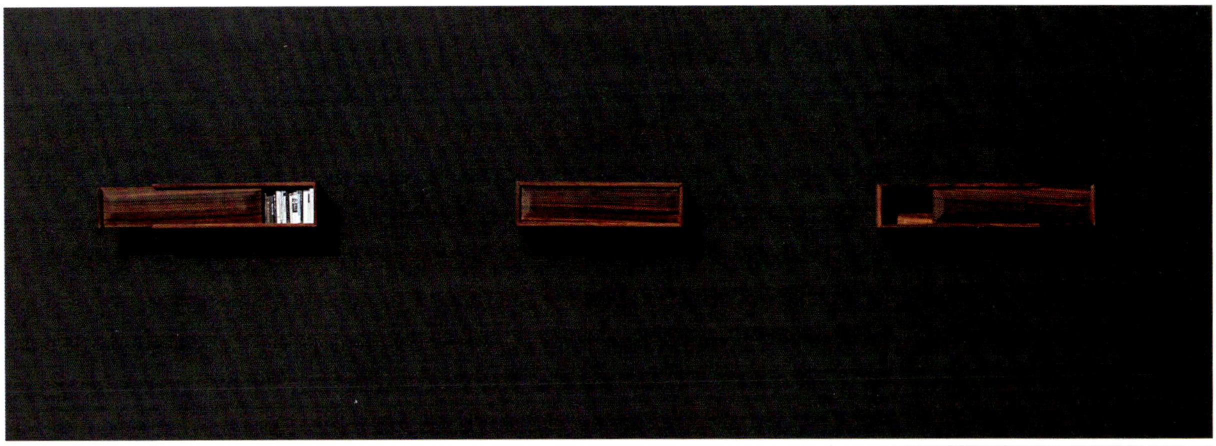

孙伟 《山行者》 铸铜 14cm×8cm×26cm（左图）

山，立壁千仞，百步九折。
行者，奋步无疆，攀登不止。
天行健，地势坤，勇者山行，纵知斯路难。
绝顶登峰，不问来路，敢向山行是君子。

唐尧 《中间的盒子》 木、纸 长 360cm（右图）

左侧小盒拉开处露出一排书籍，它是我们的知识，是浓妆的剧场；
右侧小盒拉开，里面什么也没有，它是我们的空性，是本来的面目；
但禅一定不是左也不是右，它是无分别的“中”，可是中间的小盒关闭着。
在这件作品中，作者想呈现给观众的东西是观众看不见的……

王伟 《暮》 青铜、木 高 200cm（左图）

在相当长的一个时期内，领袖像是中国雕塑家主要或唯一的创作内容，这其中包括作者的老师们，以及老师的老师们。那些随处可见的主席像也曾算是作者最早的雕塑启蒙。毛泽东去世那年作者八岁，在记忆中的他与作者见过的那些主席像不一样，作者一直想塑造出一个自己印象中真实的毛泽东，不讨好、不诋毁。

王志刚 《吾山吾水》（右图）

中国的文人情结由来已久，在古代的各种画面中、诗歌中处处透漏着中国文人的文化情结。在现代的都市化文明进程中，各种经济、文化浪潮并没有影响到现代文人对于这种情结的追求，这件作品通过现代的场景方式来品现代文人的文化情结。

王中 《幻象 2》 不锈钢风动装置 600cm×600cm×500cm（左图）

作品用一幕幕旋转荒诞的戏剧化场景，反思人类所面临的种种境遇。

界限——无界限；死亡——再生；敌对——共存；现实——虚幻……。这是当代八卦的演绎，伤痕累累，周而复始。

人类应重新审视已有的法则，寻找重建世界的另一种可能。

王忠民 《楼兰残梦》 雕塑陶塑 66cm×28cm×22cm（右图）

消失的楼兰古城，迷人的楼兰姑娘，魅力让人向往让人忧伤……

王胜利 《听泉》 陶 55cm×40cm×73cm

作者把中国传统山水画转换成雕塑语言，以树枝代笔，在形体表面勾、皴、点、染。这种用“笔”既要表现两维中线的节奏与构成，又要兼顾三维中的形，可以说，每一“笔”都是游走在三维中。《听泉》表现的是山水有清音的超然意境。

魏小杰　《阎仲彝肖像》 铸铜 高 280cm　立于郑州大学医学院

阎仲彝(1895—1973)著名医学教育家、教授，河南淅川人。先生幼读私塾，1919年入读上海同济大学医科，1924年毕业。翌年由河南公费派遣留学德国，1928年4月获哥廷根大学外科博士学位，1928年5月回国，1929年8月任河南大学医科教授兼负责人，1930年9月出任河南大学医学院第一任院长。该作品用具像写实手法，表现了一位医学大家谦逊博学、含蓄内敛的精神气质。

魏华 《碑系列·美人墓志》 陶瓷 150cm×21cm×97cm（左图）

利用古代人物墓碑的形制，把现代时尚的消费人物形象进行现代艺术形式的转换，制造一种荒诞的感觉。

温朝勃 《悄悄话》 铸铜 高 60cm（右图）

时空轮转，万物有灵。作品用拟人手法给椅子赋予生命和情感。观者行于其间可感受到一种意念上的奇妙交流，远观又形成一道具有中国特色的美妙风景。

吴为山 《画家齐白石》 青铜 28cm×19cm×142cm（左图）

艺术大师齐白石提出绘画艺术贵在于“似与不似之间”。这是中国艺术的真精神！
他所持龙头拐杖仿佛意念中的笔，点划于大地，遥接于苍穹……
注：齐白石（公元1864年—公元1957年）中国现代绘画大师。

吴尧辉 《春风》 铸铜 120cm×22.5cm×92cm（右图）

春风徐拂，生机勃发，且歌且舞，生命欢乐。

肖小裘 《盼》系列 9 青花瓷 48cm×40cm

作者自幼受家庭文化氛围的影响，读了不少名著和诗词，年纪稍大，一直幻想写点什么，奈何词穷句寡，只好用雕塑来抒发自己的情怀。在景德镇，青花瓷的高贵和独特的中国意味深深地触动了作者的心弦。没有画青花的冲动，却想起了奶奶的蓝印花布，作者索性拿青花瓷写心中的歌……

许庚岭 《一芥 2#》 青铜 55cm×15cm×15cm

生命作为一个个体是卑微渺小的，然而作为天地间生命整体的一分子又是伟大的。作品透过对一个个体的观察试图揭示这种二重性。

许正龙 《连枝理》 综合材料 20cm×18cm×38cm（左图）

以构造方式，将树干与斧头连为一体，两者形态之间的衔接置换耐人寻味。艺术家注重诗性，作品予人想象，在飘忽的物态语境中，无生命之物充盈艺术活力，述说梦幻的中式美学。

许鸿飞 《带我飞》 铸铜 58cm×33cm×49cm（右图）

丰满笨重的肥女，在爱情的浸润中变得愉悦轻盈。牵手爱人，在爱恋中飞扬而起，奔走天涯。

徐晓虹　《黄山魂——画家黄宾虹》　花岗岩

天下书多读不完，最忌懒惰；天下景多画不尽，最怕乱涂。　　——黄宾虹

解少勃 《寻梦系列——春光》 综合材料 170cm×90cm×60cm

作品表现一位城市拾荒者，在忙碌之后躺在三轮车中安然酣睡的情景，在梦中他也许回到故乡、也许正与亲人团聚。作品用写意的手法，展示他们的生存状态、表达对他们的人文关怀。

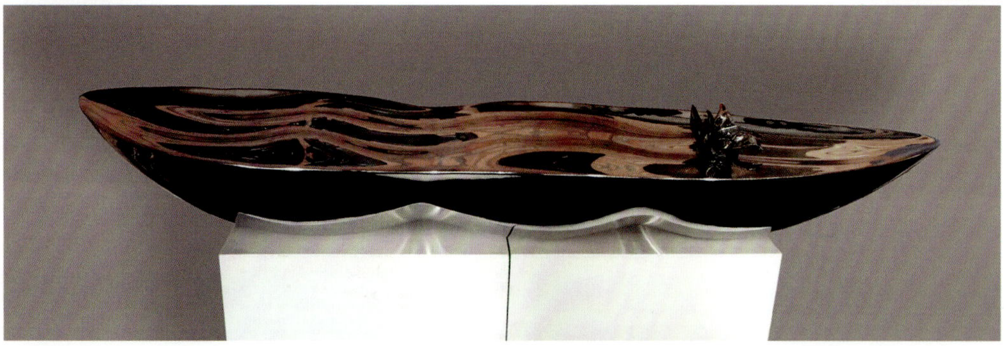

印萍 《水——女人》 镜面不锈钢 186cm×48cm×23cm（左图）

水，无形亦无态，或激荡奔涌，或缓缓流淌。如水的女人懂得探寻自己的内心，让自己逆香在时光里恣意漂泊。如水的女人懂得在激流中进退，睿智而了悟，可以从容婉约地看待世间纷争；如水的女人懂得用爱装点生活，她的血液里跳跃着爱情的音符、流淌着母爱的情怀；如水的女人随心随性，是诱惑，亦是拒绝。水样的女人，水样的柔情；如莲花的出世与入世、清纯与污浊、任性与骄纵、傲慢与矜持里散发着独特的魅力，因而多了一份水样的灵动与张弛。

俞铮 《归山》 原木、大漆、瓦灰、麻布等 40cm×35cm×13cm（右图）

原木漆器《归山》取意抽象山型，有回归包容之意。《归山》以大漆红、黑为主色调，以变涂磨显技法髹饰。

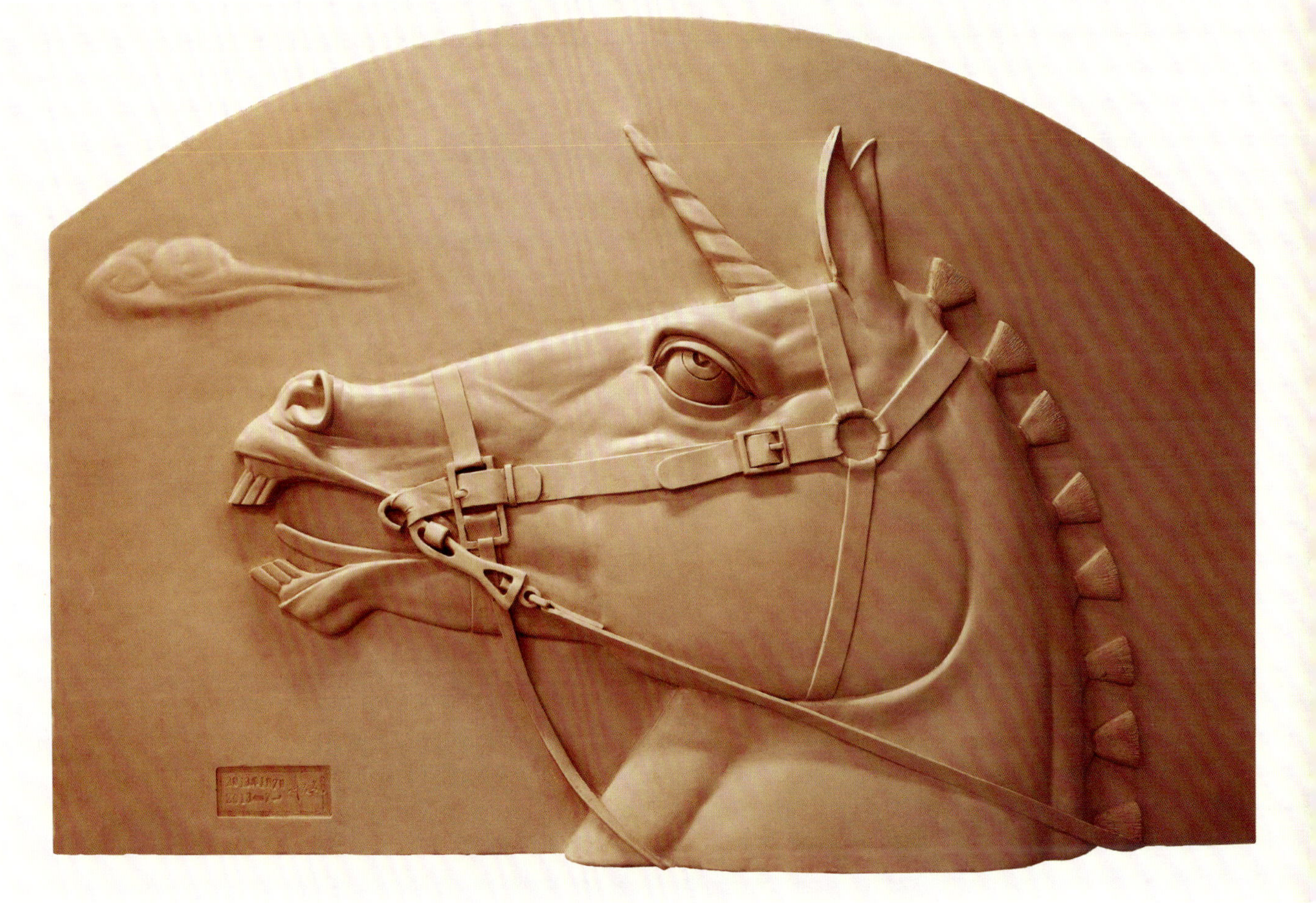

垚乡 《清风幽兰》 不锈钢及复合材料 170cm×50cm×60cm（左图）

表现现代人的一种幸福而惬意的生活状态……

叶仄辉 《云端——天马》 青铜 217cm×118cm（右图）

作品表现了马到的一种状态。独角一直被赋予具有魔力的神物，它的力量能够抑制任何的邪恶。

尹祥明 《吴冠中》 紫砂陶 40cm×40cm×62cm（左图）

印象中，吴老是一位瘦小精干充满活力的老头，作者由衷的敬佩吴冠中先生。在作者心目中，吴冠中先生是一座山，充满了智慧。所以作品重点刻画了吴老充满智慧的头部，并不断放大。吴冠中先生走后，作者用“心”为他做的一尊雕像。

余键 《花解语》 陶瓷 高 50cm（右图）

超现实表现主义手法，象征爱与生命如同花儿一样绽放。

张海军 《度》 花岗石 800cm×160cm×60cm

精密的刻度与原始自然的岩石形成强烈的对比，自然与人为的力量在此相互交织。笔断而意连的造型，增加了作品的参与性和趣味性，象征着打破规矩与束缚，也寓意着城市的不断成长和发展。

张文山 《松涧》 不锈钢、铜 62cm×34cm×23cm

习习松风……寂谧幽境……臻于禅。

张亚平 《时间切片》 石材 760cm 立于芜湖

作品将收集来的工业产品与岩石融为一体，从外表看这些石材与天然的任何一块石头没有什么两样，只有切开岩石的内部才能看见石材与工业垃圾的断面。切开的石片就像化石一般把工业制品包裹在它的内部。岩石是无生命的无机体，有一种原始的洪荒感，一块化石的形成时间数以万年计，而工业制品却是现代文明的产物，它们被同时凝结在一个整体当中。这是一种非常奇异的视觉体验，它直接指向了人的有限性存在：当下的时间即刻会成为过往，作品将人类存在的时间性危机意识表露无遗。

张燕根 《对话》不锈钢 178cm×45cm×35cm

东西方由于文化差异需要对话，国与国由于国力差异需要对话，民族与民族由于习俗差异需要对话，宗教与宗教由于信仰差异需要对话。对话是一种平和自信的态度，人类许多冲突因为缺少对话而引起对抗乃至战争，使人类蒙受灾难之苦。作品以抽象的人物造型，相同的形态相等的高度，不同的材质颜色代表不同肤色或民族，站在同一个平台上平等对话，并以人民币、欧元、美元的符号分别饰面，代表中国参加在法国·巴黎举办的 2013 法国新现实主义沙龙展，寓意无论贫富，都应平等，共荣共享，人类方为美好。

张英超 《初世》 青铜 85cm×65cm×30cm（左图）

作品表现的是一位未经世事的少女怀着一种忐忑、敬畏之心，向自然世界迈出了生命中的第一步。在她面前也许是沙漠、也许是森林、也许是大海，也许是芸芸众生的人类社会。总之，这是一个新生命的开始，一个奇迹的诞生。

女人——本身就是孕育生命的载体和象征，面对任何环境的艰难困苦，都会极尽忍耐与包容。女人可以为创造生命而生，也可以为创造生命而死。这就是母性的伟大，也是生命的光荣。

张宇彤 《仰阿莎》 铸铜 高 880cm（右图）

作品主要表现贵州剑河地区苗族群众所崇拜的美神“仰阿莎”形象。其手法唯美细腻，人物端庄祥和，充分诠释了苗族地区人民心中关于“慈爱”、“美丽”与“善良”的注解；其服饰精巧繁复，全面展示了苗族服饰“典雅”、“雍容”与“华丽”的民族手工艺。该作品线条柔美、体态婀娜，代表了未来与希望，旨在弘扬民族文化，营造社会和谐，加强民族团结。

章华 《飞翔》 不锈钢喷漆 1600cm×730cm×600cm 立于申办 2022 冬奥会城镇崇礼县（左图）

表现了运动健儿像雄鹰一样展翅飞翔，人物的造型具有力度、动感和飞翔的张力，奋勇向前的姿态、恰是追梦者奋斗不息、拼搏向上的精神写照。同时也象征着城市的文化经济双腾飞。

朱军岷 《静水流深》 熔铜（右图）

壁立千仞，原始雨林。忽然一声划破长空的犀利，不是猿声的嘶啼，不是好鸟的鸣啭，那是探险者纵身击的轻骑。

赵天智 《钓鱼岛》 不锈钢着色镀金 150cm×110cm×15cm

作品灵感来自中国画的宣纸、笔墨，诗意境界，这一潜意识的笔墨纸感受，时常触动着作者创作的激情，像影子一样留在心中，时隐时现无法分离，也常常出现在当下具有表现主义风格的当代艺术作品中。

朱林 《邂逅》 金属、青铜、纱布 260cm×100cm×80cm

在这平凡的世界里，你是一颗细小的尘埃，是五月的无意回眸。
你被推向抽象的舞台，即使是最专治的雕塑家，也不忍改变你的天生丽质。
质朴的你，只会用自己单纯的形体语言，讲述着属于自己的生命空间。

展望 《应形 1#》 不锈钢及复合材料 170cm×50cm×60cm

表现现代人的一种幸福而惬意的生活状态……

郑玉奎 《傻子的梦想》 陶、金属、木 80cm×45cm×100cm

作品采用金、木、水、火、土为元素，隐含“五行”的中国传统文化在里面。借助一个酷爱音乐的农村娃儿到国家大剧院演奏大提琴的艺术形象，体现了一种梦想得以实现的快乐心情。

人物

体制与艺术：新中国第一代艺术家
形式与观念：50 后艺术家
传承与突破：60 后艺术家
越界与综合：70 后艺术家
探索与创新：80 后新生代

蔡志松 《云舟》 不锈钢锻造、内侧贴金（头盖骨），不锈钢锻造（云）
197cm×147.5cm×106 cm, 21cm×17cm×16 cm

头盖骨合金铸造，象征坚固的概念认识；内侧贴金，象征人类智慧；云树脂浇铸，象征浩瀚无际。概念封闭智慧，智智慧却可利用概念。主观意识虽无法达到客观世界的边缘，却可以用概念为舟到达彼岸。

钞氏兄弟 《一样青春别样梦》 瓷 120cm×220cm×50cm

这组作品表现的是新中国成立后过去和今天两个特定时代。一组表现的是“全民皆兵、红旗飘飘、战天斗地、不爱红装爱武装”时，突出时代典型的标志，绿军装、黄挎包、胸红袖章等。另一组表现当今大时代下中国的芸芸众生相。朝九晚五的上班族、跨海求学的洋学生、刻苦钻研的土知识分子、携手相伴的老夫妻、热恋中的小情侣、还有舍家弃子、外出打工的农民工等。构成了一幅众生喧哗的多彩画卷。两组作品后面是蒸汽机和动车，表现了两代人不一样青春、不一样的年华和不一样的人生经历。以此拉开时代，从过去的记忆中，揭示当今中国人的梦想。

陈钢 《海天之间》 铸铜 185cm×130cm×70cm（左图）

惠安女的勤劳、质朴正如诗人舒婷的《惠安女子》中所歌颂：“你把头巾一角轻轻咬在嘴里，这样优美地站在海天之间，令人忽略了：你的裸足，所踩过的碱滩和礁石，于是，在封面和插图中，你成为风景，成为传奇。”

陈辉 《山顶一片凝固的云》 铁 200cm×170cm×70cm（右图）

作品以自然的山和云为主题，表现了自然和人内心共有的宁静。

陈虹　《十》 玻璃钢 65cm×45cm×25cm（左图）

用非具象的表现手法呈现作者对生活的反思。

陈晓春　《自然与秩序》 金属 180cm×100cm×100cm（右图）

该作品以中国传统文人所爱慕的文竹为载体，暗喻当下的潜规则使文竹这个明人心智的事物不能自然生长，在各种压力与规则之下，呼唤传统人文精神的复活。

陈学博 《黎歌》 铸铜 高 170cm

黎家少女踏歌起舞，人物特征鲜明，服装配饰经典，欢快的舞姿与跃起的小狗增强了作品的动势。

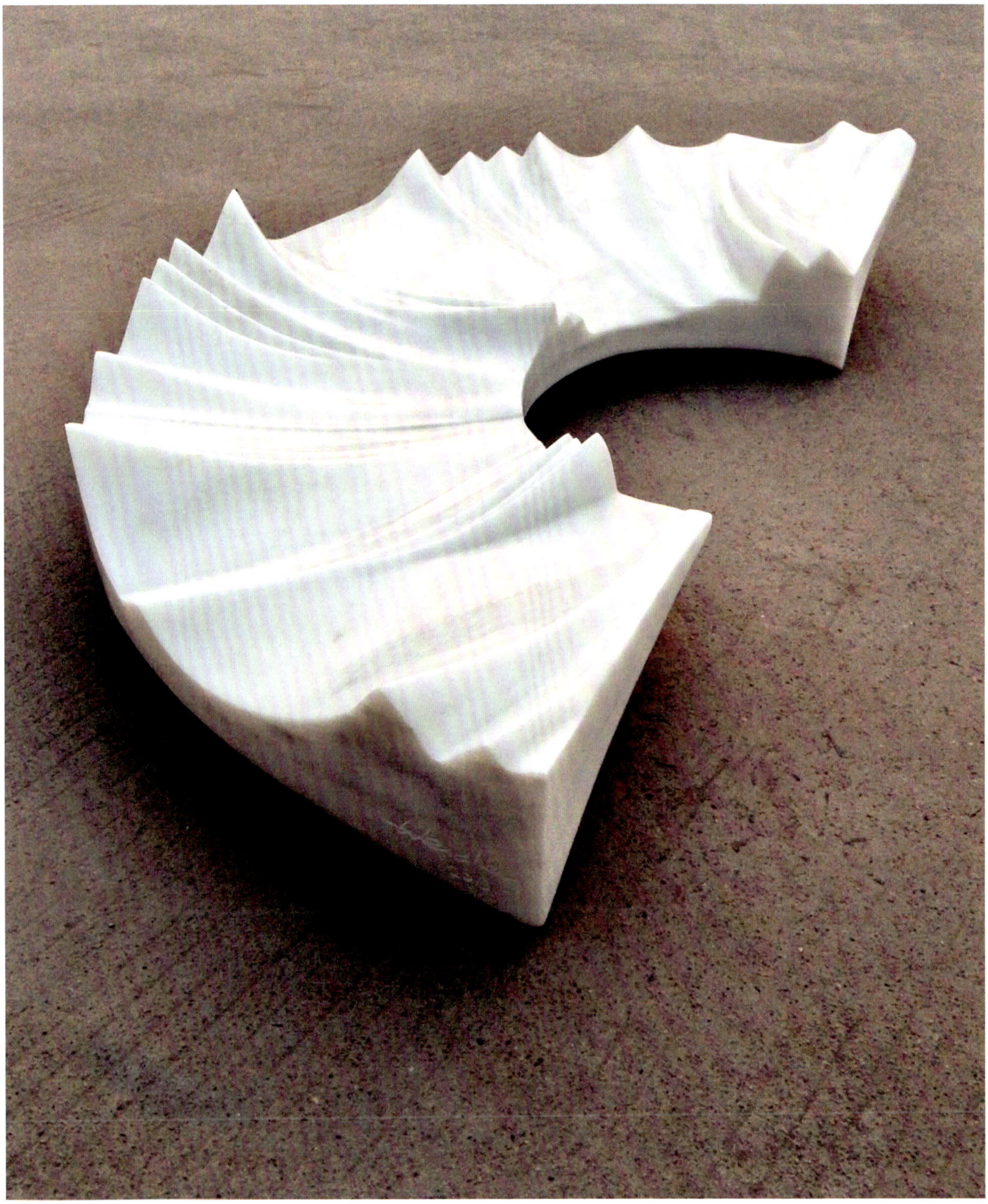

陈玮 《天空之城》 铸铜 长50cm

“自然形成”系列之《天空之城》是作者在抽象雕塑创作中的实验性作品。创作灵感源起一段音乐，是在把玩泥土的过程中自然形成的结果，具有一定的偶然性。有趣的是当作者完成作品后再次聆听这段音乐时，它们带给作者的感觉是如此的相近。抽象雕塑的魅力是给予每个观众不同的想象空间。作品中光与影的互动体现了时间与空间之间的变化。形态，空间，重力，光影，结构与能量都是雕塑的语言。

戴耘　《轻风扇舞》　扇子、角铁、钢筋 1500cm×800cm×750cm

当人们习惯在空调里享受工业文明带来的凉爽舒适时，可能早已忘记了曾经在挥手摇臂间给我们一丝凉意的扇子。这个物件由于实用功能的消退，使作者有冲动做一个大的物件让它们回到草木之间，呈现出一处或几组富于诗意的非实用物。

邓柯 《岜沙人的芦笙节》 青铜 190cm×90cm×175cm

作品塑造的是贵州省从江县一支苗族部落——岜沙部落的人们，在传统节日“芦笙节”上欢庆的场景。岜沙人保存了最为古老的苗族传统文化，被称为“苗族传统文化的活化石”。他们的生活里有着远古文明气息和浓郁的原生态特色，充满着野性的力量，神秘浪漫、刚毅朴实，这些往往是更贴近生命本质的、自然而然的、旺盛的生命力。

董益友 《哥》 玻璃钢 45cm×38cm×50cm

岁月荏苒，沧海桑田，时代的弄潮儿！承载一个风华火热的时代记忆，是奋斗，是丰收，是闪耀着土豪金的富足与敦厚……

窦付坤 《在路上》 锻铁 1400cm×600cm×1400cm 立于青海湖沙岛

掩了眉目，藏了血肉，息了呼吸！
头顶苍穹、脚踏大地、吞吐万方、亘古如长！
一股气韵冠绝古今，根根铁骨嶙峋在这天地之间！
作品表现了，我们用其一生贫苦、纠缠、强力、屈辱挣扎与对抗，甚至迷茫充满一生，这也是一种尴尬不顾一切的生存意识，狂奔在人生路上，沉默却从不放弃。面对无助，我们坚韧前行。

冯崇利 《墨韵泥痕——梅兰竹菊》 不锈钢 高410cm（左图）

"矛盾、相容、冲撞、共生……"是作品要表述的文化、生态关系。在自然与工业，传统与现代"撞击"中，呈现出有意味的形象，诠释的是"自然与人文、物质与精神"的永恒主题。在单纯简练的形体中，以写意的手法进行塑造，泥土与似墨色般的光影相互交织、浸润，这形体似有似无，显隐相衬，"墨色"与"泥痕" 点划相连、形意相辅，这是一种来自对东方水墨意境的体悟，也是在雕塑创作中转换与实践的过程。

冯都通 《最后的野马》（右图）

高峰 《曲水流觞》 铸铜 97cm×13cm×31cm

作品运用写实的手法，描写当代文人的一种心境。在现实生活中，城市化、物欲化无限扩大的情况下，寻找现代文人的心灵归宿成为一种诉求，在当下怎样放松心境、冷静切实地回归本心成为一种追求。

郭其鹏 《飞猪》 镜面不锈钢 220cm×190cm×288cm

猪在动物界繁殖很快，也是动物界金字塔最底层的，平凡而庸俗，象征多数平庸之人。虽然理想很遥远，现实很骨感，但平凡人的内心也有自己的梦想，飞离现实，超越时空，到达理想之国。

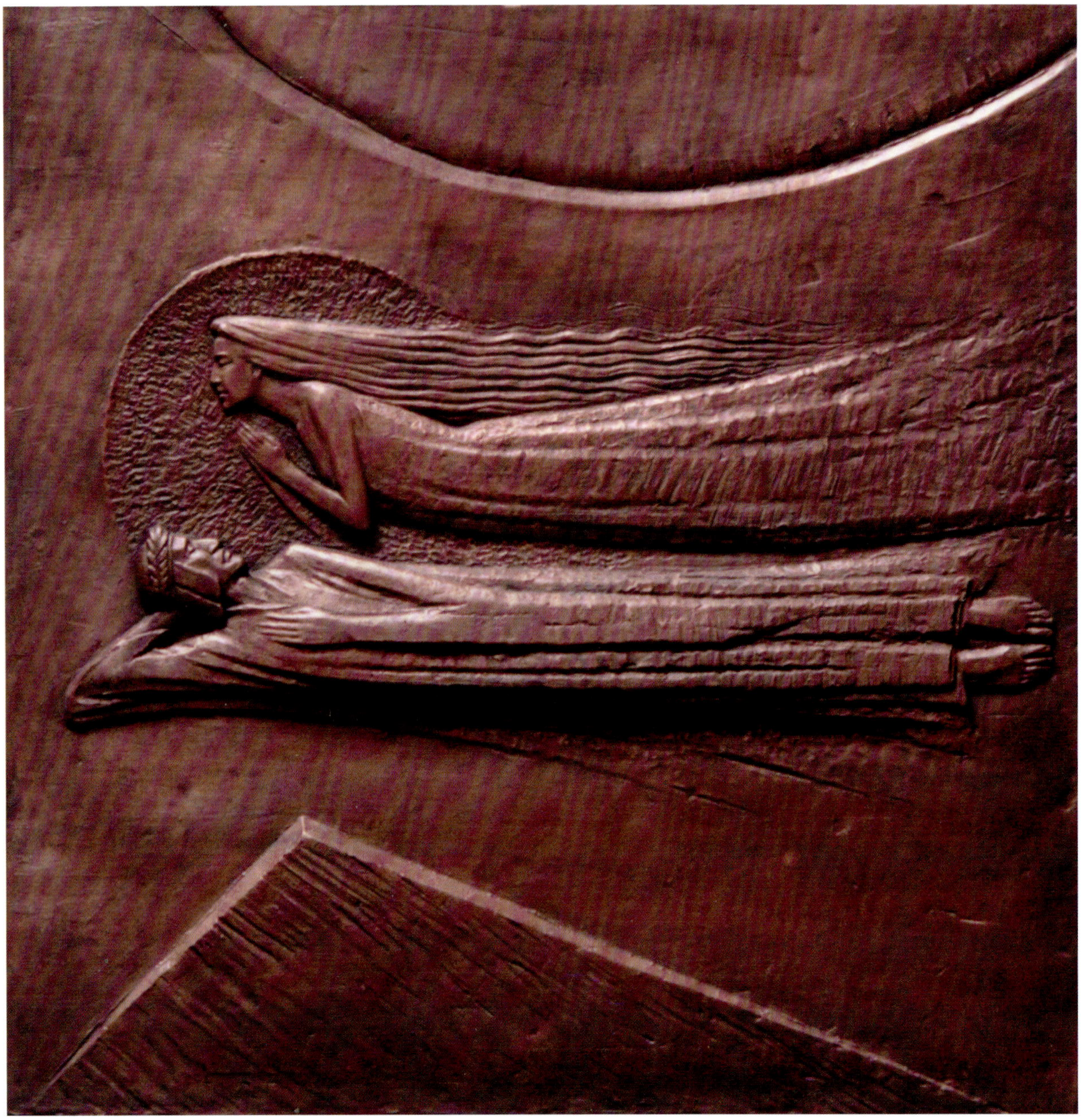

宫长军 《梦·天堂》 骨瓷 32cm×14cm×15cm（左图）

耿孝臣 《屹立》 陶 120cm×35cm（右图）

作品是为尼泊尔地震而创作，围绕“立”字的结构以碎片形式进行创作，象征着灾区人民在困难面前奋勇向前、团结一致的力量。底部的肌理隐喻地震中的废墟，曾经美好的家园，在无情的自然灾害面前是那么的脆弱……；中间呈螺旋式盘旋上升状态，象征着灾区人民百折不挠的力量。世界各地人民齐心协力，关心帮助灾区人民重建家园，于是在一片废墟上重新开出了令人惊异的奇葩。

谨以此作品献给每一个在尼泊尔地震中奉献力量的人们！

胡冰 《梦憬》 骨瓷 32cm×14cm×15cm（左图）

雕塑通过一位少女戴口罩艰难的呼吸，秀发像雾霾一样、城市高楼大厦也笼罩其中、若隐若现的造型，表现如果环境持续污染，蓝天、清新的空气只能是人们梦中的憧憬。

焦爱龙 《伏羲女娲》 铜 高 990cm（右图）

伏羲女娲雕塑以出土文物——山东沂南北寨汉墓画像砖中的伏羲女娲图像为造型依据，伏羲、女娲均为人首蛇身，二人下半身交织在一起，象征阴阳调和、化生万物；女娲手执规，伏羲手执矩，寓意创世之初天地间便定下的规矩道理；两人又齐手托着一轮太阳，中间镌刻神鸟——金乌，象征着远古的太阳崇拜和万物生长的光明与力量来源。雕塑整体内涵深刻，寓意丰富，造型大方古朴，又飘逸生动，不失现代的艺术美感。

纪峰 《学界泰斗冯其庸》 青铜 36cm×26cm×25cm（左图）

冯其庸先生为中国汉画学会会长、著名红学家和国学大师，涉及国学、红学、诗词、书画、考古、摄影、鉴赏等众多领域，具有卓越的学术成就和丰富的人生阅历。这样一位大家如何表现？作者独辟蹊径，选取冯老九十一岁日常生活中的一个偶然画面，速写而成。老人拄杖静坐，紧抿双唇，举目远眺，神思遐远——是在酝酿严谨的学术论文，还是在思索深沉博大的人生，抑或是构思雄浑奇崛的诗篇？借由雕塑这一神奇的艺术，瞬间凝聚为永恒，偶然抽象为必然。精神矍铄，意志坚定，鲜活的人物形象与准确、含蓄的艺术创作融为一体，深邃而自然。

焦兴涛 《水墨三轮》 综合材料 25cm×14cm×18cm（右图）

形而下的雕塑对流行“水墨”的调侃。

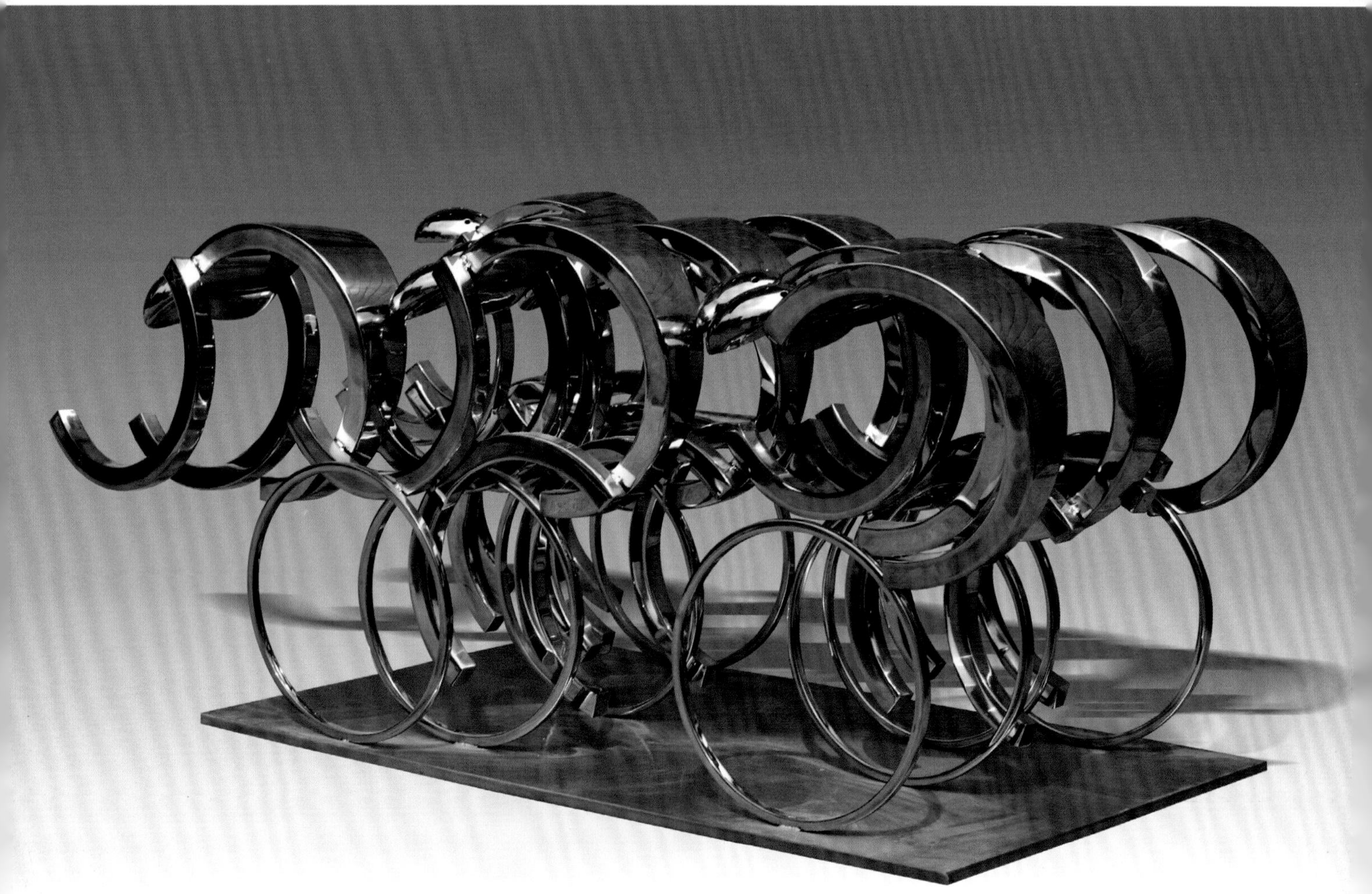

李东江 《自行车——奥林匹克》 不锈钢 97cm×48cm×43cm（左图）

李鹤 《纪念碑 No.3》 铁 26cm×26cm×111cm（右图）

作品如纪念碑般矗立而起，干瘪、戏剧的造型引人浮想，曾经丰富的表象总是从不同的侧面描绘真正的本质，甚至蒙蔽、掩盖，本作品将其最根本的一面呈现世人，剥除外在华丽的面纱，浓缩记忆，将其本质化成一座碑。运用不锈钢铸造，散发出复杂的情感，纪念碑仿佛诉说着拂去了表象，我们该思考什么；又似乎警示着抹掉繁华，我们还剩下什么呢。

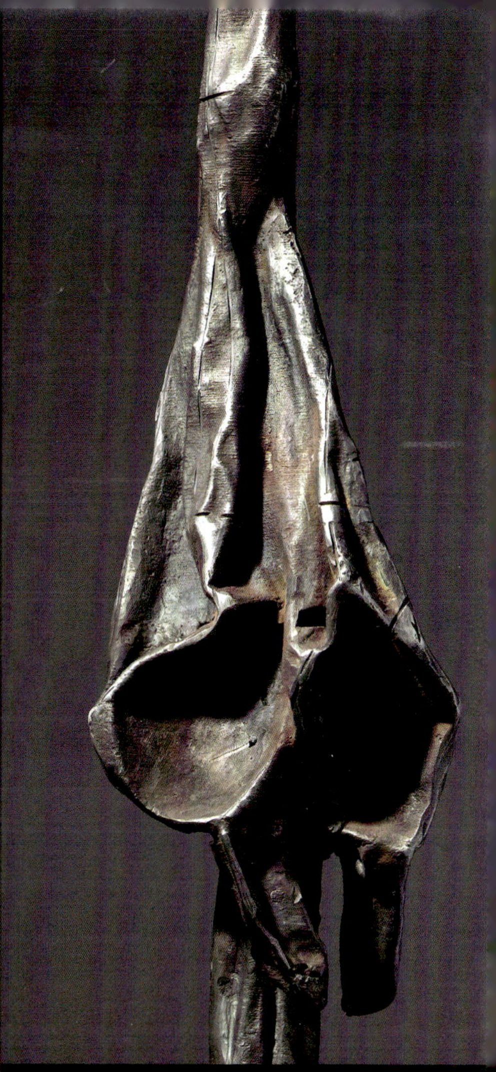

李华清 《红活着——风》 铸铜 240cm×110cm×50cm（左图）

作品灵感源于对打工族的现实生活的反映，表现打工的一家顶着寒风在空旷的街道上，他们的身影被路灯拉的很长很长。

李惠东 《眼儿媚——莺儿》 汉白玉 51cm×16.5cm×41.5cm（右图）

风日迟迟弄轻柔，花径暗香流。清明过了，不堪回首，云锁朱楼。午窗睡起莺声巧，何处唤春愁？绿杨影里，海棠枝畔，红杏梢头。

李世伟 《蛇说》 综合材料 182cm×93cm×124cm（左图）

张旭观公孙大娘舞剑器进而草书大长。可见三维空间中的律动会影响二维空间里的艺术，反之亦可。空间中的蛇与树好比刚柔并济，龙飞凤舞的草书，探究着人性的欲望与原罪。

李烜峰 《高原春天》 树脂 55cm×40cm×130cm（右图）

驻扎在青藏高原上的游牧家庭，一位母亲正从帐篷中露出头来，和帐篷外的小姑娘感受春天的气息，感受回到高原的春风，感受高原春天的暖阳，感受高原一切的美好。这是一种象征，我们从中看到纯净、天真与希望。雕塑创作以意象为主，营造了一种朦胧的诗性意境。

李永康 《故城——楼兰美女》 铸铜 120cm×100cm×40cm（左图）

考古学者在楼兰故城北部的沙海里发现一具女性干尸，被誉为“楼兰美女”。楼兰，西域古国名，最早见于《史记》，曾一度为丝绸之路交通要道。从公元前2000年，一直到公元前2世纪张骞凿通西域，在这近两千年的时间里，新疆境内聚居着属于东、西方两大人种的古代居民，他们是在不同时期从不同地域迁徙到新疆各地的。伴随着这些远古先民的迁徙，在前丝路时代，东、西方之间最早的文化交流就已在新疆地区开始了。

林胜煌 《文明的起源》 铸铜 180cm×50cm×60cm（右图）

我们生活在既有的地域文化背景下，根深蒂固地受到历史传统的影响，故作者借助传统文化题材做当代艺术表现的新尝试，变古为今，从中获取理解、并体验其时代精神。鉴于这样的生活经验，追溯现代与传统的根源，借助佛教的轮回源泉为作品表现的切入点，表达并传递了作者对现代艺术的视觉造型的态度和理解，体现了自然环境现象和文明的起源。

雷云瑞《乐园》 琉璃 高 35cm（左图）

作品似乎以它简洁的“单纯”和“静穆”胜过了复杂的“高贵的单纯，静穆的伟大”。

刘春尧 《孤独的星球》 报纸纸浆、丝线悬挂 180cm×180cm×180cm（右图）

每一天，海量的资讯如潮来潮起，人们的情绪也随之喜怒哀乐、跌宕起伏。当时间冷去，很多事情依然孤悬，灿若星河。

刘奉霖 《石语之二》 汉白玉 80cm×40cm

水乃万物之本。作品取自生活中的一滴水珠，经过艺术化处理，切割形成一家三口。手法新颖，构图紧凑，给人一种和谐、幸福、美满之感！

刘洋 《我们的队伍向太阳》 不锈钢 高 550cm 立于墨西哥

作品延续作者一贯夸张简单的人物造型，遵循越简单越有力的公共艺术理念。将雕塑标识化。
这件作品是在墨西哥国际雕塑创作营中完成的，被安置在墨西哥的雕塑公园。

刘若望 《渡渡鸟》 不锈钢 255cm×170cm×240cm(260只)（左图）

渡渡鸟远涉重洋、历劫重生，如果能唤起我们中华民族"民胞物与"的传统人文情怀和忧患意识，幸矣。

鲁普及 《舍与得》 铜 30cm×30cm×110cm（右图）

于天地万物之中，撷沧海之一粟，虽有残缺，却更显大美！天然的太湖石与人为加工的碰撞，共同演绎了"舍"与"得"之美。

洛鹏 《扇面镜心》 综合材料 50cm×110cm（左图）

作品运用后现代主义置换的手法，用禽类和鸟类的骨头置换古典园林中的竹子、假山等形象，在解构具有寄托中国审美意象的园林元素的同时，呈现一种关于古典图式腐朽与不朽的反讽。

吕旗彰 《西游之“气”——顿悟》 玻璃钢、着漆 90cm×60cm×50cm（右图）

西游之“气”，属自然之精灵。人生唯有历经曲折磨难，苦行渐修方能万象明决、大彻大悟。

吕绍藩 《福禄》 镜面不锈钢 高 68cm

作者运用触象而构之手法，抽象表达中国人一种美好的愿望。十二个单体有序排列，表现一年的十二个月份，象征五谷丰登、财源广进。

罗彬文 《低吟》 铸铜 62cm×34.5cm×15cm

作者运用有机生命形态与无机抽象元素，共同组构为一个悖论的言说：生命的自我本能护卫与生命所渴求的精神解放。

马珺 《一大时的董必武》铸铜 60cm×60cm×200cm 立于湖北黄冈市博物馆（左图）

作品表现了中国共产党第一次全国代表大会时年轻的董必武意气风发、胸怀壮志、坚定的注视远方，为共产主义事业筹划未来的形象。

马强 《榻·春分》 铸铜 145cm×52cm×42cm（右图）

这是一个试验性的作品，意将写意人物的概念引入到雕塑，表现慢生活状态下沙发里的各种散漫。

马天羽 《罡》 青铜 83cm×32cm×115cm（左图）

雕塑取包公为人物造型，通过凝练、装饰的艺术手法，塑造他心正、身正、言正、行正的浩然正气；表现他植根大地，心系苍生的时代罡风。

南超 《巴别塔》 综合材料
126.5cm×15cm×15cm （右图）

潘松　《“朴”系列——鲲》　铸铜　高 90cm

“鲲”来源于甲骨文。作品创作的造型特征吸取了中国古代建筑斗拱和榫卯结构的建构艺术特征，把平面的象形文字重新解构，并融入书法艺术的骨气，加以古朴的肌理，用雕塑空间造型语言将二维平面图形再转化为三维立体的雕塑，将传统图式和元素进行一种个人性的转化，尝试中国式的空间结构与表达方式。

逢耀坤 《渔樵问答》 不锈钢 90cm×120cm×50cm

作者用写意的手法塑造了渔夫和樵夫在青山绿水间自得其乐的情趣。作品中渔夫和樵夫是“道”和“儒”的化身，“古今多少事，都付笑谈中”及“千载得失是非，尽付之渔樵一话而已”。兴亡得失这一千载厚重话题，被渔樵的一席对话解构于无形。作品用不锈钢板材直接焊接而成，不锈钢焊接处保留焊点的肌理效果以追求作品的大气。

屈峰 《木偶游戏》 松木 70cm×62cm×83cm（左图）

这件少年木雕作品作为一个人形的木偶是雕塑家的创造，而那件他手中木偶是一个机器生产出来的产品。同为木偶，当将这两件木偶用一种合乎生活逻辑的形式结合起来的时候，它们构成了一个木偶玩木偶的场景，在这个场景中，各自的身份有了定位与反思，更对艺术形成了一种考问。

任艳明 《醉里挑灯看剑》 铸铜 70cm×40cm×30cm（右图）

试图用酣畅淋漓的写意手法表现逍遥的醉态和醉中悟道的感觉。

冉光号 《时代》 钢铁，水泥 高 85cm（左图）

梦想、现实不论时代！幸福、美好不论你拥有多少！是时代存有烙印，还是时代影响着印迹！

任雪梅 《保护区》 布、棉、不锈钢等 90cm×90cm×40cm（右图）

保护区是安全舒逸的，它是人为干预巧立的名目，还是为了保护而保护？

史钟颖 《坐佛系列——沉浮、映照、游丝、星云》 不锈钢 95cm×72cm×65cm

佛像在佛教的传播过程中其艺术表现形式随着时代变迁而不断变化。如何用当代的艺术形式传达作者对佛学智慧的体悟，并能去除佛像在很多人尤其在广大知识分子心中偶像崇拜的迷信色彩，使佛造像艺术与当代社会生活真正产生有益的关系是作者做这一系列作品的初衷。

孙龙本 《天禅》 青铜、玉石 67cm×30cm×27cm

禅与大自然同在，可以启迪心灵，引导我们进入超脱的自由世界。当心灵变得清澈博大，生活便能保持恬淡安静的状态。

谭勋 《3.3 ㎡》 苏州御窑金砖、不锈钢板、铝板 198cm×165cm（左图）

依然，是山。
深浅不一的灰砖，像卡尔•安德烈那样，沿着地面整齐地平铺开来，摆放成巨大的矩形，极少主义气质，单纯但不单调，简洁但不乏味，形上但不寒冷，相反，有辽阔的呼吸。

田禾 《泡泡系列 girls》 青铜、丙烯、吹制玻璃 60cm×40cm×42cm（右图）

作品希望表达人的梦想与现实之间的关系抑或是表达人的生命状态。以手工玻璃制作的泡泡代表生命中人们对未来的憧憬、对自身的期许，或是各种美丽的或是容易破灭的事物的梦想。

陶都罕 《熵——建构系列 No.2》 针织布、现成品 30cm×25cm×80cm（左图）

“建构系列”是作者利用现成品组合统一的方式建构的物质世界。

王琪 《伤》 树脂着色 40cm×40cm（右图）

作者眉头受伤，上下缝六针，是以记之。

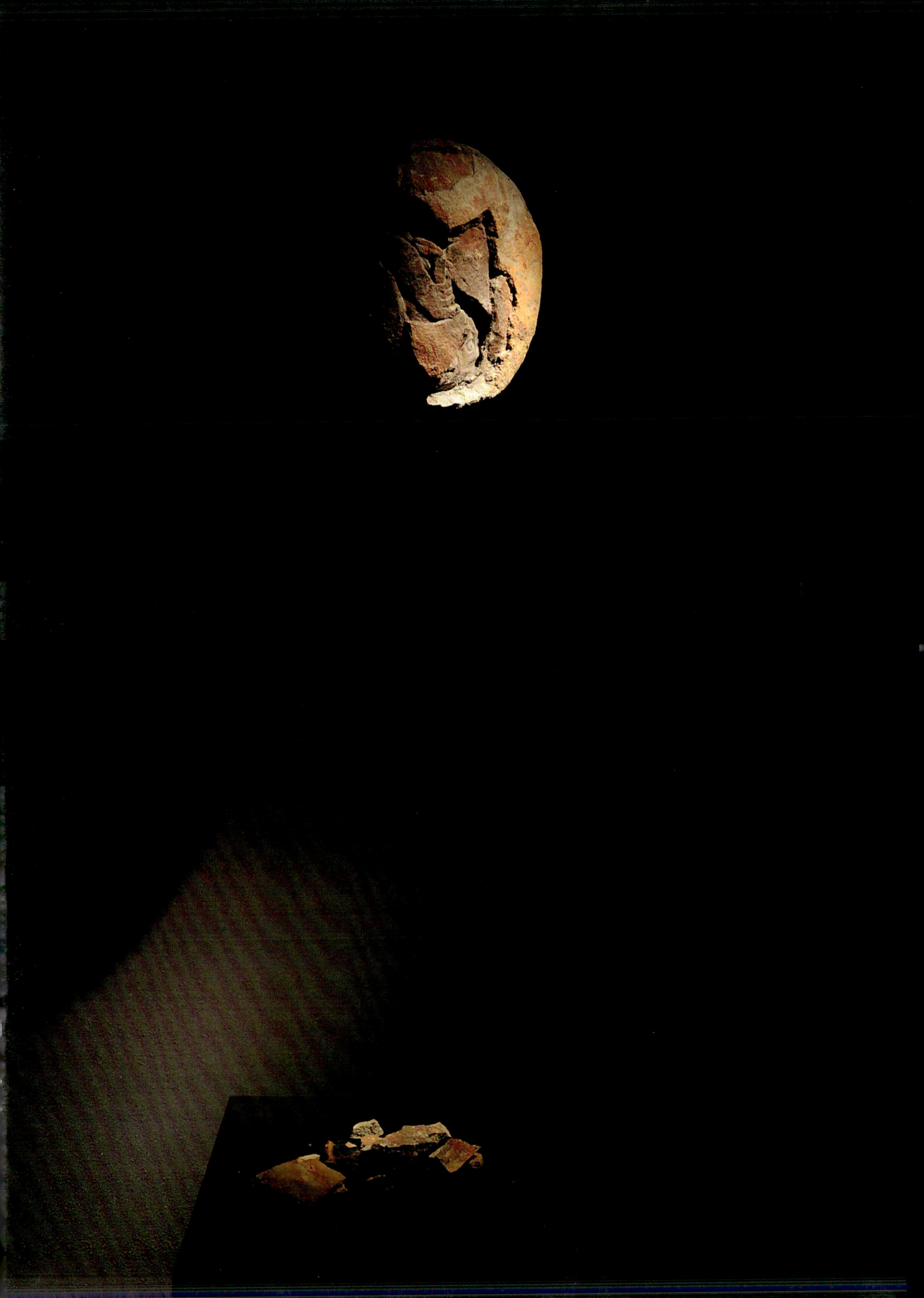

王向荣　《盘古石·开天辟地》 天然卵石（左图）

一块辉绿岩生成的卵石，层层蛋壳自然裂开，壳内孕育千年的盘古氏。一觉醒来，抡出板斧开天辟地。

韦扬锋　《韦国清像》 铸铜 高 350cm（右图）

徐悦翔 《无相》 综合材料 高 200cm（左图）

敦煌艺术的博大与唯美没法全部概括，不执着于有形之境界，则可入于事物之本真，因此只选取了佛手、衣纹、石崖的肌理，最简单的三种元素来表达作者对敦煌、对佛教的理解和朝拜。

许桂英 《易杵莲花》 黄杨木 40cm×22cm（右图）

易杵为金刚萨，即普贤菩萨之异名。莲花出淤泥而不染，濯青涟而不妖。

此雕塑运用承载元素，使空间具有可识别性和象征意义；也正是在其强化物质、内容达到精神高度的过程中使自身具有了永恒性。

许剑 《逐梦 - 笔记》 青铜、不锈钢 高度 80cm

相框式透空交错空间体现时空的多元性。每个镜头都是生活的缩影。众生有喜怒哀乐，悲欢离合。世界在我们眼中，我们也成为众生的风景。

姚兰生 《敦煌韵》 不锈钢 126cm

作品整体人物造型是从中国传统梅瓶得来的灵感，五位仙子又是以敦煌艺术中魏晋南北朝、唐、宋等不同时期的人物造像风格为基础夸张简化而来，整体外形以简约流畅的线条表现出中国传统之美，头，手做了细致的刻画，写意和装饰风格相结合，展现了作者心中的敦煌艺术。

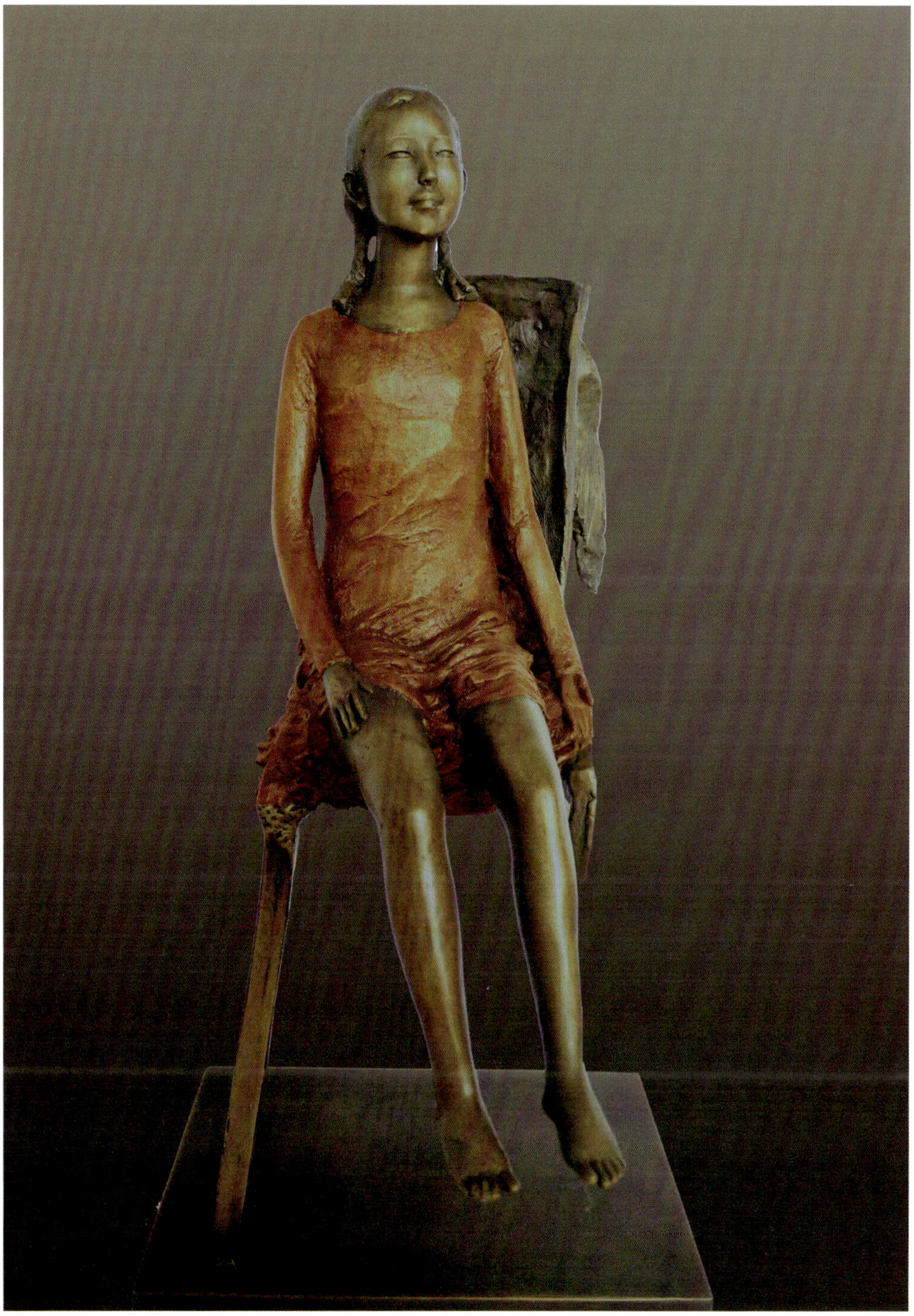

易乐平 《长征记忆 · 林伯渠》 综合材料 83cm×21cm×19cm（左图）

长征，留给后人太多的传奇故事和历史的记忆。林伯渠，共产党元老。曾横渡大河，翻越千山，爬过雪山，走出草地，到达了陕甘根据地。采用纸浆粗犷的肌理配合写意的人物造像，展现革命的热情、执着的信仰、消瘦的脸颊、坚定的站姿。提炼形象，放大精髓，借用材质，摹写灵魂。

俞剑坤 《梦 · 境——会飞的椅子》 青铜 20cm×30cm×40cm（右图）

以儿童的形式创作，寄托着作者对童年的怀旧情怀以及期待成长的梦想。

余澎 《春江花月夜》 不锈钢 680cm×800cm,520cm×300cm,500cm×300cm,530×300cm,700cm×800cm

作品描述在月夜的春江上漂浮着一叶扁舟，清风扬出缥缈悠长的曲调，水墨倒影着演奏者的婆娑倩影……运用材质特性的转换将工业时代的结晶演绎远古的人文情怀，集冷峻与炙热、刚劲与柔韧于一身。

袁侃 《独木桥》 综合材料 1600cm×80cm×40cm

这场以致命白色演绎出的熊猫危机，通过高度拟人化创作及场景设置给观者传递出强烈且不祥的信息，无法回避，犹如目睹了人类及自身命运如何走到最后，走向终结，缓慢而清晰，压抑沉闷之情绪油然而生，无法自已。现场准确冷酷地表达出艺术家的真实意图，危机的主人并非大熊猫，而是我们，是人类自己！以最为人所熟悉喜爱的大熊猫形象为载体，却又彻底抽空了其原本的表面符号特征，通过古老的寓言文体，以熊猫危机为镜子，反观映射出我们人类自身的命运。

杨飞 《踏花行》 太湖石、透明水晶、铜 126cm×25cm×57cm（左图）

人在石上，缅怀；石在水中，凝固；历史之水已经封冻，故地重游，踏花前行！

志勇 《故土》 玻璃钢 120cm×100cm（右图）

草原是故乡，蒙古人和马是标志。以蒙古人和马表现一下蒙古高原的现状。文化还有，但只剩下表面一点点了，其余的已经一丝不挂。资源还有，也是剩下了一点点，根本的还是一丝不挂。状态平和了，安静了，缺少了一切蒙古民族本性的活力。

朱福临 《界》 高分子聚合物 40cm×60cm×20cm（左图）

“箭”与“靶”构成了两个相对的事物，不带丝毫贪求，也不带任何憎恶的平衡心境，进入完全虚空，摆脱自我，达到无念境界——无射之射。

张若愚 《朝露待晨曦》 玻璃钢 97cm×33cm×51cm（右图）

生命如同饱满的朝露在沉寂中迎接着新的能量。

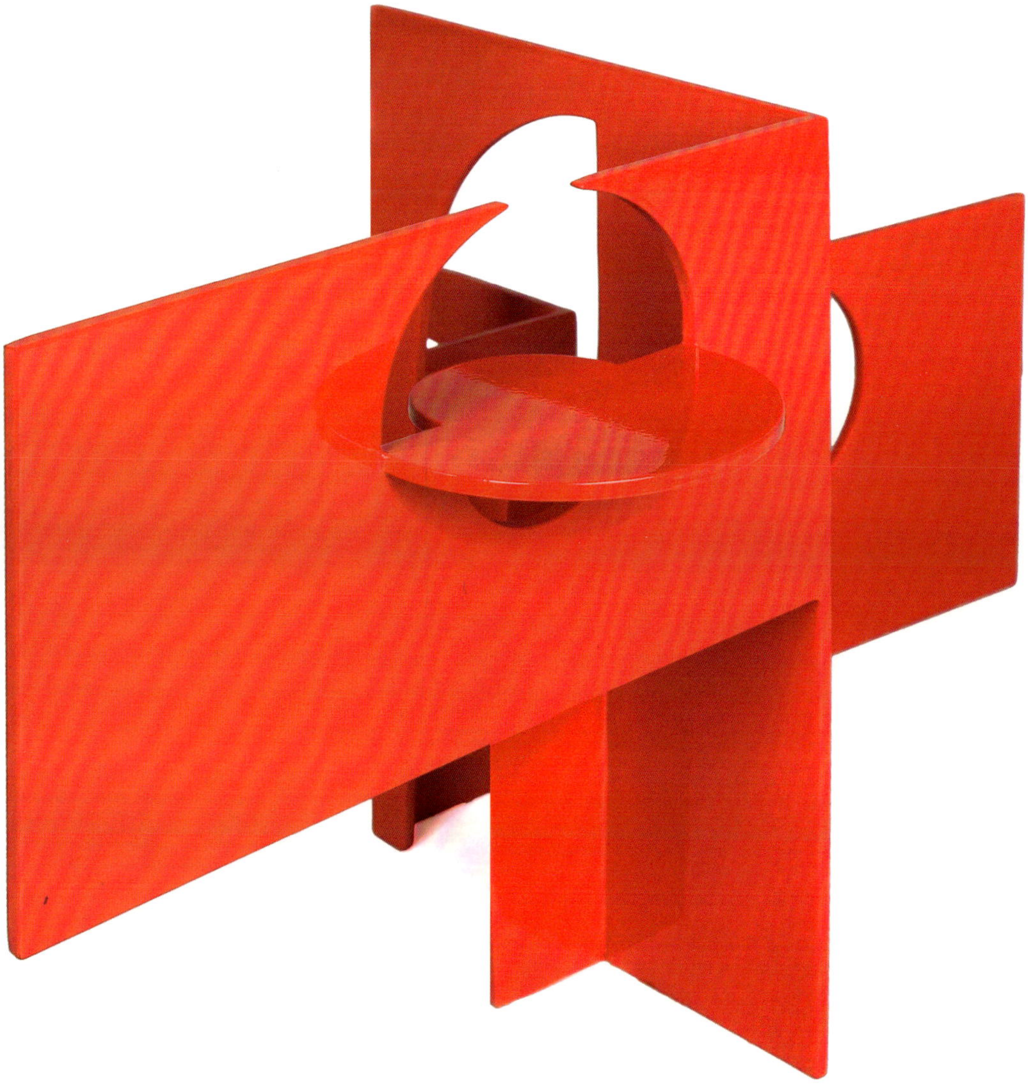

张天奎 《鞋样》 钢板 70cm×32cm×60cm（左图）

鞋样——早时手工做鞋的模板。千里之行始于足下，世人“足”皆以鞋护之，鞋样包含母爱的博大、温馨、幸福。作品由男、女、小孩三种鞋样组成，如一家人相亲相爱，像墙体又似窗如开启的门，构成一个温馨的港湾。

张威 《哈萨克猎手》 铸铜（右图）

在哈萨克族的传说里，鹰是唯一能直视太阳而不被灼伤的神鸟，他们相信，不论捕食或飞行，鹰永远是蓝天中的终极猎手。如今，在新疆的哈萨克牧民中还保留着驯雕的传统。

张宇 《数码迷彩让奶牛更安全——向韩幌致敬》不锈钢、树脂 200cm×80cm×35cm（左图）

作品借用了唐代画家韩幌的《五牛图》，将原作中五头牛的构图关系做了调整，使之具有新的审美含义。作品中将韩幌原作中的其中四头黄牛换装为奶牛，并将奶牛的黑白斑纹做了数码迷彩化的处理，暗喻乳制品行业的不安全生产行为和利用科技手段欺骗消费者，进而对当前的食品安全和社会道德提出质疑。牛当然不会自己去伪装，这背后暴露出的是人性的贪婪和狡诈。

赵磊、赵勇 《都市脉动》花岗岩、不锈钢、金箔及金箔漆 470cm×360cm×120cm 立于北京鼓楼北桥（右图）

作者以北京城墙轮廓为基本构图因素，内外城两部分以艺术化思维做适当扭转，使构图更加有生气。为激活大面积平面空间，将中间紫禁城部分设计为通透结构，里面中间部分镶嵌金属质地镂空图案，雕塑正面镌刻京城内经纬交错之繁华景象，并用不同颜色示意绿道系统区域及位置。

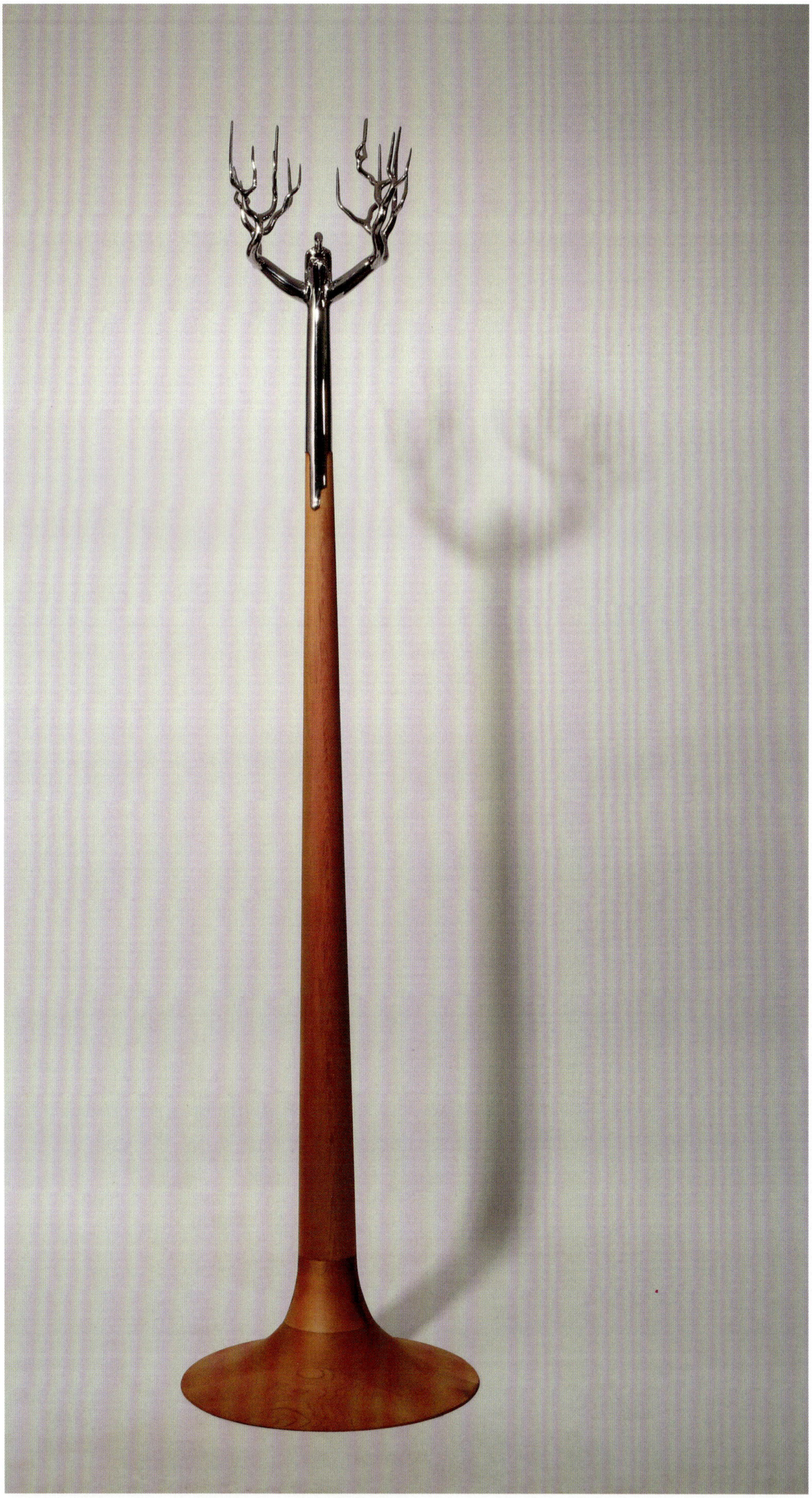

赵展 《一个人的森林》 不锈钢、木 50cm×50cm×210cm（左图）

作品借用“树”的造型，如哥特建筑似的形式向着无限的空间做无尽的延伸。这里的不完美感、不饱满感以及淡淡的孤寂感正是当下人与社会的微妙关系，是社会转型下的无助与惆怅。是观望、是批判，是在无垠的森林中寻找自我的方位与路径，寻找心灵的记忆与梦想，是精神的自我救赎。

郅敏 《龙马》 树脂 120cm×50cm×105cm（右图）

以中国古典哲学中阴阳两极相生相克、生生不息的东方宇宙观看待生命的永恒和当代生活的变换。作品以龙马歌颂生命本源之美，造型纯粹、简约，力图呈现生命的宽厚和博大，呈现纪念碑般的庄严。

郑天则 《金枝》铸铜、木 154cm×20cm×74cm

抹不掉的记忆都有存在的闪光之处，像枯木上发出的新芽，既微小又珍贵。

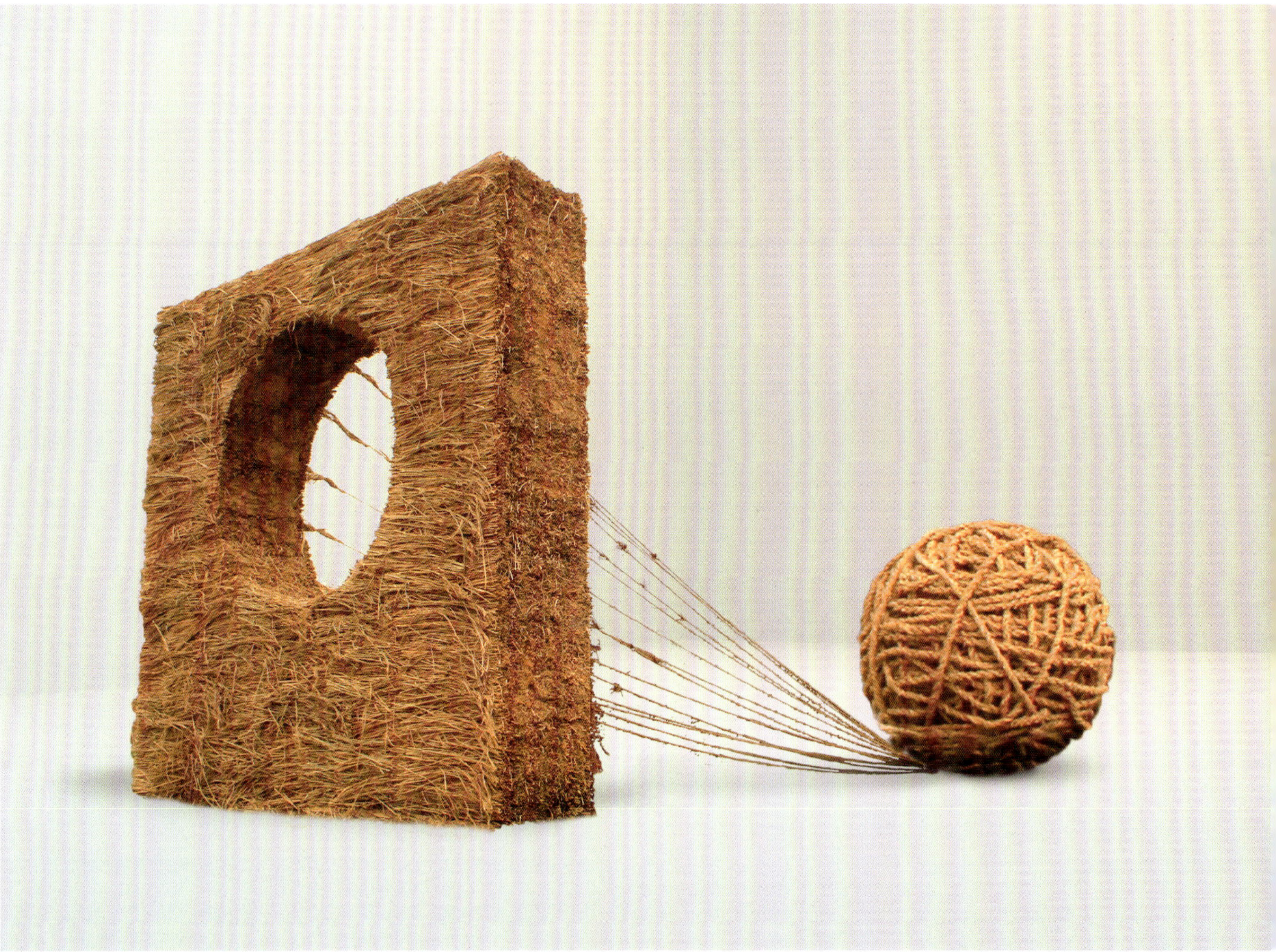

曾令香 《结绳非记事》 稻草 400cm×100cm×100cm

作品将我们的视像导向自然、历史和手工记忆，去思考人与自然的协适关系、去看见自然的丰富性和本源性以及物性；重塑对自然的那份谦卑姿态。并试图结合场所空间特质，在最本源性的方与圆的抽象造型里，表达力量、稻草材质的物性和手工的温暖记忆。

人物

体制与艺术：新中国第一代艺术家

形式与观念：50 后艺术家

传承与突破：60 后艺术家

越界与综合：70 后艺术家

探索与创新：80 后新生代

陈文才 《不系之舟》 花梨木与亚克力 132cm×18cm×37cm（左图）

作者将健硕的男人体，用夸张的学院派塑造手法，塑造出赛龙舟的方舟形态，体现出力量与竞技的融合，生命的活力，同时呈现出时代精神与运动的魅力。不系之舟，自由之魂，生命之向。

曹淑海 《军民鱼水情》 铸铜 480cm×900cm（右图）

雕塑围绕传奇将军许世友与胶东人民亲如一家，谈笑风生的动人场景，热情讴歌了传奇将军与伟大的胶东子弟兵携手作战，军爱民，民拥军的红色胶东精神。

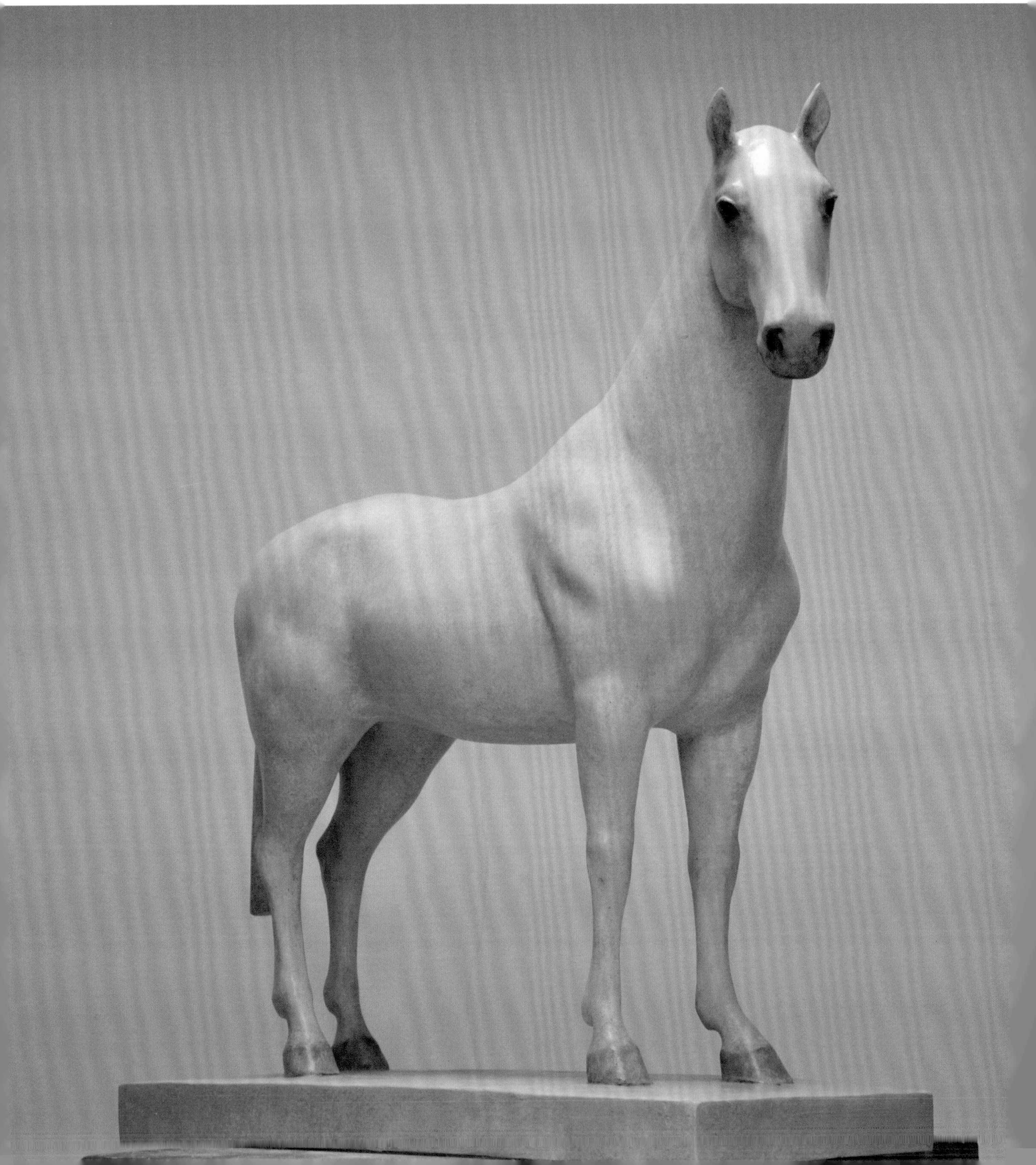

曹云 《过隙》 玻璃钢着色 80cm×78cm×30cm（左图）

车映霖 《飞奔的时代》多元脂纤维烤汽车漆 90cm×48cm×37cm（右图）

作品是在马年以传统折纸、中国红等元素创作的一匹飞奔的马，是对中国传统元素解构后以本我语言重新组合后的结果。跨时代的今天，经济高度繁荣，希望中国的文化像这匹飞奔的马一样，纵横驰骋。

崔宇 《新八骏图 No.2》树脂着色 165cm×230cm×60cm(左图)

作者以现代人的审美观对古代八骏图进行加工修改，创作出具有现代审美情趣的新八骏图。作品更加追求趣味性，突出马的个性，使每匹马具有自己的性格。手法上简约明了，高度概括，动态优雅，使作品看上去更加灵动。

窦思聪 《后辫子时代》 玻璃钢、钢丝、铝线 300cm×57cm×52cm(右图)

在人类历史进入“后现代”时代的今天，中国历史正进入“后辫子时代”。这“隐性的”辫子是什么呢？确切含义无法诠释。但是，从普遍的意义上来说，就是人们常说的“局限性”。它无时无刻地影响着我们，使我们围困于所见所闻，窒息着我们的创造精神，束缚着我们的手脚。

丁继会 《假如明天不用出发 I》 树脂着色 180cm×60cm×165cm（左图）

创作此作品的出发点是寻找自我，马和人其实都只是个思想的载体，人是我自己，马也是，他们在交流，一种心灵上的对话，就像自己在闭目养神思考问题一样，是一种状态，一种对生活的态度。

丁浩 《问道山水系列》 铜、木 27cm×10cm×73cm（右图）

在生活中，作者意识到，最奢侈的享受往往是最为原始古朴的东西。所以作品用普通的木材，借助它的特殊纹理，雕刻古典山水形象，寄托情怀。

邓浩然 《荏苒》 综合材料 140cm×60cm×50cm（左图）

加缪说：“作为一个存在的人，人类用生命的价值和意义来说服自己：人的存在不是荒诞的”。然而，我们常常让自己更加荒诞。愿我们心存敬畏，自由而豁达地认真生活。光阴荏苒，我心依旧。

董博泉 《游离》 铜 高 150cm（右图）

每天总有一瞬间，在那一瞬间忘记了自己身在何处，忘记了自己。游离是一种生命存在的状态，在那一刹那间，生命仿佛抽离于身体以外，那一刻，我触摸到生命的崇高与无尽的自由深渊。

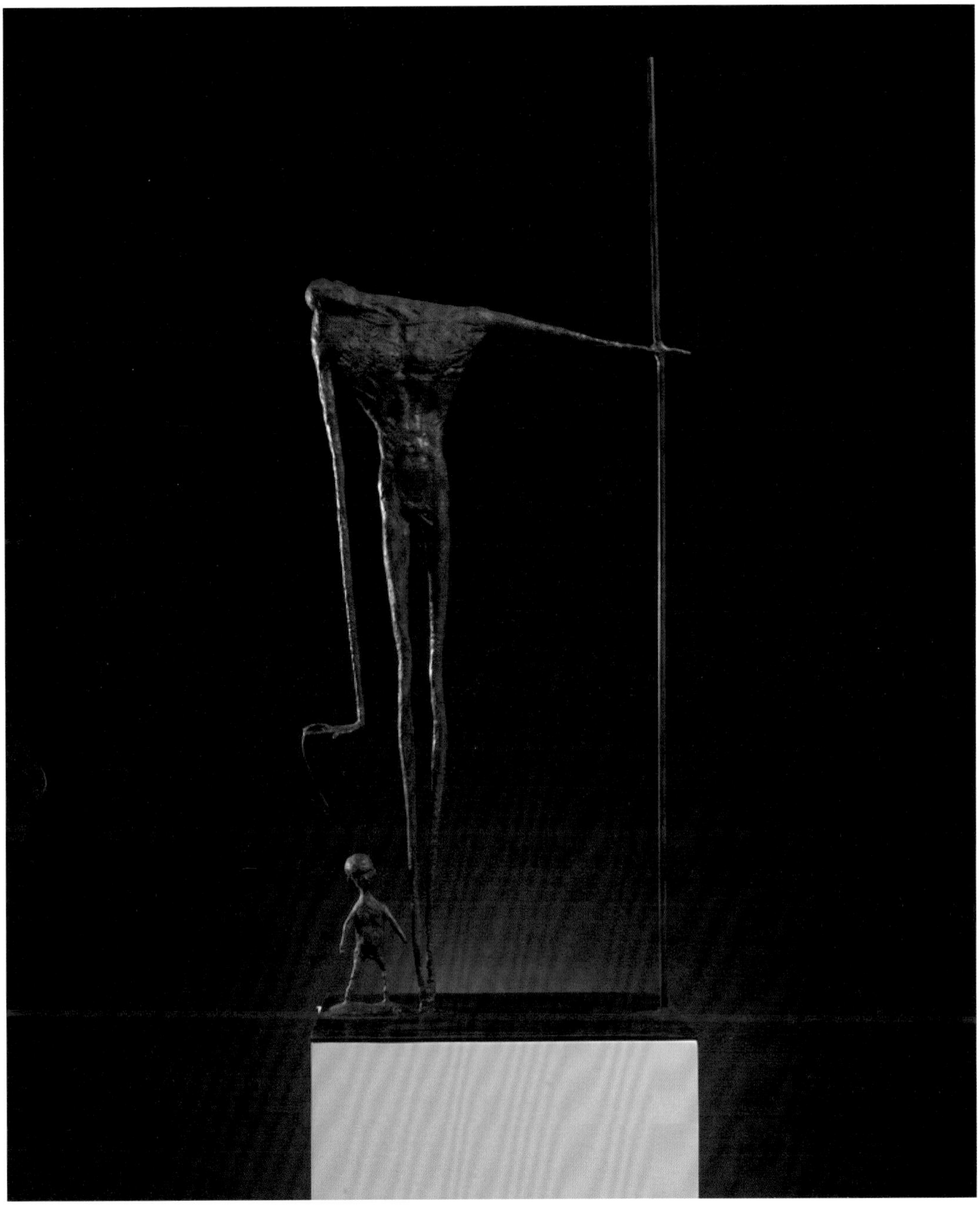

杜英奇　《指马为鹿》　石膏　280cm×120cm×120cm（左图）

作品由翻制石膏剩下的模具生成，模具自身的形态带领作者去经营每一块形体。它最后的"鹿"就是作品本身不断生长不断变化的结果，当然，它还可以继续变，继续生长，而在这个变的过程中总会有惊喜。

高伯寅　《浓缩的生存空间——立锥之地》　铸铜　40cm×25cm×60cm（右图）

当代社会中人们的欲望越来越多，但最终凝聚在一个相对的生存空间之中。

高满君 《悦系列》 玻璃钢着色 高 70cm（左图）

作品试图在探寻一种游离于现实与非现实中的人物精神面貌，追求的是一种脱离现实藩篱的具体人物象形及其内容，通过对人物精神的非现实及状态捕捉来实现对生命体、存在以及价值的一种幻想。优美的人物形象也并非单纯的从形式出发而再现一种现实的美，相比而言更具价值的是作者对其人物的灵魂再造。

高昕 《暖海》 树脂 98cm×88cm（右图）

作品展示的是生命体形体之美，人类与自然界与其他生命和谐共存之美，以及生命体奋勇不息的精神之美。

耿雪 《海公子 1》 综合材料

韩文华 《矿》 青铜 45cm×105cm×46cm（9个）

作者将中国古代青铜器造型作为借用对象，利用一些技术手段，得到诸多青铜器物真实的挤压效果，最终形成长方体形态，表面为电解仿古做旧处理，如出土的矿藏一般，一种悠远、苍茫的气息开始弥漫，成为对文化姿态的一个隐喻性表述。

霍健 《听海》 青铜 18cm×8cm×24cm（左图）

作品展现的是少女坐在海边一块被风化的岩石之上，左手扶耳，聆听大海的声音。体现了女子独自在海风中与大自然的对话，毫无保留地诉说着她的一切。

胡尹萍 《和姐姐的凳子童年》 铜 77cm×58cm×23cm（右图）

蒋海岭 《力》 树脂 90cm×35cm×40cm（左图）

作品借用古代不同姿态的“托塔力士”与现代雕塑形式相结合，来表现当今社会各式压力下的人们所表现出的不同姿态，坚持、无奈、泄气、呐喊……通过古与今、虚与实、简与繁、刚直与圆弧形成矛盾的综合体，使作品获得了多重的当代意义。

景晓雷 《飞机去哪了？No.2》 不锈钢 50cm×50cm×70cm（右图）

这一系列作品的出现源于个人的偶发奇想，或者说是一个疑问。我们身处的周围充满变化，而我们的内心也会常常随之游离，这种注重体验、且行且看、随机随性的生活态度是很多人的心理状态。然而，茫然是由于空虚。精美炫目的山水一隅影射了当代人物欲生活的取向，温情而甜腻的安慰使人们获得短暂满足而往往疏于对现实冷静的思考与反思，丧失对于崇高精神的追求与向往，最终导致自我价值的迷失。每当面对内心的迷惑与空洞，是否应该问一句：“我们要去哪儿？”

李伟、刘知音 《月光下的小秘密》 不锈钢 114cm×135cm×240cm（左图）

青春，不管是美好还是苦涩的，都是我们记忆中极为重要的一段经历。在当下，追忆已逝去的青春成为非常时髦的话题。然而，每一代人都有他们专属的青春经历和记忆。作为中国第一代的独生子女，八零后的我们，与过去“呼朋引伴”的时代不同，我们从小独自在自己的精神世界里长大。所以我们更多的还是根据个人经验、感受去创作，但也融合了一些当下流行的图式语言，比如时尚语言、动漫因素等。作品表现得虽然比较优美，但是隐约流露着哀伤的情绪。作者希望以一种自我分析、自我经验、自我感受的方式进行创作。

黎春辉 《锈之三》 陶瓷 45cm×45cm×45cm（右图）

以腐蚀的玉玺为形象，借以表现封建专制的消亡和对自由的向往。

李丰延 《新娘系列》 不锈钢 60cm×40cm×120cm

《新娘系列》浓缩了人生经历和对广西少数民族文化元素的重新审视，对于少数民族新娘的认识，感觉如同电影中的某一个片段，细腻、空灵、清晰、虚幻……美不胜收。在表现方法上，运用了几何构图和虚实结合的手法；在材料运用上，主要采用不锈钢以突出作品的质感、色泽，整体体现简洁明快的风格。

李铭燃 《非常态》 高铬不锈钢锻造 200cm×160cm×170cm

作品是一个高铬不锈钢的骷髅头，作者在骷髅头上刻画出了一幅世界地图试图把它变成一种全人类共同命运的象征，因为世界地图具有普世性的寓意。

丽莎 《荷系列 9》 铸铜 25cm×20cm×15cm（左图）

荷与和：古人一直认为“和”是解决国与国之间冲突的原则，主张“协和万邦”（《尚书·尧典》）。由于“荷”与“和”、“合”谐音，故在中华传统文化中，经常以荷花作为和平、和谐、合作、团结、联合等的象征。

凡物先华而后实，独此华实齐生。万窍玲珑，亭亭物华，出淤泥而不染，花中之君子——“荷”也。是“荷（和）而不同”，但又共同组成了高洁的荷花世界，是“荷（和）为贵”，故此为“荷”。

刘蓓 《爱玲》 树脂 80cm×40cm×30cm（右图）

《爱玲》是系列肖像作品中的其中一件，是要做爱玲的另一面，她独自一人时的那一面，不同于冷傲的那一面，不同于男性视角、大众视角、仰视之下的她。爱玲有大量照片，但是这些照片也许是假象，她面对镜头的时候的状态是她面对世人的状态，是她愿意给人看到的状态，就像我们的自拍一样不真实。大众对于这样的一个女人，容易神话或者妖魔化。作者把自己置身于她，换位同理，以平视的角度去揣摩她，塑造她。

刘恺 《弄臣》 香樟木 120cm×100cm×75cm

人性中潜藏着无意识的动物性，动物身上也能呈现人的情感与态度，雕塑以弱小的动物为题，这些动物的表情，动作，眼神传达了一种挤压后的情绪。平凡弱小的生命面对现实的生存环境，呈现着不同的状态。

刘松 《远方的呼唤》 树脂 185cm×30cm×50cm

作品塑造了一群天真烂漫的孩子骑在一匹神奇的大马之上，仿佛正在响应远方的呼唤奔向未来。人物与马的造型既有青铜器的古朴，又有孩童般的稚拙，体现了中国当代雕塑的写意精神。

刘立国 《鸮》 玻璃钢 55cm×20cm×26cm

《野生系列》是2013年开始计划创作的，目前大部分是以禽类为主并同时开始创作斑马系列。以野生动物为创作主题的想法是在大学时就有的，但是一直没有落实到实物制作上，毕业后才逐渐开始实施并完善这一系列作品，想以此向作者喜欢的动物雕塑家 Nick Bibby,Andrew Haslen,Geoffrey Dashwood 等致敬。

刘涛 《休息中》 石膏 高 27cm

作品《休息中》利用小憩沙发的姿势告诉我们在生活中各项事务占据我们的身体，我们需要休息，在休息当中净化我们的心。

林双鹏 《胡适先生》 铸铜 62cm×20cm×16cm（左图）

胡适先生留学西洋，开中华 20 世纪初叶文化革新滥觞者之一，崇尚独立品格，自由思想。兴白话、废八股、启民智、办刊物、播新思想扫陈腐旧面貌，劳心神为沧桑中华谋未来图景，同样可谓大先生。

柳青 《成果》 树脂手绘 192cm×195cm×175cm（右图）

作者希望以我的“微缩景观”为观者提供一个关注社会、认识社会和反思社会的窗口，通过这个窗口，我们看到的不仅仅是物和他人，同时也是自己。它提醒我们应该在日常生活中发现一些神奇，做出一些改变，不只是改变自己，同时也应该试图改变社会。

罗幻 《坐看云起时》 石、木 54cm×50cm×27cm（左图）

作者想，对形象的关注是目前最难以割舍的思维基础，表情、姿态、颜色、光洁的表面都使作者着迷，从中看到了难以言说的情绪；后来，作者又发现了透明感、材料的质地、触感、温度感………各种各样的媒介丰富了作者对形象的认知和表述，从而进入一个更为广阔的领域，更加确切的表达出自己感知到的世界。

龙忠 《春秋大改革家——商鞅、管仲》 树脂、铁、木 83cm×30cm× 80cm（右图）

作品采用夸张变形的手法，表现了春秋时期改革家商鞅、管仲的形象，用雄辩的姿态表现持法家思想的商鞅，用谦卑的姿态表现传承儒家思想的管仲。作品采用借古喻今的手法，用历史人物的事迹来表现当下国家社会的改革。

马宏法　《逗兽系列流云》 铸铜 210cm×70cm×75cm（左图）

逗兽系列早先就是作者欣赏北朝的石刻作品，从中吸取养分变化得来。学习高古的气息，延续高古的味道，进行主观处理以及个人审美情趣当代的演绎而进行创作的作品。追求神上的致敬以及味道的延续。

门雅旭　《心与浮云闲》 镜面不锈钢 220cm×35cm×45cm（右图）

作品借用中国传统艺术语言表现手法——山水画卷轴的形式，运用雕塑的立体空间方式，将平面的中国水墨山水移植到立体的空间当中，将二维的山水画面转化成实体的山形，并且将其悬浮于不同高度的空间当中，即是山水却无水，水在观者的意念之中，充分体现中国传统文化中“虚无”的精神，在形式上对于传统山水画进行全新的解读。

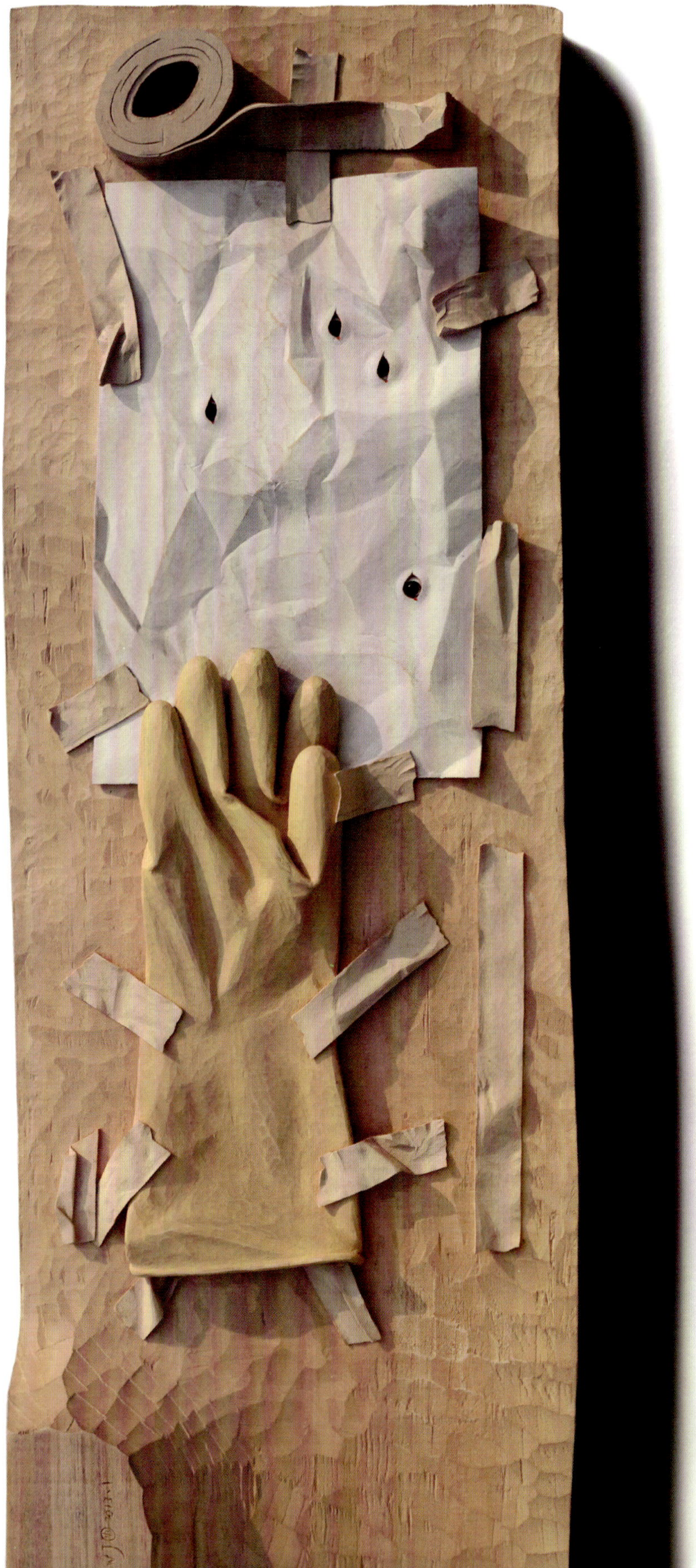

马文甲 《塑胶手套》 木 79cm×29cm×6cm（左图）

在我们的世界里除了人类以外许多东西都是有生命的。作者希望于自身基本的生活中发现更多的生命形态和特征，哪怕它们看起来微不足道。这些对于生活中细枝末节的关注和刻画可以使人懂得更加珍爱世界和生活。

孟昊 《年轮之四》 榆木、牛皮 27cm×26cm×12cm（右图）

作者最初认为，取下年轮应该像剥下树皮一样，层层向内推进即可，但自然事物的呈现就是那样：虽有规律可循，也有混沌之处。在多次尝试后作者确定了两个方案：一种是用从浙江购得的松木树片，取下一大圈，然后利用松木较柔软的特点，小心的磨掉多余的年轮，留下完整的一轮，即内圈早材外圈晚材；第二种是用北方的榆木锯下约两三厘米厚的树片，将相对软一些的早材去掉，留下所有的晚材，最中心处是空的，因为那里——我原以为的核心处，是混沌的，管状的纤维在那里也辨不分明，很难求得最初的那一根，索性去掉了。

苗鹏 《那一世》 旧木、金属、五色棉布 320cm×70cm×856cm（左图）

作品计划通过将木料进行榫卯、拼接构建出既似人匍匐在地又似连绵山峦的形体，衔接处用金属件铆合，最后用经幡的蓝、白、红、绿、黄五种颜色的棉布沿木纹机理钉入木头里。在藏传佛教中，经幡是连接神与人的纽带，寄托着人们美好的愿望。蓝象征着天空，白象征着白云，红象征着火焰，绿象征着绿水，黄象征着土地。

孟祥轲 《风入松——山水人物系列之一》 青铜 82cm×54cm×38cm（右图）

作品融合了山石、草木、动物等自然元素，与非常规的人体元素结合为一个整体，体现人身的物性与自然的人性，显现天人合一的现代意义。在形式上将意象形体加以构造重组，将精细的塑造与偶然的天成融合一体，体现出梦境一般的确定性和不确定性。

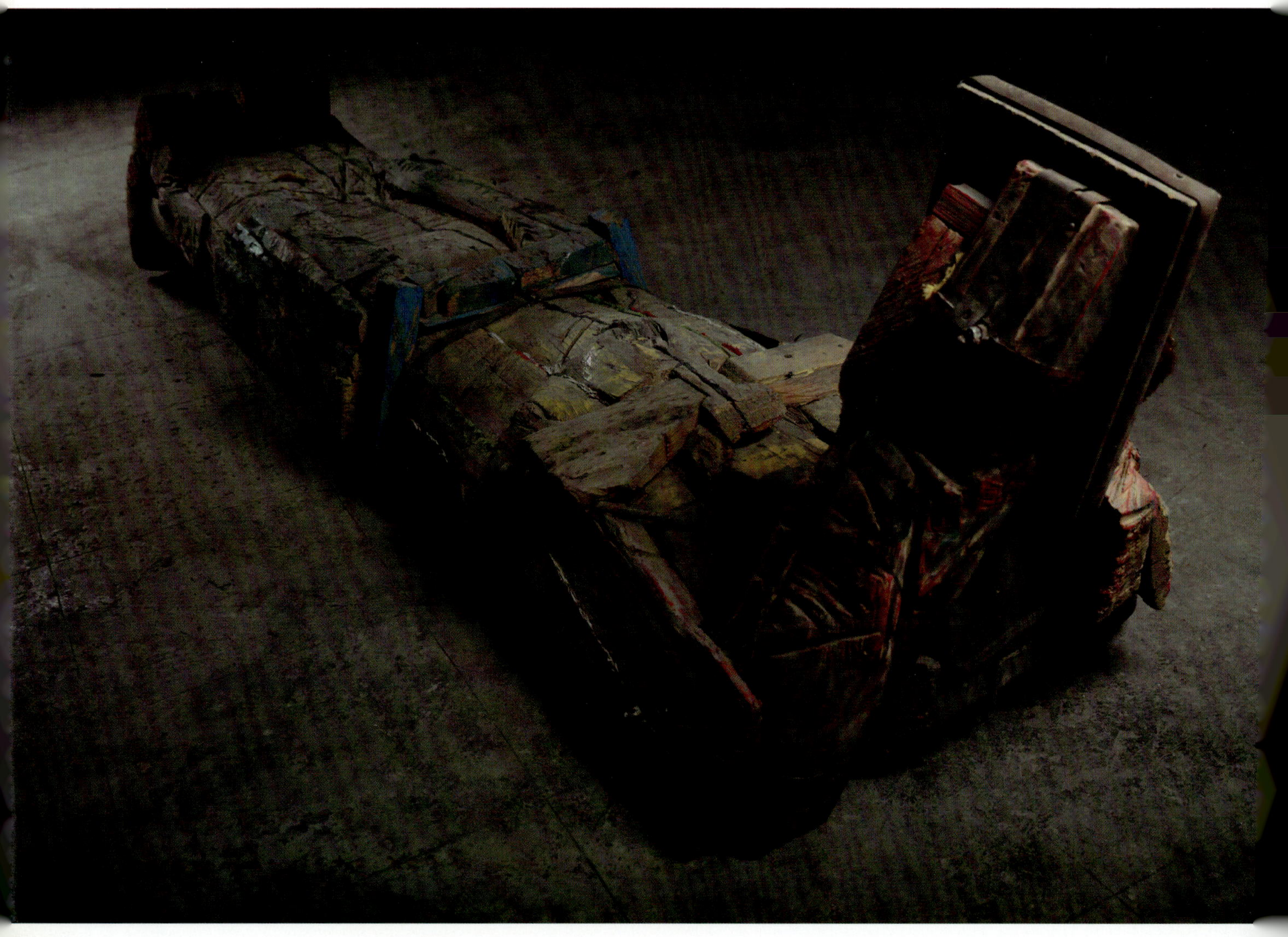

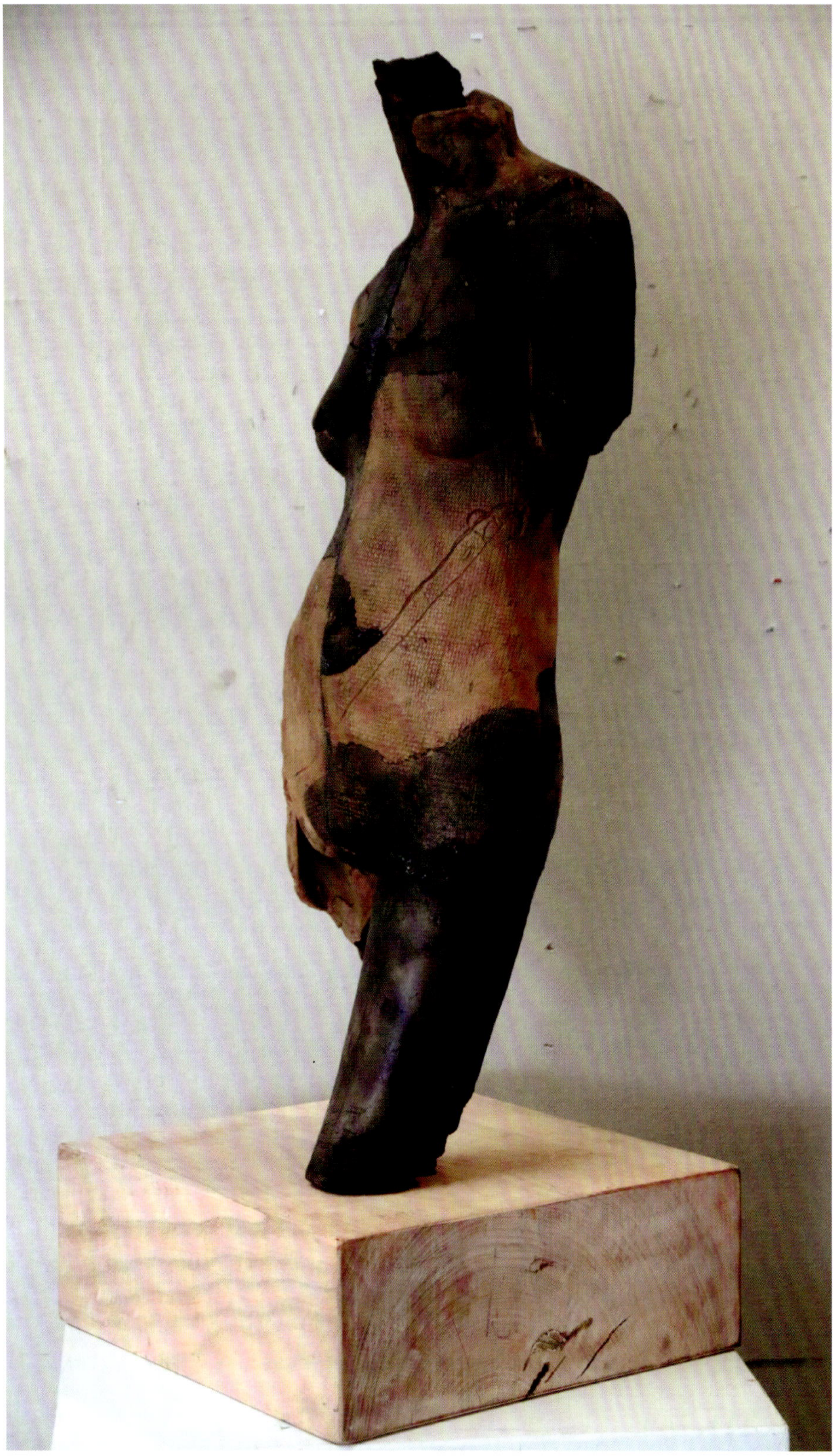

农帮敏 《躯干》 坭兴陶、气烧、坑烧 50cm×45cm×80cm

祁杰飞 《快乐知己》 青铜 26cm×15cm×35cm

作品创意题材取自《庄子观鱼》典故。庄子面露悦色卧于拱桥之上，人物的衣襟与河水结合，鱼从庄子衣襟游出似与庄子对话。作品在造型上寻求飘逸的表现手法，突出人物崇尚自由，融入自然的性格特点，在雕塑衣褶的处理上疏密有致。

任哲 《神气》 青铜 80cm×71cm×103cm（左图）

凭借与传统的记忆，蓄势于外，化象于表，凝神于中，将西方雕塑技艺、传统古典英雄形象和中国艺术精神结合得自然贴切，有所创新而不显突兀。

宋如 《重缚》 综合材料（右图）

坚硬的铁板能保护人们的生活，阻隔外在的危险；柔软的纱布用于保护人们的肌肤，隔离细菌的侵害。然而，重重的保护究竟是一种在不同环境中的庇护与重生？还是一种对自身的桎梏与羁绊？通过材料的冲突与结合，来探寻当今高速物质化的社会中人生所面临的际遇与挑战。

尚明玉 《无题》 樟子松木、铁材料 150cm×110cm×50cm

属于综合材料雕塑，寓意工业革命文化，衬托现代工业文明。创作结构采集部分早期蒸汽机内部动力结构，进行抽象化处理。

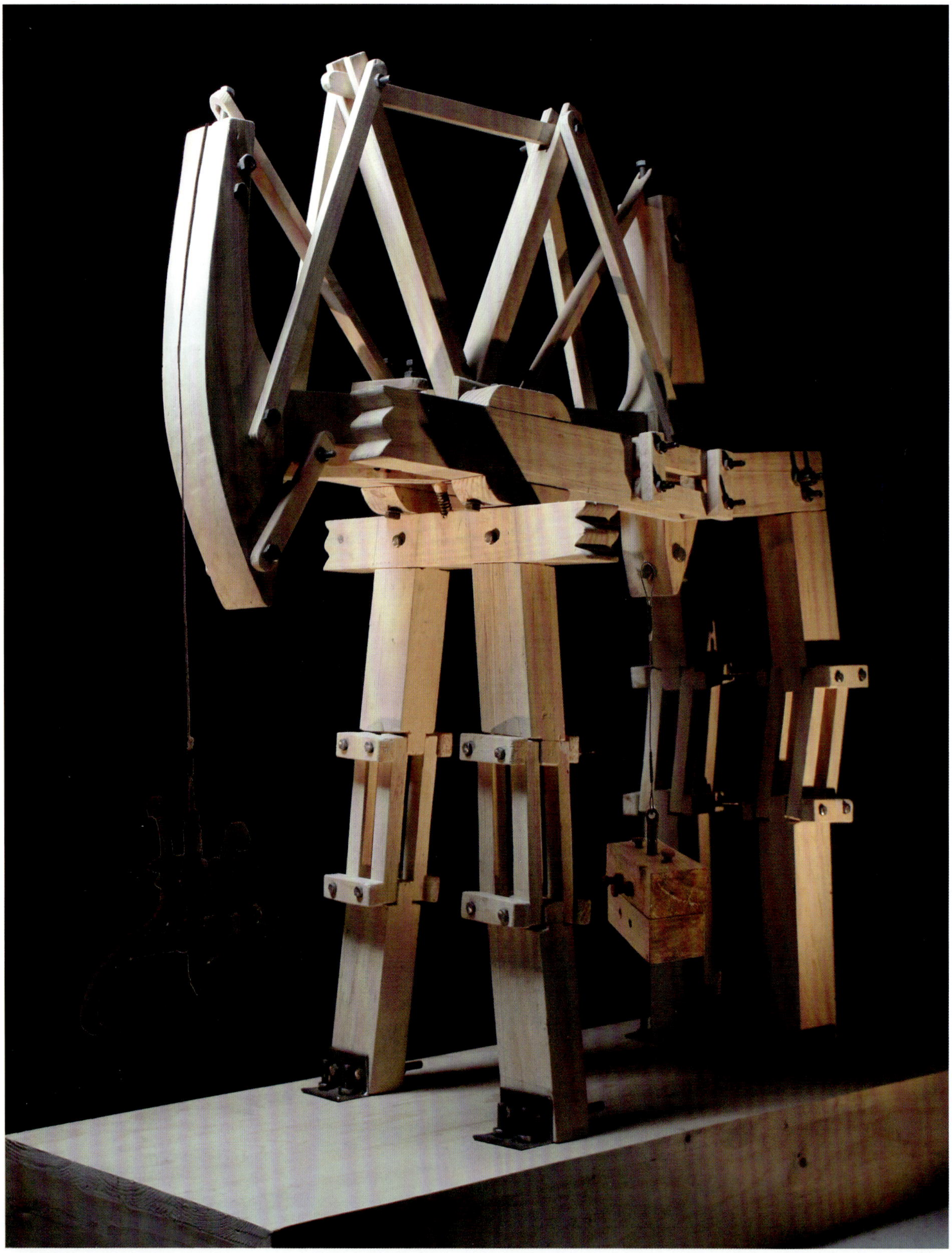

松博 《挣脱》 玻璃钢树脂、着色 80cm×50cm×30cm

创作灵感来源于匈奴毡画，具有沉重压抑的感觉和扭曲变形的外观下面，激励着渴望自由、表达自我的涵义，对马身的塑造和神态表现增强了空间张力与存在感，鲜明地揭示了创作目的——让自强不息的精神在瞬间彰显由内而外迸发的力量。扭曲的躯体摆脱了放置与视觉的限制。

王朝勇 《速·写》 木 170cm×400cm×200cm（左图）

作者做这件作品的时候，最开始并没有构思好最终的画面和效果，而是从一个物体开始依次往下做，每一个物像都有上一个物体联想出来，这些形象看似不可能在同一画面出现，而它们又有内在联系性，注重的是过程中的偶然性和不确定性。整个过程就像在画一幅速写，所以有了这个名字。

王天进 《小暑》 大漆、树脂着色 45cm×40cm×76cm（右图）

作品通过夸张的手法反映家庭中喜闻乐见的生活情景，给观众带来浓浓的温馨。

王立伟 《或说无我或说空》之四 牛皮、综合材料 121cm×115cm×45cm（左图）

皮革是一种有机物，是生命的结束，通过皮革这一材料，使生命以另一种形式步入轮回，体现出梦幻般的视觉真实。而由于每块皮革的质地不同，在制作过程中会随机出现不同的效果，令人兴奋激动，这就像生命，每个个体都是独一无二、与众不同的。在这件作品中，着重经营“线”在雕塑空间中的位置。

王元明 《人体》 石膏 高 50cm（右图）

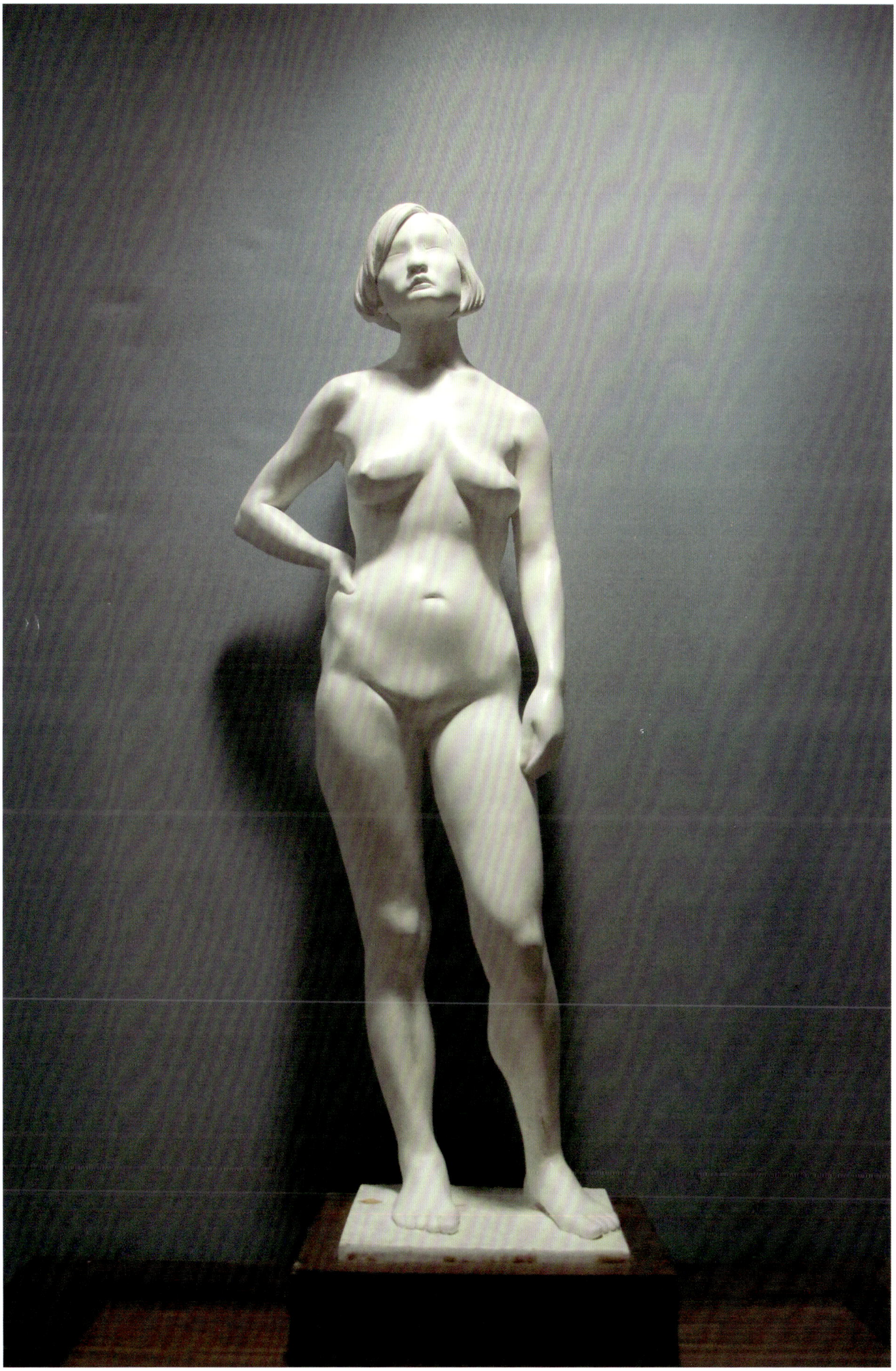

王希杰 《须弥 · 间》 痕都斯坦玉 14cm×7cm×48cm（左图）

相传山高八万四千由旬，山顶有善见城，为帝释天所居之处。其周围四方各有八位天道，帝释天在山顶统领须弥山周围的四方诸天，合起来共为三十三天，帝释天即为三十三天主。无边无际的空间世界。

文豪 《磨 ......》 砂纸、红色土块 23cm×32cm×2.5cm（右图）

获取一个形态的方式让人回味。在一个不起眼的土块上建立起人和自然的某种联系……唤醒曾经有过的天性。

吴高志 《戏说钟馗》 综合材料 62cm×55cm×165cm（左图）

提起钟馗，人们脑海中会浮现出关于钟馗故事的很多画面，此作品通过木头、铜条等多种材质，借助夸张、写意的艺术手法，表现钟馗憨态可亲的一面，同时又不失钟馗威武凶猛的个性特征。

项祎 《百年身影》 树脂着色、钢 120cm×87cm×115cm（右图）

作者出生在武汉，耳濡目染江城遍地的民国痕迹。辛亥百年，遂塑民国文人志士众像予以追思，刻意强调之拉长身影以喻人文传承。

谢扬帆 《长夜》 木 30cm×30cm×200cm（左图）

本组雕塑以人物肖像作为表现对象，但其造型本身并未以现实中的人为参照，而是内心人物形象的异化，人物造型怪异的组合以及不完整性并非是作者刻意表达，而是创作过程中常规而自然的流露。“长夜”的命名是对这组雕塑状态的表述，“长”代表时间的久远，而“夜”代表无穷的黑暗及漫长的思考，正如面对外部世界的多变与复杂，而人所感知和表达的反而是宁静、无奈抑或是麻木。

许迪 《观想自心——你的样子》 汉白玉 81cm×66cm×99cm（右图）

怀孕，是大多数女性都会经历的一段难忘时光，激素的不稳定着实会让准妈妈们抓狂，静下心来修整自己的心，让内心平静下来尤其难得。十月孕育生命，是自然界的一个奇妙的过程，这个过程也让作者切切实实体会到生命体的强大力量，更加尊重生命，热爱生命。

徐笑非 《蒲公英》 不锈钢、青铜 780cm×320cm×190cm 立于成都

风，从山谷中掠过，吹起漫天的蒲公英。那是生命的征程。
海，卷起浪花，奔向天与地的交接，海天一线尽悠然。
听，两只鸽子，在风中歌唱。

宿志鹏　《翻制的文明》 大理石 高 200cm 立于安徽芜湖雕塑公园

芜湖——汽车之城，汽车——现代工业文明的集中代表。雕塑承载着文明，开启着智慧：从利用陶范进行青铜铸造直到利用现代化的工业模具进行流水线式的批量生产，艺术创作和生产生活之间本没有明确的红线。

这件雕塑是翻制雕塑用的模具，模具从“配角”成为“主角”，由幕后转到台前，而观众也能轻而易举的发现翻制的是一只汽车的车轮。十六片模具看似松散的摆放，但其实可以阴阳咬合，真的翻制出一件车轮那样的雕塑。艺术与工业，历史与生活就这样——一不留神——又巧遇到了一起。

杨彧　《破石·和谐》　不锈钢　40cm×20cm

人与自然的和谐是一个永恒的命题和梦想，但在追求的过程中，需要不断的超越和探索，抽象雕塑也如此。

于航勇 《你幸福吗》 玻璃钢烤漆 高 110cm

网络生活的流行，衍生出许多宅男宅女，只愿关注自己的方寸世界，无视与社会与他人的沟通体验，自认为是幸福生活，其实未必，春花秋月、朝霞暮雪、世事人情皆为获得心灵幸福的给养。

杨光 《国槐》 综合材料（左图）

杨松 《女孩和猫》 泥土 40cm×25cm×40cm、20cm×13cm×27cm（右图）

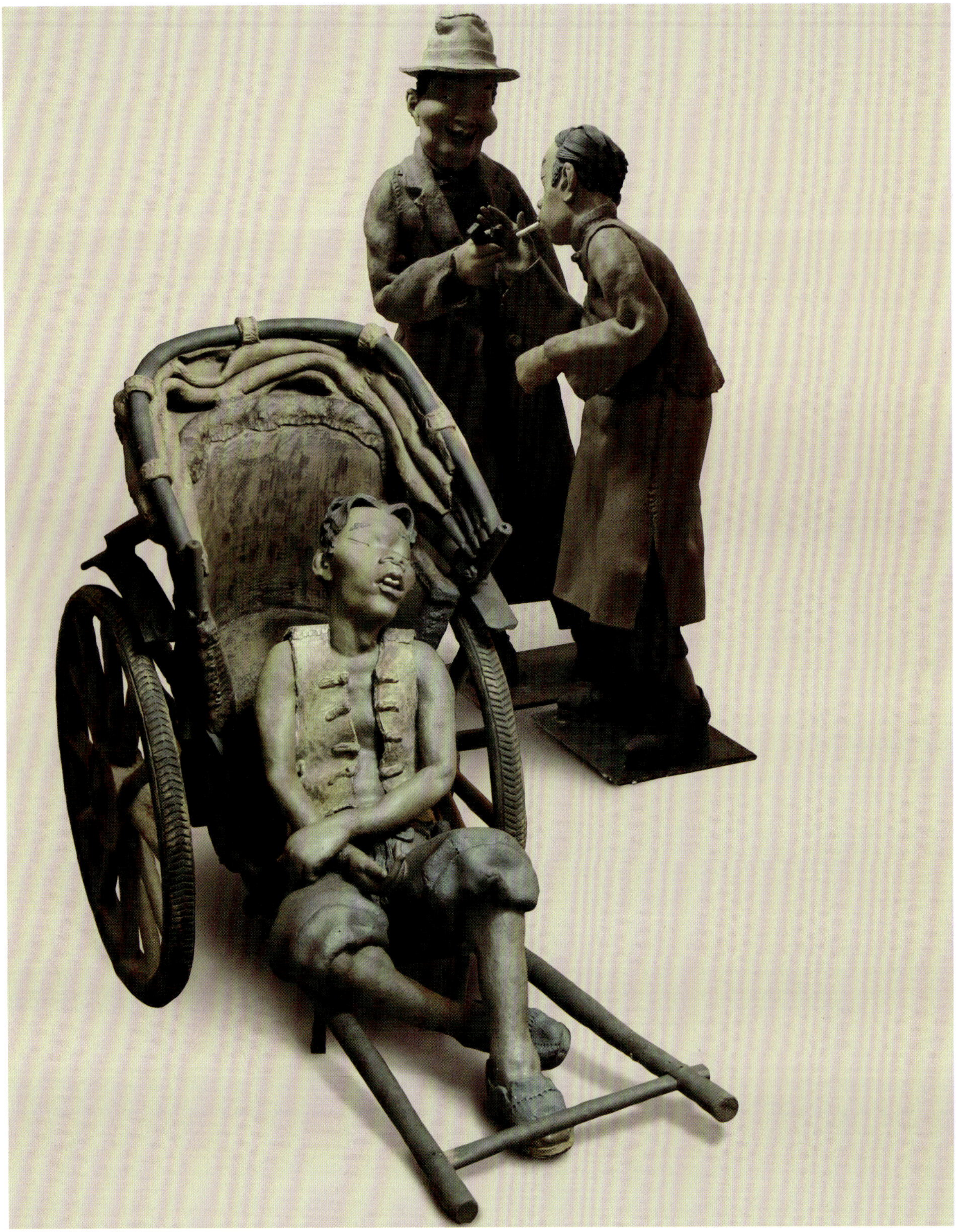

易春辉 《旧事》 陶 100cm×70cm×50cm

作品创意之初源于一次偶然机会，我在南京先锋书店翻阅了一本民国老照片的图书，厚重、沧桑又略带一丝悲凉的图像深深地吸引了我，勾起我去关注民国文化的冲动。我搜集了很多图片、文稿，甚至特意观看一些表现民国时期的影视作品。民国是个特殊的历史时代，国人吸收了外来文化，改变了生存状态。我无法用完美的言辞来诉说这段历史，只有用泥土来表达对这个时期人文情怀的感动。我以旧事场景为切入点，运用意象的造型手法进行叙述，以灰色陶土作为作品的主要基调。疲惫中入睡的黄包车夫，车旁两人正在点烟，典型的民国着装．或许此刻会想起电影《上海滩》的场景，或许这是旧时城市一角小人物的瞬间，而我只是在表现那旧时旧事的意境，写意造型是我的造型特点，泥片成型和化妆土运用我惯用的陶艺手法。

于吉普 《守望》 青铜 60cm×22cm×18cm

借助于人或动物这种形象，运用残缺破碎的雕塑语言，来表达人们对生存环境的一种坚守与希冀，和对现实环境的一种矛盾、孤寂的诉求。

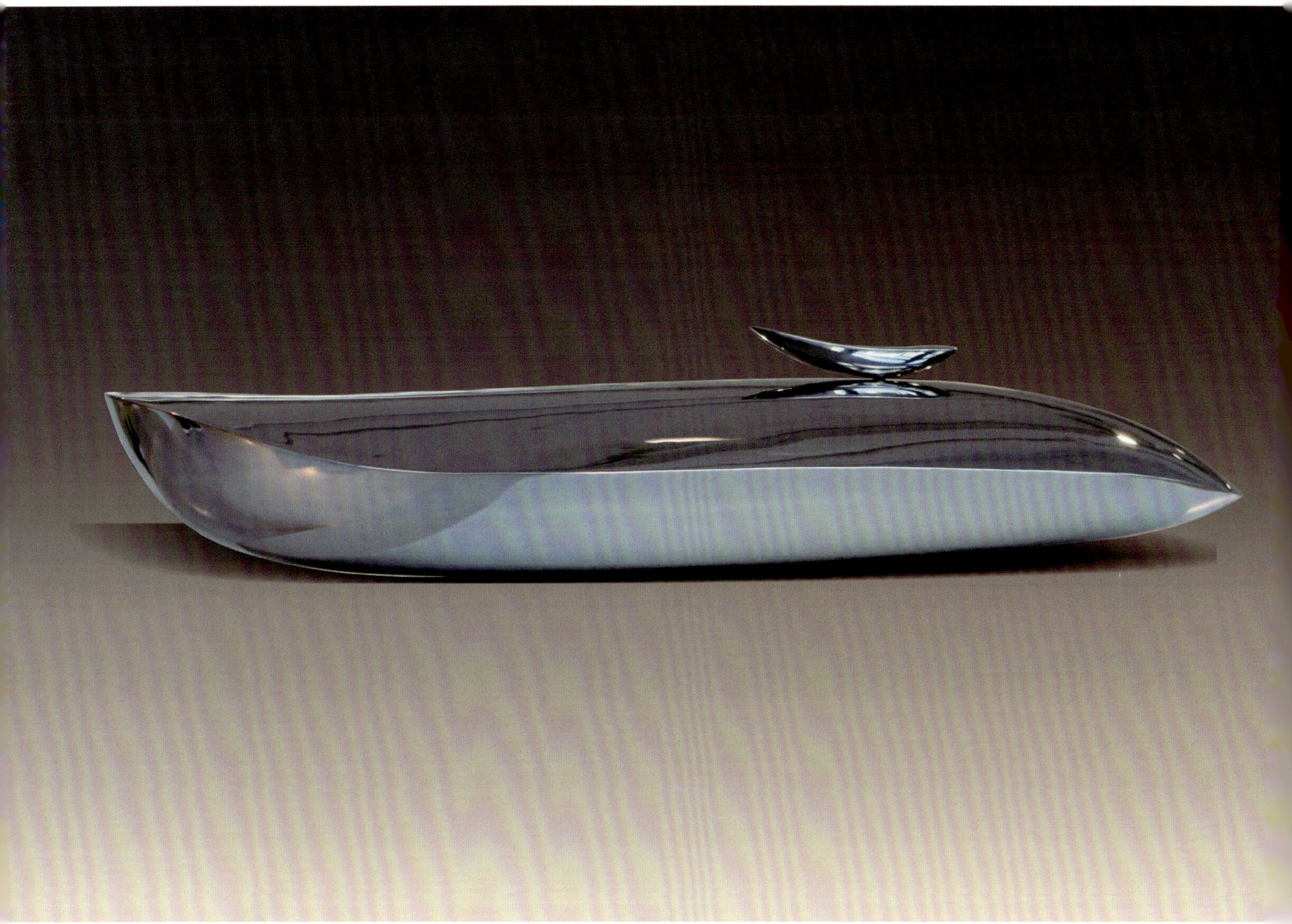

鱼苗 《一个人一个世界》 不锈钢 60cm×30cm×18cm（左图）

借着落寞的荆棘，看到洁白的雪莲。

袁佳 《哦，我想飞！》木 164cm×126cm×227cm（右图）

对作者而言，情愿艺术像游戏一样的轻松而不是沉重。在创作中作者把目光转向单纯和个人化。将现实的事物以个人的视角重构，用建筑的通道、家具的开合以及球关节赋予日常熟悉的物体以动作，它们便有了肢体的表达以及戏剧化的表演，这是作品的自我表达，也接近了作者所追求的单纯与个人化。

尹冰 《救赎的恩赐》 玻璃钢烤漆 66cm×82cm×38cm（左图）

在“救赎的恩赐”中，矛盾冲突在于人类的消费欲望和自然环境之间。大自然被人类极尽所能地使用来为人类获取经济利益。在上等社会消费要求下，人类从动物身上获取皮毛，然后将其制作成奢侈品宠物袋。白鸽受困于宠物袋中，失去自由并屈服于此种命运。此件作品促使人们思考这种奢侈品的出现是促进动物生存的自然习性还是纯粹为了满足宠物主人的虚荣心？圣洁的白鸽象征着和平，也代表了“救赎的恩赐”的希望所在，即对市场经济的一种宗教式救赎。

周巍 《周小鬼·杂耍》 铜 288cm×180cm×100cm（右图）

笑着，叫着，追逐着，打闹着，彼此亲密无间，向我们走来。它们也许丑陋无比，也许美艳动人；也许性格孤僻，也许亲切善言。它们以自己愿意的方式自由的生长着，高兴着，哭泣着，骄傲着，依人着，它们不害怕被伤害，因为它们不知道什么叫伤害；它们不需要去取悦谁，因为它们无所求。人们也许称它们为鬼，但这个称呼又有什么要紧呢？它们只是这个大千世界的生机万类、郁郁生灵。

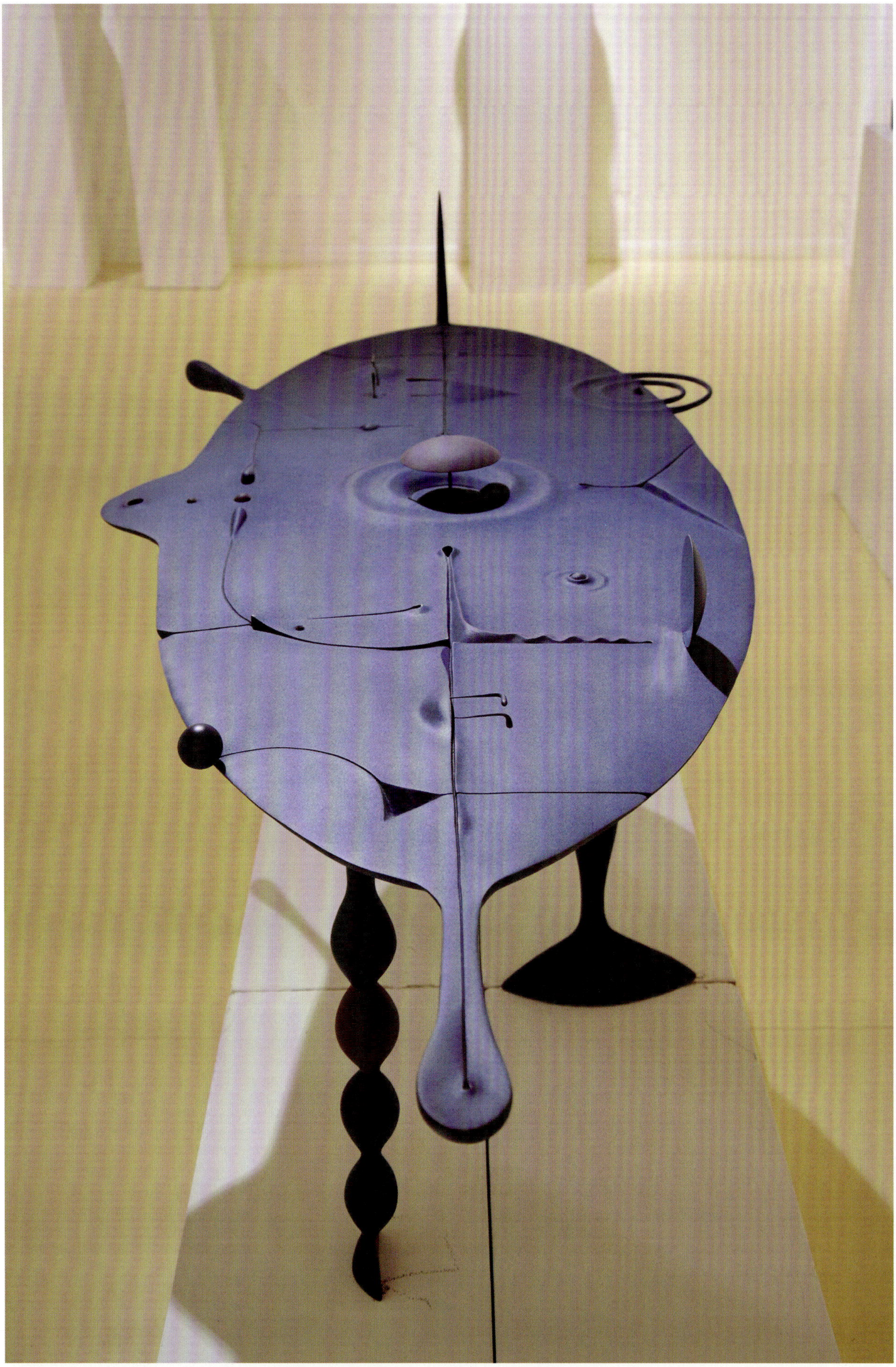

张超 《静观》 不锈钢铸造 175cm×75cm×78cm（左图）

这件作品外观造型像一个桌子，桌面上有一些意向的形态，像是一个世外的冥想景观，有点超现实的氛围，通过雕塑想让人平静的、慢下来的观察与体会这些型与线，也希望带给人一些宁静之感。

赵盾 《包青天》 铜 100cm×40cm（右图）

作品以中国戏剧人物包青天形象为创作题材，用中国传统雕塑手法表现出包青天铁面无私的人物性格。

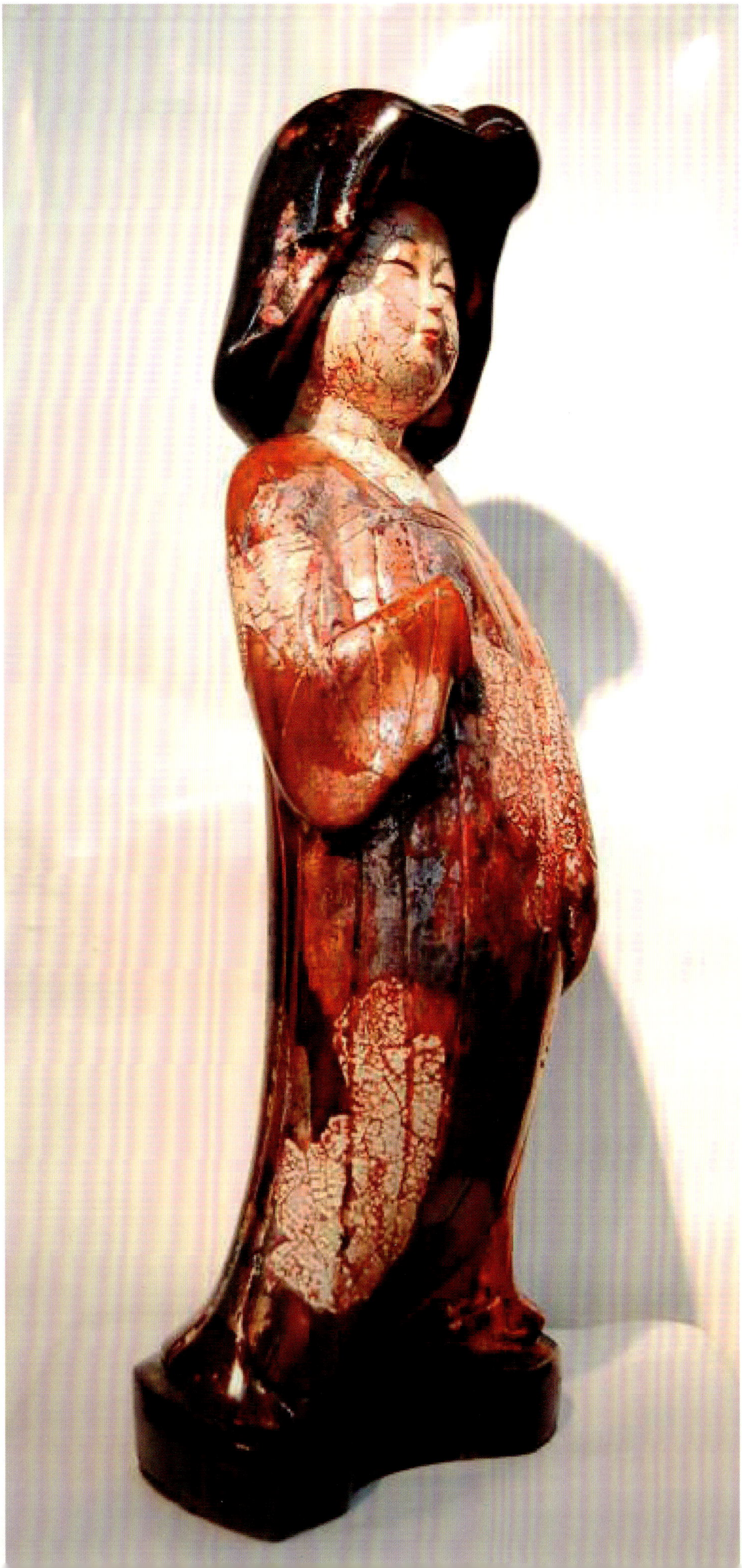

郑晖 《云想衣裳花想容》 玻璃钢 50cm×20cm×20cm（左图）

作品以唐朝仕女为原型，力图重现盛唐时期的妇女风貌。

赵俊皓 《琴韵·高山流水》 香樟木 150cm×35cm×30cm（右图）

《高山流水》是中国古典乐器古琴演绎出来的名曲，作品以古琴为依托，通过传统木雕手法相结合，古典音乐中的急缓韵律、深邃意境，幻化出作品中重峦叠嶂的奇峰峻岭。以实体的雕塑手法表现琴声流转，韵长不绝，曲径通幽的意象性旋律。

赵忠勤　《侗家糯香》 树脂、木头 85cm×75cm×140cm（左图）

作品取材于少数民族地区，再现了少数民族古时候舂米的劳作场景，表达了侗族对于劳作的一种态度。他们勤劳肯干，乐观豁达的态度不仅带给了我们精神的食粮，也提升了粮食的产量，大山里糯米的香味与少数民族那欢乐的生活态度已经传送到了每一位读者的心中。

郑明柳　《云想 No.3》 锻铜　86cm×44cm×20cm（右图）

作品以中华建筑的民族元素，运用云的表现手法来传达中国精神。

纪事

聚焦 2013

聚焦 2014

聚焦 2013

一月

◎ “回家的路”——上海浦东国际机场特展

《回家的路——上海浦东国际机场特展》于 2013 年 1 月 11 日 15:00 在上海浦东国际机场开幕。作为“中山公园计划”的重要展览，本次展览是由第九届上海双年展组委会主办，上海证大集团、上海证大文化发展有限公司协办，上海国际机场股份有限公司承办，驻沪多国总领事馆支持；第九届上海双年展总策展人邱志杰、策展人沈其斌、“中山公园计划”特邀策展人肖戈（肖歌）三人联合策划，并邀请了四十多位有过海外学习、工作、生活经历的活跃艺术家参展。包含了从传统的布面油画、到互动装置、影像、现场行为表演在内的各种媒介，较为全面地展现了当下海归艺术家的创作与思考。这些艺术家在亲历了东西方文化差异的不同时期、不同地域之后，对于“全球化”、“多元”的阐释，或许有着更为直接与真切的体验。

二月

◎“道德文章 吴风浩荡 ”——吴为山为苏州八位名贤塑像

2013 年 2 月 5 日，著名雕塑家吴为山为苏州创作的泰伯、言子、伍子胥、孙武、祖冲之、白居易、范仲淹和顾炎武共八位历史文化名贤塑像于苏州火车站南广场隆重落成。江苏省委常委、苏州市委书记蒋宏坤等苏州市委市政府领导亲临现场为雕塑揭幕剪彩，仪式由苏州市副市长徐惠民主持。2012 年 3 月，吴为山受苏州市委市政府的殷殷委托，八位苏州历史文化名贤涵纳政治、道德、科学、思想、文学、军事等领域，一位名贤即是一座山，为他们树像立碑，可以多角度、全方位的展示和凸显苏州悠久的历史传承、厚重的文化底蕴和璀璨的思想光芒。

三月

◎ 李钢举办个展——《侧棱》

2013 年 3 月 2 日举办艺术家李钢在麦勒画廊的最新个展《侧棱》。此次展览，展出李钢近一年来的新作。“侧棱”作为展览的题目，来自于几何概念：相邻两个侧面的交线叫做侧棱。这正是对李钢创作方法的比喻，他擅长制造不同事物之间的连接点，就如“侧棱”一般介入两个不同的面向。他的创作媒介在生活中随手可及，此次展览中作品使用的材料包含树、鹅卵石、油画内框以及手工编制的粗麻布。但在大多情况下，这些材料进入到他的制作过程后，就会失去或者弱化材料原本的面貌和意义。他用绘画、摄影，装置及现成物等多种不同的媒介，挖掘美学上的各种可能，并关注于长久以来艺术家都在不懈探讨的诸如死亡、时间等的终极命题。

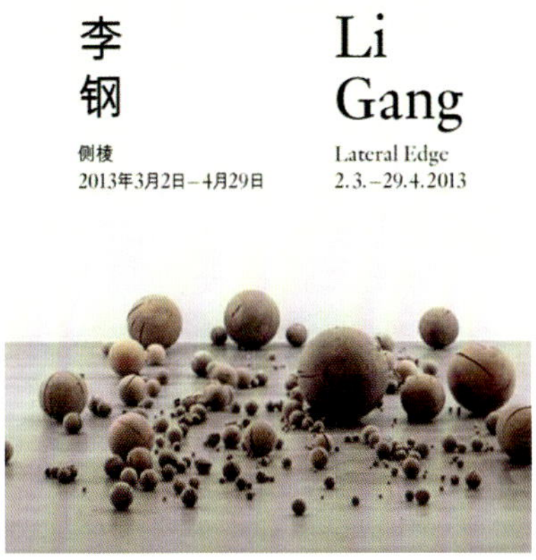

◎ 2013 广州美术学院雕塑系举办“新加坡南洋艺术学院金属铸造雕塑作品展”

2013 年 3 月 12 日上午，“新加坡南洋艺术学院金属铸造雕塑作品展”在广州美术学院雕塑系展厅展出。此次展览是南洋艺术学院与我校雕塑系第二次学术交流活动成果。 3 月 2 日至 12 日，南洋艺术学院师生共 10 人到雕塑系学习金属铸造技术，雕塑系金属铸造课程的主力教师黎日晃、赖锡鸿进行授课。通过对金属铸造理论知识和铸造技术的学习，交流学生最终呈现出 9 件优秀的雕塑铸铜作品。通过学术交流，双方对彼此的专业教学、学科建设以及文化背景有了进一步的了解；同时希望今后能有更多的交流机会，共同促进双方院系发展。

◎ 2013 梁明诚教授的“雕塑精品展”在雕塑精品汇展出

3 月 3 日，广州美术学院原院长、著名雕塑家梁明诚教授的“雕塑精品展”在广州“雕塑精品汇”展出。梁明诚从事雕塑专业创作与教学 40 多年，默默耕耘，果实累累，是一个高产艺术家，功不可没。事实上，梁明诚是建国以来，继第一代雕塑家李金发、刘开渠等，第二代雕塑家曾新泉、王朝闻、潘鹤等后的第三代雕塑家中一位代表性人物，他在中国当代雕塑史的链条上担当着承前启后，继往开来不可或缺的重要角色。此次展览共展出梁明诚教授的作品 60 余件，其中三分之二是他近年来的新作。

◎ “凹凸有致”张峰、李遂当代雕塑展

2013 年 3 月 9 日“凹凸有致”张峰、李遂当代雕塑展在北京红子兰艺术中心举办。此次展览汇集了张峰的《大雨》《倩倩》，李遂的《子夜结束》等近几年的重要作品。张峰从最初的追求人体造型在古典审美意义上的完美，到“人和影子”系列作品的无拘无束，到现在的作品。作品不断进入了一个更高的精神追求的境界。切入当代人的精神生活，从人文主义的角度，展现当代人丰富多样的精神世界。李遂作品一直坚持传统的严谨写实手法的同时又不失当代雕塑家对时代的思考和观念的表达。

◎ 2013 彦涵先生墓碑雕像落成仪式在京举行

3 月 13 日，中央美术学院老一辈艺术家、著名版画家彦涵先生墓碑雕像落成仪式在北京万佛华侨陵园举行。彦涵，江苏东海县人，生于 1916 年 7 月 29 日，中共党员，曾任中央美术学院教授、中国文联委员、中国美术家协会书记处书记、第一届版画艺委会主任、中国版画家协会名誉主席等职，于 2011 年 9 月 26 日在京逝世，享年 95 岁。50 年代，彦涵设计了人民英雄纪念碑正面浮雕《胜利渡长江》，该作品已成为中国美术最高成就代表。20 世纪 90 年代以后，彦涵的艺术进入到了多层次、多角度、多风格的阶段，艺术总体风格呈现出一种从具象走向抽象，从现实走向象征、比喻，直至达到哲理高度的过程。彦涵在生命的最后时刻说道：“有一天我会离去，我将会像烟花一样迸裂开来，留给人世间最后的美丽与辉煌。”

◎ “行走集”彭小佳作品展

旅美雕塑艺术家彭小佳于3月15日在上海油画雕塑院美术馆举办“行走集——彭小佳作品展”，展出他行走于中西艺术领域至今的多个系列90余件作品。　彭小佳的雕塑，被评论界称为具有“东方抒情情调的现代雕塑”。彭小佳留学美国20多年，学习了众多西方艺术流派，但他最终从东西方艺术观念的大冲撞里，不抄不摩，不卑不亢，走出了自己的道路。

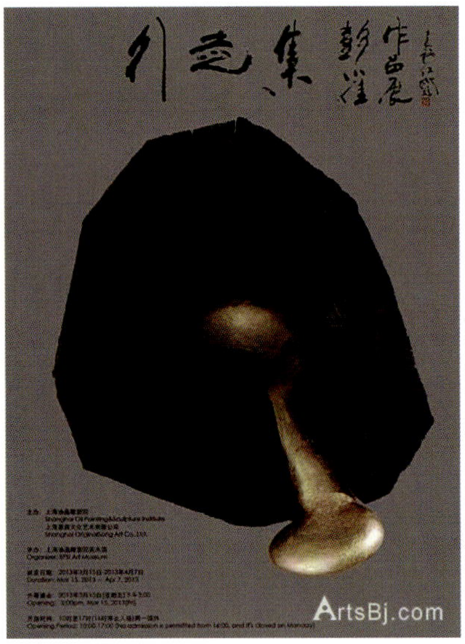

◎ 第二届中国女美术家作品展览开幕

第二届中国女美术家作品展，于3月16日10:00在中国妇女儿童博物馆一层大厅隆重开幕。展览会由中华人民共和国文化部、中华全国妇女联合会、中国文学艺术界联合会共同主办，文化部艺术司、全国妇联宣传部、中国美术家协会、中国妇女儿童博物馆承办，本次展览展出作品共138件，基本上涵盖了新中国老、中、青三代女性美术家的艺术创作，展览呈现了当代女性艺术发展的多元化艺术境界。作品在不同的艺术表现形式上体现了女性美术家们对现实生活的关注、理解、感悟和对美好精神世界的追求与向往。

◎ “雕塑2012——三官殿1号艺术展　”广州巡展

3月21日，“雕塑2012——三官殿1号艺术展”巡展至广东美术馆，策展人是孙振华和冀少峰。此次巡展，不仅是对湖北美术馆展览言之未尽的补充，更是在新的“场域”所形成的空间关系中，作品所激发出的新的实践。展览以五位艺术家18年来个体创作的变化为蓝本，从一个侧面反映了中国当代新雕塑的变化和发展。展览所展示的从观念到“场域”，从材料到“关系”的思考为雕塑多元化拓展起到了很好的典范，亦为观众提供了更加新鲜的艺术感受。

◎ 中国工艺美术学会雕塑专业委员会第四届会员代表大会在京胜利召开

3月24日，中国工艺美术学会雕塑专业委员会第四届全国代表大会在北京热烈开幕。来自全国各地的会员代表200余名出席大会。大会开幕式由中国工艺美术学会副理事长范伟民先生主持。第三届雕塑专业委员会主任朱尚熹先生做工作报告。全体会员代表投票选举出以孙伟为会长，范伟民为常务副会长，于小平、傅中望、霍波洋、焦兴涛、刘艺杰、林国耀、翁建青为副会长，宋伟光为秘书长的新一届常务委员会。第四届雕塑专业委员会常务委员会召开了由新任会长孙伟主持的第一次常务工作会议，同时举办了其他会员代表工作讨论会。

◎中美文化雕塑园艺术成果展

3月27日，中美文化雕塑园艺术成果展由广东省博物馆、广州雕塑院、中美文化雕塑园联合主办，以促进中美文化互动和两国雕塑艺术交流为主旨。展览汇集了中美两国共21位著名雕塑家的力作，展出作品69件，其中包括国内著名雕塑家曹春生、唐大禧、许鸿飞、钟志源、陆增康、杨学军等名家的名作；美国雕塑家方面有美籍著名雕塑家Kwan Wu（吴信坤）以及Elden Tefft、Jon Hudson、Daniel Krause（丹尼尔）等的作品。中美文化雕塑园位于美国堪萨斯州奥弗兰帕克市，是由美籍著名雕塑家Kwan Wu（吴信坤）发起，中美两国的雕塑家共同营建的公益性的全美第一座中美雕塑公园。该雕塑园于2011年正式落成，通过中美两国著名雕塑家的无偿艺术捐赠，至今历经两年多的发展，已然成为目前美国展示中国艺术及华人影响的重要文化景观和窗口。

◎ “平民史诗与丰腴肖像”许鸿飞雕塑展

3月28日14:00，由《雕塑》杂志社、广东美术馆、广州市文学艺术界联合会、广州市美术家协会、中共广州市委宣传部主办的许鸿飞雕塑展“平民史诗与丰腴肖像”在中国美术馆亮相。广州雕塑院院长许鸿飞创作的《肥女人》系列表现了一种与大众迥异的审美态度，把“肥”和“美”放在一起，认为“肥人”更符合雕塑的体积和空间立体。大众的审美习惯把“肥”放在丑的边缘，许鸿飞却从肥人的生活中找到快乐和灵感，为作品中的肥女人塑造出鲜活的个性、诙谐的风格和活泼可爱的形象。此展以“平民史诗”为题，正是体现了许鸿飞对“平民”及“生活日常”的细腻关注。简单、普通的日常琐事却被赋予舞台感和戏剧性，琐事也能成为“史诗”。通过此展览，观众能够从不同的角度，透过许鸿飞式的幽默视镜，观察不同生活叙事者的定格与重塑。

◎“惊蛰·春风化雨”中国当代雕塑家精品展举办

3月28日，“惊蛰·春风化雨”中国当代雕塑家精品展在青岛开展，吴为山、景育民、李象群等中国雕塑界知名人士参加。此次展览由室内和室外展览两部分组成，中国雕塑院共组织41位中国当代著名中青年雕塑家的68件作品参展。展品中有吴为山的《问道》、景育民的《回声》、王中的《逃逸者》、徐诚一的《希望》等，均为精品力作。这是青岛雕塑园、雕塑馆以“雕塑点睛美丽青岛”为主题的艺术展览和文化交流活动之一。

◎ “世纪回眸——毛泽东青铜雕塑系列作品展”

著名雕塑艺术家、湖北美术学院雕塑系教授、中国雕塑学会理事孙绍群先生，为纪念毛泽东同志诞辰120周年创作的“世纪回眸——毛泽东青铜雕塑系列作品展”第三站于3月28日在武汉石门峰纪念公园办公楼一楼南大厅正式开展，展览为期一个月。孙绍群教授为了达到写实的目的，他经过数月的思考与精心准备，收集了数百张图片，还特意到欧洲考察。自2007年起开始创作，历时6年时间，于2013年完成。系列作品高度在1米左右，分别选取了毛泽东同志从1937年—1972年间的12个历史经典瞬间，《黄土高坡》《开国大典》《万里长征》《天安门》《极目楚天》《大跃进》《延河水》《北平城》《北戴河》《中南海》《东方红》《怀仁堂》。作品在广州首展，后移至武汉毛泽东旧居，最后到达武汉石门峰纪念公园进行展出。

◎ 陕西省名家艺术展播中心举办雕塑展览

3月30日，陕西省雕塑院张琨、孟昭典、垚乡等8位雕塑家计16件作品亮相“陕西省名家艺术展播中心雕塑展”。陕西省名家艺术展是新一届陕西省美协意在开拓、规范和净化艺术品市场，倾力打造艺术与社会、艺术与市场之间的专业展销平台，旨在全面提升陕西美术家的知名度和影响力，努力孵化陕西艺术品交易的全国市场和国际市场，使陕西美术事业和美术产业实现良性循环和真正意义上的可持续发展。陕西省雕塑院承担了其中雕塑展的策划、作品甄别、征集、布展等工作，另外，陕西省内上至雕塑名宿，下至中青年才俊等17位陕西省优秀雕塑家的34件作品入选名家展。

◎ 范姜的花园——范姜明道个展

3月30日15:30，由王熠婷担任策展人的“范姜的花园——范姜明道个展”在798东京画廊隆重开幕。此次展览共分为四个部分：“藤萝”是中国的印象；法文的“鸢尾”是抒发一种奔放舒展的状态；“椿”在日文中是家族的传承；“荣”在英文里则是拥抱的意思。这四种曼妙的植物暗示着多元文化在交相辉映，伴随“种草”的标志性行为，阐发对环境、对生命的尊重，传达出春天的绿意，直达心轮的绿色，释放内心的爱与温暖。艺术家范姜明道的四组展览作品延续了他一贯与自然对话的主题，更为精彩的则在于材料运用上的最新探索。

四月

◎ 她的？——ZERO首届当代女性雕塑展

4月20日13:00，《她的？——ZERO首届当代女性雕塑展》在798艺术区ZERO（零艺术中心）开幕，此次展览汇集了国内八大艺术院校的三十多位年轻女性雕塑艺术家，她们没有拘泥于传统的雕塑语言，而是通过丰富的媒介来阐释她们眼中的世界。配合此次展览，ZERO于4月20日14:00在三楼会议厅举行学术研讨会，有近20位著名美术史家、批评家、策展人、雕塑家围绕本次展览，对中国当代雕塑进行深入思考，并以此为切入点，展开对中国当代艺术的讨论。

◎ 从毕加索到巴塞罗——20 世纪西班牙雕塑艺术展

4 月 22 日，为庆祝中国和西班牙建交 40 周年，由西班牙官方信贷局基金会、西班牙文化行动、西班牙驻华大使馆和中国美术馆共同主办的《从毕加索到巴塞罗——20 世纪西班牙雕塑艺术展》在北京中国美术馆开幕。本次展览的展品来自于西班牙官方信贷局的藏品，包括高迪、毕加索、达利、巴塞罗等 31 位代表性艺术家的 79 件作品，呈现了西班牙雕塑艺术从 20 世纪初先锋派的萌芽一直发展到今天的演变历程。

◎ “牛什么牛”——魏伟雕塑作品展

4 月 20 日 16:00，魏伟雕塑作品展“牛什么牛”在和画廊开幕。该展览由罗敏担任策展人，和艺术网、北京 YMCA 白雪美术研究会共同主办。本次共展出奶牛系列雕塑作品 16 件，魏伟以变形的奶牛为载体，倡导环保、警示急功近利地滥用资源的现实，并昭示资源枯竭的危机可能。艺术家把无形的环境威胁表现在夸张的奶牛的形象上，颇具匠心地引发联想从而打动我们的心灵。

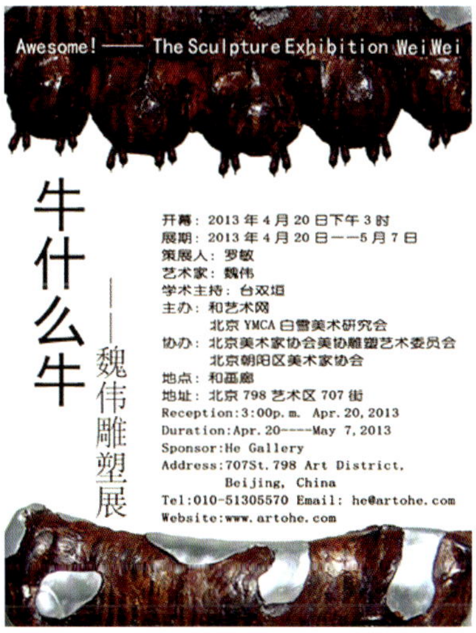

◎ “师道”北京展颁奖典礼及开幕式暨《大山之子——张仃》雕塑揭幕仪式

4 月 22 日上午 10:30，“师道——中国国家画院雕塑院师生联袂展”北京展开幕式及颁奖典礼在中国国家画院美术馆举行，到场嘉宾有中国国家画院雕塑院院长、著名雕塑家钱绍武先生、盛扬先生，著名艺术家张仃的夫人理昭先生，中国国家画院杨晓阳院长、卢禹舜副院长，雕塑院执行院长陈云岗、副院长于世宏、项金国、李象群、吕品昌、邹文、宋伟光等。展览共展出了中国国家画院雕塑院部分研究员、30 多名优秀研究生与特邀青年雕塑家的雕塑作品约 100 余件，可谓是老中青三代雕塑家的同台献艺，旨在中国雕塑艺术的传承与发扬。

◎ 2013 广州美术学院雕塑系举办雕塑综合构成课程作品展

4 月 26 日下午，广州美术学院雕塑系雕塑综合构成课程作品展在大学城校区图书馆举办，共展出 2009 级和 2011 级学生的 10 件抽象雕塑模型作品。该课程是由雕塑系特聘外籍教授、日本著名环境造型家、亚洲基础造型联合学会前事务局局长松尾光伸先生任课。雕塑系主任林国耀、副主任蒋剑韬及部分专业教师参观了此次展览。松尾光伸作为抽象雕塑造型基础研究领域的专家，已第 3 次受广州美术学院雕塑系邀请，担任雕塑综合构成课程的主讲教师，在此次课程的授课过程中，松尾光伸先生更加侧重给予学生充分的创作空间，引导学生发挥自主创作能力和动手能力，运用基础造型元素，尝试抽象雕塑构成创作的多种可能性。

◎ “敏感的形式”——杨明艺术展

“AMNUA 空间艺术系列展”首展“敏感的形式”——杨明艺术展于 4 月 27 日 15:00 在南艺美术馆负一层四号展厅开幕。杨明代表了“85 新潮”以来第一批在雕塑领域进行纯粹形式探索的先驱，为西方现代艺术的形式语言与中国艺术经验及观念相结合提供了一个样本——不仅因为他创作历程的独特性，更因为其背后所代表的普遍性与文献价值。

◎ “走向现代：英国美术 300 年”来自英国西北部的公共艺术收藏展

4 月 28 日“走向现代：英国美术 300 年”来自英国西北部的公共艺术收藏展在广东美术馆展出。展览由广东美术馆、中华世纪坛世界艺术馆等 6 家国内博物馆与美术馆和英国曼彻斯特大区博物馆联盟、国际巡展联盟、贝里艺术博物馆等 3 家机构共同主办，从来自英国西北部以曼彻斯特为中心的 18 家博物馆和收藏机构中遴选出油画、版画、水彩、素描和雕塑作品 80 件，参展艺术家名单包括特纳、康斯特布尔、亨利·摩尔、弗洛伊德、荷加斯、罗塞蒂等。

五月

◎ 2013 中央美术学院雕塑系“人民英雄纪念碑经典再造”工程启动

配合中央美术学院雕塑系“人民英雄纪念碑经典再造”工程，5 月 3 日，雕塑系师生一行 36 人赴天安门广场参观人民英雄纪念碑。此行既是雕塑系为响应学院“中国梦·艺术梦·百年梦”号召开展的一次支部活动，也是难得的零距离参观人民英雄纪念碑浮雕的学习机会。据悉，“人民英雄纪念碑经典再造”工程已启动，于 7 月完成。复制后的“人民英雄纪念碑”置于大同的中国雕塑博物馆永久陈列。

◎ “交互视象”——2013 海峡两岸当代艺术展

“2013 海峡两岸当代艺术双年展”5 月 4 日，在台湾美术馆展出，展览秉承面向当代的宗旨，旨在展示大陆与台湾当代艺术创作的最新成果，反映两岸艺术家对生活与文化的体验以及对艺术本质的创新性思考，展现两岸在全球化和都市化的语境中艺术创作的共同性和差异性。展览包括 36 位艺术家，其中 18 位来自中国大陆，18 位来自台湾。展览以“交互视象”为题，探讨两岸当代艺术创作的“观看”方式，呈现当代艺术面对现实景观、文化传统和全球化语境等方面的多维交互所做出的反应。展览注重大陆和台湾参展艺术家及作品之间的呼应与对话，在遴选作品时注意到了两岸艺术家在面对相近的表现内容、媒介、观念时所采用的不同的回应方式，由此，在结构内部实现了两岸艺术家的一一对应，使得对话能够在相同的参照系中展开。

◎ 申铉民雕塑展亮相川音成都美术学院

5 月 7 日 15:00，“申铉民雕塑展”在四川音乐学院成都美术学院一楼开幕，展览由美院雕塑系主任许庚岭担任学术主持，来自学院的近百位艺术爱好者参加了当天的开幕酒会。申铉民是川音雕塑系 2012 届的毕业生，他在自己的节奏中，看着世界，过着生活，做着雕塑，很可贵很值得称赞。今天的展览是他近来成果的部分呈现，希望能给大家带来美好的享受以及收获，尤其是现在在读的同学们能从他的创作状态中获得启发与激励。

◎ 青云之下·青年实验雕塑艺术展

5 月 11 日“青云之下——青年实验雕塑艺术展” 开幕。这是由广州美术学院雕塑系副教授陈晓阳组织策划的广州美术学院在校生的学院艺术邀请展。这些尚在求学的年轻艺术家，他们坚持着对于传统的好奇，又似懂非懂，他们敏感于日常生活中那些光怪陆离的事物及反响，他们思考和不解；他们坚持和质疑。于是他们聚焦于雕塑创作，借以诠释那种由于传统与现实的异变而引发的冲撞与不适应。或许他们的体悟尚为浅显，或许他们的手法并不老练，然而，这是个探索和实验的时代，这是一个属于年轻人的，敢于提问和改变的时代。正是因为这些年轻艺术家在思考和质疑，正是因为他们对生活的关心和憧憬，我们才能够看到当代与传统的脉络是如何交织在年轻作品的生命里。

◎ 中国美术学院雕塑系“品物”作品展

5 月 15 日，由中国美术学院雕塑系主办的“品物”作品展在杭州南山路中国美术学院美术馆举行。由中国美术学院院长许江、雕塑系主任龙翔、艺术家刘永刚作序的《品物》同时首发 。品自然之物，成心中之物。每位艺术家从自然物中选取自己的喜爱之物后，采取观构、寻构、解构、重构、创构等的创作方式，对其进行研究与创作，最终呈现自己心中之物。该物象与中国传统用线相结合，创立自己的新视觉艺术语言，构建自己的新雕塑语言风格。

◎“中国雕塑学会 20 年优秀雕塑作品回顾展”在深圳坪山开幕

5 月 14 日，由中国雕塑学会主办的 “中国雕塑学会 20 年优秀雕塑作品回顾展”和“第四届中国雕塑艺术论坛暨新区雕塑建设研讨会”在深圳坪山雕塑艺术创意园开幕。据悉，此次“中国雕塑学会 20 年优秀雕塑作品回顾展”和“第四届中国雕塑艺术论坛暨新区雕塑建设研讨会”在改革开放的特区城市深圳举办，更加突显了深圳市与中国雕塑艺术所共同具有的改革开放、与时俱进的探索精神。

◎ 第八届深圳雕塑双年展——“我们从未参与”

第八届深圳雕塑双年展于 5 月 16 日在深圳华侨城当代艺术中心（OCAT）正式开幕，此次双年展邀请到了英国泰特美术馆的策展人及公共项目召集人马克·丹尼尔(Marko Daniel)作为策展人，以“我们从未参与”作为主题。双年展以三个展厅及公共区域的共 33 件作品和近 20 场讲座和对谈构成。这场以对“参与”的反思、追索及研究为主题的展览呈现出了非常丰富并且随作品发展不断增加的公共项目。如双年展总策展人马可·丹尼尔所说，对于参展的许多作品来说，观众的参与，以及他们面对作品所产生的思考、行动、情绪都是作品不可或缺的一个部分。

◎ “与时代同行”——中国美术馆建馆 50 周年藏品大展

5 月 20 日，“与时代同行——中国美术馆建馆 50 周年藏品大展”在中国美术馆举行。此次为庆祝建馆 50 年，从馆藏 11 万余件藏品中遴选 600 余件精品，并展出大量珍贵文献资料，对中国美术馆 50 年来的发展历程进行系统回顾。此次展览以美术的历史演进为轴线，分为传承与引进、苦难与抗争、探求与拓进、主人与家园、反思与开放、多样与繁荣六个部分，涵盖国、油、版、雕、连、年、漫、宣、水彩、装置、综合等诸多门类，多件珍品首次亮相。其中，任伯年创作于1885年的国画《赵德昌夫妇像》，是中国美术馆内最老的藏品。

◎ 吴为山创作的520“穿越之门”在南京落成

5月20日是“五二O”爱国学生运动66周年纪念日，应南京市政府之邀，由中国雕塑院院长、南京大学美术研究院院长吴为山创作的“穿越之门”，在南京“五二O”学生运动纪念广场正式落成。

◎ 中国雕塑院根雕创作实践基地在浙江开化落成

5月22日，中国雕塑院根雕创作实践基地揭牌仪式暨徐谷青特聘雕塑家聘任仪式在中国·根博园举行。中国雕塑院院长助理、发展部主任杜利华为衢州醉根艺品有限公司董事长徐谷青颁发聘书，并与开化县委副书记、县长谢剑锋共同为该基地揭牌。中国雕塑院学术部副主任、哲学博士尚荣，开化县人大常委会副主任程育全，副县长李华蓉等领导、嘉宾参加揭牌仪式。

◎ “五·行——中央美术学院雕塑系公共艺术工作室云南地景艺术创作汇报展”

中央美术学院雕塑系公共艺术工作室云南地景艺术创作汇报展于5月27日上午10点开幕。《五·行》从不同的角度和视点来探讨农村野外空间公共艺术介入的途径和可能性，以原生态的自然环境和具有独特历史和地域文化的场所作为创作的背景和创作的概念来源，以此来进一步丰富和扩大公共艺术的概念和范畴，这是中央美术学院雕塑系公共艺术工作室课程教学的一次全新尝试。

六月

◎ 未曾呈现的声音——中国当代艺术展

6月1日“未曾呈现的声音——中国当代艺术展”在广东美术馆展出。中国当代艺术是中西方文化在现代化进程中相互碰撞和交流的结果。也只有在这样的碰撞和交流中，历史悠久的中国文化才能激发出新的创造活力。在经济日趋全球化的当今世界，更需要不同地区、不同国度、不同历史的人们保持文化的多样性。展览共分为四个展厅9个单元，一展厅：记忆·历史；二展厅：底层·身体·家庭；三展厅：村落·废墟；四展厅：风景·巫咒。与本届威尼斯双年展主题“百科殿堂”不谋而合。

◎心灵对话——吴为山、克罗德·阿巴吉雕塑展在法国举行

6 月 5 日，作为纪念中法建交 50 周年的一项重要活动，由中华人民共和国文化部主办，中国艺术研究院和法兰西学院承办，中国美术家协会学术支持，巴黎中国文化中心和美爵基金会协办的“心灵对话——吴为山、克罗德·阿巴吉雕塑展”在法国巴黎中国文化中心隆重举行。开幕式由巴黎中国文化中心主任殷福主持。此次展览共展出了两位艺术家各 20 件雕塑作品和 20 幅画作。这些作品创作的年代跨度很大，不仅具有鲜明的特征和时代精神，也反映出艺术家创作的心路历程。

◎一石倾情——钟志源汉白玉雕塑作品展

“一石倾情——钟志源汉白玉雕塑作品展”于 6 月 14 日在广州艺术博物院展出。本次展览可谓是“情有独钟”，不仅一次集中了雕塑家钟志源近年来潜心创作的 52 件雕塑精品；同时，该展览的关注焦点更体现在“纯度”方面：52 件作品均为汉白玉材质，也均为女性题材。雕塑晶莹璧润，婀娜多姿，展览现场呈现出一种独有的惊艳和纯美的视觉效果。作者充分利用了汉白玉材质温润、细腻、洁净的天然质感，结合现代女性形象和题材进行提炼，凸显时尚与亲切，充满了生活情调；在重视材质的同时摆脱了传统的程式束缚，赋予了汉白玉雕塑独特的现代审美意识。

◎“语言的飞扬——2013 中国雕塑年鉴展”在京举行

“语言的飞扬——2013 中国雕塑年鉴展”6 月 16 日下午，在国家大剧院东展厅开幕。通过集中展示百余位艺术家过去两年中的 110 余件雕塑精品，以期展现近年来中国雕塑界的整体创作面貌。展览由中国对外文化交流协会、中国工艺美术学会、国家大剧院联合主办。此次展览以“语言的飞扬”为主题，正是对当下艺术创作丰富多元现状的描述，无论吟唱、呐喊，还是低语、自白，雕塑家们以丰富的语言进行多样的表达。作为雕塑领域重要的大型学术活动，中国雕塑年鉴展基于每两年出版一次的《中国雕塑年鉴》。此次展览主要是对收录《2013 中国雕塑年鉴》中的作品的再度精选，秉持“包容多元形态、坚持深度和品质，鼓励本土和原创”的原则，将具有学术意义和风格代表性、兼顾地域性及年龄段差异的作品收容到展览中来，编织近两年中国雕塑艺术全景图。

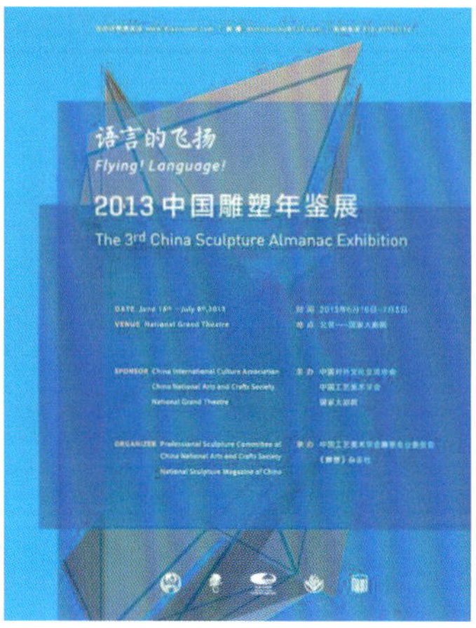

◎“许鸿飞悉尼露天雕塑展”在贝壳剧院广场举行盛大揭幕仪式

6 月 18 日，广州雕塑家许鸿飞的 18 座肥女雕塑，在悉尼岩石区贝壳剧院广场展出，给悉尼市民带来精美的艺术大餐，展出现场吸引了大量观众围观。6 月 20 日上午，“许鸿飞悉尼露天雕塑展”在贝壳剧院广场举行盛大揭幕仪式，中国驻悉尼总领事李华新应邀出席了开幕式并在仪式上致辞，同时，与新南威尔士州州长代表 Mark Coure 议员、悉尼市议员郭耀文等澳方嘉宾、澳洲艺术界和媒体代表及主办机构代表广州文广新局领导一同为展览揭幕（如图）。该展由中共广州市委宣传部和广州市文化广电新闻出版局联合主办，共展出作品 18 件，其中 3 件作品是专为悉尼的海洋主题而做。这是广州乃至中国雕塑家作品首次出国展出，也是许鸿飞 2013 世界巡展的开端。

◎罗马威尼斯宫国家博物馆收藏中国雕塑家吴为山作品

6 月 20 日，罗马文物局局长波洛正式向新闻界宣布，意大利文化遗产部通过政令，同意意大利国际博物馆罗马威尼斯宫收藏中国雕塑家吴为山雕塑作品《超越时空的对话——意大利艺术大师达·芬奇与中国画家齐白石》。2012 年 11 月，“文心铸魂——吴为山雕塑艺术国际巡展”在意大利国家博物馆罗马威尼斯宫成功举办，获得了各界

的高度评价。该展是继同年 9 月在联合国本部成功展览后的又一次国际巡展。其中专门为意大利展览创作的作品《超越时空的对话——意大利艺术大师达·芬奇与中国画家齐白石》格外引人注目。

◎ 遣心造境——张勇雕塑作品展

6 月 20 日，上海苏州河艺术中心迎来“遣心造境——张勇雕塑作品展”，本次展览是艺术家张勇首次在上海举办个展。本次展览由策展人王海涛与艺术总监卯丁联手策划。艺术家张勇此次展览呈现的是自 2009 年至今的 37 件新作品。张勇是一位注重个人心境体验的雕塑家，在对于当下生活的真切体验后自然表现出的情绪，使他的作品带有某种现代浪漫主义忧伤的印迹。张勇雕塑形态的内心独白虽然没有反映出对于某种既定事实的深沉和焦虑，但《背云背雪》和《风筝人》等作品中的意味却是他对于人类文明进程的反思，即为人类迷失在自身创造的精神领域中。

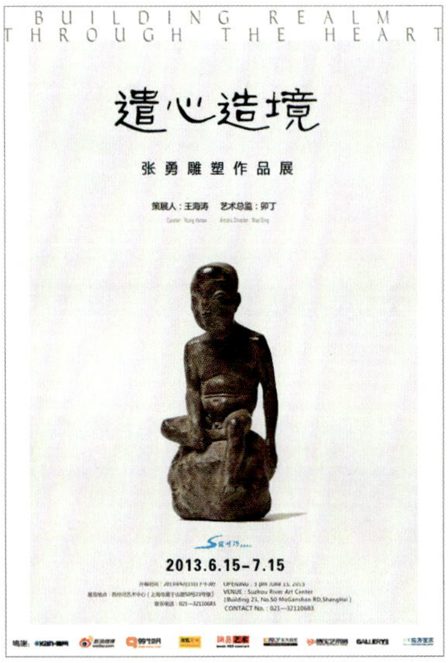

◎ 第三届全国抽象高级研修班顺利结业

6 月 28 日，由中国工艺美术学会雕塑专业委员会主办，《雕塑》杂志社、辰坤集团承办的第三届全国抽象高级研修班结业汇报展，在山东正式开幕。展览现场一件一件作品，呈现了学员们的短短一个半月的学习成果。开展当天，《雕塑》杂志社社长范伟民主持了座谈会，中国工艺美术学会雕塑专业委员会顾问主任朱尚熹，研修班导师 Billy·Lee 教授、第三届抽象班学员，及特意赶来重温学习体会的第二届抽象班学员谈了发自内心的感受和体会。虽然时间只有短短一个半月，但是收获确实很多，对艺术、对人生都有了更多的感悟。Billy·Lee 教授在总结发言时表示，他非常喜欢来中国教学，中国的学员好学、尊重老师。大家也希望这个活动一直能够举办下去，给更多的艺术家及爱好者提供高质量的学习机会。

◎ “中央电视台雕塑大赛 ”启动

6 月 28 日，由中央电视台主办，中国艺术研究院中国雕塑院、全国城市雕塑建设指导委员会艺术委员会协办，中央电视台书画院承办的 2013 年“中央电视台雕塑大赛”在北京正式启动。本届雕塑大赛以“传承中华文明、弘扬民族精神”为宗旨，以“激励中国原创、放飞中国梦想”为主题，作品创作分“中国精神、中国人文、中国梦想”三个方向。活动将包括启动仪式、作品征集、颁奖仪式、作品展览等。同时制作播出专题片《中国雕塑五千年》，梳理中国雕塑艺术的发展脉络，宣传、弘扬中国雕塑文化。

◎ “美丽中国——魅力海南”第二届雕塑艺术展开幕

由海南省文联主办，省美协、省雕塑艺术学会承办的“美丽中国——魅力海南”第二届雕塑艺术展，于 6 月 25 日在海南省博物馆开幕。该展览是海南省雕塑艺术家整体阵容及作品的一次集中展示，也是国内外雕塑名家一起创作交流的平台。据主办方介绍，“美丽中国——魅力海南”雕塑艺术展览荟萃了海南雕塑家和特邀海内外雕塑家共 68 人精心创作的 80 多件具有时代感和代表性的雕塑艺术作品。整个雕塑展以“生态、和谐、发展”为主题。传统艺术和现代艺术并存，彰显了雕塑艺术的多样性与丰富性，多角度全方位展现了中国雕塑艺术的魅力。展览作品既有以传统的陶瓷、木雕、石雕、铜雕等材料创作的纯写实雕塑及抽象雕塑；也有以现成品，多媒体等材料构成的现在非常流行的观念雕塑；还有公共艺术雕塑，多为具象或抽象的大型雕塑。据悉，参加此次雕塑展的国内外雕塑家们还进行“中国梦”海南雕塑论坛交流和海南火山口采风活动。

七月

◎ 这个世界会好吗？——向京在台北

2013 年 7 月 5 日，女雕塑家向京个展“这个世界会好吗？”在台北开展。本次展览汇集向京 2008“全裸”系列和 2011“这个世界会好吗？”系列，共计展出作品 35 件，属向京近年来个展规模之最。“这个世界会好吗？”向京巡回个展之 2013 台北站，是继 2011 今日美术馆向京个展、2012 上海 MOCA 向京、广慈双个展后，向京作品首次大规模登陆台湾。向京的创作，借由人像、身体的艺术语言，提出了她对生命与艺术，过去、当下与未来的体悟和质疑，希望激发观众思考内心潜在的问题。向京透过创作者尖锐而敏感的眼光，时而宏观、时而细审浮世的繁华和荒诞，以一系列又一系列的作品向世人提出了“这个世界会好吗？”的大诘问。

◎ 闵一鸣装置展“759 平尺？”开幕

7 月 6 日，由朱其策划，艺术家闵一鸣历时两年多时间筹备的展览“759 平尺？”于北京 798 艺术区香港当代美术馆正式对外开放。闵一鸣的“759 平尺？”装置现场是一种关于混合物的重组。通过将经处理的不同材料置于一种精神趣味或有关物质意念的“炼金术”，抹去原有材料上隐喻性的指向特征，重建一种物性的感官意义。

◎ “任何事物都是极其重要的，没有什么是不会再回来的”——尉洪磊个展

魔金石空间于 7 月 12 日呈现艺术家尉洪磊的第三个个展“任何事物都是极其重要的，没有什么是不会再回来的”。艺术家在展览中提出了三个愿景：通过内间的录像作品，描述与剖析自己对雕塑艺术之“不可言说性”的焦虑；通过陈设于外间展厅里的雕塑物件，探索以雕塑为主体的展览，建立一种类剧场空间的叙事的可能性；以及（或者说是归根结底），通过整个展览，展示自己作为艺术家的工作面貌。

◎ 2013“第八届全国高校毕业生优秀雕塑作品展”开幕

7 月 13 日“第八届全国高校毕业生优秀雕塑作品展”在北京国粹苑艺术品交易中心盛大开幕。来自全国各美术院校毕业生的 100 多件优秀雕塑作品，璀璨亮相。中国工艺美术学会理事长杨自鹏，中国文联副主席李牧，著名雕塑家、中国工艺美术学会雕塑专业委员会名誉主任钱绍武，中国雕塑院院长吴为山，中国轻工业联合会副秘书长陈建国，中国工艺美术学会副理事长、《雕塑》杂志社社长范伟民，中国工艺美术学会雕塑专业委员会主任孙伟，北京紫檀文化基金会理事长迟重瑞，北京紫檀文化基金会秘书

长渠晓玲，全国城市雕塑建设指导委员会办公室副主任陆京以及中央美术学院等全国各美术院校老师及同学、雕塑家、媒体代表共数百人。中国工艺美术学会理事长杨自鹏等和著名艺术家钱绍武、吴为山嘉宾依次做了热情洋溢的致辞，并启动开幕仪式。本次展览期间，召开了以“本土文化对艺术教育的影响”为主题的2013高校毕业展研讨会，从理论与学术建构上，探索中国高校雕塑教育教学的新模式，交流经验，总结不足。

◎ “浮墙走音”——于凡个展在艾米李画廊开幕

7月13日，中央美术学院教师于凡个展“浮墙走音”在艾米李画廊开幕。展览共展出于凡的5组雕塑作品，其中两组浮雕作品《黑猫》《坐着的女孩》为首次展出的新作，同时也是于凡老师雕塑语言的新探索。展览由中央美术学院教师、批评家刘礼宾策划。 浮雕作品在于凡的创作中占有很大的比重，此次展览选择了其中四件：《上学的于果》《雷峰塔和lily》《黑猫》《坐着的女孩》。

◎ “OOOXX 雕塑运动会”启动

“OOOXX 雕塑运动会”于7月13日在HIHEY艺术中心开幕，集合了近百位老中青三代雕塑艺术家，年龄横跨两个世纪，年代性策展方式让大家一睹共和国雕塑的艺术史。本次展览打破常规展览形式，共展示近百位雕塑艺术家作品。方阵展览方式，开幕式前统一用红布遮挡，给观者一种神秘的、震撼的体验，开幕时观众通过运动项目与雕塑作品互动，逐一拉开红布。此次展览旨在展示自共和国成立后雕塑艺术的成长史，让观众在展览上通过与雕塑艺术品的密切互动，熟悉雕塑作品以及雕塑艺术家，拉近与雕塑之间的距离，并参与到与百位雕塑艺术家探讨雕塑在当今社会的价值，让雕塑艺术真正走入生活，走入家庭。

◎ “废掉的力量”“直叙”双展

7月20日16:00，北京798艺术区香港当代美术馆迎来两个展览——“废掉的力量”和“直叙”，艺术家蔡锦、俸正泉、何森、何汶玦、钟飙以及张勇等人携作品参加。这次展示分为多个样本，蔡锦与何森将过渡与这个尝试过程清晰化，分别用线性的呈现方式梳理作品脉络；钟飙与俸正泉本次展示的作品是在个人体系内进行的多种可能性尝试；何汶玦和周伟华分别将两个系列的作品进行直接呈现，虽没有过渡性的作品，但系列间的链接却一目了然。直面张勇的雕塑正如阅读这朴实的文字，没有过多的语言修饰，也没有后工业时代的“锈味”残存，更没有假呻吟的宏大叙事，他只是在用最简单的语言与你并行。

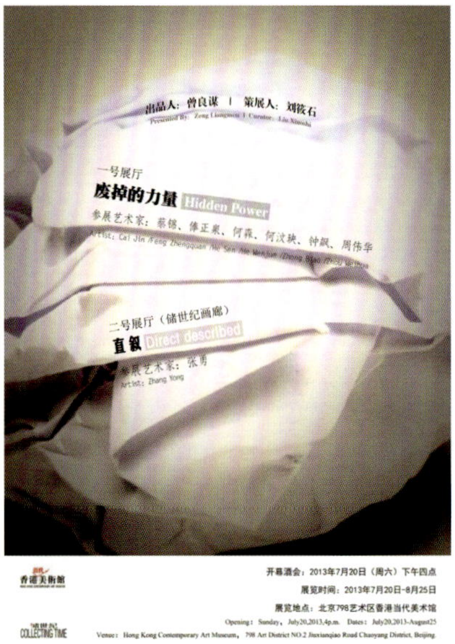

◎ “2013第八届全国高校毕业生优秀雕塑获奖作品展暨颁奖仪式”在北京举行

7月21日，由中国工艺美术学会雕塑专业委员会和北京紫檀文化基金会主办，《雕塑》杂志社和北京金宝汇购物中心有限公司承办的“2013第八届全国高校毕业生优秀雕塑获奖作品展暨颁奖仪式”，在北京金宝汇购物中心七层画廊隆重举行。全国政协委员、富华国际集团主席、中国紫檀博物馆馆长陈丽华女士出席并颁奖，来自社会各方面的众多嘉宾参加了颁奖仪式。本届全国高校毕业生优秀雕塑作品展评委会由著名雕塑家钱绍武领衔，中国雕塑院院长吴为山、中国工艺美术学会副理事长范伟民、中国工艺美术学会雕塑专业委员会主任孙伟、 北京大学教授翁剑青、《雕塑》杂志执行主编宋伟光以及来自全国各美术院校的雕塑系主任、教授及学术带头人组成的评委会，在展览现场，认真审评，反复比较。从百余件优秀作品中，最终评出了“钱绍武学术奖”、“陈丽华艺术奖”，金奖、银奖、铜奖、特别提名奖，共有 25 件作品获得上述奖项。此次所有奖项由北京紫檀文化基金会资助，“陈丽华艺术奖”重在弘扬中华工艺美术激励服务更多的艺术高校毕业生，创作出更优秀的艺术作品，回报社会，实现自身的价值。

◎ 尹秀珍“无处着陆”登陆佩斯北京

7 月 21 日 16:00，尹秀珍个展“无处着陆”在佩斯北京拉开帷幕。这是继 2010 年在佩斯北京举办“第二层皮”个展之后又推出的一次大型个展。尹秀珍的创作将亲密性个人物品与公共性场域和记忆进行结合，并与激变中的社会的粗糙现实融为一体，而此种中国后现代主义的现实也在失控中发展成一种不可预测的无常性。

◎ 遇见的艺术——北京富力广场艺术 VIVA 雕塑专场

7 月至 8 月间，两场空间艺术的盛宴相继呈现，百余件风格各异的现代雕塑惊艳了北京东三环中路的富力广场中央大厅。展览呈现了近年来中国雕塑界的主流力量的优秀作品和新一代初出茅庐的全国优秀雕塑专业毕业生的呕心创作。此次展览的成功并不局限于作品本身能量的传达，更重要的是我们通过这样的模式让更多的人，生活中的你、我、他遇见了艺术，共同品味那一瞬间的惊喜。

八月

◎ “灵与魔——郑宝成个人雕塑展”

“灵与魔——郑宝成个人雕塑展”于 8 月 10 日在上海多伦现代美术馆举行。本次展览由上海多伦现代美术馆主办，独立批评家、策展人朱其策划，展出艺术家郑宝成先生近年来所创作的 20 余件跨越不同风格语言与形式内容的雕塑作品。

◎ “在时代的‘现场’——全国写生美术作品展”

由中国文联、中国美协主办的“在时代的‘现场’——全国写生美术作品展”，8 月 12 日在中国人民革命军事博物馆举办。展览以“写生与人文”、“写生与思想”、“写生与自然”、“写生与社会”为主题，从 80 余年来的优秀写生作品中遴选了 140 位具有代表性画家的 400 余件作品，还专门为常年坚持写生的张仃、刘秉江、刘大为、许江、杨飞云、孙景波、忻东旺、谢东明、李翔、刘进安、李象群、田黎明等 12 位画家做了个案陈列。

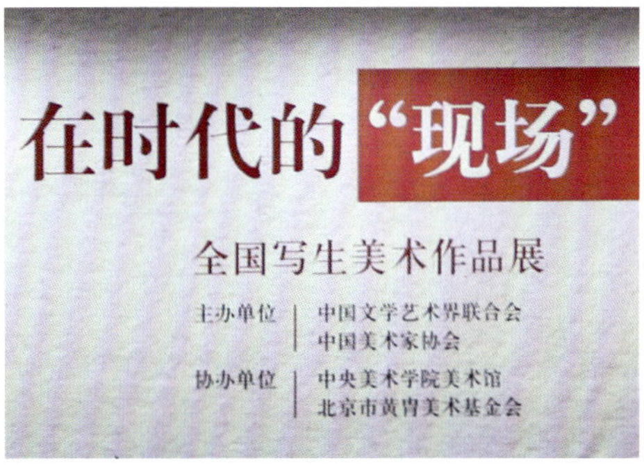

◎中美文化雕塑园艺术成果展

8月15日，由广东省流动博物馆、佛山市祖庙博物馆联合主办，广州雕塑院和中美文化雕塑园协办的“中美文化雕塑园艺术成果展”在佛山市祖庙博物馆藏珍阁正式开展。展览汇集名作近70件，其中包括中美著名雕塑家曹春生、唐大禧、许鸿飞、钟志源、陆增康和Elden Tefft、Jon Hudson、Daniel Krause等人以及从佛山走出去的美籍华裔雕塑家吴信坤（Kwan Wu）的代表作和新锐精品。这些题材丰富、发人深思、具有视觉冲击力的作品，为参观者带来不一样的艺术熏染。

◎ 2013广州美术学院雕塑系举办“公共艺术与城市印象——亚洲当代公共艺术现状与理论高峰系列对话（一）”

8月18日上午，由亚洲现代雕塑协会和广州美术学院雕塑系主办的“公共艺术与城市印象——亚洲当代公共艺术现状与理论高峰系列对话（一）”在广州召开。此次活动以论坛对话的形式，由特邀嘉宾及与会艺术家、评论家就“公共艺术与城市印象——亚洲当代公共艺术现状”的主题展开讨论。

◎ 中国雕塑学会青年推介计划第二季——文豪个展“写”

2013年8月18日下午三点，由吴洪亮策展的中国雕塑学会青年推介计划第二季的首次个展“写——文豪作品展”在中国雕塑学会沙龙开幕。文豪是中国雕塑学会青年推介计划第一期的优秀成员，文豪的作品一直在运用最天然、最简单的材料表达最细腻、最关乎生命的问题。如作品《幻相》，“啤酒瓶”、“易拉罐”或是“扫帚”被文豪慎重地摆放在展厅的地面上。由于观众从旁走过时的震动，甚至由于地球的自转，那些石膏粉的造型会随着时间的延续逐渐坍塌回归到白茫茫的一片。

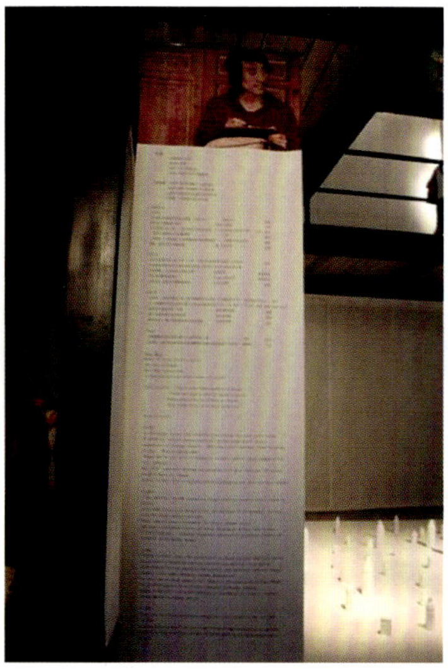

◎ 李继飞雕塑、绘画展

中国艺术研究院中国雕塑院青年雕塑家李继飞雕塑、绘画作品展于8月22日在意大利佛罗伦萨Piazza Idipendenza 意大利华人艺术家协会艺术中心展厅举行。本次展览由意大利华人艺术家协会主办、法中文化交流协会协办。

◎ “筑梦时间”——东湖2013全国青年雕塑家邀请赛暨优秀作品展

以雕塑代言城市文化，“筑梦时间——东湖2013全国青年雕塑家邀请赛暨优秀作品展”8 月 27 日举行了启动仪式，即日起面向全国征稿。旨在为雕塑家提供展示自我的平台，挖掘雕塑界新星，获奖优秀作品将被陈列在东湖畔，与旖旎湖光交相辉映，艺术与城市演绎一曲唯美乐章。本次大赛旨在探索雕塑与自然空间的多种可能性，通过在东湖畔陈列公共雕塑，必将使东湖的人文环境更加优质，提升大众审美，优化人居环境。

九月

◎“社会雕塑：博伊斯大型作品展”首次亮相中国

2013 年 9 月 7 日下午，由中央美术学院主办，中央美术学院美术馆和昊美术馆承办，北京大学视觉与图像研究中心、K11 艺术基金及北京德国文化汇总新 · 歌德学院协办的“社会雕塑：博伊斯在中国”在中央美术学院美术馆二层 A 展厅及三层 A 展厅与公众见面。本次展览由北京大学朱青生教授和中央美术学院易英教授担任主策展人，在德国的中国学者蓝镜女士与庸现女士为联合策展人，朱青生教授和易英教授带领北京大学及中央美院的研究生团队，以及王春辰副教授带领中央美院美术馆的工作团队，从 2012 年初开始了题为“社会雕塑：博伊斯在中国”展览的全面工作。这是博伊斯的个展第一次在中国呈现。

◎ 非形之形——台湾抽象艺术

9 月 5 日，“非形之形——台湾抽象艺术”展在广东美术馆开幕。本次展览是 2013 年“两岸城市艺术节——台北文化周”的艺术活动项目之一，由中华文化联谊会、广东省政府、台北市政府主办。由广东美术馆馆长罗一平和台北市立美术馆馆长黄海鸣担任艺术总监，刘永仁担任策展人。这次参展的有李仲生、刘生容、朱为白、李再钤、霍刚、陈正雄、萧勤、廖修平、李锡奇、庄普、杨识宏等 32 位不同年龄层的台湾艺术家，呈现出台湾抽象艺术在不同时代的风貌，展现台湾当代美术风格。

◎ 2013“春华秋实——曹春生从艺 60 年作品展”在中国美术馆开幕

9 月 10 日，“春华秋实——曹春生从艺 60 年作品展”在中国美术馆开幕。作为曹春生先生从艺 60 年的首次国内个展，展览从曹春生 1953 年至今的创作中精选出了 200 余件最具代表性的雕塑、绘画作品进行展示。这些作品代表了曹春生从艺 60 年来的最高艺术成就。曹春生与雕塑结缘一生，无论是在学校学习或是走向教学岗位，他的事业都与雕塑息息相关，也为国家培养了一大批优秀的艺术人才。开幕式当天适逢教师节，在这个具有纪念意义的日子里举办展览，既是对曹春生 60 年艺术成果的回望，也是对他辛勤耕耘教学事业的最好留念。

◎**上海第十三届南京路雕塑邀请展暨海南雕塑艺术展**

9月16日在南京路五卅广场拉开帷幕。本次雕塑展以海南风情为主题，通过与海南省文联、美协及雕塑艺术协会的合作，征集了海南当地知名雕塑家的近50件佳作进行参展。艺术家们以“城市提升幸福、雕塑美化空间”为主题，用不同的角度和创作理念反映了现代社会的精神面貌，倡导积极向上的精神，通过雕塑展出的方式，让艺术走进上海市民的生活中，走进南京路游客对上海的印象中。

◎ **“驫”——申红飙雕塑艺术展**

申红飙雕塑展于9月20日在红三房画廊开幕，这是红三房画廊6年以来为申红飙举办的第三次个展。 申红飙每年有相当一段时间会在草原上与蒙古族兄弟和牧民朋友一起驯马、游牧、饮酒、歌舞。在他身上散发出一种道地的蒙古子民的风骨气质和恪守如一的家园精神。也借此创作了本次展出的一系列以马为题材的作品。申红飙的雕塑作品极富感染力和现代性，造型语言简练、手法纯熟，这得益于他扎实的基本功和西方游学的经历。无论是蒙族壮汉，还是牛、马等物像，在他的手中，“身体”变得充盈劲键、饱满圆实，极具生命的张力和原初的意蕴。

◎ **质物素心——施慧艺术展**

9月20日17:00，“质物素心——施慧艺术展”在中国美术学院美术馆开幕，主要展出施慧2000年以前的主要作品《结》和《扇》《飘》和《凝风》《本草纲目》等系列作品。此次展览分为四部分：“抽思结网”、“炼石怀景”、“飘悬凝风”、“质物素心”，是对施慧的艺术之路的一个总结。

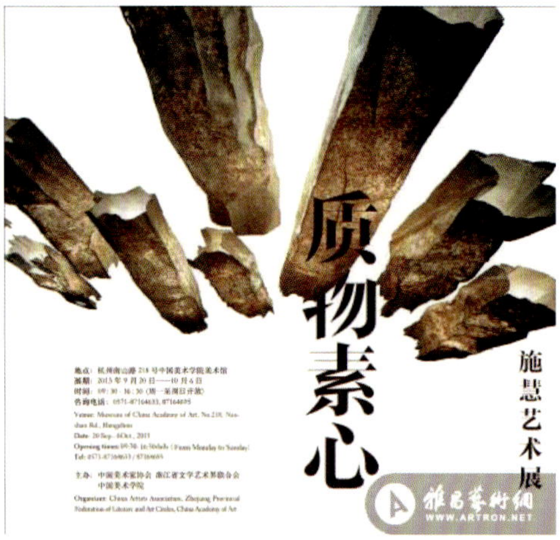

◎ **“来自苍穹”——王开方数字雕塑展**

中国著名当代跨界艺术家王开方于9月20日在中国美术馆举办“来自苍穹——王开方数字雕塑展”。该展览为中国美术馆有史以来首个当代数字雕塑展，作品创作中采用国际最前沿的3D打印技术及逻辑学、数学、立体几何学等多学科的应用，以期表达磅礴、神奇、万物互联、天人合一的宇宙观。王开方的新著《物种起源设计论》亦随此次个展同时发布。

◎ **“艺蕴陶然——田世信、郑玉奎、宋晓玲三人雕塑作品展”亮相大剧院**

9月22日，“艺蕴陶然——田世信、郑玉奎、宋晓玲三人雕塑作品展”在国家大剧院艺术沙龙展厅开幕。此次展览是国家大剧院特别策划的表演艺术题材雕塑展，其中不乏《牡丹亭》《贵妃醉酒》《西厢记》等戏曲经典题材作品20余件（组）。此次展览由著名雕塑家田世信先生和陶艺家郑玉奎先生与宋晓玲女士联袂举办，三位艺术家的作品风格各异，各有千秋。

◎ 邱志杰个展“坏笑”于常青画廊展出

9 月 26 日在常青画廊开幕的“坏笑”个展开幕，在此次展览中，邱志杰宣称他“拥有”这佚失的关于喜剧的禁书，并要将其中的一些章节展示给观众。由此，原来被禁止的用来创造欢笑的技巧，现在能够被观众公开地获取，通过这种方式， 某种之前被禁锢的自由便能够被获得。展览中的“笑声”并非只是简单的日常生活中的笑，这笑声令人颤栗，穿透人心，有着更深刻的含义——它的目的是唤醒。

◎吴为山雕塑展在太原美术馆举办

太原美术馆 9 月 28 日举办“吴为山雕塑展”开展仪式，展出了吴为山先生最近创作的四十余幅作品。展览分为三大部分：第一部分展览其所塑文化巨匠的雕塑，意在展示文化巨匠深厚博大的人文精神。第二部分以母亲儿童为题材，歌颂深藏于人类心灵深处的真善美。第三部分展出反映侵华日军南京大屠杀受难中国人的群雕作品，这组雕塑旨在让人们记住历史、忘记仇恨，表达了对和平的真诚祈望。

◎ 2013 大同国际雕塑双年展开幕

由中国美术家协会、中央美术学院、大同市政府主办，以“延伸”为主题的 2013 大同国际雕塑双年展于 9 月 28 日在大同和阳美术馆、中国雕塑博物馆开幕。本次活动也是中央美术学院牵头组建的国家艺术发展战略研究协同创新中心与大同市政府协同创新、研究雕塑主旋律和多样化课题的重要实践项目。

◎ 2013 年大同国际雕塑双年展

由中国美术家协会、中央美术学院、大同市政府主办的主题为“延伸”的“2013 大同国际雕塑双年展”及“曾竹韶雕塑艺术奖学金”优秀作品展于 9 月 28 日在大同市和阳美术馆及大同中国雕塑博物馆开幕。开幕式上，宣布了 2012 年获得 “曾竹韶雕塑艺术奖学金”的优秀作品并为作者颁发了获奖证书。“延伸”是对第一届展览主题“开悟”的呼应和延续。其主题针对当下中国的文化情形，试图提出和回应当代雕塑所面临的三个问题：当代雕塑如何延伸进入到城市空间，与城市公众产生交流和互动；当代雕塑如何传承、吸纳、改造传统文化资源，使之获得新的生命；当代雕塑如何在全球化的视野中，不断创新突破，更深入地进入当代文化语境，以求时代的诉求。本届双年展还设置了特邀中国美协雕塑艺委会成员的作品单元和双年展平行展。同时，将举办学术研讨会，邀请相关专家学者和艺术家就当代中国雕塑的问题以及展览作品进行研讨。

◎ “对话”与碰撞油画雕塑艺术展

9 月 29 日，由新华网山东分公司、山东旅游书画协会、摩尔艺术中心主办，新华社书画院协办的“‘对话’与碰撞油画雕塑艺术展”在济南市摩尔艺廊开幕。本次艺术展共展出油画、雕塑近 30 件，由著名油画艺术家朱光临和著名雕塑艺术家王勇联袂呈现，主要反映了他们多年来精心的创作成果，是当下油画和雕塑艺术追求学术品格、注重多元化发展，同时又贴近社会、追求自我回归真实的一场视觉盛宴。艺术展实现了两位艺术家间的对话：油画与雕塑的对话、平面与三维的对话、抽象与现实的对话、东方与西方的对话、艺术和观众的对话。

十月

◎ “潘鹤城市公共艺术雕塑展”开幕

10 月 1 日，“潘鹤城市公共艺术雕塑展”在广东省惠州市方直地产珑湖湾东岸会所隆重开幕。此次展览由惠州报业传媒集团东江时报社和方直集团主办，雅昌艺术网承办，广州美术学院潘鹤艺术馆协办，旨在推进文化艺术进社区、企业让更多市民走进艺术殿堂，深切感受到艺术的魅力。本次雕塑展展出了潘鹤老师创作的《艰苦岁月》《拓荒牛》《珠海渔女》等 15 件最具代表性的作品，成为奉献给所有艺术爱好者的一场视觉盛宴。

◎ “还原”董书兵雕塑展亮相北京 798 悦 · 美术馆

10 月 1 日 15:00，“还原”董书兵作品展在北京 798 艺术区悦 · 美术馆开幕。展览由中国雕塑学会主办，北京 798 悦·美术馆承办，著名理论家孙振华博士担任学术主持。本次展览展出的是董书兵近期的新作。多年来，他以婴儿为题材开始雕塑创作，所做的婴儿自成风格，受到广泛好评。这四件婴孩新作则突破常规，以超大的体量及制作上的创新尝试引人注目。董书兵讲述到本次展览的主题“还原”，正是他想回到原点重新审视自己，把自己的创作思路做一个总结。

◎精神的对话——中欧当代雕塑家作品邀请展

10 月 16 日 9:00，第五届中欧文化对话在西安开幕，由中国艺术研究院、欧盟文化中心合作组织、陕西省文化厅主办，西安大唐西市文化产业投资有限公司、 西安美院共同承办的第五届中欧文化对话在西安大唐西市博物馆大厅举行陕西省雕塑院有六位雕塑家的作品参加了“精神的对话——中欧当代雕塑家作品邀请展”，同时参加了展览方举办的研讨会，与会欧盟成员国和中国的专家学者，围绕“空间、文化与物象”的总主题，就“绿色生态与造型艺术”、“创意产业与艺术教育”等议题进行研讨，以此推动中欧文化活动全方位、多层次的交流，并寻求其在艺术实践和文化产业等方面的合作机会。“中欧文化对话”是中国艺术研究院与欧盟文化中心合作组织联合兴办的中欧高端论坛，已在中国和欧洲成功举办了四届。中欧双方就共同关心的文化多样性、传统与现代性、文化与生态文明等议题进行了深入而富有成效的对话。

◎ 第一届雕塑艺术开放月暨胡永江肖像雕塑展开幕

10 月 18 日由河南省美术家协会主办的第一届郑州雕塑艺术开放月暨胡永江肖像雕塑展在郑州市环境雕塑建设研究所正式开幕。

◎ 首届中国国际当代装置艺术学术论坛暨 2013 马得作品展

10 月 19 日，“首届中国国际当代装置艺术学术论坛暨 2013 马得作品展”在北京 798 艺术区的圣之艺术空间开幕。论坛主持吴为山、尚辉。中国国际装置艺术学术论坛，是由国家当代艺术研究中心和中国艺术研究院中国雕塑院主办的，每年一届的常设论坛，是关于当代装置艺术的国际学术论坛，旨在推动当代艺术形态的多元发展，发掘有潜力的装置艺术资源，把握装置艺术语法关系，完善中国当代艺术格局，阐明我们的当代艺术观点。此次展览，马得带来了近年来创作的近十件现成品装置作品，这是艺术家继 2009 年上海的个展之后，再一次对装置语法的理解与呈现。

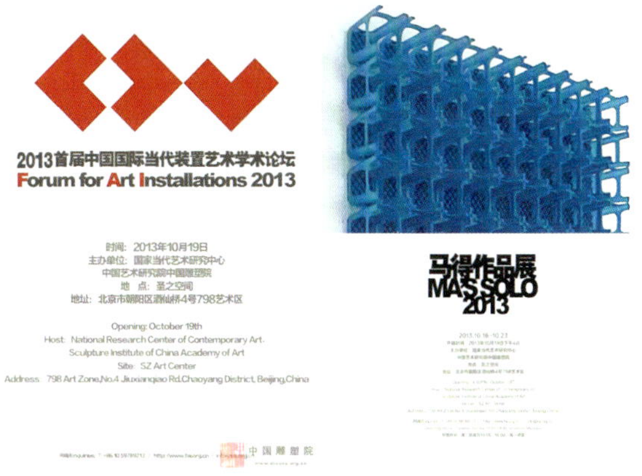

◎ “文心铸魂——吴为山雕塑艺术国际巡展 · 韩国展”在韩国浦项美术馆盛大开幕

10 月 17 日下午，“文心铸魂——吴为山雕塑艺术国际巡展 · 韩国展”在韩国浦项美术馆盛大开幕。中国美术馆馆长、中国美术家协会副主席、中国雕塑院院长吴为山，中国驻釜山领事馆闫凤兰总领事，韩国浦项市李康德市长、韩国雕刻家协会韩镇燮会长、浦项美术馆金甲洙馆长以及韩国具象雕刻家协会、韩国浦项工科大学、韩国仁济大学的领导和代表们，与来自中韩两国的嘉宾和世界各地的艺术家数百人参加了开幕式。

◎ “形塑”新具象雕塑专题展

10 月 25 日由东莞 21 空间美术馆主办的“形塑——新具象雕塑专题展”开幕。本次专题展由杨小彦、胡斌策展，参展艺术家 20 余人本次参展艺术家采用具象手法来塑造对象，虽然刻画的精微度和风格各异、实施的程序和利用的材料不同，但凭借着艺术家各自独特的具象语言，从自然物、日常品的改造到社会景观的观照，从身体内部的剖析到集群像的解构，从传统的挪用到当代观念的拓展等不同思考取向得以清晰呈现，它们给观者带来了异样而深刻的视觉与心理体验。

◎芜湖第三届刘开渠奖国际雕塑大展

2013 中国 · 芜湖第三届刘开渠奖国际雕塑大展，10 月 26 日上午在位于芜湖城东新区的依山傍水的芜湖雕塑公园三期盛大举办。本届雕塑大展继续由中国雕塑学会、中国美术学院与芜湖市政府三方联合主办。今年共有 36 件作品参加本届雕塑大展，其中国外作品 7 件，国内作品 29 件。这些作品是经过大展评委会从来自全球 43 个国家和地区的 506 名艺术家的 2118 件投稿作品方案中遴选而出的。今年大展的主题是“人文 · 生态”，艺术家们创作的作品反映出对自然与生态的倾情关注，无论是设计水平、作品体量、还是制作工艺，较往届都有很大提高。

◎借斧成山——丁浩雕塑作品展

“借斧成山——丁浩雕塑作品展”10 月 30 日在北京千年时间画廊展出。本次展览取名为“借斧成山”。是继丁浩“就木将行”个展之后的第二次个人展览，丁浩为中央美术学院雕塑系硕士研究生，从事木雕的当代艺术语言研究，因此作品专注于对于木头材质的运用及对于木材本身独特语言的传承与发掘。本次“借斧成山”雕塑作品展，着重展示了他在2012年至2013年间对于“朽木”这一不为人重视的特殊材料的探索。

十一月

◎“沉默的力量——乔迁绘画雕塑作品展”

11 月 15 日，由晨梦艺术中心策划的“沉默的力量——乔迁绘画雕塑作品展”在 798 艺术区白盒子艺术馆举行。展览推出了艺术家乔迁近期完成的 15 幅系列纸上丙烯绘画和近年完成 10 件小型雕塑。让形式语言自身表达对世界的感受，是作者完成这批绘画作品的初衷。乔迁的雕塑作品散发着诗性的气息，在静谧的意境里蕴含蓬勃的生命力量。

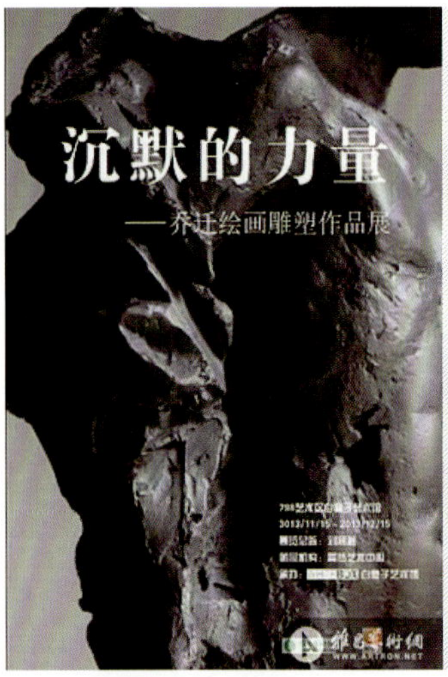

◎克缇艺术节“美哉熔铜”朱炳仁个展

11 月 6 日克缇艺术节“美哉熔铜”朱炳仁个展在台北的全丰盛信义 105 大楼举办。由克缇文教基金会主办，国际艺术公益协会负责规划与执行的 2013 克缇艺术节主要涵盖两个部分，分别是集结两位亚洲艺坛最值得推荐的艺术家刘玖通、朱炳仁的 Art Sign 联展，与以 VIP 晚宴型式呈现的 Art Night。在 Art Night 中，邀请 200 位来自世界各地的艺术界嘉宾。

◎“解构与建构—— 中国抽象雕塑艺术展”在湖北美术馆开幕

“解构与建构——中国抽象雕塑艺术展”11 月 8 日在湖北美术馆开幕。国内 50 余位艺术家的 70 余件抽象作品届时将与观众见面。在中国，批判性、干预社会的现实主义艺术不仅传统悠久，力量也相当强大。虽然抽象艺术实际上还处在向西方学习的过程，但它的存在无疑丰富了我们民族文化形式、艺术语言和人文价值。据介绍，本次的参展艺术家涵盖了国内抽象雕塑创作的中坚力量和后起之秀。观众们可以从他们的作品中感受到抽象之美，也能了解到国内抽象雕塑创作的基本面貌和水准。此次展览由湖北美术馆、中国工艺美术学会雕塑专业委员会、《雕塑》杂志社联合举办。

◎清华大学美术学院教授李象群作品《行健》获 2013 年法国泰勒基金会奖

11 月 12 日，清华大学美术学院教授、博士生导师李象群作品《行健》在法国巴黎蒙特利尔获得法国“冬季艺术沙龙”泰勒基金会奖。《行健》材料为铸铜，表现的是一个正在奔跑的人。她肌肉发达健硕，浑身充满力量向前进，有一种强烈的运动感。在追求速度的同时又体现出人体美，透露出活力和对生命力量的诠释。

◎ 中国式的抽象——周鹏生山水雕塑精品展

11 月 16 日，“中国式的抽象——周鹏生山水雕塑精品展”在长沙文萃报美术馆开展，展出了山水雕塑奠基人周鹏生长期坚持独辟蹊径进行艺术探索的优异成果。展览共展出了周鹏生的山水雕塑实物作品 30 余件、雕塑图片 40 余幅，以及部分文献资料，全面直观地展现了他的艺术生涯和成就。山水雕塑既是西方人体雕塑之美与东方山水塑壁之美的创新之作，又是一种独立而又融合的中国式的抽象。展出的作品浑然天成，意味隽永，给人以淳美的艺术感受。

◎ 2013 广州美术学院雕塑系举办庆祝建校 60 周年庆典

11 月 16 日上午，广州美术学院雕塑系在大学城美术馆雕塑分馆举办庆祝建校 60 周年庆典活动。雕塑系主任林国耀、教授吴雅琳分别在庆典活动中致辞，回顾广美雕塑系走过的 60 年风雨历程，提出雕塑系已为社会培养了众多优秀的雕塑人才，今后将更加脚踏实地、继承传统、开拓未来。庆典活动中，雕塑系客座教授聘授仪式，“广州美术学院荣发雕塑基础教学奖学金”捐赠签约仪式，“广州美术学院风也玉雕实验室”、“广州美术学院雕塑系玉石雕刻研究所”挂牌仪式同期举行。

◎ “雕塑日记：李鑫宇作品”展

11 月 16 日在北京的玉兰堂画廊展出“雕塑日记——李鑫宇作品”。李鑫宇的雕塑作品以动物为主，其中一半是他的猫和狗，一半是他从童年就喜欢的大型动物。这些作品并没有刻意追求当代性，因此避免了沾染各种形式主义的顽疾，看起来就像是艺术家对这些观察对象直接感受的自然流淌，充满发现生活的快乐和品味生活的悠游。

◎ 零界——2013 首届中国装置艺术双年展

由李道柳策划的《零界——2013 首届中国装置艺术双年展》于 11 月 16 日在北京当代艺术馆和天津美术馆展出。本次双年展是装置艺术在中国的首次大型成果性展览，由北京和天津两地联合举办，这些代表性艺术家的作品大多来源于我们身边熟悉的现成品，或是传统的艺术形式，但当这些材质经过艺术家的再思考转换表现形式后，由熟悉变得陌生，甚至荒诞化，或许可以让我们重新思考关于“艺术的边界”这个陈旧的美学话题。

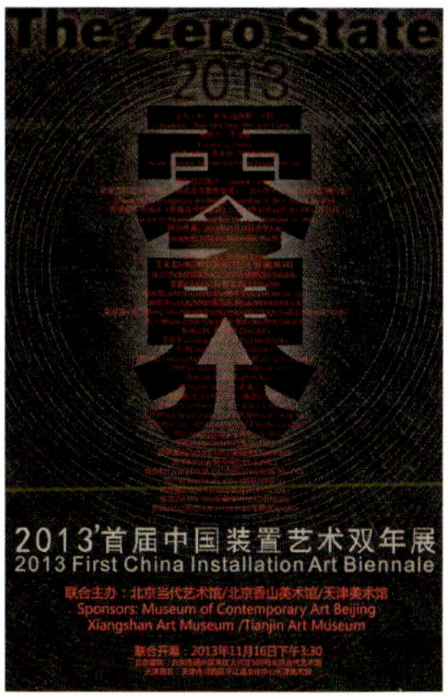

◎ 2013 梁明诚雕塑园揭幕

11 月 16 日上午，广州美术学院建校 60 周年校庆活动之一“广州大学城梁明诚雕塑园”揭幕仪式在广州美术学院大学城校区南侧沿江绿化带举行。梁明诚雕塑园以著名雕塑家、广州美术学院原院长梁明诚名字命名，以梁明诚雕塑作品为核心，辅以广州美术学院雕塑系师生作品，并与学校美术馆专业展示平台相结合，构筑以美院师生作品为主体、具有学术前沿的“城市雕塑长廊”。

◎“呓歌”——广州青年雕塑状态展（第一回）

由广州美术学院和红专厂文化艺术机构主办的“呓歌”——广州青年雕塑状态展（第一回），11 月 17 日在广州开展。本次展览将展出以南中国雕塑重镇广州为中心辐射地区的青年艺术家们最具生命力、最贴近其创作理念的学术性雕塑作品。策划此次青年雕塑家群展的主要目的，在于活跃广州地区雕塑艺术创作氛围，使广州在南中国雕塑领域的影响力继续增温；同时激励年青一代的雕塑艺术家更加关注学术原问题，由此提升雕塑创作的人文特质。青年雕塑艺术家是当下社会的主力军，他们是这个时代雕塑界的新鲜血液，他们的思考与发声，不论是呓语还是高歌，都是值得整理记录的，都是具有反映当下、影响未来的学术价值的。

◎“20 世纪中国美术之旅”——走向西部

11 月 23 日在中国美术馆展出“20 世纪中国美术之旅——走向西部”作品展。西部曾是中华民族文明的发祥地，这里曾经孕育出古老灿烂的文化，也是历史上东西方文化的交汇之地，20 世纪 30 年代全面抗战爆发后，国民政府迁都重庆，西南西北遂成为重镇。不少艺术家、考察团不畏艰险，千里迢迢在西南西北等地写生作画，考察游历，展开 20 世纪中国美术的西部之旅。新中国成立后至今，西部建设受到党和国家的高度重视，西部主题美术也进入新时代，美术家有组织或自发走向西部进行民族美术的探索创作成为 20 世纪中国美术的重要现象。本展览共展出中国美术馆馆藏西部主题作品 150 余件，跨越国画、油画、雕塑等门类，试图从发现西部、高原阳光、寻源拓展三个章节来展现 20 世纪以来不同时期艺术家走向西部这一重要艺术现象，透过历史叙述，勾画出 20 世纪以来中国艺术家发现西部、认识西部、表现西部的创作历程，挖掘西部美术创作在 20 世纪中国艺术史中的重要意义和价值。

◎人兽——韦天瑜雕塑作品展

东京潘画廊首次为艺术家韦天瑜举办 M50 个人艺术作品展。韦天瑜是上海人，1982 年毕业于浙江美术学院雕塑系，1988 年浙江美术学院雕塑系研究生毕业，后留校任教。1991 年旅居美国十年后，回到故乡上海，开始了他下一个十年的创作生涯。 现为中国美术学院上海设计学院副院长，中国建筑艺术研究会理事，中国雕塑学会理事，澳大利亚皇家理工大学公共艺术博士生导师。

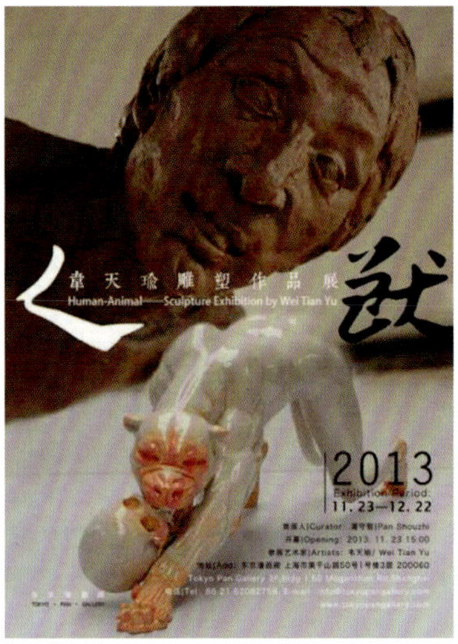

◎ 2013 年姚永康艺术作品展在人间瓷画展出

11 月 28 日上午，全国著名雕塑家、景德镇陶瓷学院教授姚永康雕塑艺术作品小展在人间瓷画展出。此次主要展出的是姚永康的 27 件小雕塑作品，以姚永康的近期主创作品世纪娃系列为主。姚永康的写实雕塑炉火纯青，作为全国著名雕塑家，同时在陶瓷艺术领域坚持立于本土、顺乎自然、创造陶艺的原则，历经数十载的探索磨练，终于创造出一种写意随性的新的姚式陶艺风格。将中国的水墨语言运用到陶瓷雕塑上，泥条与泥片结合，错落有致，表现语言老而弥辣，如同大写意般酣畅淋漓，显示出艺术心态的年轻与前卫。

十二月

◎ “移民与海”城市公共艺术展首展暨颁奖典礼

“移民与海”城市公共艺术展首展暨颁奖典礼，于12月1日在宝安中心区金泓凯旋城举行，文学界、艺术界、摄影界、设计界及活动赞助企业代表等各界知名人士齐聚一堂，共同回顾2006年—2007年度“移民与海”大型城市文化系列活动所走过的历程，同时展望深圳未来滨海城市移民文化发展之路。

◎ 2013中央美术学院首届雕塑系年度学生创作成果展开幕

12月4日，首届“中央美术学院雕塑系年度学生创作成果展”暨“大韵雕塑创作奖”展览及评审会举行。该奖项由中央美术学院雕塑系与北京大韵堂文化艺术基金合作，旨在促进学术建设，鼓励创作创新精神，并建立长久的学术交流平台。评委们从44件（组）作品中选出5个特别奖和25个入围作品奖，并就各种形态的作品进行了探讨。大家认为，展览作品基本展现了雕塑系学生这一年来个人创作的面貌，语言形式丰富。此次展览是一个可以进行学术思考和探索、展现成果的平台，对雕塑人才的培养一定会起到积极作用。

◎ “寂境——东方美学的当代复兴”年度展

12月8日，ZERO（零艺术中心）隆重推出“寂境——东方美学的当代复兴”年度大展。本次当代艺术展由梁克刚和李象群作为召集邀约发起，力邀10位当代知名艺术家共同参与。此次展览展出时间为12月8日至2014年3月9日。自2003年创建以来，ZERO艺术中心迄今已运转了10周年，为祝贺ZERO在798艺术区10年来的坚守，借此之际举办这次综合艺术展，既是对过去10年工作的总结，也是对未来的展望。作为当代艺术发展和变迁的见证与参与者，ZERO策展方希望引起更多来自文化思想界、艺术界的相关同仁的关注，并参与到对于“东方美学复兴”在视觉艺术上的呈现这一命题的讨论与思考之中。

◎ “一盘多赢的棋局”——纪峰雕塑在无锡

由《雕塑》杂志社主办的，青年雕塑家纪峰雕塑艺术展，于12月8日在无锡冯其庸学术馆举行。此次展览适逢国学大家、红学泰斗冯其庸学术馆开馆一周年。雕塑家纪峰是冯老的入室弟子，从以上看来这就一点也不奇怪了。他的雕塑实践与冯老的规划、影响、参与是密不可分的，是典型的大学问家影响艺术家的文化生态现象。纪峰也以创作了数尊神形兼备的冯老雕像，及众多的文化名人肖像作品，回报了恩师的培育之恩。

◎ **“活力亚洲”——2013AACS 亚洲现代雕塑家协会第 22 届作品年展**

12 月 12 日，“活力亚洲——2013AACS 亚洲现代雕塑家协会第 22 届作品年展”在广州白云国际会议中心举行。本次参展的有日本、韩国、新加坡、马来西亚、越南、叙利亚、中国等多个国家的雕塑家，共展出作品 150 多件，规模空前。这也是“亚洲现代雕塑家协会作品年展”创办 22 年来首次在中国内地举办，国内著名雕塑家吴为山、吕品昌、许鸿飞、钟志源、陆增康、曾振伟、石向东等倾力支持，精品力作齐聚一堂。本届“亚雕展”的主题为“活力亚洲”——展示亚洲雕塑活跃的创作现状，参展艺术家不局限于雕塑界，涵盖了设计界、自由艺术家和其他领域，以融汇多领域文化，实现多视角的艺术观照为主旨，并借此平台，让亚洲各参展国家和地区的艺术家们交流学艺，互进技术；同时让各参展国家和地区增进了解、增进友谊。

◎ **“中意雕塑·形与灵的对话”中国／徐彬 vs 意大利／莫罗·华嘉意**

12 月 15 日下午，由广东省博物馆事业发展基金会、广州玛纪文化发展有限公司共同主办、意大利 MAGI 九零零博物馆协办的“中意雕塑·形与灵的对话”展览在广东省博物馆 3M 层展厅举行简朴而又富有创意的开幕仪式。此次展览共展出中国雕塑家徐彬的“佛像系列”和意大利雕塑家莫罗·华嘉意先生的“神话系列”共 44 件雕塑作品，开启了一场不同文化艺术背景间共性的追求和不同表达方式的碰撞体验，为观者展现了中、意之间别开生面的神与佛的对话。

◎ **“邂逅·艺术直面公众”雕塑展**

12 月 15 日，盾安新一城“邂逅·艺术直面公众”雕塑展在万众期盼中盛大启幕。本次雕塑展是由上海垚圭艺术机构与沈阳盾安新一城购物中心联合打造的，旨在将闻名于世的艺术臻品带入市民寻常生活，让消费者直接对话艺术家、艺术作品，共同互动。将博物馆的艺术展览搬到购物中心的探索和尝试，是盾安新一城艺术生活化、生活艺术化的直接表达。“邂逅·艺术直面公众”雕塑艺术展由著名美术理论家、批评家马钦忠先生主持。展览云集了在学术界和艺术收藏界有着广泛影响的国内著名艺术家、学院派艺术家等众多时尚大家，以及中国美院、鲁迅美院、中央美院、广州美院、华东师范大学等优秀学生的 30 余件精彩作品。

◎ **韩美林艺术讲坛——《公共艺术的艺术审美》**

12 月 21 日，由韩美林艺术基金会设立的“韩美林日”在中国确立。当天下午，韩美林艺术基金会举办了系列文化活动庆祝“韩美林日”。活动分为两大部分，上半场围绕文化教育、文化艺术、文化遗产、文化培基等四个领域，对清华大学、中央芭蕾舞团、中国残疾人艺术团、冯骥才民间文化基金会、优秀民间艺术传人、七所韩美林希望小学进行了捐赠，并宣布成立韩美林艺术维权中心；下半场围绕着《公共空间的艺术审美》这一主题举行了首届“韩美林艺术讲坛”，从雕塑、建筑、艺术审美等角度邀请多位重量级嘉宾同台共论发表精彩演讲。韩美林艺术讲坛以“彰显文化力量，提升大众审美”为主旨，通过邀请当今艺术界、思想界、评论界等国内外有独特建树或研究成果的大家为主讲人，就艺术热点进行探讨。

◎ “随心所欲”任戎 2013 个展

12 月 21 日 15:00，“随心所欲——任戎 2013”展览在亚洲艺术中心拉开序幕。展览呈现了艺术家近年来创作的综合媒材纸艺、雕塑作品，探寻那些随性线条背后的生命奥义。展览现场，在艺术家任戎的大型铁雕作品中，公众可以与作品进行对话，除了给观众造成视觉上的震撼，同时可以让人触摸、聆听。他将铁质鼓槌挂于作品之上，观者可以取下鼓槌敲击作品，不同的角度可以敲击出不同的声音，展览现场便如同音乐会一般，不仅看到艺术，还能“听”到艺术。艺术家任戎通过视觉、听觉、触觉为观众带来了一场艺术盛宴。

◎ 2013 王中主持“北京－记忆”落户南锣鼓巷地铁站

2013 年底，北京地铁 8 号线南段南锣鼓巷站投入运营，由中央美术学院城市设计学院副院长、中国公共艺术研究中心主任王中主持设计的“北京 · 记忆”地铁公共艺术作品同时亮相，吸引着往来乘客驻足观看并合影留念，成为宣扬北京文化、传承南锣鼓巷人文气质和精神内涵的重要创作载体。“北京－记忆”创作灵感来源于琥珀，通过琉璃铸造这一传统工艺将逐渐被遗忘的老北京记忆封存在作品中。整体艺术形象由 4000 余个琉璃单元体组成，在每一个 6 厘米见方的琉璃单元体中保存一个北京老物件，如一枚徽章、一张粮票、一个顶针、一条珠串、一张黑白老照片、一个老字号品牌等。这些都是一个时代的缩影，勾起人们对北京的美好记忆。

◎第 19 届中国雕塑论坛——“雕塑与媒介”

12 月 28 日，“雕塑与媒介”第 19 届中国雕塑论坛暨中国工艺美术学会雕塑专业委员会 2013 年年会，在北京国粹苑隆重召开。本次活动由中国工艺美术学会雕塑专业委员会、《雕塑》杂志社共同举办。28 日上午，全体与会专家参加了在人民大会堂举行的“中国原创文化基金启动仪式”。28 日下午，组委会分别举行了中国工艺美术学会雕塑专业委员会年会及中国原创文化发展研讨会。第 19 届中国雕塑论坛的主题演讲，由著名理论家孙振华、清华大学美术学院书记赵萌主持。《雕塑》杂志社社长范伟民、雕塑专业委员会主任孙伟、清华大学美术学院院长鲁晓波三位专家分别就论题主旨进行主题意义阐述；14 位演讲嘉宾围绕着论坛主题，从雕塑本体研究、方法论研究、哲学思考、社会学思考、数字技术的影响等角度展开论述。

◎“无形之形”国际当代艺术展

2013 年 12 月 28 日，“无形之形”国际当代艺术展第四站到达天津，在泰达当代艺术博物馆开幕，中外 17 名艺术家联合展示出数十件作品，作品涵盖雕塑、绘画、影像、装置、公共艺术等多元化艺术样式，突出与观众的互动，不知不觉中与作者产生共鸣。此次展览特别突出与观众的互动，占地几十平方米的作品《过去——未来》吸引了所有观众的瞩目，这幅作品由上千个白纸卷成，纸筒的上端都被火烧过，并错落有致地进行摆放。作者秦冲介绍说，燃烧的部分象征着人生已经度过的岁月，剩下的则是尚未书写的空白人生。此外，不锈钢镜面、带着投影的雕塑等作品都让现场观众在无意中融入作品，引发思考。

◎ 2013“国美之路·雕塑中国——中国美术学院雕塑系八十五年”系列活动开幕

12月30日上午，由中国美术学院主办，雕塑系、美术馆承办的“国美之路·雕塑中国——中国美术学院雕塑系八十五年”系列活动在中国美术学院美术馆开幕。“国美之路·雕塑中国”系列活动由四大板块组成：中国美术学院雕塑系八十五年历史文献展、“吾行吾塑”雕塑作品展、写生作品展、“学院内外”中国高等雕塑教育传承与创新研讨会。系列活动旨在通过聚焦中国美院雕塑系八十五年的发展历程，全面梳理雕塑专业发展、教育传统、教学方法的学术传承脉络，整理学术成果、教学理念、重要人物、重要学术事件等，客观再现雕塑系八十五年的辉煌发展历史，从而折射出中国现代雕塑教育和学科的发展道路和历史变迁，展现中国美院雕塑系在中国现当代艺术发展中所做出的突出贡献。

◎ “质变”——深圳2013公共雕塑作品展

由深圳市规划国土资源委员会城市设计处牵头、深圳市公共艺术中心具体执行的公共雕塑展“质变”——深圳2013公共雕塑作品展览，12月27日在深圳中心书城西侧广场开幕。参展的十二位国内外知名艺术家为深圳市民带来耳目一新的当代公共雕塑作品，为深圳乃至全国公共雕塑提供一个开放的讨论平台，将公共雕塑的创新性问题推到学术与实践的探索前沿。同时让深圳市民亲身感受到当前公共雕塑的创作现状，激发公众对公共艺术的认识和理解兴趣。并通过专业的研讨为城市管理者提出宝贵的意见，不断推动深圳公共艺术的进步。

◎ “激励中国原创 放飞中国梦想”——中央电视台雕塑大赛颁奖仪式

12月31日，由中央电视台主办，中国艺术研究院中国雕塑院学术主持、全国城市雕塑建设指导委员会协办的2013年“中央电视台雕塑大赛”颁奖仪式在中央电视台新台址举行。“中央电视台雕塑大赛”是中央电视台首次主办的全国范围内的雕塑赛事。大赛以“传承中华文明、弘扬民族精神”为宗旨，以“激励中国原创、放飞中国梦想”为主题，自6月28日正式启动以来，受到中国雕塑界及社会各界的广泛关注，共收到来自大陆和港澳台地区的2690件参评作品，参赛者涵盖老中青三代艺术家。大赛共有199件作品进入终评，最终评选出特等奖1名，一等奖2名，二等奖7名，三等奖11名，提名奖20名，佳作奖48名，学术奖24名。获奖作品以丰富的题材、不同的材质、个性的语言表达着艺术家们共同的艺术，真善美的自我表现充满昂扬、奔放的生命力。

聚焦 2014

一月

◎ “走近公众”——22 院街雕塑邀请展

1 月，经过近一个月的紧张筹备，北京二十二院街艺术区主办了自己的第一次雕塑邀请展。中国当代雕塑界著名和非著名的“侠剑客”们齐聚在院街艺术区，为公众呈现一台精彩的雕塑盛宴。本次展览的策展人赵磊，学术主持宋伟光，艺术顾问于化云、朱尚熹、王少军、于向溟。今日美术馆、北京城市雕塑建设管理办公室、《雕塑》杂志为展览艺术支持。展览受邀雕塑家 34 名，其中包括 5 名外籍作者。大部分雕塑家来自中央美术学院、川音成都美术学院和天津美术学院师生及独立艺术家们。陈设于院街的公共空间的室外大尺寸雕塑作品 13 件，室内 47 件。

◎“国美之路，雕塑中国”——中国美术学院雕塑系 85 周年展（文献）

1 月 1 日在中国美术学院美术馆举办“国美之路 · 雕塑中国——中国美术学院雕塑系 85 年”纪念展，展览通过中国美院雕塑系各历史时期的代表作品和珍贵历史文献，展示了中国美院雕塑系 85 年来的成长历程。

◎武汉首届园林雕塑艺术展

1 月 8 日，武汉首届园林雕塑艺术展在汉口卢沟桥路的湖北书画院美术馆开幕。展览以“弘扬园博文化、彰显人文意境”为主题，展出雕塑精品共 90 件。其中解放公园的“八骏群雕”、江汉路步行街的热干面雕塑、东湖寓言雕塑园、中山公园雕塑群、大禹神话园……这些汉版园林雕塑，唤起市民对老武汉公园的回忆，见证着武汉的变迁。主办方还特意请来刘政德、傅中望、项金国、孙绍群、潘校辉、张松涛等雕塑名家，讲述雕塑背后的故事。武汉是新中国成立后最早将雕塑艺术品应用于园林建设中的城市之一。从 1954 年起，陆续创作了众多的雕塑制品。如行吟阁前屈原全身像、鲁迅广场上鲁迅半身像、施洋烈士半身像等。本次展览由武汉市园林局主办，武汉园林雕塑院、湖北书画院美术馆承办，湖北美术馆傅中望馆长出任策展人。

◎ 中国当代数字艺术展

1 月 9 日，由中国艺术研究院美术研究所和今日美术馆主办、国家当代艺术研究中心支持、吴为山策划、王端廷执行策划的“中国当代数字艺术展”开幕式在今日美术馆 2 号馆举行。作为我国最高美术研究机构，中国艺术研究院美术研究所走过了六十个春秋，在新中国美术发展的不同时期都有大量重要研究成果，对中国现当代美术的发展起到了积极的引领作用。数字艺术是 20 世纪 80 年代国际当代艺坛兴起的最新艺术门类，它不仅是近年来威尼斯双年展、卡塞尔文献展和圣保罗双年展等国际大型展事最主要的展示内容，也是网络时代各国艺术家争夺话语权，比拼影响力的重要领域。为了集中展示我国数字艺术的成就，推动此类艺术的理论研究，国家当代艺术研究中心邀请卜桦、崔岫闻、冯梦波、金江波、刘茜懿、缪晓春、邱黯雄、吴俊勇、张小涛等 9 位最杰出的数字艺术家举办中国当代数字艺术展，展示这些艺术家近年来完成的最有代表性的虚拟二维和三维动画作品。

◎ 中国当代著名雕塑艺术家李秀勤举办个展“如来者之路”

1月11日，中国当代著名雕塑艺术家李秀勤个展“如来者之路”在杭州人可艺术中心（中山北路1号）隆重开幕。现场的所有雕塑作品，展现了李秀勤长达二十多年对艺术的执着追求的一小部分成果。其通过曾因患疾几乎失明的经历带来的灵感，运用“凹凸”这个盲文中最基本的，也是不可替代的元素创作出了一系列的“触摸”雕塑，使得本来只存在于视觉范畴的雕塑展览延伸出新的方式，传递出了新的感受，有了新的意义，给人（包括盲人）以极强的心灵震撼。

◎“顾·望”当代艺术家联展

1月16日，由刘北光策展，北京红子兰艺术中心主办的“顾·望”当代艺术家联展在北京揭幕。参展艺术家包括邓霖、高昊、洪浩昌、冯晓光、姜宏光、李遂、李鑫、刘阳、秦科、隋丞、石建军、涂曦、童振刚、王家增、王天昊、魏小明、徐唯辛、杨光、张柏涛、张春华、张峰、张恺等。

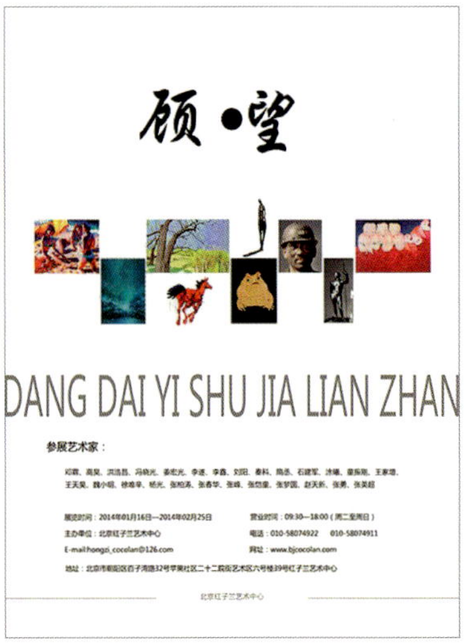

◎ 中国当代青年雕塑邀请展

1月18日，由策展人殷双喜、唐尧策展，中国雕塑学会学术部作为学术支持的《中国当代青年雕塑邀请展》在成都洛带古镇开展。展览邀请了26位青年艺术家，呈现中国当代雕塑发展的最新趋势。展览研讨会上，参展艺术家与嘉宾就中国雕塑界材料的运用与观念的表达展开了对话。本次展览汇集了当代国内最为优秀的青年雕塑艺术家，是中国雕塑界的一次大聚会，也是中国青年雕塑艺术家的一次大展示。展览力求通过这样一次交流呈现出当下中国雕塑艺术的总体面貌，推动本土文化艺术交流，促进文化与经济的协调和发展。为我国雕塑事业的发展提供一个广阔的平台。

◎“徐震：没顶公司出品”个展开幕

1月18日，尤伦斯当代艺术中心（UCCA）召开“徐震：没顶公司出品”展览发布会。徐震是中国当代艺术领域的标志性人物之一，他对今天庞杂交会的全球信息有着强烈的求知欲和独特的整合能力，广泛地吸收知识并从中生产跨平台和跨媒介的作品。展览由UCCA馆长田霏宇和UCCA首席策展人蔡秉桥联合策划。艺术家徐震的大型中期回顾展，探讨其关于地缘政治主体性和中国及国际当代艺术现状的观念表达与实践。展览标题“徐震：没顶公司出品”揭示了长期以来徐震的个人实践和他所根植的上海当代艺术圈之间的关系。

◎季大纯：无家可归

尤伦斯当代艺术中心（UCCA）于1月19日至5月11日期间推出展览“季大纯：无家可归”，梳理其艺术生涯最关键的几个时期，包括专为本展创作的一系列新作品和过去十年的代表作品，总数近40件。作为中国最具识别度的画家之一，季大纯的作品以超现实主义的风格和对当代中国现实的讽刺性批判而著称；本展是其在中国北京的首次美术馆级别的个展，全面呈现这位已经步入创作成熟期的艺术家的绘画实践。展览由 UCCA 馆长田霏宇策划。

三月

◎ 2014“潘绍棠雕塑艺术奖学金”设立

为促进中央美术学院雕塑系的学风建设，鼓励学术研究，同时搭建支持贫困生的平台，雕塑系与我国著名老一辈雕塑家、教育家潘绍棠先生合作，得到了中央美术学院教育发展基金会的支持，设立“潘绍棠雕塑奖学金”。奖学金设“优秀学生奖”与“助学奖”两个部分，面向雕塑系本科学生，每年颁发一次。1 月 13 日，首届“潘绍棠雕塑奖学金”揭晓，颁奖仪式在雕塑系举行，中央美术学院党委书记高洪、副书记孙红培及潘绍棠先生出席活动并致辞。潘绍棠先生的慷慨捐助，将激励青年学子在艺术的道路上走得更远。

◎浙江省当代雕塑艺术作品展

1 月 24 日，浙江省当代雕塑展在杭州市图书馆市民中心隆重开幕，此次展览由浙江省雕塑研究会及众多社会组织倾力打造，参展的艺术家来自国内各高等美术学院从事雕塑艺术数十年，在艺术创作过程中积累了丰富的雕塑创作与制作及经验，并一直和中国美术学院的老师们保持良好的互动状态。展览目的是为更多从事雕塑创作的艺术家提供作品展示和展览的机会，并能增加行业内的团结与创造精神。本次展览，是浙江省雕塑研究会的第一次大型雕塑作品展，参展作品个性鲜明、形式多样。

◎ 2014 广州美术学院组织雕塑系与美术史论系学生参观墨西哥雕塑家豪尔赫 · 马林作品展

3 月 5 日，应墨西哥驻广州总领事馆邀请，广州美术学院组织雕塑系及美术史系的 80 余名学生到广州美术馆参观墨西哥雕塑家豪尔赫 · 马林的主题为“身 · 景”的雕塑展。豪尔赫 · 马林在墨西哥被誉为“国宝级”的本土雕塑家，他的雕塑作品以行进中的人体为创作主题，作品材质以青铜为主，创作灵感来源于希腊神话中的人物形象。他塑造的戴着面具欲试而飞的男性人体，通常站立在临界于运动和静止之间的支点上，蕴意着人类在不断寻求与现实共存的平衡点。此次参展作品多为豪尔赫 · 马林的代表作，已在全球多个国家展出并受到广大观众的喜爱。墨西哥驻广州总领事馆特别在 2014 年中国农历新年之际举办该展览，以促进中墨两国的文化交流。

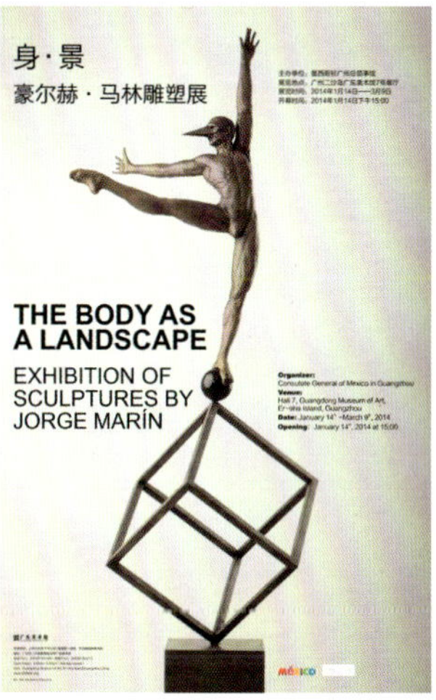

◎ 2014“滇西奇葩”进京——中央美术学院滇西扶贫定点剑川木雕艺术展开幕

3 月 7 日至 12 日，由中央美术学院和云南省大理白族自治州剑川县委、县政府主办的“滇西奇葩——云南大理·剑川木雕艺术展”在中央美术学院美术馆教学展厅开展。这次展览展出木雕实物作品涉及30多个种类，共100多件，经全县范围内广泛征集和遴选结集而成，充分体现剑川木雕民族性、原创性、艺术性和手工性的四大特点。其中，以明清木雕、建筑木雕、陈设性木雕、实用性木雕和旅游小件为主，充分体现了剑川木雕的精湛技艺和博大精深。

◎ 美国著名雕塑家Joel Shapiro到广州美术学院进行交流

3月13日，美国雕塑家Joel Shapiro，美国建筑师Craig Hartman，美国国务院设计总监Mark Flemming，使馆艺术与保护基金会代表Jennifer Duncan，美国驻广州总领事馆新闻文化处艺术项目主管Janice Englehart等人来广州美术学院进行学术交流，参观“潘鹤雕塑园”并开展学术讲座。广州美术学院副院长赵健，广州美术学院终身教授、著名雕塑家潘鹤，“潘鹤雕塑园”园长潘奋，雕塑系系主任林国耀、副主任蒋剑韬，国际交流处副处长张美琴及广州美术学院工作人员出席了接待活动。Joel Shapiro作题为“乔·夏皮罗：一个美国雕塑家的工作与生活”的讲座。作为美国著名的抽象雕塑家，Joel Shapiro以他个人的艺术创作生活为出发点，对其代表作品的创作思路、表现语言、呈现方式进行了深入解读，并由此介绍了美国当下抽象雕塑的发展现状。

◎ “晏之艺——李占洋雕塑作品展”

3月16日至4月14日在中森会会所举办“晏之艺——李占洋雕塑作品展”，展出《武松杀嫂》《安乐椅》《求婚》《小山城夜色》《大丽都》等30余件雕塑作品。作为中国当代艺术领域的玩世现实主义，艳俗艺术的代表人，李占洋的作品有意的将现实中粗俗、低贱的一面夸张的暴露出来，并在其中大肆导入中国民间雕塑魔幻化的因素，并刻意避开典雅规范的学院风格，甚至强调非理性的现代审美趣味。不断堆砌的狂热入世态度，使李占洋塑造出了具有他独特印迹的当代中国人的众生相。他对现实原生态的截取和再现诚实而又残酷的披露了中国世俗精神图景，更为观者带来一场充满视觉张力的艺术体验。

◎中国意象——当代中国水墨与雕塑艺术展

2014年是中法建交50周年，中国美术馆与中外友好国际交流中心共同主办的“中国意象——当代中国水墨与雕塑艺术展”于3月27日至30日展出于法国巴黎大皇宫美术馆，这是当代中国艺术首次展出于该馆，在中法两国文化交流史上具有特别的意义。

四月

◎重返手工劳动——张湘溪作品展

80后青年艺术家张湘溪“重返手工劳动”个人艺术作

品展，于4月1日在北京今日美术馆展出，本次展览由今日美术馆主办。2007年毕业于广州美术学院雕塑系的张湘溪曾在国内外参加过多次联展，而此次个展将展出他历时两年创作的最新国画系列作品、电视机装置作品等，全面立体的呈现了他的艺术思考以及如何揭示文化心理的矛盾。在本次展览中，将展出张湘溪的以中国画为主题创作的最新作品，策展人王林对张湘溪的作品所关照的社会现实曾表示：《韩熙载夜宴曲终人散图》作品的关键，是它给人带来的心理矛盾。现在人们开始寻找过去的影子，试图还原古代的某些事物。他们看到你这个作品时，肯定会把自己对原作的记忆与现场的感受联系起来，进行比对。而感受与记忆有相当的距离，自然而然会产生视觉心理的矛盾性。

◎“你好，灵魂？”——田世信雕塑作品展

4月5日，田世信的首次个人作品雕塑展“你好，灵魂？”在天津大剧院歌剧厅前厅举办，作为首届天津曹禺国际戏剧节特别活动单元艺术展览项目，田世信以大量反映强大生命力和巨大精神力量的历史人物系列雕塑作品以独特视角探讨艺术关乎灵魂的深刻命题。这是著名雕塑家田世信受天津大剧院邀约，在首届曹禺戏剧节期间举办的唯一艺术展览项目。整个展览展出艺术家田世信从贵州时期开始的少数民族人物肖像系列到90年代开始的文化历史人物肖像系列等数十件作品，其中就有他创作的著名戏剧导演林兆华先生肖像。

◎“彩云之南”云南雕塑家作品邀请展

由昆明广告文化产业园、云南省美术家协会等主办的“彩云之南——云南雕塑家作品邀请展”，于4月8日上午在昆明广告文化产业园开幕。陈长伟、李坚、吕丽蓉等11位云南雕塑家的作品参展，这是近年来昆明举办的规模较大的一次雕塑作品展。这些艺术家工作生活或者曾经工作生活于云南，作品免不了带有某种云南“乡音”的特征。

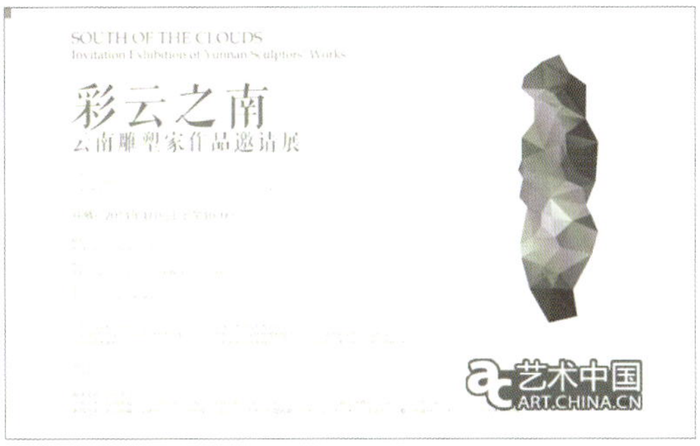

◎“渐行渐远”青年雕塑家邀请展

由西安美院雕塑系主办的“渐行渐远”青年雕塑家邀请展，4月17日于西部美术馆开幕。这次展览有12位青年雕塑家参与，全部毕业于西安美院、四川美院或湖北美院的雕塑系，有的目前仍在雕塑系代课，有的在美院其他系任职，也有雕塑系毕业后在外靠雕塑或其他职业生活。他们的作品面貌各异，有装置、根雕、玻璃钢、青铜、石膏、木刻……在作品上更多的赋予了当代观念。这次展览在传统意义上突破了材料的表现和变化，形成了新的语言，在思维上也有所突破，过去大家理解的雕塑就是捏泥，石雕、木刻等，现在有装置，及现成品的转化等。

◎创意——北京中青年雕塑家作品展

北京市朝阳区规划艺术馆由工业遗产和奥运遗产改造而成，坐落于朝阳公园的一片绿林之中，“创意——北京中青年雕塑家作品展”于4月26日在这里举行。这次参展的有23位雕塑家，展出的作品形式多样，有写意的、有抽象的、有具象的、有装置的、有极简主义的等，都紧紧围绕着创意这个主题做文章。材质有铸铜、锻铜、锻铁、木材、树脂等，科技含量略显单调和滞后。

◎ 研展 2014：终点，起点——中央美术学院研究生作品毕业展开幕

4 月 30 日，“研展 2014”——中央美术学院研究生毕业展在学院美术馆开幕。展览共展出了 307 位硕士、博士研究生的 400 余件毕业创作作品（人文学院美术学各专业学生毕业论文不参加展出），在毕业生人数比往年大幅度增加的情况下，本次展览仍然采用了不分时段、所有专业平行展出的方式，集中呈现、传达了各个专业不同的面貌与状态。从展览中可以看出，无论是从专业出发在研究形而上学的学问，还是相对实用解决现实问题的课题，美院学生们都在学院健康、自由、多元的艺术氛围与良好、自主、严谨的治学风范中交流学习。

五月

◎ “静悟”——柳青、马文甲、黄镇、袁佳雕塑展

5 月 1 日至 5 月 22 日由单燕、柳青共同策划的“‘静悟’——柳青、马文甲、黄镇、袁佳雕塑展”在今日美术馆 3 号馆 1 层展出。每一个艺术家都是敏感脆弱的矛盾体，在创作过程中出世，超越世俗的羁绊，追求真理，然而每一件作品又都是入世的结果，或激烈、或平和，并在不断地影响这个世界。柳青、马文甲、黄镇、袁佳的作品虽然在表现上有很大差别，但都选择坚持学院给予的造型能力和手工技术，在这里，通过表达静物这类最为基本、普通的创作题材，探讨了日常生活中每天都在发生的，与生存直接相关的某种隐藏的联系。

◎ “天熔地铸”朱炳仁艺术展

5 月 1 日至 6 月 30 日“天熔地铸”朱炳仁艺术展在北京 798 朱炳仁艺术中心、杭州江南铜屋同时展出。朱炳仁，1944 年 11 月生，无党派，研究员职称，中国铜领域唯一一位国家级工艺美术大师。朱炳仁被誉为“中国当代铜建筑之父”，他独创的熔铜艺术开创了“熔现实主义”新流派，造就出了一种新的美学、视觉和艺术概念。朱炳仁的铜雕作品已布及峨眉山、普陀山、大雁塔等名山胜地，但他创作态度十分严谨，他说：“每一件重要的铜制品，我都将其视为交给时代的作品，留给历史的文化财富。”

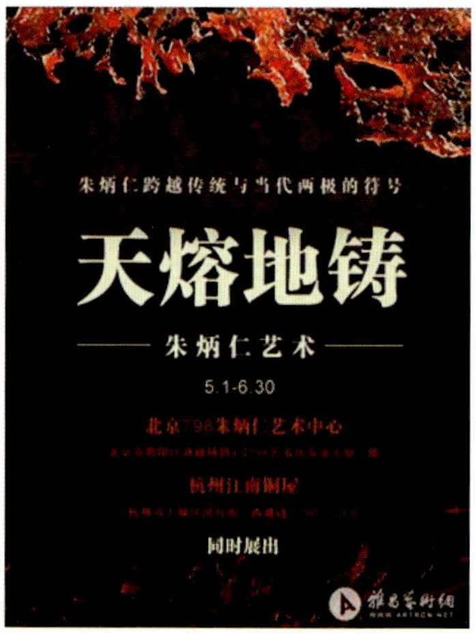

◎ 中央美院雕塑系邀请荷兰艺术家汉克·维希开展学术交流工作坊

5 月 4 日至 30 日，荷兰的艺术家汉克·维希（Henk Visch）应中央美术学院雕塑系隋建国教授之邀，来 CAFA 雕塑系开展为期四周的学术交流工作坊。汉克·维希是德国明斯特艺术学院的教授，他还带着该院校的 15 名学生来到中央美术学院交流学习。另外，在课程开始前，汉克·维希还开展了一个精彩的讲座“Thingking of sculpture（关于雕塑的思考）”。此次交流工作坊由汉克·维希和雕塑系教师于凡共同教学，主要面对雕塑系第三工作室的四年级学生，也有部分第四工作室的学生和研究生参加。于凡教授表示，雕塑系开展国内外学术交流短期

工作坊，是为活跃雕塑系学术氛围，拓宽学术视野。

◎ “回眸——七年之仰”首届大学生雕塑展

5 月 10 日上午，长沙师范学院北校区美术馆展出了“回眸——七年之仰”首届大学生雕塑展，《中国梦》《导引图》等 50 多组作品引来众多师生和市民围观。这次雕塑展，中国传统味浓厚。1974 年长沙马王堆汉墓出土的帛画《导引图》，在这里被同学们用陶泥成功复制，经过创意、勾线、描图、制模、烘干、烧制等 10 多道工序，42 幅人物造型好像从帛画中“走出来”，变得立体生动，在现场赢得一片赞声。本次泥塑展策展人、指导老师钱正财表示，“这可以让我们领略到古人的养生智慧，唤起现代人重视健康，养成锻炼身体的好习惯。”

◎ “江南意象·水乡梦圆”2014 第二届苏州·金鸡湖双年展在苏州李公堤开幕

5 月 16 日上午，2014 第二届苏州·金鸡湖双年展在苏州工业园区李公堤拉开帷幕，来自全国各地近百名中青年艺术家之手的雕塑作品集体亮相，掀起了艺术与生活对话的浪潮。本届双年展由苏州工业园区管委会、中国艺术研究院中国雕塑院共同主办，圆融集团、园区文联承办，以“江南意象·水乡梦圆”为主题，围绕“突出青年、面向当代”的定位，将在环金鸡湖区域举办一系列主题展、邀请展和特别活动。作为本次双年展的总策划人，中国雕塑院院长吴为山领衔的主题雕塑展，集中地反映中国当代雕塑界具有代表性的青年雕塑家创作成果，80 多件雕塑作品主要为近年来新创的作品，有的甚至专为苏州“定制”，展现他们对心中江南地域特色的理解。这些青年雕塑家们在学习西方写实传统，继承中国写意精神的同时，更多地关注民生、彰显新时代精神，以独特的感悟体现艺术的继承与创新。

◎ 第八届 AAC 艺术中国终极大奖在故宫慈宁宫揭晓

5 月 23 日晚，由雅昌文化集团、雅昌艺术基金会主办，雅昌艺术网承办的“第八届 AAC 艺术中国 · 年度影响力评选（2013）” 山水文园特约巅峰之夜颁奖盛典在故宫慈宁宫盛大举行。经过八年的积累与沉淀，“AAC 艺术中国 · 年度影响力（以下简称 AAC）”见证了中国当代艺术举世瞩目的时代，成为中国艺术行业在推广优秀艺术家、艺术作品、艺术展览以及艺术事件等方面最具学术性、公信力和影响力的重要评选平台。

◎器息·幻城——尧波、唐勇 2014 双个展

5 月 28 日，“器息·幻城——尧波、唐勇 2014 双个展”在四川美术学院黄桷坪校区美术馆开幕。罗中立等校领导，以及尧波、唐勇两位教师出席了开幕式。侯宝川主持开幕式，庞茂琨为展览致辞。学校自 2013 年开始设立教师作品年展的“入围奖”与“院长提名奖”。2013 年，来自全校 12 个院系及科研机构的 270 件专业艺术创作、24 篇艺术论文以及 3 部学术著作入围，其中，尧波、唐勇两位教师获得“院长提名奖”。展览中，尧波在新鲜出炉的“柴烧第四窑”作品中继续研究“薄胎烧制技术”，火的语言、陶的器息扑面而至；唐勇不同于以往的作品形态，利用商品包装泡沫、病人的 X 光片，建造起属于每一个人的“虚幻之城”。

◎ **触点——李秀勤触觉凹凸廿年**

5月31日，由天泰美术馆主办的“触点——李秀勤触觉凹凸廿年”在青岛开幕。同时举办了“艺术与社会的连接”学术研讨会。李秀勤，当代著名女雕塑家，中国美术学院雕塑系教授，博士生导师。本次展览既是一个雕塑家的二十年盲文系列的集中展示，同时也有精彩的现场互动作品。一些陌生的符号和一些不陌生的人群，被李秀勤的一个持续了20年的想法集合在现场，呈现着一份念想，一种表达，一些关爱。

六月

◎ **2014“千里之行：2012—2013中央美院毕业生优秀作品收藏展”加拿大巡展开幕**

6月3日，“千里之行：2012—2013中央美院毕业生优秀作品收藏展”加拿大巡展在温哥华英属哥伦比亚大学亚洲中心礼堂隆重开幕。此次展览精选了中央美术学院美术馆2012年和2013年“千里之行”毕业生优秀作品展的收藏中24位艺术家的约60件作品，包括油画、国画、版画、雕塑、装置、影像等多种艺术形式，真实地反映出中国目前艺术教育的水平以及中国大陆新生代艺术家的艺术探索与倾向。

◎ **“心灵对话——吴为山、克罗德·阿巴吉雕塑展”在法国隆重举行**

6月5日，作为纪念中法建交50周年的一项重要活动，由中华人民共和国文化部主办，中国艺术研究院和法兰西学院承办，中国美术家协会学术支持，巴黎中国文化中心和美爵基金会协办的“心灵对话——吴为山、克罗德·阿巴吉雕塑展”在法国巴黎中国文化中心隆重举行。中国驻法大使翟隽、法兰西学院艺术院主席、当代雕塑大师克罗德·阿巴吉、法国文化和新闻部文化活动总监及法国外交部代表、中法建交50周年总协调人代表布瓦柔、萨尔都等领导及海外艺术家出席开幕式。此次展览共展出了两位艺术家各20件雕塑作品和20幅画作。这些作品创作的年代跨度很大，具有鲜明的时代特征，也反映出艺术家创作的心路历程。此次展览不仅是两位雕塑家心灵的对话，也是中法两国文化艺术的对话。

◎ **“闳约深美——2014南京艺术学院优秀毕业作品联展”**

6月6日，“闳约深美——2014南京艺术学院优秀毕业作品联展”在南京艺术学院美术馆开展。此次联展汇集了美术学院、设计学院、传媒学院、工业设计学院、高职学院、人文学院精选出的1000余件优秀毕业作品，涵盖国画、油画、版画、雕塑、公共艺术、工业设计、动画、摄影、文物修复等30余个专业方向。展览的作品风格多样、形态各异，既有对传统绘画表现形式的解读，更有实验性及跨界的设计探索，通过“形而上”的思考，虚拟现实的空间表现，声光电等多种元素的运动，展现了毕业生的扎实功底、纯熟技巧、创意创新的风格意趣。

◎ 2014 年中央美术学院本科生油画系、雕塑系毕业展开幕

一年一度的毕业生作品展览，就像充满希望的田野，承载着学生们满怀才情的艺术梦想，也饱含着老师们辛勤的汗水和由衷的期待。6 月 7 日，中央美术学院本年度本科生毕业展最后一轮——油画系和雕塑系毕业生作品展分别在教学展厅、多功能厅与师生观众们见面。

◎ 2014 广州美术学院雕塑系举行第四届“黎明雕塑创作奖学金”、首届“荣发雕塑基础教学奖学金”颁奖仪式

6 月 24 日上午，第四届“黎明雕塑创作奖学金”、首届“荣发雕塑基础教学奖学金”颁奖仪式在大学城美术馆雕塑分馆举行。“黎明雕塑创作奖学金”自 2011 年由黎明院长设立，旨在鼓励在毕业创作中成绩优异的雕塑系毕业生，至今已成功举办了四届。首届“荣发雕塑基础教学奖学金”于 2013 年由陈荣佳先生设立，每年出资 6 万元，奖励雕塑系二、三、四年级在基础课程中成绩优秀的本科生。根据两项奖学金的评选和管理办法，经奖学金评审委员会多轮不记名投票，对 2014 届毕业创作 50 余件作品和二至四年级 36 门课程的 90 余件作品进行严格评选，最终评出 8 件优秀作品获得“黎明雕塑创作奖学金”、34 位同学获得“荣发雕塑基础教学奖学金”。黎明院长和陈荣佳先生分别为获奖同学颁发获奖证书。

◎ “无界——四人艺术作品展”

6 月 25 日，“无界——四人艺术作品展”在中国国家画院开幕。展览由中国国家画院、清华大学美术学院主办，北京电影学院、天津大学建筑学院、中国包装总公司协办，展出林乐成、董雅、尼跃红、冯小红四位艺术家作品近一百五十余件。展览开幕式由策展人张晓凌主持。著名艺术设计家、中央工艺美术学院老院长常沙娜先生，著名艺术理论家、中央美术学院教授邵大箴先生，清华大学美术学院党委书记赵萌教授及艺术家代表尼跃红先生致辞。

◎ “千里之行”——中央美术学院 2014 届毕业生优秀作品展开幕

6 月 27 日 16:00，“千里之行——中央美术学院 2014 届毕业生优秀作品展”在学院美术馆开幕。这也是“千里之行”项目的第六届展览，此次展览共展出 2014 届 140 位本科和研究生毕业生的优秀作品。“千里之行”展览展示了同学们通过严格的训练所表现出的艺术基础，努力探索对艺术的独特表达方式；展示了同学们通过系统的学习所展现的专业素养，以及对艺术的判断力、观察力、表现力；展示了同学们通过深入专业学习后对艺术使命的坚持，对“关注现实，服务人民”艺术理想的追求。

◎ “新雕塑——年轻一代雕塑家”在 Hi 艺术中心开幕

6 月 28 日，Hi 艺术中心开幕首展“新雕塑——年轻一代雕塑家”在北京恒通商务园 Hi 艺术新空间开幕， 展览展出了包括 UNMASK 小组、李鑫宇、吴大伟、杜春风、李伟 & 刘知音、闫磊、候雯、卢征远、颜石林、金钕、史金淞、张弱、李晖、王郁洋、郑路等多位青年雕塑艺术家的大型群展，呈现了新一代雕塑家们最当代的一种艺术化的倾诉方式。如果说前辈艺术家们的创作有着时代赋予的责任并由这种责任指引方向，新一代雕塑家们看起来则更注重个人化的风格呈现，他们有着鲜明的自我。在追求个性化、私人化、观念化的当下，新一代雕塑家的作品，

也与所谓主流艺术世界保持着一定的距离。

◎ “第四届全国抽象雕塑高级研修班”结业

6月，由《雕塑》杂志社主办的“第四届全国抽象雕塑高级研修班”创作实践课在河北饶阳华日青铜文化产业园进行。在美国北卡罗来纳大学教授比利·李辅导下，学员们将自身对西方现代抽象雕塑的艺术技巧与创作理念的理论学习，运用到具体的艺术实践中。在师生们夜以继日的努力下，本届研修班创作实践活动圆满结束。28日，由衡水华日公司承办的本届抽象雕塑高级研修班汇报展与观摩研讨会同时召开，旨在检阅学员学习成绩与加强学术交流。在中国工艺美术学会雕塑专业委员会顾问委员会主任、著名雕塑家朱尚熹主持下，来自全国各艺术院校、研究所、艺术机构的数十位负责人、专家，以及本届和往届部分学员们济济一堂，分别以抽象雕塑为主题，进行了深入研讨与交流。

七月

◎ 触点——李秀勤触觉凹凸廿年

7月6日16:00，“触点——李秀勤触觉凹凸廿年”在北京元典美术馆开幕。本次展览展出了青岛籍雕塑艺术家李秀勤具有人性关怀的一系列作品，该系列作品带有其独特的盲文特质，为盲人朋友们打开了一扇通往艺术的大门。在艺术面前，我们本应该拥有平等的权利，但在大家自然而然享受视觉艺术带来的种种美好、冲击、震撼时，却忽略了这样一个群体——盲人。他们受先天或后天不可逆的原因没能看到多彩的世界，也未曾体会过视觉艺术的魅力，单凭触觉过生活，“平等性”在他们面前成了一句空话。雕塑艺术家李秀勤有过一段近乎失明的经历，这场危机令她意识到盲人这样一个一直以来被视觉艺术彻底排斥在外的特殊群体，使她开始重新思考艺术与个人、创作与生活、视觉与感知等一系列问题的本质与核心。

◎ “礼遇东方”——巴黎亚洲艺术博物馆“白明个展”

7月10日至8月3日，在巴黎亚洲艺术博物馆举办的“白明”专展同时被法国外交部、法国文化中心和中国文化部纳入中法建交50周年重点项目。

◎ “美丽福建”雕塑艺术大展——福州展开幕

7月10日，由福建省雕塑学会主办的首届“美丽福建”雕塑大展在福建省美术馆拉开帷幕，展品涵括老中青三代，来自省内外、台湾等地的数百位当代雕塑名家的精品之作，以福建本土雕塑家为主体的参展艺术家们用自己对艺术的饱满热情和独到诠释，塑造各自心中“美丽福建”的多彩风貌。

◎ 2014 全国高校毕业生优秀雕塑作品展开幕

7 月 19 日，由中国世界民族文化交流促进会、中国工艺美术学会雕塑专业委员会、中国红十字基金会、北京紫檀文化基金会联合主办，《雕塑》杂志社、贵州茅台酒厂（集团）白金酒有限责任公司共同承办的 2014（第九届）全国高校毕业生优秀雕塑作品展在北京国粹苑艺术馆拉开序幕，为雕塑毕业生从院校步入社会搭建了有力的公共平台。来自全国各地的众多嘉宾参加了展览开幕式。展览至 7 月 26 日结束。此次展览作品来自全国 30 余所国内主流专业艺术学院及综合性艺术院校雕塑专业毕业生，与往年相比，参展作品不论从题材、材料、形式、艺术表现语言，还是观念上，都呈现出新的转变。这也是这么多年来，国内雕塑教育不断反思教学、沉淀成果、拥抱时代变化的体现。

◎ 2014 太原国际青年金属雕塑创作营举办

7 月 20 日至 8 月 25 日，由中央美术学院和太原市政府主办的 2014“‘钢铁之夏’中国太原国际青年金属雕塑创作营”在太原工业文化创意产业园成功举办。历时 35 天的辛苦创作，来自中国、美国、法国、韩国、墨西哥等多国知名美术院校的 79 名中外青年艺术家，在老师的指导下完成了 178 件作品。这些作品造型语言多样，题材广泛，手法精炼，并将太原文化与材料本身的属性巧妙地融合，赋予了这些沉睡多年的废弃物新的生命，具有很高的艺术价值。创作营活动实现了学生、企业、社会的“三赢”，作品呈现的丰富面貌展现了多样化的教学思考，对于增强校际间交流、促进青年艺术家成长更是大有裨益。

◎第四届中国长春世界雕塑大会“中国写意雕塑展、首届中国当代青年雕塑作品展”初评结束

7 月 20 日，第四届中国长春世界雕塑大会专题展览“中国写意雕塑展和首届中国当代青年雕塑作品展”初评会议在长春世界雕塑公园松山·韩容非洲艺术收藏博物馆顺利召开。经评审组多轮严谨讨论筛选，评定出中国写意雕塑展入选作品 65 件直接展出；中国当代青年雕塑作品展入围作品 110 件，进入复评。

◎对话兵马俑——欧盟与中国雕塑家作品提名展

《对话兵马俑——欧盟与中国雕塑家作品提名展》7 月 31 日在首都布加勒斯特的罗马尼亚农民博物馆拉开帷幕。来自中国和欧盟 28 个成员国艺术家的作品引起当地观众极大兴趣。此次为期一个月的展览以“对话兵马俑”为主题，特邀欧盟成员国的雕塑家以及中国雕塑学会副会长陈云岗、中国中央美术学院雕塑系副主任王少军、陕西省雕塑院院长张琨等 3 位中国知名雕塑家参展，共展出 31 件风格各异、材质多样的雕塑作品。中国驻罗大使霍玉珍在开幕式上发表讲话说，这次展览是中国和欧盟之间加强和发展文化友好关系的具体体现，是深化中罗两国文化合作的实际行动，同时也是庆祝中罗建交 65 周年重要活动之一。

八月

◎ 2014 司徒乔油画及司徒杰雕塑艺术展于中央美术学院

美术馆开幕

8 月 5 日，“含泪画下去——司徒乔艺术世界的爱与恨”、“凝铸的温度——中国第二代雕塑家司徒杰”双展在中央美术学院美术馆举办开幕暨作品捐赠仪式。 展览以司徒乔日记中的一句话“含泪画下去啊，蠢人，在艺术的牢狱里过你的一生”作为展览主旨，划分 8 个主题单元，通过包括油画、粉画、竹笔画、水彩、书籍插图、手稿草图、素描、速写等司徒乔作品，以及重要艺术评论、信函、照片等大量一手文献材料，展示了司徒乔传奇的艺术历程。“凝铸的温度——中国第二代雕塑家司徒杰”展览，三个单元梳理并彰显了司徒杰在雕塑创作、雕塑教学中所取得的突出成就。

◎ “聚焦与共鸣”——雕塑作品展在北京奥加美术馆开幕

由《雕塑》杂志社、奥加美术馆作为展览主办方，北京精卫文化艺术中心作为承办单位的“聚焦与共鸣”——雕塑作品展，于 8 月 8 日在北京奥加美术馆开幕。展览展出的 50 余件架上雕塑作品精彩纷呈，题材、形式、材料运用等方面风格各异，参展雕塑家们从不同的视角，运用不同形式手法，充分展示出了雕塑空间语言独特的艺术内涵。

◎ 首届“南北雕塑联展”

8 月 8 日上午，首届“南北雕塑联展”在广州艺术博物院开幕。本次展览，是广州雕塑院与陕西省雕塑院首次在广州联袂举办的大型雕塑展，汇集了许鸿飞、张琨、陆增康、俞畅、钟志源、垚乡、马辉等著名雕塑家的作品。“南北雕塑联展”经过广州雕塑院与陕西省雕塑院的多番筹划，旨在推动南北方的雕塑艺术交流，作品选择方面则力求展示两地雕塑家最新的，并且最能表现自身想法的作品。展览采用年展的形式，每年一次，2015 年的“南北雕塑联展”将在西安举办。

◎ 第三届中国 · 青岛国际雕塑艺术节

8 月 19 日，以“继承、弘扬、创新”为主题的第三届中国 · 青岛国际雕塑艺术节在山东省即墨市举行，来自国内外 40 余位雕塑家携带 36 件大型雕塑作品现场参展。本届雕塑艺术节设置 2014 第三届中国 · 青岛国际雕塑艺术节雕塑艺术作品展，中外艺术家座谈会，《文化大讲堂》——雕塑专场讲座，以及青岛国际雕塑艺术节现场互动等活动板块。活动前，主办方在国内外征集雕塑作品 500 件，由专家委员会评选出初选作品 50 件，报组织委员会批准，确定最终 26 件作品入选。除了国内外征集作品外，展会上还充满“即墨元素”，特意邀请国内著名雕塑家定向创作 10 件具有即墨文化元素的雕塑作品。

◎ 贵州省首届雕塑精品展——“原生之魅 · 生命之美”

8 月 23 日，首届贵州雕塑精品展在贵阳国际会议中心正式开幕，以“原生之魅 · 生命之美”为主题的贵州雕塑精品展由贵州省雕塑院、贵州广电传媒集团承办。本次雕塑展上，著名雕塑家田世信、刘万琪、贵州省雕塑院院长李钢等 31 位来至省内外顶级雕塑艺术家共计 73 件雕塑精品正式惊艳亮相，为期 5 天的公益艺术盛宴就此拉开序幕。 雕塑展现场，除了田世信、刘万琪、李钢、刘雍、肖时安、傅光大、曹智勇等雕塑家作品引起了大量关注外，首次展出的《孝行天下》也引发了大家的情感共鸣，让大家对家庭、对“孝”有了更深的思考和领悟。

◎ “晋魏长歌”张熙玉从艺六十年艺术雕塑展

8 月 30 日，“晋魏长歌”张熙玉从艺六十年艺术雕塑展在山西太原美术馆举办。新中国培养的第一代雕塑艺术家们，如今已经都是八十岁左右的高龄老人，他们上承中华民族数千年的艺术传统，结合引自西方的法式、苏式的艺术教育体系，共同构建了中国的现当代艺术传统，开启了一代新风。山西大学的张熙玉先生就是其中的一位，是山西地区当代雕塑艺术的一面旗帜，在全国也享有很高的知名度。从山西走出来、或者仍旧活跃在山西的中青年雕塑家，大多是他的学生或者说是再传学生，张先生可谓桃李满天下。

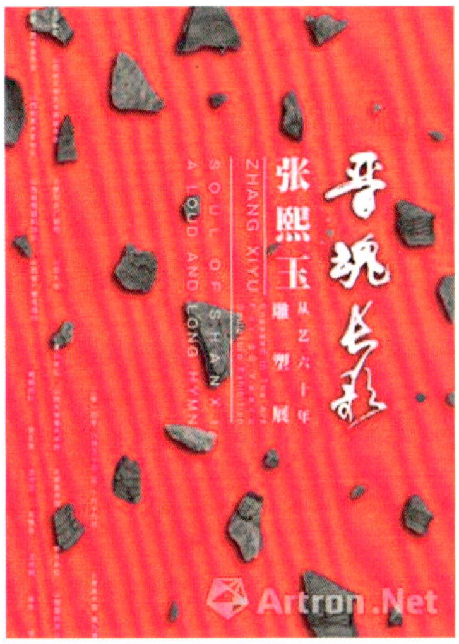

九月

◎ 第四届中国长春世界雕塑大会成功举办，吴为山《孔子》像隆重揭幕

由全国城市雕塑建设指导委员会、文化部艺术司及长春市人民政府共同举办的第四届中国长春世界雕塑大会，于 9 月 3 日至 4 日在长春世界雕塑公园成功举办。文化部副部长董伟，长春市人民政府市长姜治莹，文化部艺术司司长诸迪，中国美术家协会副主席、中国美术馆馆长范迪安，中国美术家协会副主席、全国城市雕塑建设指导委员会副主任吴为山，建筑大师、中国工程院院士何镜堂，法兰西学院终身院士、法兰西学院艺术院轮值主席克罗德·阿巴吉，法兰西终身院士让·昂格哈，法兰西学院通信院士莉迪亚·哈朗布尔，韩国雕塑家协会主席韩镇燮等来自五十多个国家的著名雕塑家、美术家、理论家、世界雕塑公园代表等近千余人参加了此次盛会。

◎ 李真雕塑展览“既重又轻——新东方精神”

9 月 3 日，位于法国巴黎中心第一区，繁华的旺多姆广场上，台湾艺术家李真的雕塑展览“既重又轻——新东方精神”盛大启幕。此次国际大型个展由巴黎、荷兰、意大利、台北、北京五地组成的国际专业团队经过多年的时间筹备，克服巨型作品装吊运输、结构、风阻、古迹承重等许多难题，展出《无忧国土》《无心海》《天界山水》《清风云露》《飞行乐土》《捻花》《追烛》《浮光》《大士骑龙》《风神》《火神》以及最高的《天阙轻舟》近 9 公尺、3 层楼，共计 12 件。李真指出《飞行乐土》人物在软绵绵的云端漂浮沉睡：“你真的能够像他睡得安稳吗？”他用这个方式表现对变动世界的看法，更留下空间给人们去思考，作品体量虽庞大墨黑，但人物散发祥和、轻盈感，是现代人在忙乱的尘世中的慰藉，净化人的心灵。这些作品也是古典中华儒、道、佛哲学与诗词滋养下的当代创作，传统仿佛在李真手中鲜活了起来。

◎ “敬礼！抗战老兵”雕塑展

曾经出现在远征军雕像群中的“抗战老兵”于 9 月 3 日来到南海千灯湖美术馆。他的作品中，昔日英勇的老兵不再雄赳赳气昂昂，而是垂垂老矣、神色肃穆，仿佛风中瑟瑟发抖的迟暮老人。而在雕刻的“抗战老兵”眼睛里，人们也能看到经历抗战岁月洗礼后的坚毅眼神。作者希望能有更多的人欣赏到远征军的面貌，铭记抗战精神。

◎ 随性卷塑——姚永康陶瓷艺术作品展

9月6日，由北京798桥艺术空间主办的“随性卷塑——姚永康陶瓷艺术作品展”开幕。景德镇陶瓷学院副校长宁钢出席开幕式并致词。出席开幕式还有中国美术家协会陶瓷艺术委员会秘书长、中央美术学院雕塑系主任吕品昌，清华大学美术学院陶艺系白明，首都师范大学现代美术研究所所长尚扬及景德镇陶瓷学院校友代表。此次展览包括了姚永康教授近20年来创作的“世纪娃”系列、“水”系列和“青苹果”系列在内的50余件陶瓷艺术作品。

◎ 徐冰装置艺术《桃花源的理想一定要实现》亮相苏富比第九届重要雕塑展

苏富比将于一年一度在英国查茨沃思(Chatsworth)举行之第九届“超越极限”(Beyond Limits)重要雕塑展上，呈献中国著名艺术家徐冰最令人震撼的装置艺术品之一：《桃花源的理想一定要实现》，并于9月8日展览开幕时向公众展出。此杰作坐落于查茨沃思庭园中的海马喷泉(Seahorse fountain)，环绕圆形池塘内外。历史悠久的海马喷泉位于查茨沃思府邸以南的草坪，从未向公众开放。海马喷泉正在修复中，苏富比很荣幸能借此机会，把这个查茨沃思庭园的核心建筑，转化为《桃花源的理想一定要实现》的所在地。这一跨媒体作品以中国山石的自然形态、陶瓷及植物，加之以迷雾朦胧的效果，完美糅合大自然与人工元素。

◎ 大美洋湖·2014中国（长沙）国际雕塑文化艺术节

9月15日至10月30日，大美洋湖·2014中国（长沙）国际雕塑文化艺术节在长沙举行。本届雕塑节以“城市精神·城市文化·城市创造”为主题，由中国国际文化传播中心、湖南省文学艺术界联合会、长沙市委、市政府主办，是长沙今年最具影响力的一场国际文化盛会。来自17个国家的21位国际雕塑大师们将在长沙两型社会建设的标杆所在地——湘江新区洋湖湿地景区，进行大型雕塑作品集体创作活动。这是长沙第一次以雕塑艺术为纽带组织的一场国际文化交流盛事，也是长沙年度最具影响力的一场国际文化盛会。

◎ 2014柏林中国文化节“聚焦与共鸣雕塑作品展”

第二届柏林中国文化节于9月18日在柏林市中心波茨坦广场拉开帷幕。9月18日上午，柏林市政府代表施瓦茨女士亲切接见了以《雕塑》杂志社范伟民社长率领的艺术家代表团。18：00点，展览开幕。来自柏林的200余名观众在这里欣赏了来自中德两国30名艺术家共同呈现的近40件雕塑作品。参加本次活动的嘉宾与观众纷纷表示，在一次展览上观看如此丰富的中国雕塑家的作品是难能可贵的。展览现场，两国的艺术家亲切交流，整个现场洋溢着友好而轻松的欢乐气氛。

◎ 李占洋个展“街头|花园”展现“草根现实主义风格”

9月20日下午3点，李占洋个展“街头|花园”在北京在3画廊开幕，展览由批评家高名潞策划，共展出李占洋作品76件，占据了500平方米的展示空间。

李占洋的雕塑处于学院和民间之间。一方面汲取了纪念碑雕塑学院式的手法，另一方面民间艺术泥人张、大足石刻的手法也多有借鉴，精致与光滑，粗糙与笨拙，是李占洋在创作中呈现出来的矛盾张力。他的作品直白、鲜活地表现了处于巨大变革时期，中国民间社会的市井生活和底层人物众生相，以“性”的视角，观照了他们的生活悲苦、欢乐与疯狂。

◎逍遥游——张勇雕塑作品巡展

《逍遥游——张勇雕塑作品巡展》于荷兰阿莫斯福特和中国上海和北京先后展出。中国上海熙画廊展出时间为9月21日至11月21日。多年来，艺术家张勇一直致力于古典雕塑当代化的探索。他的作品融合了古典与当代的创作方式。行为化、场景化手段时常出现于张勇的作品中。作为一位中国的雕塑艺术家，把近代从西方引入中国的古典雕塑语言加以锤炼和发展，使其当代化，并且获得西方学术界的一致好评，是难能可贵的。此次巡展由荷兰Kunstbroeder画廊、中国上海熙画廊共同承办。8月8日在荷兰阿莫斯福特市Kunstbroeder画廊举办了巡展荷兰站的开幕仪式。著名媒体人Miluska vant Lam以及各界嘉宾观摩了艺术家张勇的雕塑作品。

◎ 2014《施慧》获第23届树人出版奖

9月，浙江树人出版奖在杭州揭晓，由中国美术出版社出版的《施慧》获得第23届浙江树人出版奖。《施慧》是中国美术学院雕塑系教授施慧同名作品集。该书选取了施慧自20世纪80年代以来的重要作品，涵盖了施慧创作的整条艺术之路。整本作品集分为四个部分。第一部分为“抽丝结网”，2000年以前的主要作品《结》和《扇》收录在该部分；第二部分为“炼石怀景”，2000年开始，“石”成为施慧创作中的一个重要母题，如《游影浮墙》就是这一母题代表作；第三部分为“飘悬凝风”，有《飘》《凝风》等充满诗意的代表作；第四部分为“质物素心”，包含了施慧2009年后创作的《本草纲目》系列一和二。该书还于今年5月获得了第30届浙江省出版协会优秀图书编辑奖一等奖。

◎ 上海第十四届南京路雕塑邀请展暨贵州雕塑艺术展

9月20日第十四届上海南京路雕塑邀请展暨贵州雕塑艺术展在上海开幕，展览由贵州省委统战部、贵州省文联与上海城雕办、上海城雕艺术中心等机构联合主办，贵州省雕塑院及上海南京路组委会等联合承办，来自贵州省委统战部、贵州省文联、贵州省政协文卫体委、贵州广电传媒集团、贵州省雕塑院等单位领导与上海市城雕办、上海市黄浦区人民政府、上海市规划和国土资源局及两地雕塑家代表等出席了开幕式。贵州雕塑艺术的“稀”、“奇”、“古”、“怪”饱含着生命力量，风格各具的作品让上海市民耳目一新。

◎“聚焦与共鸣雕塑作品展”在比利时皇家艺术学院交流

比利时皇家艺术学院欧洲最古老的艺术学院之一。9月25日在这个有着悠久历史的艺术学府，迎来了由《雕塑》杂志社组织的雕塑作品展，艺术与艺术交融的火花在这里碰撞，可谓是意义非凡。此次展览的作品形式多样，材料丰富，不仅融合了具有中国特色的景泰蓝、漆器、陶、瓷、木、石，同时也展示具有当代创新实验性雕塑及抽象雕塑作品。不论以什么样的形式展现，都在表达作者对艺术的态度和观点。

◎ **走进贵州——田世信文献展**

由贵阳市文联、贵阳市美术馆主办的“走进贵州——田世信文献展”于9月26日在贵阳美术馆举办。田世信先生是中国当代最杰出的雕塑家之一。现任中央美术学院雕塑研究所教授，中国艺术研究院中国雕塑院特聘教授。2014年是田世信先生离开贵州回到北京工作、生活的第25个年头，正如田先生所说：“两地都是我的故土，两地都是那样的亲切。”田先生在贵州的25年期间，用他真实的生存体验与独特的雕塑语言将乡土艺术推介给广大观众，成为20世纪80年代中国艺术界“贵州现象”最重要的代表人物之一。同时他开创了贵州教育史上的第一个雕塑专业工作室。本次展览共展出由田世信夫人李梦虞女士整理提供的文献资料252件；雕塑原作18件；绘画作手稿20件；平面形式展示作品23件；原贵州艺术学校雕塑工作室学生作品4件；共计317件展品。

◎ **2014湖北美术学院院长徐勇民携马球雕塑作品出席万达艺术空间启幕仪式**

9月28日14:30，万达艺术空间启幕仪式在汉街万达广场举行，湖北美术学院徐勇民院长携马球雕塑出席启幕仪式，为广大市民带来了艺术世界里体验博大精深的智慧。来自该校及各大高校的学生志愿者在艺术家们的带领下进行了各种风格、富有创意的艺术手绘，氛围极佳。

◎ **“1981：西安首届现代艺术展”文献展**

1981年，首届西安现代艺术展在西安开幕，由于当时的社会环境，这次展览并没有顺利地举行，而参展的十多位艺术家也在后来受到了不同的磨难。2014年9月28日，在其中一位参展艺术家张雨方的努力下，一场有关“1981：西安首届现代艺术展”的文献展在西安美术馆举办。参展艺术家包括：傅强、郭线庐、呼明、孔长安、刘小棣、李晓明、刘艺杰、马骅、王志刚、张光荣、张雨方。展览展出了当年“西安首届现代艺术展”中曾展出的作品约50件及当年文献（包括观众意见簿、历史照片及媒体报道资料近百件）。除此之外，还展出部分艺术家后续的创作作品约130件，意图是将艺术家在相关艺术工作的历程及状态也一同呈现在此次展览中。

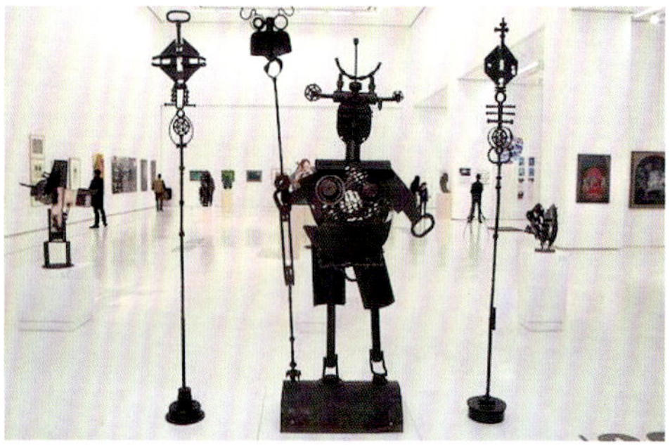

◎ **第八届AAC艺术·生态·观察巡展暨中国雕塑学会青年推介计划第二季巡展走进南京**

“第八届AAC艺术·生态·观察巡展”南京站和“翼——中国雕塑学会青年推介计划第二季巡展”南京站于9月28日在金陵美术馆同时拉开帷幕。

本次巡展主题为“艺术·生态·观察”，展出作品形式涵盖国画、油画、雕塑、综合材料等，意在全面、系统地呈现出当代中国艺术的生态面貌与发展态势。在当今艺术创作活跃与艺术市场繁荣的社会时代背景之下，选取具有典型性、代表性的艺术家与艺术作品，通过不同时代、不同地域、不同形式、不同理念艺术的并置，从而可以多维度、多层次、多视角的对中国艺术生态进行观察、梳理。正如策展人吴洪亮在前言中提到的：“在这次AAC的巡展中，我们借用切片式的理由与操作模式，在2014年以平和的心态将在视野中与视野边缘的艺术家们的作品并置，以虚拟的网络平台为基础在现实世界里搭建一个单纯的展览，供大家观察”。

◎ **“2014开渠百年——纪念刘开渠诞辰110周年展”在国博开幕**

9月30日下午，中国美术事业、中国雕塑事业、中国美术馆事业的开拓者和奠基人、人民艺术家、美术教育家、社会活动家刘开渠 110 周年诞辰之际，“开渠百年——纪念刘开渠诞辰 110 周年展”在中国国家博物馆开幕。该展选取了刘开渠最具代表性的 51 件雕塑作品和珍贵的历史文献资料，分为“为现代中国人造像（1914~1949）”“立民族之碑（1949~1978）”“向新时代致敬（1978~1993）”和“世纪回望”。这四个相对独立的单元呈现了他的艺术人生，并突出介绍了他为中国美术事业做出的杰出贡献。展览结束后，刘开渠家属刘米娜和刘米洁将向中国国家博物馆捐赠家中珍藏的 42 件雕塑原作。

十月

◎ 2014 青年服务国家：中央美术学院雕塑系师生完成“一二 · 九”运动主题纪念品

由中央美术雕塑系师生历时两年共同创作的“一二 · 九”运动主题纪念雕塑作品正式完成，将放置于北京市植物园“一二 · 九”运动纪念亭，留下永恒、经典的文化元素。2012 年 5 月份开始，在雕塑系老师吕品昌、孙璐、王伟、陈科、于凡、周思旻的指导下，师生共计完成作品《青年服务国家》《志愿者》《支教》《青春力量》《与历史的对话》《北京青年报》等六件（组）作品。作品的题材具有代表性，技法精湛，不仅展现出当年“一二 · 九”运动参与者的精神风貌，表现出全国人民团结起来对抗外族侵略的决心，还呈现了新时代青年勇于奉献、积极投身建设的蓬勃朝气与奋发向上的精神。

◎ “生态”——锦江湿地公共雕塑展

2013 年白鹭湾湿地及荷塘月色景区的成功打造，获得了广泛的知名度和社会影响力，它们已经成为了成都的一张生态名片，以及重要的假日休闲场所。2014 年 10 月 10 日至 2015 年 5 月 10 日，锦江区委区政府将自然生态与文化艺术进一步结合的建设锦江蓝顶雕塑展示园计划立项，并开始全面启动。著名建筑师刘家琨亲自主持，成都家琨建筑设计事务所已做出了展示园设计方案。雕塑面向自然的回归，成为当代雕塑的新方向。雕塑艺术如何在今天的文化背景中，切入到营造人和自然的亲融和谐的境界中去，创造出生态景观雕塑的新形态，成为本次展览所要探索的学术目标。参展艺术家：焦兴涛、邓乐、傅中望等知名雕塑家 30 人，参展作品 50 件。

◎ 2014 武汉创意天地国际艺术节

武汉创意天地国际艺术节于 10 月 15 日至 12 月 27 日在素有“首义之城”“九省通衢”之称的中部腹地城市武汉举办。此次国际艺术节在创意天地合美术馆举行，展览由“西云东语：中国当代艺术研究展”及外围展“跨域：多维城市创意展”两大主体组成。来自中国、美国、德国、法国、英国、荷兰、比利时、新加坡等 18 个国家及港澳台地区的 200 余位艺术家联袂拉开艺术节大幕。展出作品涵盖油画、水墨、版画、雕塑、陶艺、装置、影像、互动游戏、时装设计、概念首饰、现代舞蹈、爵士音乐、复古家具、原创手工、3D 打印等数十领域。届时 20 个场馆将呈现超过 50 场艺术活动，1000 余组艺术品，跨越时间、空间、地域和领域，并将成为华中地区规模最大、规格最高的国际艺术节。

◎ 钱绍武作品展

10 月 17 日，由北京钱绍武文化艺术中心和苏州市文化广电新闻出版局联合主办的钱绍武作品展，在苏州市美术馆拉开帷幕，展出日期至 11 月 9 日止。

年届九旬的太湖游子——钱绍武先生在生他、养他的太湖之滨，举办了个人艺术展览，将他的部分雕塑和书法作品呈献在苏州人民面前，回报江南水土的滋养和人民的厚爱。这些作品，只是他众多优秀作品之中的一小部分，但是足以代表他的艺术成就和个性风貌。本次展览的规模并不大，展出的作品虽然不多，但形式是丰富多样的，除了30多件雕塑和40多件书法作品之外，还有一些大型代表性公共艺术作品图片及精彩的线描人体作品，更为重要的是，钱先生的一批笔记、手稿以及一些多年来发表的重要文章也随同作品展示给观众，有助于增进观众对艺术大家的深入了解。

◎“缘迴柳州”广州雕塑院2014精品展在柳州博物馆开幕

10月17日，“缘迴柳州——广州雕塑院2014精品展”在广西柳州博物馆举行。此次展览，由广州雕塑院和柳州博物馆共同主办。广州雕塑院在1980年创作了鱼峰山《刘三姐》塑像，成为了柳州的标志，并与柳州结下了艺术之缘。此次应柳州博物馆的邀请，精选了60余件雕塑精品赴龙城展出，正可谓“缘迴柳州”。展览风格多样，写实与抽象并具，全面地展示了我院近年来的创作成果。雕塑承载的不仅是城市的文化表征与个性，也是一种集体的回忆和情感。举办本次展览，也是对雕塑与城市关系脉络的一次梳理和延伸。该展览是柳州迄今举办过最大型的专题雕塑展览。

◎ 2014“第三种批判——艺术语言的批判性”于北京时代美术馆展出

“第三种批判——艺术语言的批判性”展览于10月18日在北京时代美术馆开幕，展览由中央美术学院教师刘礼宾策划。展出作品来自22位中国当代具有“艺术语言”的典型性和代表性艺术家，与此同时，展览还涉及美术史梳理、文献呈现、艺术家语言探索自述，共同构成展览主体。展览试图以这种方式，重新向后发掘“艺术语言”的发展线索，呈现当下成熟的艺术语言，在一个“艺术本体”被严重忽略，“庸俗社会文化论”无孔不入的时代，引发艺术何为的思考及讨论。

◎ 钟颖造像——史钟颖当代雕塑展

10月18日，“钟颖造像——史钟颖当代雕塑展”在红门画廊拉开帷幕。红门画廊坐落于东便门城楼之上，庄严厚重的红色大门与沧桑斑驳的明城墙相互呼应，在这样一个特殊的艺术空间中，史钟颖将其对佛学与雕塑的思考灌输进作品之中，并试图敲开观者的心门，共同分享和体悟艺术带给人们的启示与关照。在当代语境下，探索如何用艺术形式传达其对佛学智慧的体悟，并能去除佛像在很多人尤其在广大知识分子心中偶像崇拜的迷信色彩，使佛造像艺术与当代社会生活真正产生有益的关系是史钟颖创作这批作品的初衷。

◎ 迭戈·里维拉——墨西哥的骄傲

10月19日，由墨西哥驻华大使馆、中国美术馆、墨西哥国立美术局、维拉克鲁斯州文化局共同主办的“迭戈·里维拉——墨西哥的骄傲”在中国美术馆展出。此展览是维拉克鲁斯州政府所拥有的公共艺术财富，汇集了他五十二年创作生涯中的34幅代表性作品，这些作品都是首次在中国亮相。

◎ 第三届“中国姿态·中国雕塑大展”

10 月 21 日至 11 月 16 日，由中国雕塑学会、山东美术馆联合主办的“中国姿态 · 第三届中国雕塑大展”在山东美术馆开展，展出 150 余件来自全国各地的雕塑精品。2008 年，“中国姿态 · 中国雕塑大展”由中国雕塑学会创立，首展先后亮相厦门、长春、西安、上海、温州、广州、北京等地。2011 年，“中国姿态 · 第二届中国雕塑大展”登陆温州、上海。

◎ 2014 小童话 · 大未来：丹麦在华文化季在中央美术学院开启

10 月 25 日，以“小童话 · 大未来”为主题的丹麦在华文化季在北京中央美术学院开幕。在 2008 年，丹麦亲王曾亲自向中央美术学院捐赠了 16 件大型经典石膏像，这不仅是学院珍贵的教学资源，也是中西文化交流的重要载体。他希望中央美院能继续在中丹文化交流合作中发挥自身作用，长期见证两国友谊源远流长。

此次展览展出了丹麦在世艺术家中的杰出代表——比扬 · 诺格，从二十世纪六十年代至今创作的 77 件作品，包括其早期在公众场所做的雕塑、装置、绘画、行为和影像等。开幕式前，比扬 · 诺格还特别将自己的雕塑作品《公交车站》捐赠给中央美术学院美术馆。

◎ 隋建国“盲人肖像”从 10 月 28 日开始占领纽约中央公园

10 月 28 日，纽约中央公园费得曼广场，迎来了第一位中国艺术家的雕塑“盲人肖像”。“盲人肖像”是隋建国始于 2008 年，至今有 4 尊的雕塑系列，每尊重量超过两吨，此前从来没有同时在公共空间里展示过，如今，经由公共艺术基金（Public Art Fund）的努力，这四大巨头得以占领纽约，成为纽约曼哈顿岛上不可错过的艺术作品。本次展览的策展人，同时也是公共艺术基金的总策展人 Nicholas Baumes 提到：“在 10 年前于‘亚洲协会’（Asia Society）外看到隋的‘毛主席的外套’时，我就被他的艺术创造力深深震撼了”。而对本次在中央公园展出的四件作品，Baume 评价道：“隋建国的雕塑融合了东西方文化和美学观。创作过程充满创意，是高度开放与控制力的完美结合。”

◎ 2014 中央美术学院雕塑系教授秦璞主讲“公共艺术之路”

10 月 29 日下午，应公共艺术学院的邀请，中央美术学院雕塑系教授秦璞在四川美术学院黄桷坪校区学术报告厅作了题为“公共艺术之路”的讲座，公共艺术学院师生 200 余人一起到场听取。秦璞绕围绕着公共艺术是什么、公共艺术的核心价值是什么、公共艺术与社会的关系是什么、公共艺术从哪里来到哪里去、等问题进行讲授。

十一月

◎ 2014 长白山中国当代雕塑作品邀请展落成揭幕

11 月 8 日，“塑说长白山”2014 中国当代雕塑作品邀请展作品落成揭幕仪式在长白山池北区举行。长白山党工委委员、管委会副巡视员、池北区区委书记王鹏飞，长白山管委会副秘书长、文广新局局长张在茂，特邀雕塑艺术家、管委会相关部门、长白山美术家协会、长白山书法家协会、长白山摄影家协会等相关负责人及部分作者代表也参加了仪式。

◎ 线与光——琴基淑雕塑展

11月8日至12月31日在艺术＋上海画廊举办的“线与光——琴基淑雕塑作品展”是来自韩国的琴基淑教授在上海首次举办的雕塑展。 “线与光”由金属丝和水晶珠子小心翼翼编织而成的一场关于优雅“蕾丝”与灵动“织布”的视觉诗歌，由一系列等身尺寸的服装艺术雕塑品组成。琴基淑教授用其 在当代艺术方面的独特天分和眼光，创造出了一种融合东亚和欧美的艺术形式，为我们带来了一种闪耀着童话光芒的浪漫主义。琴基淑的作品经常借用女性装束的形式，将传统的时尚理念和女性的柔美，转变戏剧性表现。通过严谨的构思引领观展者对作品进行深入观察、徘徊、沉浸、惊叹。

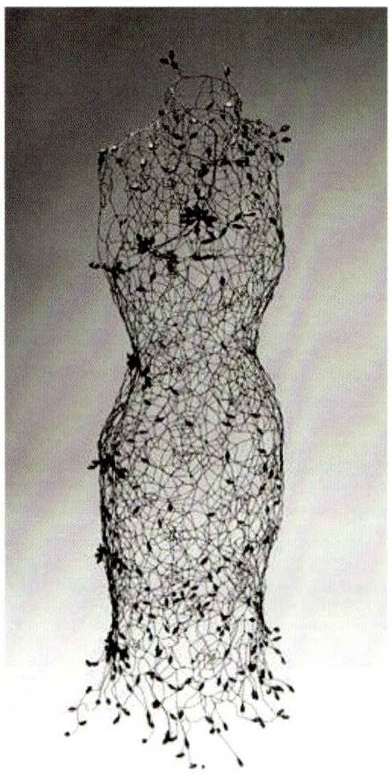

◎ 翼——全国青年雕塑家优秀作品展暨中国雕塑学会青年推介计划惠安站

11月9日，在福建惠安举办了“翼——全国青年雕塑家优秀作品展暨中国雕塑学会青年推介计划惠安站”活动共展出48位中国青年雕塑艺术家的96件作品，其中包括王向荣、孔武战、蔡建晓、张文山、陈玉坤、潘德春、张振雄等7位惠安本土雕塑艺术家的雕塑作品。

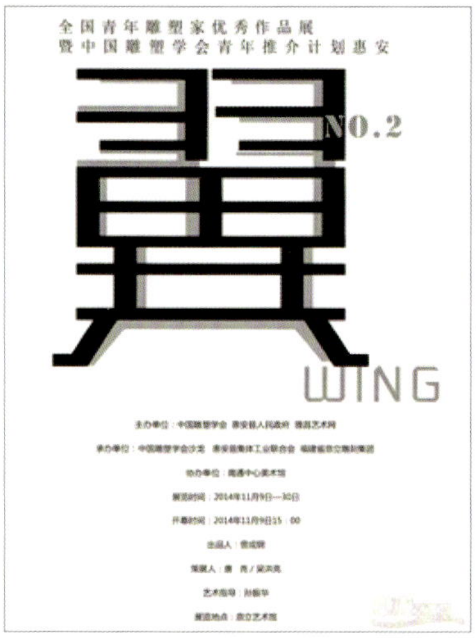

◎“追梦时空——2014上海雕塑艺术邀请展”

11月12日“追梦时空——2014上海雕塑艺术邀请展”在上海市长宁区淮海西路570号上海城市雕塑艺术中心内隆重开幕。邀约了99位上海艺术家的约150件（组）作品，分为五大板块，整体呈现了上海雕塑的丰富多彩与活力四射的梦想与热情。展览首次对上海本土老中青三代雕塑艺术家的创作进行整体梳理与集中呈现，体现了上海雕塑艺术家们的执著艺术探索和对雕塑艺术语言的多样性发挥，凸显上海雕塑艺术家敏锐地现实感以及对本土文脉的触摸与诠释。

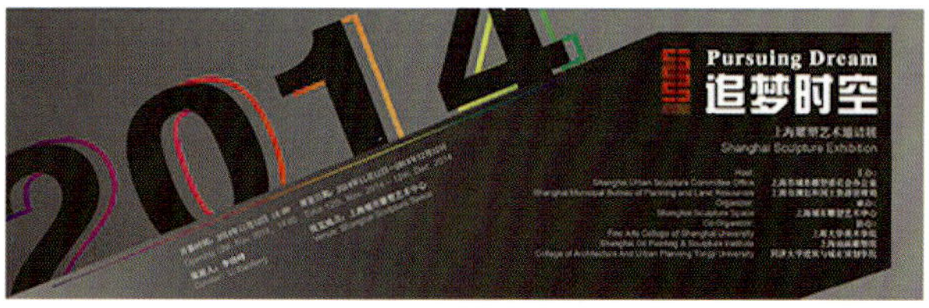

◎“艺象青岛”·中日韩雕塑展

11月14日，由中国雕塑院、青岛市文化广电新闻出版局、青岛市规划局主办，中国雕塑院青岛分院、青岛市城乡规划展示中心（青岛市雕塑馆）承办的“艺象青岛·中日韩雕塑展”在青岛中国雕塑馆隆重开展。本次展览的中国参展艺术家由中国雕塑院吴为山特别推荐，日本参展艺术家由旅日华人艺术家林胜煌特别推荐，韩国参展艺术家由韩国雕刻家协会特别推荐，人选精、分量足。中国雕塑院院长吴为山、日本东京艺术大学校长宫田亮平、韩国雕刻家协会理事长韩镇燮领衔的36位中日韩三国当代著名雕塑家携80多件作品参展，是近几年规模较大、层次较高的中日韩雕塑艺术联展。

◎ 2014“王熙民艺术回顾展”在欧美同学会举办

11 月 15 日，由欧美同学会留法分会主办、法国驻华大使馆协办的“王熙民艺术回顾展”，在欧美同学会总会多功能厅开幕。王熙民，1917 年生于山东烟台。“七七事变”时随东北流亡学生来到北平，考入北平艺专。曾师从齐白石、常书鸿、潘天寿、王雪涛等艺术大师。1947 年，与吴冠中同时成为法国政府支助的中国留法美术专业留学生，就读于法国巴黎美术学院。1950 年回国，之后在全国各地创作树立起几十座城市标志性雕塑作品。回顾展遴选了年近百岁的王熙民先生老照片与作品一百余件，概括展示出他的艺术之路与成就。

◎ 荒徒——李真凡夫系列首展

2014 年 11 月 15 日，由殷双喜策划“荒徒——李真凡夫系列”首展在亚洲艺术中心盛大开幕。李真作品中的人物，在天堂与地狱之间沉浮，如同歌德的《浮士德》，在神与魔之间纠缠考问，对人类心性迷失在现代社会的物欲洪流中进行了严峻的审视与反思。熟悉了李真作品的墨黑外表和既重又轻的创作理念之后，观看李真雕塑同他一起追求精神愉悦，已经变成一种惯性。这次发表的凡夫系列，李真转而勾勒众生相，是为面对现实之“重”，李真乐在大气神游的同时，仍回归到最接近原始的状态挖掘“根气” 的原点，体验虚境的同时，也审视实境。

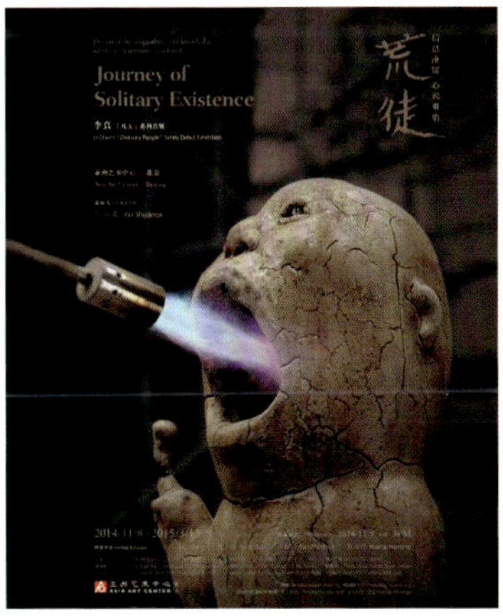

◎ 应形——展望新作展于长征空间开幕

11 月 20 日 15:00，应形——展望新作展于长征空间开幕，此次展出了一件假山石作品和五件大理石制作的新作，这些新作完全超出了人们对于展望既有的印象，风格大变的展望新作试图打破常规雕塑作品所能表达内容的极限，凭借其自身独具的直觉与想象，弥补了二维的“像”与三维的“形”之间的空白领域，为“像”创造了体量、细节、质地，让最终成形之物既属于这个世界又不属于这个世界。

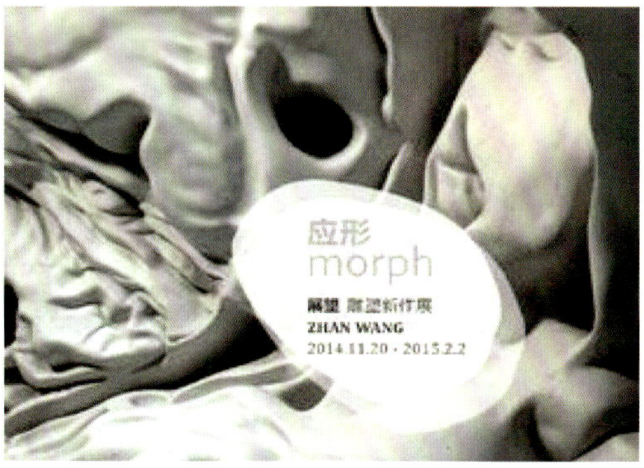

◎ 第四届刘开渠奖国际雕塑大展

以“人文 · 生态”为主题的中国 · 芜湖第四届“刘开渠”奖国际雕塑大展 11 月 22 日在安徽芜湖隆重开幕。同日，芜湖雕塑公园四期正式向市民开放。德国北部艺术区主席沃夫岗说，芜湖“刘开渠”雕塑展给艺术家们提供了一个非常好的平台，这个主题公园也是他见过的最漂亮的雕塑公园之一，有非常浓郁的文化气息，为市民提供了一个好的场所来享受自然、享受艺术。

◎ 2014 中 · 韩造型艺术优秀作品交流展

11 月 22 日上午，由韩国国家美术家协会、西安建筑科技大学、西安文理学院、韩国大邱艺术大学东洋画系、陕西省山水画研究会主办的“2014 中 · 韩造型艺术优秀作品交流展”在西安建筑科技大学贾平凹文学艺术馆隆重开幕。有韩国艺术家代表金宝敬、赵富德博士等；有中国艺术名家代表蔺宝钢、李鸿照、张岩、解安宁、田军、何炳武、姜涛、陆永祥、曹宁、吴连桐等；西安建筑科技大学、西安文理学院相关领导出席并致词，50 余名中方与韩方参展艺术家及各界嘉宾 300 余人出席了开幕式。开幕式结束后，由徐习文博导和段渊古院长主持的学术座谈会在该馆会议室举行。画展展出中、韩两国艺术名家的水墨、油画、水彩、雕塑、书法等具有较高艺术水准的作品 128 幅（件），展期 25 天，在西安建筑科技大学展出后，还将在老钢厂设计创意产业园、九方无限现代艺术馆展出。

◎“艺海岁月”薛里昂从艺60周年雕塑展

佛山市艺术创作院“庆祝佛山画院、佛山市雕塑院成立三十周年”系列展览之《艺海岁月——薛里昂从艺60周年雕塑展》，于11月28日在佛山伊丹友好交流中心开幕。本展览展出了薛里昂从艺60年以来创作的代表作品，并在展览现场举行了座谈会。薛里昂长期从事美术创作、研究及培训辅导工作，并广泛涉猎各种民间艺术，作品风格严谨而灵活多变，富有内涵。多次参加市省及全国各种展览，部分获奖，为多种报纸杂志刊登介绍，个人和有关单位收藏，部分已建树于厂企和公共环境中，深受社会好评。代表作品：雕塑《冲天莲》《欧仁·鲍狄埃》《沙场老将》《盛和宝鼎》（合作）和《神圣的时刻》（合作）等。

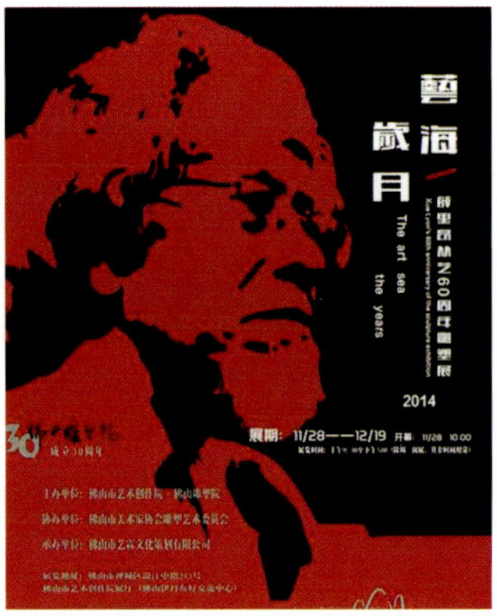

◎ “横向·纵向”蚁潮雕塑展

由佛山市文化广电新闻出版局主办、佛山市艺术创作院承办的“创艺时光”艺术品鉴系列活动之“横向·纵向——蚁潮雕塑展”于11月28日20:00在荣楷阁燃灯山房隆重开幕。蚁潮，1985年出生于广东汕头。2010年毕业于广州美术学院雕塑系，获文学学士学位。2014年毕业于广州美术学院雕塑系，获文学硕士学位，师从黎明教授。现工作于佛山市艺术创作院。

◎ 城怀艺茂——2014中国当代艺术邀请展

“城怀艺茂——2014中国当代艺术邀请展”于11月28日至12月28日在山西省太原市茂业天地一层艺术空间举办。这是一个物质与文化骤增，观念与思潮骤变的时代。从文学到艺术，从欧洲到中国，如何从文化话语权的争夺过程中寻求一种独立的自然主义创作灵感，以一种超乎资本和权力之外的态度重新建立审美意识并回归美学探讨，似乎与爆炒后的中国当代艺术变成某种可持续发展的契合关系。本次展览展现了中国当代艺术创作的多元性和生活美学的丰富性，借助此次艺术之旅，让我们将艺术与生活相融合，共同倡导高端的艺术生活方式。

◎ 任艳明个人雕塑展在京举行

11月30日，青年艺术家任艳明个人雕塑展在北京朝阳规划艺术馆举办，展期约1个月。此次展览展出了他近年来的37件新作，包括“意不在醉”“褶皱”等系列的作品。开幕式当天，中国美术馆馆长、中国美术家协会副主席吴为山先生主持研讨会，几十位艺术家围绕目前雕塑创作的现状及未来发展等主题进行热烈的讨论，大家一致认为，目前国内雕塑界发展趋势不错，呈现出“百花齐放”的好局面。

十二月

◎ “云端——蔡志松作品展”在北京举行

由香港艺术中心、香港方由美术、香港狮语画廊和北京杨国际艺术中心联合主办的“云端——蔡志松作品展”分别于 12 月 2 日和 7 日在香港和北京隆重开幕，此次展览展出了艺术家近几年的代表作品《故国 · 颂 6#》《故国 · 颂 9#》《故国 · 颂 10#》《平台浮云》和最新作品《故国 · 颂 11#》《云舟》《方玫瑰》等，是对艺术家创作历程的一次较全面性展示。艺术家蔡志松将《云舟》描述为一件表达概念与智慧关系的作品，现实生活中我们为了某个概念而活而奋斗，这种概念却严重限制了智慧的发挥，但是若善于利用概念却可以引领我们畅游浩瀚无际的云海。

◎ 热土海南全国景观雕塑邀请展暨陈学博雕塑展

12 月 2 日，经过海南省雕塑艺术学会半年策划，热土海南“美丽乡村 · 风情小镇”全国景观雕塑邀请展暨陈学博雕塑展在海南省博物馆隆重开幕。这两场高水平的雕塑展，是继 2013 年“美丽中国 · 魅力海南——第二届海南雕塑展”和“上海第十三届南京路雕塑邀请展暨海南雕塑艺术展”之后，海南省文化艺术界以及热爱雕塑艺术的广大人民群众的一大盛事。

◎ 2014 首届“为宅雕塑”雕塑展在京开展

12 月 6 日，“中国好雕塑 · 为宅雕塑” 2014 首届全国雕塑大展在中央美术学院雕塑艺术创作研究所开展。据介绍，展出的 135 件雕塑作品是由报名投稿的来自德国、法国、英国、意大利等国家的百余个团队中遴选出的 27 个团队所创作。本次展览由中央美术学院、中国工艺美术学会、中国艺术职业教育学会联合主办，中央美术学院雕塑艺术创作研究所、中国工艺美术学会雕塑专业委员会、中国艺术职业教育学会美术与设计专业委员会共同承办，旨在艺术为大众服务，真正使文化落地，艺术生根，雕塑入宅，实现雕塑、设计、家庭、生活的无缝衔接，在受众与艺术创作者之间搭建沟通交流的平台。

◎“塑魂鉴史——吴为山创作侵华日军南京大屠杀遇难同胞纪念馆扩建工程主题雕塑展”在中国国家博物馆隆重揭幕

铭记历史，勿忘国耻；警示未来，珍爱和平。12 月 13 日是悼念南京大屠杀死难者的第一个“国家公祭日”，为表达对死难同胞的哀思，也为迎接 2015 年世界反法西斯战争暨中国抗日战争胜利 70 周年，由中国国家博物馆、中国美术家协会、中国艺术研究院、中国美术馆共同主办的“塑魂鉴史——吴为山创作侵华日军南京大屠杀遇难同胞纪念馆扩建工程主题雕塑展”于 12 月 9 日 16:00 在中国国家博物馆隆重开幕！吴为山在致辞中说：“今天这组雕塑中《逃难》主题群雕在国家博物馆的西大厅展出，在象征五千年文化的圣殿，那些在大屠杀中逃难的同胞，他们的灵魂仿佛被复活，他们的惊恐、悲愤，他们的呐喊、呼号从人性的深处发出，他们的身影、形态、动态和表现是人类经受灾难、屈辱，伸张正义、祈求和平的象征。它再一次敲响警世之钟：安而不忘危，存而不忘亡，治而不忘乱”。

◎一朵、两朵、三朵——颜石林雕塑展

“一朵、两朵、三朵——颜石林雕塑展”于 12 月 12 日至 2015 年 1 月 12 日在龙美术馆（西岸馆）举办，颜石林的雕塑常常聚焦于年轻人青春和成长相关的心理和感受议题。在颜石林的雕塑中，我们难以识别小孩或少年的背景和身份，更多感受到的是类似自传体的想像和自我内心的表达。无论是内容还是形式，他把个人心理与他者感受融入形象之中，捏造出既可爱又孤寂的伤感气息，观者会为之动情和思索。

◎“趣城·艺造城市论坛” 艺术融入城市

12月13日，由深圳市城市规划设计研究院主办的“趣城·艺造城市论坛”在深圳华侨城创意园T馆举行。艺术家、规划师、建筑师、文化机构和知名企业代表们围绕“艺术家如何介入城市”“艺术创造城市”两个主题进行深入探讨。“趣城”是深圳市规划国土资源委员会2011年发起的一项计划，为推进中心公园活化、传统古村落激活、城市特色体验街区等项目实施，形成人性化、生态化、特色化的公共空间环境，创造有活力有趣味的深圳。依托“趣城”计划，先后启动趣城·深圳美丽都市计划、趣城·深圳城市设计地图、趣城·深圳建筑地图项目，温和、持续、散点式地改变深圳。

◎ 徐升“几何与自然”雕塑作品展

12月14日15:00，由刘礼宾策展，吕品昌担任学术主持的“几何与自然”徐升雕塑作品展在红鼎艺术画廊开幕，展览持续到12月31日。

本次展览呈现徐升央美毕业之后持续的思考和创作，他坚持用雕塑本体语言来尝试把自然中存在的人，物，关系，高度概括凝练在几何化的形体中，努力的用形态学去把自然的关系统一起来，这种关系像一种建筑语汇，构建自然中的每一个关系，每一条线和曲面都是现实中高度的对应物，嵌入的圆石是自然中长时间冲刷的有机产物，其中却蕴含十分内敛的无机能量，这种有机态与几何切面因材质相同而统一，却因本质成因不用（人为与自然）在时间与时空上，传递着强有力的对话关系，在自然面前我们都不在，我们无力描摹自然，却可以暗示转化自然，体会着自然的力量与关系，给予我们感同身受的观感和冲击，纯粹就是一种极限，几何最接近本质。

◎ “第十二届全国美术作品展暨中国美术奖·创作奖、获奖提名作品展”在中国美术馆开幕

“第十二届全国美术作品展暨中国美术奖·创作奖、获奖提名作品展”于12月15日在中国美术馆举行，展览将集中展出576件本届全国美展的精选作品，其中160件为第二届“中国美术奖·创作奖”的获奖作品，包括金奖7件、银奖18件、铜奖49件、优秀奖86件。由文化部、中国文联和中国美协共同主办的第十二届全国美术作品展，集中展示了近五年来中国美术创作的丰硕成果。此前，全国美展已于今年8月15日至9月29日期间，分画种在全国13个分展区陆续亮相，共展出4391件作品，为全国人民呈现了一场艺术的视觉盛宴。

◎ 刘若望雕塑油画展“黄天厚土”

由中国文学艺术基金会主办的“黄天厚土——刘若望

艺术作品展”于12月24日至29日在中国文艺家之家举办。

本次展览以“我们的中国梦——黄天厚土”为主题，共展出刘若望雕塑作品80件、油画作品20件，展览主题概念来源于陕北黄土高原。雕塑作品大气磅礴，具有强烈震撼力；众多风景油画作品，则以丰富的色彩彰显出黄土高原的雄浑苍茫。刘若望1977年生于陕北佳县， 2005年毕业于中央美院助教研究生课程班。其作品如《人民》系列、《天兵》系列、《原罪》系列以及《发现渡渡鸟》等，被世界各地收藏家广泛收藏。中国文联党组成员、书记处书记郭运德，中国文学艺术基金会副理事长、中国曲协主席姜昆等出席开幕式。

◎ 无锡雕塑“走近”南京市民

12月25日下午，由江苏省美协、无锡市文联主办的“抱朴守真——无锡雕塑展”，在南京梦都大街50号的江苏省现代美术馆举行。这是无锡的雕塑家们首次携手走出无锡办展40多位雕塑家拿出了代表城市最高水准的112件佳作，与省内同行切磋，让南京市民品鉴。

◎“此刻·我们一起渡过”在广州开展

12月30日至 2015年01月30日由管郁达策划的“此刻·我们一起渡过”在广东广州天河区员村红砖厂创意园B8渡 空间举办。此次参展的四位艺术家：安琦、李惠东、龙奇奇、彭涛是视艺术如信仰的践行者，也是搭乘艺术之舟的自由者。生活中，那些日常器物、山间田野，庭院花园、林荫街道、咖啡馆……这些日常生活中容易被人们一带而过的地方，却是他们发现美好事物的乐园，他们的作品呈现出发现自然诗意的乐趣，这是日常生活的神圣性之所在，也是世俗美的体现。这既是所谓的“生命的单纯”的最直接显现，也是在现代性的困境中，最为弥足珍贵的财富。

文献

个案・批评

理论・研究

公共・艺术

教育・教学

域外・交流

优秀硕博论文

个案・批评

风中的姿态
——看奇利达的作品《风之梳》

【作者】乔迁

【刊名】雕塑，2013 年 01 期

【摘要】爱德华多·奇利达是雕塑界的一个传奇。他的作品在西班牙如此受到推崇，甚至改变了一座城市的文化特征，在世界各地的雕塑家中间，对一座城市产生如此大的影响力的人还没有第二个。在 20 世纪所有的经典公共艺术作品之中，《风之梳》显得如此不同凡响。在这里，雕塑和环境失去了界限，雕塑根本不能脱离这个特定的环境而独立存在。优秀的公共艺术总是与环境相协调，而奇利达把环境运用到造型之中，海岸、岩石、海浪和海风都成为造型的元素，使艺术主体和环境成为一体。罗丹的《加莱义民》把雕塑从高高的底座上解放下来，使作品与观众产生直接的互动，而奇利达的《风之梳》，淡化了作品进入环境的边缘。

浅谈当代学院派陶艺创作现状

【作者】吴礼新

【刊名】艺术评论，2013 年 01 期

【摘要】中国当代陶瓷创作的学院派，是针对数个陶瓷产区重镇及庞大的民间职业陶瓷制作群体提出的，它的成员主要来自高校陶瓷专业的师生们。与产瓷区民间派注重陶瓷的工艺性、审美趣味的传统性相比，学院派陶艺不拘于工艺性，而更强调艺术性和创新性，从而拓展了陶瓷艺术的表现领域。管窥中国当代学院派陶艺创作现状，概言之，景德镇陶瓷学院当代陶瓷艺术创作大致有三个特征：第一，在继承传统陶瓷工艺的同时更侧重于创新；第二，陶艺语言与现代构成语言的结合；第三，学院派陶艺更重视陶瓷的艺术性传达。

我的野口勇
——从雕塑的语言谈野口勇作品介入空间和材料

【作者】徐升

【刊名】雕塑，2013 年 01 期

【摘要】无论当代雕塑如何发展，雕塑史永远也不能绕开米开朗基罗、罗丹、布朗库西，而正是野口勇获得古根海姆基金，去了法国布朗库西工作室学习，接过了布朗库西的接力棒，才把当代艺术的自然属性向当代材料、空间、设计等领域极大地延展和推进。无论雕塑如何当代和发展，雕塑本体语言的探究，是雕塑这个古老行业的核心，是雕塑有革命性突破的根基。而这四个人都具有作为雕塑家的两个最重要的素质：高度的自觉与判断、高度的热情。如今，野口勇已经把雕塑语言的核心和含义延展到当代艺术中了。若要谈雕塑的本体语言、材料与空间，我们不得不从野口勇谈起。

蚕艺丝语
——梁绍基的艺术语境

【作者】柏慧

【刊名】雕塑，2013 年 01 期

【摘要】梁绍基是一位从 20 世纪 80 年代中期开始从事艺术的老艺术家。在其创作初期，保加利亚艺术家万曼（即马林·瓦尔班诺夫 Maryn Varbanov）对梁绍基有着深远的影响。（万曼是一位在装置和雕塑作品中运用织物的艺术先锋，他是最早使织物脱离墙面而在开放空间展示的艺术家之一）这时期梁绍基的创作包含了极具实验形式的装置和行为，并使用了诸如竹子和羊毛这样的传统材料制作作品，以求达到现代与传统的结合。他在这一时期的作品，主要与中国经典著作有关，如《孙子兵法》和《易经》等。

“丑陋雕塑”，谁是始作俑者？

【作者】梦佳

【刊名】雕塑，2013 年 01 期

【摘要】在 2012 年第 6 期的“关注当下”中，本刊从“公共艺术节”的案例出发，呈现了中国公共艺术在表现形式与核心价值方面的前沿探索和实践。然而，当下中国公共艺术的主流表现形式仍然是物化的“城市雕塑”。作为城市文化建设的重要组成部分，城雕的进化与城市化进程的推进如影随形。城市雕塑的兴衰和转变映射出中国在经济、行政管理、文化和教育等各种方面的水平。2012 年 12 月 15 日，搜狐文化频道和艺术频道揭晓了由网友评出的“2012 中国十大丑陋雕塑”，结果，一石激起了千层浪……

因型造势、随势塑形
——善化寺二十四诸天彩塑造型艺术特点

【作者】陈智勇

【刊名】美术研究，2013 年 01 期

【摘要】本文从彩塑程式化的塑造技法特点入手，并结合二十四诸天塑像类型化的形象设计，进而分析彩塑的艺术特点。传统彩塑的形体动势和衣纹处理，都暗含着表现同一个主题，因型造势、随势塑形是彩塑技法的核心内容和精髓，也是解读彩塑艺术的钥匙。本文对二十四诸天

彩塑技法和艺术特色进行了具体的分析和研究，这种彩塑的解读方式也是彩塑研究的新尝试。

粗犷拙朴卓尔不凡
——武威出土的汉代木雕艺术赏析

【作者】杨凤明

【刊名】雕塑，2013 年 01 期

【摘要】中国木雕艺术源远流长，独具民族特色和文化意蕴。武威是我国出土汉代木雕数量多、品位高的地区之一。由于较为干燥的气候，考古发现的武威木雕造型和色彩都基本保存完好。武威汉代木雕，有人物、车辆、动物等，形象生动地描绘了汉代河西社会的生产和生活景象。武威汉代木雕，艺术风格粗犷质朴，简洁明快，体现了工匠们技艺上的鬼斧神工之妙。

民国根雕大师周光洪

【作者】倪宏大

【刊名】上海工艺美术，2013 年 01 期

【摘要】周光洪 (1868—1941) 字孟潺，又字梦泉，浙江省浦江县人，精于竹木雕刻，民间尊称为“洪师”。尤喜根雕，每得树、竹根，燃烟凝视，审度其自然形态，忽然有得，便奋然奏刀，传为浦江竹根雕的开创人。其作品被村民视为案头珍品，时下更为世人所追捧。一生作品数以千计，流传四邻各县及沪、杭等城市。

论徽雕与首饰錾刻的异曲同工

【作者】满芊何

【刊名】南京艺术学院学报（美术与设计版），2013 年 01 期

【摘要】徽雕工艺和錾刻工艺虽然是两种不同的工艺形式，但在工艺技法、装饰纹样、构图布局、蕴含寓意和价值观念等，存在诸多方面的一致性。通过田野考察，笔者收集到很多一手的文字和图片资料，经过整理，提出自己的想法。

雕出华夏文化的“千古情怀”
——吴松标的青田石雕艺术

【作者】王立华

【刊名】上海工艺美术，2013 年 01 期

【摘要】浙江省玉雕大师，上海青上阁艺术馆馆长吴松标是一位石雕高手，为拓宽眼界，提高艺术水平，他曾深造于中国美术学院。近年来，吴松标在石雕领域，辛勤耕耘，潜心创作，雕出了不少寿山石雕精品。他巧妙地利用寿山石色彩斑斓、质地晶莹的特点，就原石品相，相色施雕。全面观察、巧妙构思、合理设计、精心雕刻，创作了《破土而出》《鼎上添花》《石破天惊》《千古情怀》等，“五千年华夏文化系列石雕”。其中，《石破天惊》在第六届中国工艺美术大师精品博览会暨中国工艺美术优秀作品评选中荣获“中国工艺美术创新艺术金奖”，《破土而出》获第十届中国工艺美术大师精品展金奖。

天津文化中心不锈钢雕塑《水上月》创作随谈

【作者】朱尚熹

【刊名】雕塑，2013 年 01 期

【摘要】2012 年 5 月 1 日，大型不锈钢雕塑《水上月》在天津文化中心的浅水平台上建立，正式面对公众，迎接国际劳动节。该雕塑高 12.8 米，雕塑的表面为镜面抛光。立起来的雕塑形态扭转有力，线条流畅，上下部分的肌理对比清晰，“月”的理念在水面上展示得晶莹剔透，流光溢彩。作为该雕塑的设计作者，我无疑是高兴和荣幸的，所收到的各方面的反映，都是正面和肯定的。

形体与空间的探索者
——朱尚熹的雕塑理论及其实践

【作者】孙振华

【刊名】雕塑，2013 年 01 期

【摘要】在中国雕塑界，朱尚熹在雕塑的形体与空间研究方面，将理论探讨和创作实践结合在一起，双向深入，齐头并进，特色鲜明，自成一家。近年，他出版了《纵深的形——朱尚熹教学雕塑随谈》这本书，总结了他这些年在四川美术学院雕塑系的教学实践，比较系统地阐述了他关于形体与空间的理论，使人们对他关于雕塑的理论主张有了更深入的了解。

人生如寄
——哥特艺术与我的雕塑创作

【作者】刘畅畅

【刊名】美与时代（中），2013 年 01 期

【摘要】对中世纪哥特艺术的喜爱，是从笔者的研究生学习阶段开始的，直到今天，一直影响着我的创作。哥特风格雕像脸上处变不惊的微笑始终使我念念不忘，人类社会第二个千年开启，个体意识从中古的隐姓埋名逐渐变为自我张扬，不再有神明注视的世界开始信奉及时行乐，但人的内心却变得越发孤独和迷惘。本文以笔者自己的创作，来探讨艺术作品对个体精神语言的表达。

格物和内省
——张德建、孔千、马元和谭勋的个人方式

【作者】高名潞

【刊名】天津美术学院学报，2013 年 01 期

【摘要】何谓个人方式？我最初看到张德建、孔千、马元和谭勋的作品时，首先就想到了“个人方式”这个概念。个人方式不完全指艺术形式，也不只是个性。而是在创作中深深关注的个人经验。它离不开个人不断持续的内省和对某个题材的特别专注。这些特点在以上四位艺术家那里都有反映。

远古的回响，现代的旋律
——当代陶艺创作浅谈

【作者】熊开波

【刊名】上海工艺美术，2013年01期

【摘要】近日读到日本著名建筑家安藤忠雄的一本书，里面有一句话写得很好："拥抱过去，你需要分析；拥抱未来，你得创意。"对于一个当代陶艺创作者来说，辉煌的中国古代陶瓷艺术留给我们丰厚的传统文化遗产，我们应该继承传统陶瓷艺术文化的精髓，并从中吸收养分。真正的创造，并不是对传统的否定，相反是在传统的基础上去谋求健康的发展，使传统的精髓得到更深的活用。

雕塑《拉弓的赫拉克勒斯》
——英雄主义的巅峰之作

【作者】叶炯

【刊名】美术大观，2013年01期

【摘要】19世纪整个欧洲艺术在审美上已经走出古典优美艺术形态而追求崇高，因而无论古典主义还是浪漫主义，都具有浓厚的表现英雄情结。布德尔也是这种英雄情结的迷恋者，他一直执著于英雄主义。他一生创作出了许多的杰作，《拉弓的赫拉克勒斯》是其英雄主义的巅峰之作。无论从表现形式上还是雕塑语言上都值得我们深入研究与借鉴。虽然我们处在太平盛世但却不要忽略了英雄主义，它永远不会过时。布德尔倾尽一生用自己的雕塑在为我们诠释、呼唤着他热爱的英雄主义，希望英雄不只是活在神话中，也许真的存在于每个人的心中。

"雕塑"的一个案例2012
——三官殿1号艺术展的条件及叙事

【作者】张月泓

【刊名】美术文献，2013年01期

【摘要】20世纪80年代中后期，雕塑创作追求观念和文化上的转型，逐渐取代了对形式语言的探索。通常认为，中国雕塑进入当代视觉的一个重要标志是1991年在北京中央美术学院画廊举办的五人雕塑展"雕塑1991"。直到今天，"雕塑1991"作为上世纪90年代以来中国雕塑发展最重要的个案之一，它的重要性再度突显于美术史之上。2012年湖北美术馆三官殿1号艺术展推出了"雕塑"主题展，并选择了"雕塑1991"中的五位艺术家，这是湖北美术馆系统梳理中国当代美术发展的重要学术工作之一，同时也希望通过"雕塑2012"跨过时空障碍对话"雕塑1991"，时隔十八年，中国雕塑艺术的发展是什么？举办方希望通过这个展览引出更多有意义的美术史话题。

雕塑空军魂铸造强军梦
——张宇桐与中国航空博物馆群雕

【作者】徐永涛

【刊名】雕塑，2013年02期

【摘要】在一切归于平凡的和平年代，昔日英雄似乎已经谢幕。然而，英雄主义、英雄崇拜却不会从人们的追忆和憧憬中泯灭。一批批反映军旅题材与红色文化的文艺作品的出台，点燃了当代中国人的英雄主义情结与爱国主义热情。在高科技竞争的全球化背景下，缅怀历史上革命英雄大起大悲的人生、浪漫传奇的命运，展示全新的军营文化与红色理念，传递"热血正能量"的确很有必要。

包豪斯金工作坊的变迁

【作者】成磊

【刊名】上海工艺美术，2013年02期

【摘要】包豪斯对现代设计有巨大贡献。它的教学方式也是具有革命性的，特别是它的作坊式教学方法。本文根据包豪斯的一些重要文献，对包豪斯的金工作坊做了初步整理，对包豪斯如何将设计思想艺术风潮与金工作坊教学结合，金工作坊又是如何走向工厂生产设计等问题，做了初步梳理。

对"泥人张"绘塑艺术的认识误区分析
——天津"泥人张"研究系列之一

【作者】李海亭

【刊名】天津美术学院学报，2013年02期

【摘要】"泥人张"，一个人们熟悉但又陌生的民间艺术。至今人们对"泥人张"的认识仍存在很多误区，在多数人的心目中，"泥人张"是在天津成长起来的，具有浓厚天津本土意味的民间捏泥人的手艺。然而，当我们走进真正的"泥人张"的历史和现实时会发现，我们对"泥人张"知之甚少，缺乏了解，从而妄下结论。"泥人张"泥塑艺术实为我国雕塑史上承前启后，具有里程碑意义的一种雕塑形式，它将中国的雕塑艺术推向一个新的境界和发展方向，是具有开创性意义的雕塑流派，我们远远低估了"泥人张"的价值和其在中国雕塑史上的地位和意义。

不幸的不锈钢，不幸的雕塑

【作者】乔迁

【刊名】雕塑，2013年02期

【摘要】几年前，我与一位西方的雕塑家聊起中国的雕塑。他说，实在难以理解为什么中国有这么多不锈钢雕塑，形象真是太丑了。我说，或许不同的国家的审美习惯不同吧。他说，也许如此，但他就是不喜欢。其实，我也不喜欢，我简直烦透了那些无处不在的不锈钢雕塑。这真是不锈钢的不幸，因为雕塑，很多人厌恶这种材料；这也是雕塑的不幸，因为不锈钢，很多人都厌恶了城市雕塑。

江西建筑石刻艺术考略
——以景德镇、婺源建筑石刻为例

【作者】徐志华

【刊名】南京艺术学院学报（美术与设计版），2013年02期

【摘要】本文试图对赣东北部，尤以婺源和景德镇等

地为代表的建筑石刻艺术进行分析考证，从该地区的建筑石刻中的牌坊石刻、门楣石刻、柱础石刻中归纳出其构图上的特点，题材上的变化以及与徽派建筑的相同之处，以使大家对江西建筑石刻文化与徽派建筑文化的渊源有所了解。

炳灵寺石窟藏传佛教金铜造像研究

【作者】雷涛、王万成

【刊名】雕塑，2014 年 02 期

【摘要】目前对于炳灵寺石窟的研究主要集中在历史文化、造像分期、汉传佛教造像、壁画等方面，在藏传佛教艺术方面的研究相对比较薄弱。本文将研究的重心放在藏传佛教金铜塑像方面，通过对造像历史渊源、造像的不同类型和艺术特征、藏传佛教的艺术独特性等方面的考察，拓展了炳灵寺石窟艺术研究的内容和方向。

刻花活儿
——渐行渐远的天津民间砖雕艺术

【作者】滕明堂

【刊名】美术，2014 年 02 期

【摘要】当民间艺术赖以生存和成长的生活土壤流失的时候，以此为根基的民间艺术便会随之消亡，最终走进博物馆和人们的回忆当中，曾经作为“天津四大民艺”之一的“刻花活儿”民间砖雕艺术，正在经历着这种阵痛的挣扎。“刻花活儿”这种民间砖雕艺术，依托于天津地区传统的青砖。伴随着青砖建筑的渐行渐远，砖雕艺术也渐渐淡出了人们的视野，艺人们面临着无砖可雕，技艺失传的困境。在许多古建筑修复工地上，使用现代工艺，利用模具直接用水泥浇筑，制作仿青砖效果的赝品。从施工工期和建筑成本考虑，国内的仿古建筑，基本上都是以这种模具制造而成的仿制品，取代纯手工砖雕装饰。而现代的钢筋混凝土框架结构建筑，大面积的玻璃幕墙，采用的是现代的装修工艺和装修设计，也不再需要那些雕刻在砖头上的花鸟人物，砖雕艺术也失去了用武之地。

巴蜀石窟艺术的文化生态

【作者】肖宇窗

【刊名】美术观察，2014 年 02 期

【摘要】文化生态学主张从相互作用的各种变量（自然、社会和人）中把握文化演进的规律，借此探寻不同文化产生、发展的特殊形态和模式。本文基于文化生态学的视角，主要通过对宗教背景、造像缘因、地方经济和工匠技艺几个因素交互作用的生态系统的探究，旨在从新兴学科视域找到古代巴蜀石窟艺术发展与繁盛的最终依据。

烧凿民族与想象的变奏
——临夏两处建筑砖雕艺术研究

【作者】王志军

【刊名】雕塑，2013 年 02 期

【摘要】在吸收我国汉族传统砖雕艺术的基础上，临夏砖雕艺术更新演化出各种雕刻技法、画幅结构、题材内容，成为独立的一个工艺美术门类，形成了自己独特的民族风格和区域文化个性特征。临夏八坊清真北寺“龙凤呈祥”砖雕影壁和回族政要马步青的住宅东公馆“江山图”砖雕影壁分别代表了河州地区明清宗教建筑和民国民居砖雕装饰的精品制作。

寻常百姓家的舞台
——青城古镇民居的墀头砖雕艺术

【作者】李文东、王丹

【刊名】雕塑，2013 年 02 期

【摘要】本文通过青城古镇民居墀头砖雕装饰的形态特征、表现内容和艺术特色的分析研究，阐述了青城古建筑装饰艺术的特色及其文化背景，对于甘肃地域艺术资源体系的构建、青城古镇的保护和开发、开拓现代环境艺术设计的视野，均具有积极的意义。

大理白族石雕艺术风格初探

【作者】张永宁、马楠

【刊名】湖北美术学院学报，2013 年 02 期

【摘要】在多元文化的交融、涵化、积淀中，云南大理白族石雕艺术在继承南诏、大理国手工艺文化的同时，逐渐在类别上细化，并将民族性、差异性、地域性凸显出来，呈现出种类之纷繁、形式之多样、风格之独特、造型之奇巧的艺术表现形态。作为一种民间造型艺术，它不仅体现出白族先民在特定的历史时期、社会环境、宗教思想、文化结构中，所形成的群体审美意识，还从中折射出白族艺人们个性而独特的造型思维方式。

赋予琥珀以新的生命
——郑升帅琥珀雕刻艺术

【作者】王立华、德安

【刊名】上海工艺美术，2013 年 02 期

【摘要】用雕琢难度极高的琥珀来雕刻人物，并且一举在国家级的工艺美术大师精品展中力拔头筹，这在上海青年雕刻家中是不多见的。郑升帅的琥珀雕刻作品《千手观音菩萨》以天然血珀为原料，辅以作者精湛纯熟的浅浮雕、高浮雕、镂空雕等技法，血珀雕刻千手观音珠开妙相，头戴宝冠，胸饰璎珞，身着天衣，神态端庄，跏趺坐于莲花之上，其余各手分执瓶、铃、轮、镜、弓、柞、盾等法器，背托圆形神光，内刻手臂多条，以示千手，该件作品大气精巧，通透中有灵秀，作者赋予了琥珀以新的生命，达到了水乳交融的艺术境界。

自咒的方向
——第二届(2012)弃石材料作品联展

【作者】布楚老刘

【刊名】雕塑，2013 年 03 期

【摘要】“自咒的方向—第二届（2012）弃石材料作品联展”的作者们，把自己往日对自然的关注，浓缩在一堆又一堆横丢竖弃的废石里，在那些被人类工具所造成的切痕、钻痕、凿痕、锤痕、裂痕的弃石面前，再次重新去审视和体味人与自然的关系。这些弃石，虽然不能涵盖和证明大自然的所有不幸，但它们已足够像管中窥豹一样，代表自然在人类文明中所经受的种种遭遇。

独特的发现和创造——许鸿飞的雕塑艺术

【作者】邵大箴

【刊名】雕塑，2013 年 03 期

【摘要】许鸿飞以雕塑“胖女人”系列作品形象，在当代雕塑领域赢得了一席独特的地位。他近几年的作品，在创作题材方面大胆打破传统雕塑的固有思维，以“快乐的女人”为主题，在造型上表现了她们的力和美，受到艺术各界人士的高度关注。许鸿飞雕塑创作的意义不只是在于选择了“胖女人”的题材，而主要是赋予这些人物以一种积极的生活态度和富有人性的真实感情。这感情既是这些肥胖女人本身所具有的，也是隐藏在雕塑家内心深处的。这正是许鸿飞“胖女人”系列作品的价值所在。

“形与象”的自省——镜面不锈钢雕塑读解

【作者】傅春禹

【刊名】雕塑，2013 年 03 期

【摘要】“一个人的困惑自有其因困惑而成活的幻想。但最重要的是，在此你与幻想为敌——你不相信！你的实体在竖立着，并不因为精神上的东倒西歪而迷失了那种竖立感。”早在希腊时期，人们为识得生来之样貌就以铜镜自观。东方以镜现象的史实也早在秦汉之际显露端倪。镜的反射功能，使人第一次能够看清除了灵魂之外的自身表征。因此，最初镜子也被当做是巫术或是宗教上的器物，被赋予一种精神层面的象征暗示。镜面的反射通过艺术之躯，将“形”与“象”在不同的空间隔开，成了表现与再现、真实与幻觉、常态与异形的承载物。艺术家用镜像的途径丰富了解释精神领域问题的方式。

玻璃之醒与艺术之存——叶莲娜和弗拉基米尔玻璃雕刻的启示

【作者】李玉普

【刊名】雕塑，2013 年 03 期

【摘要】叶莲娜·拉夫莉榭娃和弗拉基米尔·马咖维耶茨基（Elena Lavrischevaand Vladimir Makovetsky）两位是俄罗斯当代玻璃雕刻艺术家伉俪，一起致力于玻璃技术的大胆探索及对艺术精神的独特呈现，在继承俄罗斯玻璃艺术传统的同时，开启了自身的创造性艺术之路。本文通过对艺术家代表性作品如《唤醒》（Awakening）等的解读与分析，对作品文学性主题的联系与把握，揭示了艺术家超越玻璃物性的诗性追求。

记中国援建非盟会议中心艺术墙浮雕《升腾》

【作者】任世民

【刊名】雕塑，2013 年 03 期

【摘要】地处非洲东部的古老文明国家埃塞俄比亚的亚的斯亚贝巴，是地处非洲东部的古老文明国家埃塞俄比亚的首都，是非洲联盟总部所在地，是集中非洲 54 个国家首脑举行国际会议的地方。2012 年 1 月 28 日，中国政府援建非洲联盟会议中心建筑群落成。这是中国政府对非洲援助历年中最大的项目。非盟会议中心艺术墙《升腾》作品由中央美术学院教授任世民设计，北京任世民艺术工作室制作，该作品荣获 2011 年度中国环境艺术奖两项最佳范例奖。本文记述了任世民就《升腾》作品的创意及创作心得所发表的感言。

史金淞自述

【作者】史金淞

【刊名】美术文献，2013 年 03 期

【摘要】我不喜欢也不信任语言，就像任何主义或任何权力系统一样……语言是可疑的，特别是有特征的语言，就像是市场上醒目的商标。我还是喜欢胡说八道的直指心灵的表达方式，至少其欺骗形式不那么简单乏味……“象征性”或者“隐喻”总让人有些偷偷摸摸、隔靴搔痒的感觉，就像赌博不带彩头一样无聊，我还是喜欢来真的，就像我这里的刀就是刀、树就是树（尽管它不能再发芽）……科学作为人类众多的学问或价值体系之一本来无可厚非，但自从成为形容词后就惹人讨厌了……你所说的价值观的“私人化”，不知是指科学式的画地为牢，还是指市场化的知识产权，又或者是指个人化的独立观察、思考和工作的方向？如果是指最后者，那是我所坚持的，我坚信那更接近我认为的“艺术”……我只是希望努力使我的作品更靠近自己的内心……“这种个人化的机器或者无普遍意义的科学实验”，难道你不觉得这实际上就是艺术吗？

沈敬东：塑化英雄——情境主义制造者沈敬东及他作品的意义

【作者】王艾

【刊名】美术文献，2013 年 03 期

【摘要】在我看来，在当代艺术泥沙俱下的年头，艺术家沈敬东是改造“英雄”的成功范例，他的“英雄”形象不是来自传奇小说、课本或者影视作品，不是来自主流艺术史。他的“英雄”形象是来自民间泥塑、连环画、不起眼的玩偶。也许艺术家当过南京军区文艺兵这样的经历是最早开启“英雄之路”的重要一环。我相信，军队里军事化管理的生活一定在沈敬东内心留下深深的烙印。军队作为国家机器的重要零件，运作中的冷漠、残酷、团体理性管理都是以牺牲人的自由个性为代价。它服从于一个泱泱大国，服从于一个看不到尽头似乎可以无限往上堆砌的

梯形结构的等级。因此，我们可视军队为一种无个性的零件，或者类似不断繁殖相貌无差异的细胞，它们相互编码，因此拥有一模一样话语的符码。它们也可以提供这样的视觉错位：细看时形象清晰可辨，远看时则如同从一个模型中塑造出来的。

在雕塑与陶艺之间
——吕品昌的艺术

【作者】殷双喜

【刊名】湖北美术学院学报，2013 年 03 期

【摘要】吕品昌本科毕业于景德镇陶瓷学院雕塑系，又在中国美术学院雕塑系获硕士学位。确立了他在当代艺术中的独特性，即从陶瓷艺术的角度观察研究雕塑艺术表现的可能性，在这一过程中，同时开拓陶艺表现的可能性。对他来说，这一转变是从传统陶艺经现代陶艺向现代雕塑完成的。陶瓷艺术是中国文化传统的部分，现代陶艺的价值核心——精神性和审美性，在中国有着深厚的文化基础。中国特有的传统文化精神，始终鼓舞古典陶艺追求种种超越实用、趋向审美的精神。现代陶艺放弃物质性、实用性，追求精神性和审美性，在形、色、质方面呈见出赏心悦目的丰富性。对吕品昌来说，民族文化传统与艺术精神，是影响审美创造的积极因素，而潜心本土文化的传统文脉，正是发展现代陶艺与现代雕塑的必由之路。

解脱与置疑
——读吕品昌的艺术

【作者】孙晓晨

【刊名】湖北美术学院学报，2013 年 03 期

【摘要】观念和语言的孰轻孰重，始终困扰着绝大多数艺术家，尤其是生活于当下的艺术家。在这个纷繁复杂的世界上，各色信息从我们身边喷涌而过，我们有权利去抓住任何一种与我们自身有关的事与物，或是情绪来进行表达。然而表达的准确性完全取决于艺术家对于生活的体悟程度。在面对这样的大背景下，许多艺术家选择蜷缩或妥协，毋宁说是对艺术的背叛。也有部分艺术家与现实进行着抗争，吕品昌作为公共知识分子式的艺术家，此时他选择站在抗争的阵营当中，雕塑作品“阿福”便是其投名状。

塑造人文
——论吴为山的雕塑艺术

【作者】范迪安

【刊名】湖北美术学院学报，2013 年 03 期

【摘要】中国当代艺术的创造面临着挑战与机遇并存的文化境遇：一方面，20 世纪初期以来的中西文化交会碰撞仍然在延续，随着“全球化”的时代条件得以更全面地展开，摆在中国艺术家面前的中西关系、传统与现代的关系这个历史性课题由此更急迫地需要得到深入思考与实践；另一方面，随着知识视野、文化认识的开阔，无论对于传统艺术的吸收还是对于外来文化的融化，也都有了更好的条件。雕塑这种与人类的精神发展史密切相关的艺术形式需要不断变化与创新，吴为山在“人的主题”与“写意雕塑”这两种雕塑交会的空间里创造出来的成果，无疑为中国当代雕塑的发展提供了可贵的启示。他的艺术正属盛壮之期，由此可以作更宽阔的展望。

立竿见影
——张峰雕塑艺术有感

【作者】张英超

【刊名】美苑，2013 年 03 期

【摘要】当人们见到张峰那些拖着影子的雕塑时，不禁会问：这是雕塑吗？答案当然是肯定的。但是，张峰确实破坏了人们既有的视觉经验，在人们看来从古至今哪有雕塑不带影子？但哪个影子像张峰这样理直气壮地变成青铜凝固在那里！在人们心中飘忽不定的影子，在张峰这里却得到至高无上的肯定和尊重，人们会说“影子怎么会是这样？影子原来可以是这样！”张峰在这里似乎跟我们开了一个天大的玩笑——“影子就是这样，影子就应该是这样”。是的，阳光下每个物体都会留下影子，每个人身后都会有影子伴随，这是不争的事实。令人惊奇的是，张峰却不这么认为，他心目中的影子不是影子。是事物的另一面？是因果关系的显像？是未知的命运？

对话九龙壁
——谈大同《新九龙壁计划》创作

【作者】吕品昌

【刊名】湖北美术学院学报，2013 年 03 期

【摘要】大同九龙壁是中国现存规模最大，也是建筑年代最早的一座九龙壁。它始建于明朝洪武末年，是明太祖朱元璋第十三子朱桂代王府前的琉璃照壁，距今已有 600 年的历史，是大同的标志性建筑，也是大同最具影响力的古代雕塑经典之一。公元 2012 年 7 月 5 日是一个注定要与“九龙壁”这件伟大作品有思想碰撞的日子，这一天中央美术学院雕塑系雕塑创作基地在这里挂牌。一个与明代九龙壁形成时空对话的新九龙壁计划出现在笔者的视野。与大同明代九龙壁同等尺度，由工业机械和车床组成的九条钢巨龙、内钢结构墙体施以耐火窑砖与琉璃陶砖呼应，“九龙壁”的当代演绎，述说着历史和辉煌！

甘肃天水传统民居木雕艺术文化内涵探析

【作者】隋建明

【刊名】雕塑，2013 年 03 期

【摘要】天水民居建筑方式、建筑材料受当地自然环境制约，充分利用本地区资源，又与异族建筑方式相互交流、融合，在漫长的历史长河中，发展、变革，逐渐形成其地域特色。天水民居建筑的风格兼有北方的粗犷和南方的秀美，民居建筑为土木结构，青瓦土墙，自然本色的木雕门窗，质地朴实、古朴典雅。在中国南北两大古建筑流派中，极具文化内涵和艺术价值。天水传统民居木雕既有

中国传统木雕的文化特征，又同时体现着特有的地域风格，同时体现出天水地区典型的伏羲文化崇拜和质朴、敦厚的审美追求。

美学视野下的徽州雕刻艺术

【作者】赵元

【刊名】美与时代（中），2014 年 03 期

【摘要】徽州木雕、砖雕、石雕俗称徽州的雕刻艺术，这些雕刻艺术凝聚着古代劳动人民的聪明智慧，是徽州劳动人民在长期的生产和生活劳动中的凝结成果。这些雕刻艺术不但有着实用性，而且有着独特的审美价值。本文从美学视野下出发来谈徽州艺术，试图给这些在民间静静的呈现的雕刻艺术一个新的审美视角。

徽州装饰木雕对吉祥文化的表现

【作者】朱胜甲

【刊名】美与时代（中），2013 年 03 期

【摘要】徽州装饰木雕对吉祥文化的表现，主要通过象征、谐音，运用神话传说、典故戏文、文字等表现手法。这几种表现手法并不是单独使用的，而是经常互相搭配、结合运用的，这才使徽州木雕对吉祥文化的表现有着高度的可解读性。徽州装饰木雕中，最常见的题材大多为传统的吉祥主题，寓意吉祥、美好的各种动物、花卉。即便是历史典故、刀马人物、世俗生活，甚至儒学礼教的题材，也大多以表现和美、喜庆、富贵、寿考、进学的吉祥寓意为主。这是因为“吉祥如意、和合美满”从古至今都是中国社会各阶层人士的共同理想和永恒追求。

明清时期曲阜孔庙的石雕艺术

【作者】王文灏、唐玮

【刊名】美术，2013 年 03 期

【摘要】石雕艺术在建筑中的应用，在中国具有悠久的历史传统。曲阜孔庙石雕艺术与建筑的结合最为典型，儒家的思想对其建筑形式美的影响，同样也体现在起装饰作用的石雕艺术中。曲阜孔庙始建于公元前 478 年，经过历代的不断演变与发展，今天的建筑规模形成于明代、完成于清代，其石雕艺术总体符合明清的精工细雕、繁华富丽的特点。曲阜孔庙作为中华民族历史长河中儒家思想的延伸与传承的标志，其建筑里的石雕艺术，具有独特的审美文化价值。

中国红色木雕
——陈文远及其伟人木雕

【作者】马心伯

【刊名】雕塑，2013 年 03 期

【摘要】陈文远早年参加福州五一广场大型毛泽东塑像的经历，既为他精确把握伟人形象打下坚实的基础，也使他与伟人雕像艺术结下了不解之缘。然而，文革后期因为单位撤销，他被迫转行从事行政和美术宣传工作，后因改革开放及台海两岸三通带动，福建木雕行业的再度兴起，他再也按捺不住年轻时对雕塑艺术满怀的情怀和抱负，全身心地投入到了红色文化艺术的创作之中。他家工作室书架上摆满了伟人的专著、画册等书籍和相关的资料，长期深入研究毛泽东在各个时期的革命实践和理论，准确把握毛泽东的体态、面貌特征和表情神态，创作出形神兼备的毛泽东雕像。

古民居雕刻艺术的美学价值

【作者】苏乾

【刊名】美术大观，2013 年 03 期

【摘要】浊漳河流域平顺县境内古民居荟萃了大量精湛的民间雕刻艺术杰作。其美学价值集中体现在木雕、砖雕、石雕三个方面。木雕选材精、做工细、品位高，呈现出柔和之美；砖雕刀法舒展，圆润自如，柔中带刚，呈现出肥润之美；石雕原料选择空间广，雕刻难度大，也更见功力，刀法简练传神，艺术形象生动，呈现出干练之美。

海派玉壶的造型设计与雕刻技术

【作者】宋鸣放

【刊名】上海工艺美术，2013 年 03 期

【摘要】玉不琢不成器，能称之为“玉器”必定是经过千工万琢的一件作品。在古今玉器中，玉石质地、工艺造型、艺术性及文史价值为评判作品价值的重要因素。海派玉雕，以炉瓶为第一，其造型设计与雕刻技术，十分考究。炉瓶玉器主要有：炉、薰、鼎、豆、盘、爵、瓶、尊等类型。玉壶是炉瓶玉器的一个非常典型的代表。

野口勇论雕塑（之二）

【作者】朱尚熹

【刊名】雕塑，2013 年 03 期

【摘要】我一直这样认为，雕塑一贯地被看为是理想化的和对人类进行赞颂的艺术，同时雕塑也许被认为是对人体的直接诠释与表达的艺术。不过，我更相信大自然给我们提供了许多别的东西，而这些东西有助于一些独特的、敏感的雕塑处理。我希望用一双自然的眼睛来观察自然，不愿意将人作为一种特殊的崇拜物去看待。在这样的思维和态度之下，我认为应该有一种特殊的美能够使雕塑施展其优势。只有当艺术家完全沉浸在自然的和谐与整体，并真正成为自然之一部分之时，精神与物体才会完美平衡地呈现，其结果是专注形态表面下的生命感及其要素，而艺术家摆弄和工作的材料，对于他不仅仅是可以塑造的东西，而是表现为最能够表达艺术家主旨的媒介。通过这种途径，你将获得雕塑里的交响乐品质。

多彩的旋律，语言的飞扬
——《2013 中国雕塑年鉴展》述评

【作者】刘欲晓

【刊名】雕塑，2013 年 04 期

【摘要】雕塑作为造型艺术的一个门类，通过线条、形体、结构和各种媒介材料的结合得以呈现，因其表面的块面转化、变化组合如同演奏出的多彩的旋律，所以也常常被称作凝固的旋律。建筑被誉为是凝固的音乐。雕塑与建筑均是以空间表达为体现，它们之间有着千丝万缕的关系，尤其是在雕塑、建筑间界限渐趋模糊的当今。将雕塑置于大型公共建筑中，在国家大剧院这个国家最高表演艺术中心里举办，为雕塑作品提供了新的释读视角和多元化的对话语境。

雏荷香万里，音动九霄
——2013 全国高校毕业生优秀雕塑作品展综述

【作者】永涛

【刊名】雕塑，2013 年 04 期

【摘要】2013 年 7 月，由中国工艺美术学会雕塑专业委员会、中国红十字基金会、北京紫檀文化基金会联合主办，《雕塑》杂志社、北京国粹苑艺术品交易中心、北京金宝汇购物中心有限公司共同承办的“第八届全国高校毕业生优秀雕塑作品展”再次拉开帷幕，在全国范围内精选了 120 余件（组）作品，以崭新的面貌与独特的气质，接受社会与学界的认知与检验。

最少的雕凿，最多的蕴涵
——关于洪涛的木雕作品

【作者】孙振华

【刊名】雕塑，2013 年 04 期

【摘要】洪涛的木雕是他近些年来在雕塑创作中的新探索，这些木雕是他个人雕塑创作中的一个重要转折，它不仅是雕塑美学观念的转折，也是雕塑形式和语言的转折。作为一个分别在中国和俄罗斯受过严格写实主义雕塑训练的艺术家，作为“学院派”的雕塑教师，他个人创作中的这种由“塑”到“雕”的“变法”具有重要的启示意义；这不仅是他个人创作中的跨越，也为我们观察当代中国雕塑家自觉践行中国传统哲学和美学，构建具有中国特点的雕塑美学体系提供了一个重要的标本。

让语言飞扬出艺术的新时空

【作者】李建盛

【刊名】雕塑，2013 年 04 期

【摘要】2013 年 6 月 16 日下午，当我走进国家大剧院东展厅，看到以《语言的飞扬》为主题的“2013 年中国雕塑年鉴展”的时候，我体验到一种在其他的中国雕塑展中所没有的新维度，这种新维度除来自于精心谋划的展厅结构布局和灯光色彩构成的艺术空间之外，最重要的应该来自于展陈在这里的雕塑艺术的语言、这种语言所呈现的艺术的激情、这种语言和这种艺术的激情相互交织所表达的雕塑家们急迫的探索意识，以及语言所呈现给我们的艺术世界。

当雕塑遇见雕塑
——亲历雕塑年鉴展有感

【作者】马文甲

【刊名】雕塑，2013 年 04 期

【摘要】中国工艺美术学会雕塑专业委员会举办的“2013 年中国雕塑年鉴展”的喧嚣，已经渐渐降温或终将走向遗忘。而今作为展览策划委员会成员的我，细细回嚼那些工作时的热烈场面，仍使我感触颇多，且仍有一些现学现卖的收获和思考，想与同仁们分享，也就顺笔写下了这些文字。俗曰：“文无第一，武无第二。”文化的碰撞并无绝对标准可言，更难谈高下，艺术尤其是这样。我们经常谈及某种艺术的特征和表现，却不经常谈哪一种更加的高明或先进。一次大型的全国性展览，注定要将不同样式的作品和创作手法迥异的创作全部囊括进来，以此作为对于整体创作生态的客观研究和展示。

飞白造巨
——韩国雕塑家李再孝的新媒材雕塑

【作者】曾岳

【刊名】雕塑，2013 年 04 期

【摘要】在网络语飞白盛行时代，言语临时性、输入口语化、讹读讹写临时发挥，能达到机智生趣的个性化表现效果。其中，中西混搭、急中生智地生造出如“3Q”“E”“斑竹”“稀饭”“弓虽”“油墨”等引用借代、简便形象的新词汇。作为语言修辞，飞白是一种将错就错的有趣的辞格，飞白“错”词，更令句子获得错综复杂的时代歧境。而飞白作为一种书法意味——苍劲豪气，笔墨飞白，墨飞白出，疾走苍茫，能增强偶发的形式感和独特的表现力，虚实相济，引人入胜。与绘画中“林间空地”式的“留白”经营不同，注重以涩感极强的力度生成一种黑白肌理的美感。

释放青春起航梦想
——第八届全国高校毕业生优秀雕塑作品展有感

【作者】袁宏

【刊名】雕塑，2013 年 04 期

【摘要】青春在这里释放，梦想在这里起航，2013 年 7 月 13 日由中国工艺美术学会雕塑专业委员会、中国红十字基金会、北京紫檀文化基金会主办，《雕塑》杂志社、北京国粹苑艺术品交易中心承办，2013（第八届）全国高校毕业生优秀雕塑作品展在北京开幕。此次参展的 100 件作品是从来稿的 30 余件作品中甄选出来的，可以说是聚各校艺术教育之特色，毕业创作风貌之缩影。不论从题材、形式、材料、艺术表现语言及观念形态等方面较之前更具有多样性。它们不再是概念化、形式化、模仿化、痕迹化的一种形态。虽然作品还透着些稚嫩，但却充满了阳光、热情及艺术的本真性。

塑造庄严之美——对张祖武在文革结束后创作毛主席塑像的认识

【作者】张卫

【刊名】湖北美术学院学报，2013 年 04 期

【摘要】文章通过张祖武在文革结束后的一次毛主席塑像的创作，一方面记述了一段雕塑艺术家创作个案的历史，另一方面研究分析了张祖武在雕塑艺术创作中，塑造庄严之美的创作思想和艺术风格。张祖武以他对艺术创作的严谨态度和不凡的艺术功力，体现了他一生都在坚守的艺术观，即表现人的聪明才智和刻画人的正气。他所刻画的毛主席形象，含蓄、自然、内敛、深沉，塑像整体造型大气、简约，十分耐看。塑造的虽然是身处文革时期的毛主席，但全无文革时期文艺创作的概念化、模式化的痕迹，其艺术功力与品质超然于那个时代。

中国的城市改造运动和公共艺术发展——以“从卡塞尔走来：漳州国际公共艺术展”为案例

【作者】周文翰

【刊名】美术研究，2013 年 04 期

【摘要】由中国美术馆馆长范迪安先生、中央美术学院人文学院副院长余丁先生策划的“从卡塞尔走来：漳州国际公共艺术展”，于 2013 年 6 月 16 日至 11 月 30 日在福建漳州碧湖生态公园展出，这是漳州本地举办的最大规模的公共艺术展。此次公共艺术展部分作品是曾在卡塞尔展出的“中国公共艺术展”的参展作品。同期举行的研讨会，对城市改造运动和公共艺术发展问题作了研讨。主流观点认为，当艺术进入公共财政，公共领域成为一个实际存在时，就需要在大众、领导和专家三种意见之间取得某种平衡，把外地、全国、全球资源与本地资源对接，激发、活化本地创意力量，探讨形成新的机制，让城市雕塑的平均质量有所提升。

大足石刻造像艺术世俗化的人类学审美指向

【作者】邱正伦、冯洁

【刊名】美术观察，2013 年 04 期

【摘要】大足石刻艺术作为世界非物质文化遗产，其价值和意义已经在很大程度上超出了单纯佛教密宗道场的宗教信仰领域，熔铸了儒道释的思想文化精神要义。更进一步说，大足石刻的价值和意义绝不仅仅局限在巴蜀地区，事实上，大足石刻已经从更加广泛的角度超越了地域、国家、民族范围，它的价值本身就带有全人类的意义。本文力图从大足石刻的人类学成因入手，探寻其审美世俗化、生活化、大众化的社会历史根源和人类学的内在动力，然后围绕大足石刻的世俗化特征在相关的问题领域进行深入系统地分析，分析其世俗化特征形成演进的历史进程，以及其与人的宗教信仰、人的社会化生活、人的教育、人的审美需求趋势等方面的内在关系，并由此找到这种世俗化价值取向背后的人类学意义。

海派玉雕外形的三重美

【作者】冯翔

【刊名】上海工艺美术，2013 年 04 期

【摘要】任何一种艺术都是通过其外在的形式来展现其内在的精神的，我们评价一件艺术作品的好坏，也是以外在形式为第一判断要素，继而探讨其内在的文化内涵及艺术价值，对任何艺术来说，外在形式应该是凌驾于内在结构之上的第一要素，形式美在任何艺术创作中都占有很重要的地位，玉雕也应遵循这样的创作原则。海派玉雕在美的追求上，集中表现在形式美方面。玉雕创作是通过作者对原材料进行艺术的加工，使玉石和雕工有机地结合起来，从而产生特定的趣味性、欣赏性。而这种趣味性、欣赏性就是建立在形式美的基础上的，也就是说，玉雕创作是按照形式美的规律组成的艺术形象。

厦门漆线雕艺术的传承与发展研究

【作者】王艳君

【刊名】雕塑，2013 年 04 期

【摘要】本文从历史的角度将传统漆线雕工艺的演变进行梳理，了解厦门漆线雕工艺的历史发展进程，并深入探寻厦门漆线雕工艺产业化发展现状及动因，对漆线雕工艺发展的可持续性进行探索，希望在厦门漆线雕的历史传承和现代化产业发展之间寻找一条可持续发展的道路。

探析景德镇礼品瓷设计的吉祥观

【作者】袁乐辉、齐霞

【刊名】艺术评论，2013 年 04 期

【摘要】吉祥文化在我们现实生活中无所不在、无处不有，作用广泛，影响深远。伴随历史的发展，其吉祥符号、吉祥物、吉祥图案的象征寓意从直观美好愿望的简单诉求延伸并升华为预示着好运、幸福、长寿、发财、加官晋爵、子孙满堂等等的理想寄托。如今，这种传统的祥瑞思想已转变为吉祥如意、福寿富贵等世俗化的吉祥观念。这种追求吉祥文化的观念一直以来被丰富地体现在陶瓷的雕饰中，即体现其设计的装饰形态美和寓意象征性，即“图必有意，意必吉祥”。

遇见的艺术——北京富力广场艺术 VIVA 雕塑专场

【作者】邓浩然

【刊名】雕塑，2013 年 04 期

【摘要】2013 年的 7 月至 8 月间，两场空间艺术的盛宴相继呈现，百余件风格各异的现代雕塑惊艳了北京东三环中路的富力广场中央大厅。展览呈现了近年来中国雕塑界的主流力量的优秀作品和新一代初出茅庐的全国优秀雕塑专业毕业生的呕心创作。艺术大家作品的成熟、稳重、独特的雕塑语言，让人回味悠长。青年一代雕塑家的作品，

则体现当代年轻人的幽默感和想象力。新一届雕塑专业毕业生的作品更加精彩纷呈，毕业创作是艺术学子整个学艺生涯的汇报。

奇香宜人奇缘养心奇艺怡情——中国檀香木雕刻艺术浅析

【作者】李洪

【刊名】雕塑，2013 年 04 期

【摘要】檀香木材大部分用于制造高级工艺美术品，应用于佛教艺术、建筑艺术以及家居装饰等领域。少部分作为一种名贵香料，又供药用，具有很高的价值。以前由于檀香自古多为皇家御用，任何匠人都难以经常接触到檀香进行雕刻，创作时无法形成正确的檀香雕刻观。当今随着全球化的进程，实现了一定数量的优质檀香聚集在一定数量的檀香雕刻创作群体和雕刻艺术家面前，有条件成就一个以檀香特色为本体的雕刻语言——真正意义上的檀香雕刻艺术。

琥珀雕刻艺术

【作者】郑升帅

【刊名】上海工艺美术，2013 年 04 期

【摘要】琥珀是数千万年前的树脂被埋藏于地层中日久逐渐石化而成的一种有机的宝石。琥珀的形状多种多样，内部常保留着当初树脂流动时产生的天然纹路，并且经常可见气泡及少数古老昆虫或植物碎屑等。自然的形状、有趣的结构、流动的纹理、不可复制的美……琥珀是生命的见证，凝结着千百万年的生物能量，蕴含着无数神奇传说，散发出独特迷人的魅力。

试述临夏砖雕的技艺

【作者】杨宇辉

【刊名】美与时代，2013 年 04 期

【摘要】临夏砖雕的传统形式、题材和工艺随着近几年老艺人的逐渐离世有失传之虞，基于此，笔者通过访问老艺人和传统工艺传承人，现场调研临夏砖雕的制作工艺，针对砖雕在产业化发展中存在的问题，对临夏砖雕工艺技法等方面做出初步整理及论述。

陕北石雕艺术——石狮子

【作者】张弘

【刊名】西北美术，2014 年 04 期

【摘要】陕北历史悠久，民族文化积淀深厚，陕北民间艺术在中国艺术殿堂之上闪烁着独特的光彩。本文通过对陕北石狮子的源起、分类、造型艺术，以及与汉代石雕在艺术手法上的特点等内容的对比分析，展现陕北石狮子这一陕北民间艺术中的重要现象，进而揭示产生这些民间瑰宝的根基正是其背后深厚的陕北民间文化和在这片黄土地上世代生活的民间艺人。

雕塑的“拆与建”——许鸿飞的意义

【作者】梁江

【刊名】南方日报，2013 年 5 月 19 日

【摘要】雕塑家许鸿飞的作品个展赴京，在中国美术馆举办，成为今年春天一件艺坛盛事。在人们印象中，广东雕塑家到北京开个展的并不多见。加上许鸿飞现任广州雕塑院院长，策展人罗一平先生则为广东美术馆馆长，这样一个展览便不可避免要带上某种代表性色彩。

郑宝成的雕塑路线

【作者】孙振华

【刊名】美术文献，2013 年 05 期

【摘要】郑宝成是一位从研究中国传统雕塑入手，而过渡到当代创作的雕塑家，在当今雕塑界，这种情况比较难得。20 世纪以来，中国现代雕塑是从学习西方开始的，而来自西方的学院雕塑体系如何适应中国的水土，如何和中国老百姓的趣味相适应，如何进入现代中国人的内心世界，一直是中国雕塑所试图解决的基本问题。改革开放以后，当代雕塑的出现带来了雕塑界的深刻变化，人们开始从学院雕塑的束缚中走出来，追求个性的张扬和表达；出现了材料和表现对象的多样化，出现了观念形态和泛雕塑形态的作品。然而，在当代全球化的背景下，中国雕塑如何彰显文化个性，如何呈现民族雕塑的差异，仍然是当代文化的语境中的基本问题。

康县清代石刻作品的表现题材归类研究

【作者】张永权

【刊名】雕塑，2013 年 05 期

【摘要】康县清代遗存石刻数量众多，已经形成了清代石刻群，这些石刻以丰富的表现题材再现了当时的社会生活，真实地记录了当时的民众文化生活、精神追求、审美情趣诸方面的信息，就这一时期的遗存石刻表现题材，可以从描写的自然物象和表达的主题思想两个方面进行研究。

高家崖建筑装饰砖石雕植物纹的题材特征分析

【作者】赵海燕

【刊名】装饰，2013 年 05 期

【摘要】山西王家大院建筑装饰中的砖石雕内容丰富、样式复杂，在现存的清代北方民居建筑装饰中很有代表性。其建筑构件上的植物纹装饰完美体现了自然环境、传统哲学、文化传统、地域风俗文化的融合性。本文试图从实地考察入手，对王家大院高家崖建筑装饰中现存的砖石雕刻植物纹样进行搜集，结合王家大院的人文环境和建筑装饰特征，深入分析植物纹样的题材内容及位置关系，通过题材内容和形式与位置关系的梳理，探究植物纹题材特定的功能性。

谈宏村承志堂雕刻技艺

【作者】张新荣

【刊名】装饰，2013 年 05 期

【摘要】本文以徽州宏村民居承志堂的雕刻为研究对象，探讨徽州传统民居雕刻在视觉观赏上如何实现高低、远近的统一。并通过大量实例阐述徽州木雕常用的透、漏、堆、填等艺术表现方法以及锯、扦、刻、斩等多种技术手法，试图从艺术表现及技术手段层面上来重新认识徽州民居雕刻。

浅析罗丹的雕塑艺术

【作者】程朝远

【刊名】美术大观，2013 年 05 期

【摘要】雕塑大师罗丹打破了传统雕塑领域所崇尚的形式、内容、材质与雕塑理念，将雕塑艺术带入了一个新时代，从而建立起了现实主义的雕塑创作之法。罗丹独特的探索性与拓展性推动了当代雕塑艺术的发展步伐，与此同时，罗丹本人也成为继米开朗琪罗、菲狄阿斯之后西方雕塑艺术发展史上的第三个高峰。

忻州面塑艺术造型特征探析

【作者】葛琳

【刊名】装饰，2013 年 05 期

【摘要】忻州面塑艺术作为民俗文化的一种表现形式，在长久的发展和演变过程中，逐渐形成了简洁、古朴的艺术风格。它种类丰富，具有浓郁的地方特色和文化内涵，并有很高的艺术和收藏价值。本文对忻州面塑进行了考察研究，试图从题材、寓意等方面对它的造型特征进行简要的分析与探讨。

从西安临潼华清城《长恨歌》大型组雕浅析当今城市雕塑的创作过程

【作者】张宇桐

【刊名】雕塑，2013 年 06 期

【摘要】我国公共艺术的衍生与发展，迄今已经历 20 多年。伴随公共艺术当中城市雕塑的突起，从事城市雕塑的创作人员及队伍日益壮大，各地耸立起的雕塑水准也都参差不齐，这其中有多方面的原因。为了更加以严谨和对社会负责的心态完成每一项工程，雕塑家张宇桐先生有他自己的一些认识和实践。本刊将就《长恨歌》分期刊发，期望对从事城市雕塑创作的同行及管理者提供借鉴。

天道酬勤
——田世信谈郑玉奎及其陶塑艺术

【作者】徐永涛

【刊名】雕塑，2013 年 06 期

【摘要】艺术是个人情致的表达，艺术作品的内容和形式从来都是从艺术家内心深处流淌出来的真实反映。对于陶艺这种以土与火为根本，通过半手工、半机械或全手工操作的独特艺术来说，要在当代很好地继承与发展，必须突破以往的审美模式，展示新的表述语言，形成新的艺术风格，才能进入当代的审美氛围之中。当代陶瓷雕塑艺术家郑玉奎就是“我口说我心，我手写我口”，充分运用自己的手法表达自己的情致。

铸魂松山
——李春华《中国远征军雕塑群》作品研讨会摘要

【作者】孙振华

【刊名】雕塑，2013 年 06 期

【摘要】李春华做了一件让雕塑界吃惊的事情：为纪念中国远征军 1944 年的滇西反攻，他在松山战役的遗址，以个人的全部力量，花了三年的时间，自己设计、自己出资，建造了《中国远征军将士雕塑群》。今年 9 月，在纪念世界反法西斯战争胜利纪念日的当天，云南龙陵县政府举行了雕塑群的落成仪式，当年的抗战老兵和各界人士齐聚在这里，祭奠抗日勇士。岁月荏苒，昔日的白发老兵，望着雕塑群，老泪纵横，情不能已。李春华的义举引来了社会舆论的一片好评。实际上，李春华的雕塑除了具有社会意义和伦理价值外，从雕塑艺术的角度看，也有可圈可点的地方。

创造精神寓于平实谦和之中
——曹春生的雕塑艺术

【作者】邵大箴

【刊名】雕塑，2013 年 06 期

【摘要】2013 年 9 月 10 日，由中国美术家协会、中央美术学院、中国美术馆、全国城市雕塑建设指导委员会艺委会、中国雕塑学会主办的“春华秋实——曹春生从艺 60 年作品展”在中国美术馆隆重开幕。开幕式由中央美术学院雕塑系主任吕品昌主持，中央美术学院院长潘公凯、中国美术家协会常务副主席吴长江、全国城市雕塑建设指导委员会副主任陈晓莉、著名艺术家钱绍武、中央美术学院教授邵大箴、长春市人民政府市长王学战、中国艺术研究院中国雕塑院院长吴为山、中国美术馆副馆长胡伟、中国雕塑学会会长曾成钢等领导参加剪彩仪式，艺术家盛扬、杜健、马常利、李象群、展望、孙伟、张伟、郅敏等 300 余人参加开幕式。曹春生先生首次大型个展，精选了不同阶段的代表作品，同时展出一百多张精彩的素描作品。以下发表的是著名美术理论家邵大箴先生为此大展所撰写的《创造精神寓平实谦和之中——曹春生的雕塑艺术》一文，文章对曹春生先生 60 年的雕塑创作生涯进行了全面的评价和总结。

中国现代雕塑事业的伟大开拓者
——曹春生谈刘开渠先生

【作者】郅敏

【刊名】美术观察，2013 年 06 期

【摘要】刘开渠先生早年追求真理，投身革命斗争与进步文化事业1920年考入北京美术学校时，受五四新文化运动的影响，向往科学与民主，反对守旧，倾向进步。积极参加了反帝反封建的社会活动。在法国读书时，开渠先生在著名雕塑家卜舍教授指导下学习雕塑，刻苦努力，成绩优秀，深得导师的赞赏。九·一八事变后，日寇大举入侵，祖国处于危难之中。刘先生忧国忧民，毅然回国参加抗日宣传活动。新中国成立后，开渠先生主持的人民英雄纪念碑雕塑创作，为此他倾注了全部身心，和老一辈雕塑家一起出色地完成了创作任务。后来向中央领导建议开展城市雕塑建设，一生做了大量的工作。刘开渠先生以他那一辈人的宝贵经历，兢兢业业传授经验、培养后辈，全心投入雕塑艺术。

敦煌彩塑的色彩之美

【作者】陈墨宝

【刊名】雕塑，2013年06期

【摘要】自从古老的彩陶时代开始，“塑”与“绘”这两种造型手法便互相补充、紧密结合。塑绘不分家，使得敦煌彩塑与敦煌壁画在审美要求上具有一致性，从而孕育出了雕塑与绘画的共同品格。对于敦煌彩塑而言，色彩语言不是雕塑形体的附加物。雕塑的形体和色彩语言之间有一种有机的整体联系，毫无支离破碎和不和谐的生硬感觉。

扬州与苏州砖雕图样探源比较研究

【作者】朱喆、程欣

【刊名】南京艺术学院学报（美术与设计版），2014年06期

【摘要】扬州文化与苏州文化同属江南文化之范畴，两地砖雕图样艺术在明清时期均达到其发展的顶峰。通过对两地砖雕遗存之调研、兴起过程之比对，清晰可见两地砖雕图样兴衰的过程基本同步。还力图从砖雕图样的装饰题材、装饰部位、装饰手法解析砖雕图样发展过程中的不同特征。从区域文化角度探寻图样风格异同背后蕴藏的文化底蕴。不管是扬州砖雕图样的自由精致，还是苏州砖雕图样的工整雅致，都是江南砖雕图样风格的典范，它们同样受到徽州砖雕图样的影响，随着徽商移居、徽州工匠迁徙而流布，是徽州砖雕图样的衍生和再发展。

陇南古建筑雕饰与蜀陇文化交流——以文县丹堡田家大院为例

【作者】刘吉平

【刊名】雕塑，2013年06期

【摘要】文县田家大院是陇南保存较为完整的建筑群落，院落布局独特、建筑雕饰精美。主厅雕饰具有典型的湖湘雕饰古朴端正、绵密流丽的特征，而厢房雕饰融繁密细致、稳定敦厚、简洁疏朗为一体，表现出强烈的南北文化相融合的意趣。显示了中国下层知识分子“达则兼济天下，穷则独善其身”的德性化人格追求。田家大院雕饰文化多样化风格及其变迁过程正是南北文化，特别是蜀陇古道文化交流最有力的见证。

品味清东陵的石雕艺术——石像生

【作者】石建文、艾婧

【刊名】美术向导，2013年06期

【摘要】迄今可以证实，人类最初的艺术表达方式是石雕。人类在长期生产生活实践中所散发出的艺术气息曾弥漫了整个远古文明，石雕艺术则是皇家陵园中最常见的表现，而在清东陵这座规模巨大的皇家陵园中，有着众多的石雕艺术作品，这些作品跨越了清代二百多年的时间，蕴含着深刻的文化内涵和大量的历史信息，具有相当高的历史价值，文化价值和艺术价值。堪称清代艺术的博物馆。清东陵留给我们的除地宫的石雕艺术作品之外，大抵上可以分为石像生、擎天柱、石雕门、拱券桥、殿座栏杆、丹陛石、石碑、石祭台、券脸石等几大类，而石像生在清东陵众多石雕作品中占有很重要的位置。

初论“大足学”

【作者】王天祥、黎方银

【刊名】南京艺术学院学报（美术与设计版），2013年06期

【摘要】近年来，随着国内外学术界对以大足石刻为中心的巴蜀石窟研究的广度和深度的不断拓展，构建以巴蜀石窟为研究主体的“巴蜀敦煌学”——“大足学”的时机已经初步成熟。本文讨论了“大足学”为什么构建(Why)，“大足学”研究什么(What)和“大足学”如何构建(How)三个核心问题。

大同佛教造像的民族性格

【作者】杨俊芳

【刊名】美术大观，2013年07期

【摘要】本文简述大同佛教艺术遗存，包括石窟雕塑，寺庙建筑、雕塑和壁画；以云冈石窟为例，论述了北魏拓跋鲜卑兼容并蓄、积极进取的民族性格；以辽金西京时期的佛教雕塑和壁画为例，分析了威武健美的“辽金样”佛教造像审美特点，体现了游牧民族崇佛尚武的民族性格，并对佛教造像在中国的演变进行了分期，认为民族性格对佛教造像的嬗变有着重要影响。

石窟艺术的最后一座丰碑——大足石刻鉴赏

【作者】颜海强

【刊名】美术大观，2013年07期

【摘要】大足石窟始造于唐初，鼎盛于两宋，元代空白，明清只有零星开凿。在中国诸多造像石窟中，这一时期造像数量之多，质量之高，无出其右。堪称中国石窟史

上最后一座丰碑。大足主要石窟区有北山、宝顶山、南山、石门山、石篆山、妙高山、舒成岩、尖山子等处。最著名、最有代表性的石窟区则是北山和宝顶山两处。

澳门观音堂陶塑瓦脊及其文化价值

【作者】黄贤辉

【刊名】装饰，2014 年 08 期

【摘要】观音堂是澳门著名的三大古刹之一，其建筑群遗存的陶塑瓦脊有着清晰的工匠名款和年款题记，在佛山石湾瓦脊艺术中具有重要的标本意义。同时，瓦脊雕塑的吉祥纹样、戏剧场景、日常生活和花鸟鱼虫等装饰，也是清代末期岭南地区风土人情的综合反映，具有重要的民俗价值。

福建泉州木偶头的雕刻艺术特色及其传承创新的探讨

【作者】黄清辉

【刊名】美与时代（中），2013 年 08 期

【摘要】泉州木偶文化在泉州文化中占据重要的位置，深受人们的喜爱，是民间最流行的艺术品。该艺术形式见证了泉州文化发展历程，至今流传在这片土地上，人们从其身上感受到艺术品的魅力，感受我国文化的博大精深。人们希望传统的木偶头雕刻艺术得以传承，这一宝贵的文化遗传能够被保留住。福建泉州木偶有着丰富的市场价值和文化价值，随着社会不断发展，越来越多的人认识到木偶的价值，这也使泉州木偶有了新的发展机遇。

浅谈李维祀的雕塑艺术

【作者】王延斌

【刊名】美术大观，2013 年 09 期

【摘要】雕塑作为重要的艺术媒介，在一定的空间内创造出可视、可触摸的艺术形象，反映社会生活，表达艺术家、思想家的情感和审美感受，对提高人们的艺术欣赏与审美水平起到极大作用。雕塑本身是一种静态的形象，李维祀的雕塑作品多是具象的写实人物形象，但是经过李维祀的雕琢，我们可以直观感受到“人物”的动态和气场。无论创作哪件作品，他都会先对所塑人物的“造势”反复研究。一件好的作品不仅仅给人视觉上的审美，更重要的是所传达的情感和内涵。李维祀的每一尊雕塑，仿佛皆是神来之笔所作，人物的动势、神态处处点睛。正是由于李维祀精神世界的广博，人格魅力的渲染，他所创作的作品才能成为传世之作。

“地域营造”——四川美术学院虎溪校区之“公 共性”解析

【作者】郝大鹏、马敏

【刊名】装饰，2013 年 09 期

【摘要】针对当前国内快速城市化进程中出现的系列问题与危机，四川美术学院虎溪校区以植根地域的营造方式，从生态与文化层面做出了富有启发价值的回应。本文即从对这一案例的讨论入手，阐发对公共艺术之“公共性”的思考。

山西双林寺彩塑力士造型分析

【作者】卫恒先

【刊名】美与时代（中），2013 年 09 期

【摘要】双林寺是在我国古代中原地区非常具有影响力的佛教寺庙，其内部彩塑造像形态各异、气韵生动、惟妙惟肖，在明清时期的雕塑造像中，写下光辉璀璨的一笔。其力士造像在所有的彩塑造像当中更是十分突出，力士动态的处理大胆夸张，神情的刻画细致入微，衣饰的塑造厚重有力，整个气场的塑造张扬豪放，都具有十分鲜明的时代特色与创造性，充分体现着我国古代能工巧匠的智慧。

大足石窟中的装饰纹样

【作者】肖宇窗、李玲月

【刊名】美术大观，2013 年 09 期

【摘要】兼容儒、道、释精髓的大足石窟造像形成了完全世俗化、民间化、人本化的“大足风格”。本文对大足石窟装饰纹样进行了系统的梳理、归纳与阐释。大足石窟装饰的精彩之处在于多种图案纹样的巧妙组合或连续相接，既美妙又华丽。大足石窟装饰纹样在审美上已融神圣、民族、世俗三者于一体，充分体现了中国传统文化兼收并蓄的审美气质。在表现上，它突破了一些宗教装饰的旧程式，有了创造性的发展，从写实到抽象，层次多样，在外来艺术注重力量、块面的基调上成功地融入中国重线性的审美，使其具有东方独特的婉转、柔韧的审美趋向，绽放出生命的灵动之美。

甘肃成县柏氏古民居砖雕艺术的文化内涵

【作者】张永权

【刊名】美术大观，2013 年 09 期

【摘要】研究柏氏古民居建筑群遗存的砖雕艺术作品，对了解柏氏家族的历史文化脉络，以及对当时地域性的民俗文化传承具有不可替代的作用。同时也是丰富、继承民族传统文化的重要课题。通过对柏氏古民居建筑砖雕装饰的研究和文化内涵的分析，可以小中见大，对其中所包含的中国传统文化瞥见一隅。古民居建筑装饰无论任何形态，其出发点不完全是纯粹地为美观而产生的，而更多的是以装饰为手段，通过有主题的雕饰来传递民俗心理而发生发展的文化现象。今天，我们能在一定程度上从古代兴通民居建筑装饰中了解当时社会生活的面貌，以及它蕴含的丰富的地域性民俗传统文化信息。

从数理方面探讨雕塑家亨利 · 摩尔的崇高审美意识

【作者】李鹏伟

【刊名】美与时代，2013年10期

【摘要】亨利·摩尔是英国现代著名的雕塑家，也是西方现代主义艺术运动中的重要人物。亨利·摩尔雕塑的最大特征，就是在以体量著称的基础上所体现出来的孔洞形式意识，这种在造型艺术中所显示出来的意识至今仍然是现代雕塑家摩尔所追求、探讨、实验的。

石湾陶艺的传承与发展

【作者】吕品田

【刊名】艺术评论，2013年10期

【摘要】佛山钟灵毓秀、人杰地灵，是中国陶瓷的重要传统产区，也是当代中国最大的建筑卫生陶瓷生产基地。当地的传统陶塑艺术“石湾公仔”，造型惟妙惟肖、生动传神，蜚声世界。以刘传、庄稼、曾良、刘泽棉、廖洪标、梅文鼎、黄松坚、刘炳、潘柏林、钟汝荣等为代表的一大批优秀陶艺家，将当代石湾陶塑艺术推向历史的新高度。

自性本空
——关于“我”系列作品的创作谈

【作者】史钟颖

【刊名】美术观察，2013年11期

【摘要】雕塑之于我就是这样一个重要的机缘，并反过来塑造着我。从13年前开始，我的作品就开始以各种网格为主要材料，来制作一些具有象征性的虚空之形，借以传达一些形而上的意味。但在最初的两三年里，我自己并未意识到我作品中蕴含的禅佛意象，而是在与一些朋友和老师交流后才促使我怀着好奇心，着手去了解佛教和佛学，乃至其他宗教和哲学的思想。在与这些伟大的智慧产生共鸣后，这些伟大的思想反过来又深深地影响并启发了我的雕塑乃至我的人生价值观。

雕塑家曹春生

【作者】司徒兆光

【刊名】美术，2013年11期

【摘要】曹春生20世纪50年代以优异成绩毕业于中央美术学院附中，后被保送到中央美术学院雕塑系学习。他有幸受教于刘开渠、滑田友、王临乙、曾竹韶、傅天仇等老一辈卓有成就的雕塑家，得益匪浅。60年代他留学深造于苏联列宁格勒列宾美术学院雕塑系，师从苏联著名雕塑家米哈依尔·康斯坦丁诺维奇·阿尼库申教授。曹春生对艺术事业的执着追求，对艺术教育的热情与负责精神被大家视为楷模。他常常教育自己的学生：对待在社会上承接的创作任务，无论大小、地位重要与否，也无论报酬多少，都应该认真负责，尽最大努力把作品做好。

中国雕塑现代化进程的重要样本
——兼论梁明诚的雕塑艺术

【作者】钱磊

【刊名】美术，2013年11期

【摘要】在中国雕塑家的群体面貌中，梁明诚有着鲜明突出的个性特点。学生时期就初露锋芒，直至今天依然活跃于创作一线；作品题材广泛，类型多元，既有纪念碑式的现实主义城雕，也有公共景观类装饰雕塑，还有抒情诗意的架上小品。其艺术语言丰富、风格多样，写实具象与抽象变形，都为他所擅长。他本人亦可视为中国雕塑现代化进程的缩影，从他身上可反映出中国现当代雕塑无论是历史整体还是与他同辈的诸多个体的共同变奏。从20世纪50年代至60年代学生时期充满理想的个人探索，到60年代至70年代的主题性艺术创作，再到改革开放后创作活力的激发，无论是作品数量的“井喷”，还是风格类型的多样……他是研究中国雕塑现代性进程不可多得的样本。

北魏的汉化和胡化潮流与昙曜五窟“如帝身”造像的思路

【作者】叶原

【刊名】美术观察，2013年12期

【摘要】文章从汉化与胡化两种潮流间的互动关系出发，阐述“如帝身”造像思路在昙曜五窟上的运用，并分析了在魏文帝实施汉化改革，昙曜五窟丧失“国家纪念性”后，北魏按照皇室、贵族穿着的中国式褒衣大袖样式塑造新佛像，以消除佛像服饰中的域外因素。这使得“如帝身”思路在另一种与佛教相反的语境中发生变异，并在造像中得到延续。

清后期徽州木雕艺术的装饰性特征
——以宏村承志堂为例

【作者】陈改花

【刊名】装饰，2013年12期

【摘要】清后期徽州古民居的木雕艺术以其强烈的装饰性特征为世人所关注。本文以有“民间故宫”著称的承志堂木雕为例，从其题材内容、构图特点、表现手法、色彩配置四个方面对其装饰性特征进行探讨分析。目的是研究其特点成因，总结徽州文化的发展成果，挖掘和弘扬优秀传统文化，并以此探索其对当代装饰设计发展的影响与启示。

景德镇现代仿古瓷业的文化思考

【作者】汪浩

【刊名】艺术评论，2013年12期

【摘要】20世纪80年代，景德镇陶瓷馆与东风瓷厂合作仿制一批馆藏青花瓷器，拉开了现代仿古瓷业的序幕。到现在已经有3000余家。出现了颇具规模的公司。仿古瓷业在迅猛发展，但市场管理和企业之间的联系却没有衔接上，加之作坊之间缺乏交流相互闭塞的情况。出现了小作坊多，低端臆造的仿品多的乱象，而其中最受人们诟病，也是人们误解最深的便是仿古瓷，有人甚至认为，仿古瓷等于假古董。景德镇仿古瓷的历史悠久，尤其是到现当代有着很重要的地位和意义。其兴旺的原因与收藏热以及市场需求是分不开的。景德镇的仿古瓷业对于传承陶瓷文化有着重要的作用，尤其在传承传统制瓷手工艺和古陶瓷内涵研究方面有着至关重要的作用。

从王彬的“明代人物像”看宋元白描人物对象牙雕刻艺术的影响

【作者】曹芃

【刊名】美术教育研究，2013 年 14 期

【摘要】王彬的象牙雕刻作品“明代人物像”与中国宋元时期工笔人物画，即中国传统人物绘画白描，在表现形式上有许多的相似之处，延续了宋元人物造型的白描精神，使作品具有不可多得的艺术感染力。

论麦积山早期塑像的艺术意蕴——以宏村承志堂为例

【作者】李娜

【刊名】美术教育研究，2013 年 15 期

【摘要】自佛教西进，古丝绸之路留下了大量石窟遗迹。麦积山作为佛教在魏晋南北朝发展的历史见证，集中体现了那个时代的佛教文化的特点和艺术水平。文章以此为出发点，对麦积山早期塑造进行剖析，探究在佛教思想以及外来佛教艺术影响下，中国早期本土的雕塑形式、内容、技法和理论的一系列变化发展。

浅论歙砚雕刻工艺

【作者】江立明

【刊名】美术教育研究，2013 年 15 期

【摘要】歙砚为中国四大名砚之一，在砚史上与端砚齐名的珍品，以砚石在古歙州府治加工和集散而得名。歙砚雕刻经过历代砚雕名家的辛勤耕耘也取得了很大发展，尤其是近几十年来涌现出许多名家高手，并形成了多种流派。随时代变化。古代的传统浅浮雕砚台已被渐渐淘汰。收藏家欣赏天然纹理形成自然画面的佳品，对立体雕效果的砚台，如工笔雕、深浮雕、镂空雕的精作也颇为追捧。笔者近几年来对款砚的设计雕刻做了大胆改变，因材施艺，追求意境与品位，达到砚石神韵与人艺相结合，和谐统一之效果，开辟款砚工艺新天地。

浅谈徽州砖雕艺术

【作者】方惠雄

【刊名】美术教育研究，2013 年 17 期

【摘要】徽州砖雕是徽州古建筑雕刻中一种很重要的艺术表现形式，主要用于民宅、祠堂、庙塔、墓室等建筑物的构件和墙面的装饰，长期以来，徽州砖雕形成了鲜明的地域特色和风格。雕刻技法主要有平雕、浮雕、透雕、圆雕、贴雕等明代砖雕的雕刻风格比较古拙朴素，用刀遒劲洗练，气势雄浑有力，注重整体效果，具有浓郁的生活气息、质朴大方的徽州砖雕是几千年来形成的宝贵文化遗产，应该得到很好的继承和发展。我们在保护古建文物的同时，应该积极地汲取传统文化的精华，使徽州砖雕艺术得到传承和发展。

云渡桃雕艺术初探

【作者】胡晓欢

【刊名】美术教育研究，2013 年 17 期

【摘要】江苏云渡桃雕是以桃核为载体，运用传统手工艺，雕刻制作各种桃核制品的一种民间艺术形式。其在江苏省泗阳县云渡村及其周边地区广为流传，至今已有 300 多年的历史。云渡桃雕在地域及艺术风格上属于北派核雕，质朴大气、率意豁达，形成了粗犷古朴的艺术风貌。近年来，随着文化艺术产业的兴起，以及对非物质文化遗产研究的日益升温，保护民间传统文化的呼声日渐高涨，云渡桃雕作为宿迁市第一批非物质文化遗产受到广泛关注。

陕西凤翔泥塑的吉祥观念及喻义性符号

【作者】肖亚平

【刊名】美术教育研究，2013 年 19 期

【摘要】陕西凤翔泥塑具有几千年的历史积淀，在题材、造型、纹饰、色彩和线条等方面饱含浓郁的吉祥观念和喻义性符号，承载了劳动人民追求幸福生活的美好愿望，具有强烈的生活气息和淳朴、健康的审美品格，形成了独特的民俗文化特征。

湮没的星光中国雕刻师协会第一届展览会

【作者】司开国

【刊名】新美术，2014 年 01 期

【摘要】1998 年 4 月，中国美术学院为庆祝 70 周年校庆，主办过以 20 世纪中国美术教育为主题的研讨会，会后出版了《20 世纪中国美术教育》论文集。在集中有卢家荪《中国雕刻师协会：从学院到社会》一文。作者从其先人卢鸿基在“文革”中（1968 年 3 月）书写的一份内容详细的“历史交代”中见到这样的一段文字，提到“中国雕刻师协会”的史实线索。从而发掘出一段刘开渠先生一直不愿提及的历史往事。

李大鹏：雕塑城市的“生命感”

【作者】钱烨

【刊名】美术文献，2014 年 01 期

【摘要】夹克、耳钉，坐在工作室内的李大鹏看起来很像摇滚青年。与张扬的外表相反，李大鹏很少说话。2014 年 12 月 7 日，在武汉 K11 艺术村举行的“后语境——扩展的边界与风化的故土”联展中，李大鹏用猪皮缝制了一个铲车的轮子、一个吊钩、一个预制板，两个煤气罐看起来随时要爆炸。这是一组主题为“不安的生命”的作品。这座变化的城市总让他感到不安，而这种不安也在促使着李大鹏对城市与人作进一步的思考。李大鹏说，有时候艺

术创作就是这么偶然，就像那次行走中，在翻越山脉时，李大鹏发现了满山荆棘，他把它们折下来围成圈，带在头上，又碰到了一片棉花地，把棉花缠在荆棘上。“很有趣，两种看起来很矛盾的东西，一种是尖锐的刺，一个是柔软的棉，而荆棘圈代表耶稣，棉花是社会生产物品。两种对立的东西，却可以这么和谐地缠绕在一起。”

大象无形卓尔不群——艺术家李象群访谈

【作者】徐永涛

【刊名】雕塑，2014 年 01 期

【摘要】在当代艺术面临回顾与展望、向东走与向西走的一个分界点的当前，举办《寂境——东方美学的当代复兴》这么一个展览，真正研究些问题，非常有意义。李象群多年以来一直在探索，一直想尝试着突破自己。而这次创作又是一次新的突破，做了与以前不一样的东西。至于《堆云 · 堆雪》，当时想通过一个形象来把它作为一种符号，怎么能够把他自己的理解呈现给观众。当然他所解读的这些，可能观众不一定能完全读得懂。观众怎么看待，实际上是让观众从另一个层面去分析，等于再创造的一个过程。一段时间以来，他对这件作品、这个题材也有了不同的解读方法。只有多角度、多视角、多层次的去看，去理解，艺术才更有意思。

进入艺术还是回到生活？——谈柳青的最新个展《餐厅》

【作者】赵炎

【刊名】雕塑，2014 年 01 期

【摘要】2013 年 9 月 22 日，青年艺术家柳青的个人雕塑作品展《餐厅》在意大利威尼斯的卡斯泰罗 925 号画廊开幕。这次展览，与柳青之前的作品相比在题材上有很大变化，显示出了他新的关注点，表明了艺术家对于艺术本身与人的生活这两方面更为细致和深入的思考。其实整个展览《餐厅》就是一件完整的作品，一方面，通过构建一个整体的氛围实现了生活与艺术之间的转换与比喻，表达了艺术家对于日常生活与艺术关系的思考；而另一方面则通过瓜果蔬菜这种最为基本的生存材料的视角，探讨了我们日常生活中每天都在发生的与生存直接相关的生产与消费的关系，这种关系不仅仅是现实与当代的，同时也是历史与文化的。

虚与实——读王兴刚的系列雕塑《处方》

【作者】彭锋

【刊名】雕塑，2014 年 01 期

【摘要】虚与实是中国传统美学的一对概念，在中国传统艺术批评中有广泛的运用。尽管今天的艺术批评家已经不太使用这对概念，但我想不出有比它们更好的术语来概括王兴刚雕塑的审美特征。当然，中国古代的批评家们不仅用到虚与实的字面意思，而且通过阴与阳、显与隐、情与景、意与象、有与无等等的关联，形成丰富的隐喻意义。我用虚与实这对概念来讨论王兴刚的《处方》，也不仅用它们的字面意思，而且会用到它们的隐喻意义。

壁画塑俑共现的唐代家乐中胡人

【作者】葛承雍

【刊名】美术研究，2014 年 01 期

【摘要】胡人乐工对唐代家乐的繁荣发展有着极为重要的作用，他们参与介入了唐代艺术活动的交流传播，将家庭筵宴变为家乐盛会，增强了当时上层社会和官僚阶层音乐歌舞的娱乐功能，同时又促进了外来“胡风”的深入。本文根据出土唐代的壁画和塑俑，结合文献诗歌，分析唐代达官贵族家中乐舞宴会上胡人乐工现象，诠释其曾被漠视的文化影响。

汉代巴蜀吹笛胡人形象的造型特征与文化意涵

【作者】张晓杰

【刊名】雕塑，2014 年 01 期

【摘要】今天的川渝地区在秦汉时期被称为“巴蜀”，汉代的墓葬并非墓主人“孤独生活”的空间，在“视死如生”这一重要丧葬思想的指导下，墓主的亲友会随葬各式物品陪伴逝者长眠，以此表达心中美好的祝愿。在巴蜀地区的墓葬中能够见到这样一类特殊的形象：他们头戴一顶尖状小帽，上身着交领长服；面部呈深目高鼻、颧骨突出之相，表情悠然自得；或踞坐、盘坐于地，或端坐在一只圆形小凳之上，双手竖直握住一支细长的吹管，一端置于唇边吹奏，另一端自然下垂，上身时而端正、时而微微倾斜于一侧，仿佛正和着乐声左右摇摆，给人以陶醉于音乐之感。本文试图对汉代巴蜀地区出土的吹笛胡人形象的造型特征进行分析，并探讨其背后蕴藏的文化意涵。

山西省民俗博物馆馆藏拴马桩造型研究

【作者】蒋雁南

【刊名】美术文献，2014 年 01 期

【摘要】拴马桩是我国北方独有的民间雕刻艺术样式，俗称望桩、样桩、看桩，属民居建筑外部空间构成的附属小品。其用途是拴牲口的，同时还兼具镇宅祛疾、迎祥纳福的功能。文章以山西省民俗博物馆馆藏拴马桩为考察对象，对拴马桩的年代、石质、采集地、尺寸以及数量进行考察，并根据馆藏资料，将拴马桩题材进行分类统计，进而分析拴马桩的造型特征、雕刻手法、文化寓意等方面，从而了解山西省民俗博物馆馆藏拴马桩的总体艺术特征及文化寓意，旨在更好地保护和继承中华民族的传统雕塑艺术。

大足石刻北山地藏组合造像管窥

【作者】王玲娟、邓新航、龙红

【刊名】南京艺术学院学报（美术与设计版），2014

年 01 期

【摘要】大足北山地藏造像有多种组合形式，除了盛唐以来中原北方比较流行的地藏与观音的组合，地藏与阿弥陀佛、观音组合，地藏与药师佛的组合外，还有其他地区较为少见的地藏与华严三圣的组合，地藏与引路菩萨的组合，以及地藏与阿弥陀佛、龙树菩萨的组合等，呈现出巴渝地区地藏造像的地域特点。

白马藏族刺绣工艺的民族特征

【作者】岳锋、余永红

【刊名】雕塑，2014 年 01 期

【摘要】白马藏族刺绣工艺具有独特的民族风格，形成了平针绣、拼贴绣、盘筋绣等针法相结合的表现形式，而且具象图案与抽象图形有机统一，不仅具有丰富的艺术语言和表现力，也蕴含了深厚的民族文化寓意，体现出鲜明的民族特色以及原始古朴的艺术韵味。

浅析永州地区古民居装饰木雕艺术

【作者】姚辉

【刊名】美术大观，2014 年 01 期

【摘要】本文分析了永州地区古民居装饰木雕的艺术特征、雕刻工艺、表现内容、装饰特点。笔者认为，永州地区古民居装饰木雕既有传统民间美术的共性，同时在具体的作品形式、风格、审美趣味、工艺技巧等方面又有自己的风格。在表现手法上遵照写实，却不失夸张。比如木雕人物大都头大身小、人大房小。在细节的描绘上不着意于五官神情的表现，却追求人物动态的变化，刀法简练，线条洗练遒劲，注重气质，讲究神韵。从审美趣味的角度来看，木雕主要立意于传统文化的训导，强调木雕的情节表现。永州民居装饰木雕艺术是本地区地域文化、居住文化、精神审美的真实反映，对当代设计文化具有一定的借鉴意义。

康县清代赵家院装饰木雕的文化艺术特征

【作者】张永权

【刊名】雕塑，2014 年 01 期

【摘要】康县赵家院系清代四合院民居建筑，该院落中保存有大量的装饰木雕作品，其结构样式、表现题材、镌刻手法已经形成了较为鲜明的地域特色。当下对康县赵家院装饰木雕艺术作品进行原址保护，将康县赵家院装饰木雕文化内涵开展深入研究，对了解康县地域性传统民居建筑艺术以及本土民俗文化诸方面的历史文化信息，有不可替代的价值。

技进乎道：莆田木雕技艺试论

【作者】林洪英

【刊名】雕塑，2014 年 01 期

【摘要】木雕是利用木材质感进行雕刻加工的一种工艺门类，是我国传统装饰艺术中的一个重要类别。莆田木雕艺人通过不断地探索，表现出来了高超的艺术技巧。手艺高强的木雕艺人，能够熟练运用各种传统雕刻技法，同时也会不断地探索出更多的表现方式。不过，作为一个现代的木雕艺人，也不能仅仅依靠雕刻技艺取胜。“工艺”一词包含了“工”和“艺”的内容，而尤其以“工”为主。《说文》上说：“工，巧也，匠也，善其事也。凡执艺事成器物以利用皆谓之工。”工艺美术的发生、发展无不与“实用”这一目的紧密相连，并和社会生产有直接关系。它既不是单纯以愉悦人类精神为目的，也不单纯表现为由工匠完成的简单的具有使用价值的手工艺制品，而是两者的有机结合。

闽南红砖雕刻对中原青砖雕刻的创新——以蔡氏古民居的砖雕为例

【作者】魏熊辉

【刊名】装饰，2014 年 01 期

【摘要】蔡氏古民居建筑群坐落于泉州南安官桥漳里村，是由旅菲客商蔡启昌、蔡资深父子于清末同治六年所建。是第五批公布的全国重点文物保护单位。用在建筑群里，各种装饰艺术荟萃，包括砖饰、砖雕、石雕、木雕、泥塑、剪粘等，其雕琢的内容大致是有关吉祥图案的寓意。精美的雕饰不仅集中表现了闽南成熟的雕刻艺术，而且反映了其受佛教、伊斯兰教及南洋文化和西方建筑艺术的影响，被誉为“闽南建筑博物馆”。闽南古建筑外墙上的红砖雕刻是最能体现闽南地方特色和民俗风貌的一种艺术。从闽南的红砖雕刻历史可以追溯到秦汉时期的汉代画像砖雕刻艺术，也与中原的青砖雕刻艺术成一脉相承之源。

天津刻砖之美

【作者】刘晓洁

【刊名】天津美术学院学报，2014 年 01 期

【摘要】天津刻砖艺术植根于津门大地，历史悠久，工艺考究，艺术表现形式多样，艺术处理形神兼备，具有深刻的文化积淀，在我国民间刻砖艺术中独具特色。它与天津杨柳青年画、泥人张彩塑、魏家风筝并称为天津的“四大绝活”。历经数百年的风风雨雨，天津刻砖在功能、形式、寓意、工艺、材质等方面所体现的美感依旧具有现实的审美价值。同时，对于天津砖刻技艺的探讨，也旨在引起人们对于天津民间艺术的关注与深思。

塑造城市文脉的节点——地铁公共艺术品《生旦净丑》设计制作构思

【作者】冯烨

【刊名】装饰，2014 年 02 期

【摘要】《生旦净丑》是北京地铁站内公共艺术品之一，位于 6 号线车公庄站。本文以《生旦净丑》为案例，从“地铁空间里雕刻城市文脉”“采集文化精髓塑造视觉空间”“融汇传统技艺，建构清新视觉”等几方面进行论

述，分析北京地铁 6 号线站内艺术品的整体设计风格，解读设计中呈现的独特的老北京文化风貌。

中西合艺古今和声
——范伟民当代景泰蓝雕塑创作谈

【作者】本刊记者、范伟民

【刊名】雕塑，2014 年 02 期

【摘要】近年来，范伟民一直在尝试，如何将传统工艺制作融合到当代艺术创作中，具体体现在其对景泰蓝艺术的研究和关注上。以下是他在接受采访时所谈的体会：景泰蓝是极具民族特色的手工艺之一，它采用金银铜及多种天然矿物质为原材料，集美术、工艺、雕刻、镶嵌、玻璃熔炼、冶金等专业技术为一体。可以说是古朴典雅，精美华贵，具有鲜明的民族风格和深刻的文化内涵。在艺术日益跨界与创新的今天，景泰蓝作为工艺美术中独具特点的一个门类，能不能有新的表现形式与语言？能不能或怎么能和雕塑作品相融合？传统手工艺与现代美学展示怎么找到一个转嫁点？这是范伟民的思考所在，于是他在创作中融入一些新的元素，目的是既保持景泰蓝传统之美，又能体现时代感。

永远的怀念
——忆老同学陈启南先生

【作者】马改户

【刊名】雕塑，2014 年 02 期

【摘要】启南在对工作勤恳敬业、对雕塑事业忘我索求的同时，对学生、弟子也是教学相长、爱护有加。他曾担任中国美术家协会理事、中国雕塑学会常务理事、全国城市雕塑艺术委员等领导的职务，但他从没有忘记身为领导、教授，又是雕塑家的责任。凡涉及到学生及同行的事情，无论是城市雕塑的创作和评审，还是个人的生活、思想问题，他都给予了热情的帮助和指导。作为年长他几岁，既是同学、同事，又是兄长的我，是这样认为的——启南是我们陕西雕塑界的优秀领军人物，他的雕塑梦想已化为永恒的传世之作被后人铭记。

艺本无界·何跨之有
——张英超雕塑展有感

【作者】杨齐

【刊名】雕塑，2014 年 02 期

【摘要】张英超在艺术个性的追求上是一个喜欢跨界的人。时空岁月的痕迹在他身上同样显得很奇特，白髯飘飘的他，虽然已到了知天命的年岁，却仍拥有着儿童般无拘无束之赤子情怀。毕业于鲁迅美院油画系的他，一直是素描、色彩等基础教学的专家，近两年来他开始跨界做起了雕塑，并且得到了专业人士的好评。他作为鲁美环艺系副教授，将“十八般武艺”全都运用在了环艺专业领域，也是适得其所。跨界使他具有了更大的发展空间和艺术作为的可能。

从西安临潼华清城《长恨歌》大型组雕浅析当今城市雕塑的创作完成

【作者】张宇桐

【刊名】雕塑，2014 年 02 期

【摘要】本文以西安临潼华清城《长恨歌》大型组雕为例，着重提出并研究探讨了作品创意的“定位意识”与雕塑创作的三个“理论观点”。就雕塑创作的最后环节，即制作加工和施工安装方面展开研究和探讨。

浅谈陶瓷雕塑的工艺
——从笔者自身实践出发

【作者】计宝林

【刊名】美术教育研究，2014 年 02 期

【摘要】雕塑是具有一定思想观念内涵的艺术形式，陶瓷雕塑是以陶瓷材料为主要创作媒体的雕塑，其艺术价值在于制作的技巧。陶瓷雕塑是艺术家借助陶瓷材料，或以陶瓷材料为主要创作媒体，在泥、火、釉的创造下，表现人的理想、个性、情感、心理意识和审美价值的艺术形式。陶瓷雕塑作品的价值不在于其造价，而在于其制作的技巧，技巧是陶瓷雕塑创作的生命。

雕塑“生命力”的自然解构
——我读亨利·摩尔的《斜倚的人体》

【作者】杨志宇、金星

【刊名】艺术评论，2014 年 02 期

【摘要】“卧像”或“斜倚的人体”是亨利·摩尔雕塑创作的三大题材之一，在摩尔漫长的艺术生涯中它被不断地推陈出新，衍生出一系列变体。不论是 1927 年完成的第一件作品，还是 1982 年完成的同一主题的后期作品，都表现出一种强大的生命力，这种生命力不是外在运动的有机体的酷肖的复制，而是一种将理性固结在厚重的材质之间，将隐喻的题材、精湛的处理、内在的张力融入到自然而又超越现实的形式之间，形成的由内向外迸发出的静态生命力。而这种生命力来自于艺术家深厚的传统根基，来源于艺术家的艺术实践和对自然的感悟。

肉身成道
——从雕塑出发的历程

【作者】隋建国

【刊名】美术向导，2014 年 02 期

【摘要】1989 年秋天，刚留校的笔者率领着雕塑系一工作室的学生们，进到天津蓟县盘山的大山里打石头。岩石太坚硬了，一锤一凿一天天打下来，几乎看不出进展。在那时的几年里，慢慢形成了笔者做作品的方式——生命消耗，作品完成。这是一个很笨的方法，但这正是笔者进入艺术的门径。它成为笔者今后艺术道路的基准石和定音板。相比之下，笔者 80 年代的作品，只是一些形式游戏。笔者因为做出了这些作品，建立起自己作为一个雕塑家的自信。

信念之力
——浅评“零界”装置艺术展

【作者】刘世洁

【刊名】天津美术学院学报，2014 年 02 期

【摘要】“观念体现着信仰，信仰在艺术中实现，在不同时间文化环境下以不同形式媒介和语言表达‘智者’对人性社会的‘神性诉求’与表现。”尽管我们今天距离 1917 年初的那个春天，已经十分遥远，尽管人们谈论艺术的主题已经从现代主义，漫步至后现代主义，尽管艺术的灵韵，仿佛已在一代又一代的艺术家手中磨灭殆尽，但总有些信念，总有些目光似乎从未发生改变。而我们却无从论断，这是一件好事抑或是一件坏事。

谈系列黏土动漫玩偶作品《孝感三孝》中的本土民间艺术元素

【作者】杜靓

【刊名】中国艺术，2014 年 02 期

【摘要】《孝感三孝》是根据二十四孝中在孝感的三个著名孝子故事改编的系列黏土动漫玩偶作品，本文着重阐述了此作品中孝感本土民间艺术元素的应用，包括汉川善书、孝感雕花剪纸、云梦皮影。

建构与观照
——敦煌早期 257 号石窟的艺术特色

【作者】李云峰

【刊名】雕塑，2014 年 02 期

【摘要】敦煌石窟艺术以精美的塑像和壁画闻名于世，雕塑艺术和壁画艺术是敦煌石窟艺术中最重要的艺术形式，它与石窟建筑艺术共同构成敦煌艺术的整体面貌。从十六国前秦时期，经北朝、隋、唐、五代、西夏、元明清历代的兴建，形成了规模宏大、内容丰富，风格多样的石窟艺术，为后世留下了一笔丰厚的艺术遗产。敦煌北朝时期的石窟塑像造型独特、壁画场面宏大，气势恢弘，色彩瑰丽典雅，建构形式多样，也是隋唐之前佛教艺术的主体。本文就敦煌 257 窟的塑像及壁画在整体空间中的组织形式及独特的构图方式进行分析，以表明它独特的艺术魅力。

水火融融之“泥土”的创生
——秦代制陶手工业的历史演进

【作者】宗椿理

【刊名】南京艺术学院学报（美术与设计版），2014 年 02 期

【摘要】陶器的发明，是人类能动地适应自然并改造生存环境的明证，是我国文明史上的标志性成就。“陶与瓷”不仅仅是工艺技术与艺术审美的显现，更是内敛了中国文人的意志品格。文章以秦人由封国向帝国的转变为历史背景，着重分析了秦代制陶手工业的历史演进。从秦代制陶手工业的内部构成与制陶内容的流转与工艺技术的精进这两个主要方面入手，详细列举了在官营与民营不同属性之下，秦人制陶业的多元产品种类以及烧造生活日用之陶器与殿宇所用之建材的工艺特征。用“大历史观”的视角真实还原了有关泥土创生的全过程，在获取秦人制陶手工业物质遗存等信息的同时着力再现秦人设计行为的产生和发展的轨迹，并展现出制陶术的形成、变化与积累同冶金术的产生、发展与成熟。

杭州飞来峰佛教造像的研究现状分析

【作者】高致宇、苏金成

【刊名】数位时尚，2014 年 02 期

【摘要】杭州飞来峰佛教造像在宗教史与艺术史中占有重要的位置，对这些迥异于北方地区佛教石窟的造像风格与形态进行深入的考证，为研究吴越佛教发展及佛教雕塑艺术演变提供了重要的参照依据。本文对近年来有关于飞来峰佛教造像研究的成果进行梳理，以便研究者与一般读者了解其研究现状。

妙手雕琢玉无瑕，形神兼备意境深

【作者】王金忠

【刊名】美术教育研究，2014 年 02 期

【摘要】玉纯洁温润，以其特殊的质地和与众不同的美感，深受中国人的崇尚和喜爱。玉雕是玉文化的延伸和升华。玉雕是玉雕师选择天然玉材，经过精心设计、反复琢磨后，用玉雕工具由表及里地去其糟粕，留其精华，使之成为具有审美价值和收藏价值的艺术品。玉雕创作是创作者将设计理念和雕刻技艺通过玉石完美呈现，使之更具观赏性和趣味性的艺术。笔者从事玉雕行业已经 19 年，根据长期的实践和经验，逐渐形成了自己的玉雕创作观，笔者从多方面进行了论述，希望和从事玉雕创作的同行互相学习、交流。

天人合一物我相融
——谈莆田木雕艺术创作中的和谐观

【作者】余黎明

【刊名】雕塑，2014 年 02 期

【摘要】在中国思想史上，“天人合一”强调人与自然的和谐发展，而这种思想深深地沉淀在莆田木雕艺术创作中。木雕艺术家用自己的创造精神，与自然对象进行和谐的对话，以“人之手”完美地展现“木之美”，实现了文化内涵的升华，达到“天人合一，物我相融”的境界。

炳灵寺石窟藏传佛教金铜造像研究

【作者】雷涛、王万成

【刊名】雕塑，2014 年 02 期

【摘要】目前对于炳灵寺石窟的研究主要集中在历史文化、造像分期、汉传佛教造像、壁画等方面，在藏传佛教艺术方面的研究相对比较薄弱。本文将研究的重心放在藏传佛教金铜塑像方面，通过对造像历史渊源、造像的不

同类型和艺术特征、藏传佛教的艺术独特性等方面的考察，拓展了炳灵寺石窟艺术研究的内容和方向。

善化寺大雄宝殿金代彩塑的整体布局与塑造语言

【作者】乔建奇

【刊名】美术研究，2014年02期

【摘要】大同善化寺大雄宝殿的金代彩塑，在整体布局的设计上，以群体组合结构营造庄严的气势，并与建筑空间融为一体。其凝重质朴的塑造语言，体现出金代匠师精湛的塑造技艺。善化寺大雄宝殿的33尊金代彩塑，以整体布局上的群体组合结构，主辅造像的位置和视觉尺度，与建筑空间浑然一体，营造出撼人的气势，而凝重质朴的塑造语言，则尽显金代匠师的深厚艺术功力与精湛的塑造技艺，使其不仅成为辽金时期最具代表性的彩塑，更成为中国古代佛教彩塑造像艺术的经典。

刻花活儿
——渐行渐远的天津民间砖雕艺术

【作者】滕明堂

【刊名】美术，2014年02期

【摘要】当民间艺术赖以生存和成长的生活土壤流失的时候，以此为根基的民间艺术便会随之消亡，最终走进博物馆和人们的回忆当中，曾经作为“天津四大民艺”之一的“刻花活儿”民间砖雕艺术，正在经历着这种阵痛的挣扎。“刻花活儿”这种民间砖雕艺术，依托于天津地区传统的青砖。伴随着青砖建筑的渐行渐远，砖雕艺术也渐渐淡出了人们的视野，艺人们面临着无砖可雕，技艺失传的困境。在许多古建筑修复工地上，使用现代工艺，利用模具直接用水泥浇筑，制作仿青砖效果的赝品。从施工工期和建筑成本考虑，国内的仿古建筑，基本上都以这种模具制造而成的仿制品，取代纯手工砖雕装饰。而现代的钢筋混凝土框架结构建筑，大面积的玻璃幕墙，采用的是现代的装修工艺和装修设计，也不再需要那些雕刻在砖头上的花鸟人物，砖雕艺术也失去了用武之地。

巴蜀石窟艺术的文化生态

【作者】肖宇窗

【刊名】美术观察，2014年02期

【摘要】文化生态学主张从相互作用的各种变量（自然、社会和人）中把握文化演进的规律，借此探寻不同文化产生、发展的特殊形态和模式。本文基于文化生态学的视角，主要通过对宗教背景、造像缘因、地方经济和工匠技艺几个因素交互作用的生态系统的探究，旨在从新兴学科视域找到古代巴蜀石窟艺术发展与繁盛的最终依据。

江南泥孩儿历史渊源考略

【作者】张文珺

【刊名】南京艺术学院学报（美术与设计版），2014年02期

【摘要】儿童形象的民间泥塑，又称泥娃娃、泥孩儿，是各地民间泥塑的主要品类。它不仅是儿童玩耍的亲密伙伴，还是人们乞生贵子、求福纳祥的愿望载体。笔者对江南泥孩产生发展的历史过程进行了阐述。认为，江南泥孩历史悠久，内涵丰富，不仅体现了生活于这一方土地上的人们的生活文化传统，更反映了江南地区的社会发展与文化变迁的历史进程。

让当代雕塑与城市在互动中实现双赢
——2013大同国际雕塑双年展评述

【作者】孙振华

【刊名】美术，2014年03期

【摘要】大同国际雕塑双年展（以下简称“大同双年展”）是中国美术家协会、中央美术学院、大同市人民政府共同打造的一个当代雕塑的展示平台和学术研究平台。2011年，大同双年展以“开悟”为主题，成功地举办了第一届展览；2013年大同双年展以“延伸”为主题，继续呼应、延续和强化了展览的定位，使大同双年展的学术意义和价值进一步得到了凸显，获得了各方面的好评。

对许鸿飞雕塑艺术走出去的思考

【作者】伟光

【刊名】雕塑，2014年03期

【摘要】许鸿飞在一年多的时间中，先后在悉尼、墨尔本、西西里、托斯卡纳、巴黎进行了“胖女人”雕塑巡展。2014年6月3日，“英伦邂逅——许鸿飞雕塑世界巡展·伦敦站”在英国伦敦市政厅广场开幕。接下来，许鸿飞还将在意大利的米兰、都灵继续进行巡展。许鸿飞富有戏剧化的“胖女人”所到之处，之所以受欢迎，其原因是，他的作品一去当代艺术表现出的强调哲学性思考所带来的严肃性，以一种轻松、幽默的亲民性，表达出许鸿飞对当代性的另一种认识；同时，也因为他的作品能够给予国外的空间场域产生一种异样的风情，这些是构成许鸿飞国外巡展成功的硬道理。许鸿飞努力践行着文化走出去的战略，努力使“走出去”深化为“走进去”。这一现象，值得关注。

特立独行地活着
——雕塑家田世信访谈

【作者】郅敏

【刊名】美术观察，2014年03期

【摘要】我骨髓里有很强的西洋美术痕迹，但我骨子里也特别喜欢中国自己的东西。我觉得中国传统的艺术在世界上最有分量的还是雕塑，作为中国的雕塑工作者还是占了很多便宜。让我从事这项工作十分自信。我从上世纪80年代开始了专门的雕塑创作，似乎一直都有着饱满的创作情绪，也做了不少作品。眼下我选择了一个远离都市的生活的创作环境，这里很好。

现代性与雕塑时尚
——蔡志松个案分析

【作者】宋伟光、杨齐

【刊名】雕塑，2014 年 03 期

【摘要】雕塑创作之所以与时尚有关，首先是与现代性有关。雕塑家蔡志松跨界当代艺术和时尚文化，雕塑家蔡志松跨界当代艺术和时尚文化，十多年来新意迭出，表现在艺术创作和社会活动两个方面。他在国内外荣获过多项大奖，有全国美展奖、央美院长奖及首个泰勒大奖等。笔者以从布朗库西的椅子坐到陆虎车前、从不佩剑的中国武士到捧出的玫瑰、从人生如浮云到嘎巴拉甘露碗、从时尚的助力到可平等对话、雕塑家本人的位置——个人自由等五各个部分对蔡志松的成功作了分析，指出：蔡志松所取得的成功，是明心见性取得的，在这个“取得”的过程中，他犹如修行者，在不断历练着自我的“心骨”。

骑士的畅想
——洛鹏的雕塑艺术

【作者】黄丹

【刊名】雕塑，2014 年 03 期

【摘要】有机会和洛鹏成为朋友是一件快乐的事情。时光凿去了狂妄，磨出了温润。洛鹏已经没有了学生时代的不羁；在他身上，体现更多的是种侠士般的人文情怀。这不仅是因为他对待家人、师友、学生的细腻与用心让人感到温馨，还缘于他丰富的个人内心世界。如果用一种颜色来形容他的话，应该属于那种优雅的暖色，这也许跟他的博爱型个性有关。当然，博爱的起点是自爱，自爱加上同情心，才成为博爱。洛鹏的内心一直怀揣一个骑士的梦想，因为强大，才能更均衡地获得逻辑感；因为强大，才能帮助更多的弱者。在洛鹏的雕塑中，你会看到一个个形体塑造均衡感很强的人物形象。

方城石猴石刻艺术造型规律探析

【作者】王延丽

【刊名】美术教育研究，2014 年 03 期

【摘要】汉美术和楚美术的特色，在方城石猴石刻艺术上融合并存，讲究简练概括又注重整体完整的塑形手法是对石猴形象加以提炼的主要方法，装饰性的色彩效果是民众情感的理想化外现，主观随意性强、不受约束的造型理念是石猴创作的灵魂。

开平灰雕文化遗产的价值研究及发展建议

【作者】杨志、罗世侣

【刊名】美术教育研究，2014 年 03 期

【摘要】开平灰雕受当地华侨文化的影响有其独特个性特征的审美价值和文化价值。开平灰雕艺术在传承和发展的过程中面临市场狭小、后继乏人、工艺失传的困境，而且缺乏创新和活力。文章旨在对开平灰雕产生的文化背景、工艺技术、生存现状进行全面的分析研究，了解开平灰雕的价值和内涵，分析现状以及所遇到的问题，为其发展提出创新而富有活力的建议。

美学视野下的徽州雕刻艺术

【作者】赵元

【刊名】美与时代（中），2014 年 03 期

【摘要】徽州木雕、砖雕、石雕俗称徽州的雕刻艺术，这些雕刻艺术凝聚着古代劳动人民的聪明智慧，是徽州劳动人民在长期的生产和生活劳动中的凝结成果。这些雕刻艺术不但有着实用性，而且有着独特的审美价值。本文从美学视野下出发来谈徽州艺术，试图给这些在民间静静的呈现的雕刻艺术一个新的审美视角。

解析半坡史前陶塑的艺术形态

【作者】马春萍

【刊名】西北美术，2014 年 04 期

【摘要】西安半坡遗址，是新石器时代黄河流域仰韶文化发展繁荣时期的代表性聚落遗址。作为我国重要的史前文化遗址之一，半坡遗址出土的陶塑提供了反映史前雕塑艺术发展状况的珍贵资料和典型雕塑造型实物，其在雕塑方面体现出的艺术表现内容、造型形式及技法特征等，揭示仰韶文化的内涵，对研究中国传统雕塑艺术发展具有重要的艺术价值。

塑以祭魂
——创作侵华日军南京大屠杀遇难同胞纪念馆大型群雕追记

【作者】吴为山

【刊名】美术，2014 年 04 期

【摘要】2014 年 2 月 25 日，第十二届全国人大常委会第七次会议通过了每年 12 月 13 日为南京大屠杀死难者国家公祭日。从此，纪念馆承载的意义更为突出。我的创作初衷是：“侵华日军南京大屠杀遇难同胞纪念馆”，其核心是“遇难、纪念”。它的第一主题应当是《家破人亡》，以 12 米的高度，表现被凌辱的母亲悲痛之极，无力地手托着蒙难的儿子麻木地向着苍天呼号。屈辱而不屈。她是千千万万受难家庭的代表，是蒙难祖国母亲的象征。造型似大写的“人”，嶙峋而沧桑的身躯在视觉上给人以震撼，带着这样的震撼缓缓移步纪念馆的大门。

通向心灵世界的彼岸
——殷小烽艺术论

【作者】孙振华

【刊名】美术大观，2014 年 04 期

【摘要】殷小烽的创作通过宗教回到精神生活的源头，回到最初的那种存在状态，他通过对传统精神的发掘，确定了自己基本的创作路径，这既是一种“来自远方的呼唤”，也是一个民族心灵的呼唤。今天，当我们面对全球化的时代，当我们面对消费主义的社会文化思潮的时候，殷小烽

的回溯历史、回溯传统，其本身就体现了一种巨大的批判的力量。

浅析周国桢陶艺作品中的“趣”

【作者】曾鹏程

【刊名】美术大观，2014年04期

【摘要】周国桢的动物陶艺作品从外在造型上看非常现代，甚至可以说相当西化，但就其精神和木质来说却具有中国民族传统的美学精神，作品中的“神”“韵”“境”“味”等审美情趣和格调与中国传统的艺术精神一脉相承。周国祯教授的现代陶艺，给人最大的感觉首先就是有“趣”，有着东方文化特有的童趣、雅趣、拙趣，然后透过其“趣”又能使人收获对社会深沉的思考，更确切地说，它们是一颗饱经忧患的心灵，利用动物陶艺倾注其思想的产物。本文从我国著名的陶艺大师周国桢教授的动物雕塑作品入手，从“童趣”“雅趣”“拙趣”等三个方面进行解读。

野渡无人舟自横
——雕塑家孙家钵访谈

【作者】郅敏

【刊名】美术观察，2014年04期

【摘要】孙家钵现任中央美术学院教授、博士研究生导师，院学术委员会委员，中央美术学院雕塑系第一工作室导师。访谈中，孙家钵说，中国的艺术家只要真诚投入，做出来的东西就是中国的，怎么能说这样式是中国的，那个样式不是中国的呢？他觉得就没有“民族风格”的这个词。什么是民族风格？民族风格就是你这人表达的民族情趣。不能定某一个样式就是中国的。什么样式是法国的民族风格？什么样式又是犹太人的民族风格？学院里的各种本土的、还有什么现代的，都不是我追求的，民族派、现代派、什么派都是绝对不能追求的，追派必走向形式主义。

转型时代的直接金属雕塑
——关于“钢铁之夏”的几点思考

【作者】孙璐

【刊名】美术研究，2014年04期

【摘要】2014年暑假，“钢铁之夏——国际青年金属雕塑创作营”在太原举行。来自包括中央美术学院在内的，世界各大美术学院的79名学生，在技师和助手的帮助下，创作了大型直接金属雕塑178件。这些原创性很强的作品，从质量和数量上，都是非同凡响的。其中部分优秀作品，已经放置到了城市中心地带和风景区。在取得初步成果的同时，雕塑营的模式也在提醒我们反思金属雕塑到底要做的是什么？现场创作的好处是什么？学生在学院中到底要学什么？雕塑营的意义又在哪里？雕塑营的创作，是把来自于社会的资源，经过艺术的再生产后，再回归社会。年轻艺术家的作品，被社会接受和认同，由此迈出走向独立艺术生活的第一步。

乐知者说
——读钟志源雕塑有感

【作者】朱明

【刊名】美术观察，2014年04期

【摘要】伟大的科学家爱因斯坦曾经这样说过：“兴趣是最好的老师。”也就是说，一个人一旦对某件事物有了浓厚的兴趣，他就会主动去求知、去探索、去实践，并在求知、探索、实践中产生愉快的情绪和体验。所以，古今中外的科学家和艺术大师无不重视兴趣在科学实践与艺术创作中所起到的关键作用。我比较推崇钟志源这样的雕塑艺术家，他在雕塑艺术道路上每向前走一步，都与其对雕塑的浓厚兴趣密不可分。他在通往雕塑艺术的康庄大道上，越走越有自信，越走越有成就感！今天当我们回过头来观看钟志源的成长经历时，我们不难发现兴趣对钟志源的一生多么重要。少年时兴趣是指南针，给他指明方向，青年时兴趣是利器，帮助他克服各种磨难；失败时，兴趣是朋友，给他打气；成功时，兴趣是严师，鞭策他不断前进。

一个颠覆传统的雕塑展览

【作者】林羽婕

【刊名】美术文献，2014年04期

【摘要】“真实的赝品——焦兴涛个展”于2014年5月13日至8月24日在台北华山1914蒸馏室展出，本展无疑是一个最能启动话题性、针对性、思辨性和欣赏互动机制的雕塑艺术展。本展的话题性可以关联到生活与美学、真实与幻觉，可以引发从辨识、发现到深度阅读等不同的“观看”层次与机制。本次展出作品的符号元素，木梯、垃圾桶、儿童的吹气玩具，甚至是重庆市区满街跑的三轮车。一些看似寻常的物件，其中却存在着扰乱观者对于物件材质既有的想象与认识，看似相同的东西却拥有不同材质，一堆现成物与制作物之间的对应与颠覆，哪一个才是真正的艺术品，焦兴涛勾动了一连串的提问；他且针对华山旧有空间，就地还原了这些本是厂房却被重新定义的现场，但事实上，现在这个看似还原当时工作状态的地方，其实就是一个艺术的现场。

陕北石雕艺术
——石狮子

【作者】张弘

【刊名】西北美术，2014年04期

【摘要】陕北历史悠久，民族文化积淀深厚，陕北民间艺术在中国艺术殿堂之上闪烁着独特的光彩。本文通过对陕北石狮子的源起、分类、造型艺术，以及与汉代石雕在艺术手法上的特点等内容的对比分析，展现陕北石狮子这一陕北民间艺术中的重要现象，进而揭示产生这些民间瑰宝的根基正是其背后深厚的陕北民间文化和在这片黄土地上世代生活的民间艺人。

凤翔泥塑艺术特色生态探析

【作者】赵一丹

【刊名】西北美术，2014 年 04 期

【摘要】凤翔泥塑作为生产与消费于民间的工艺美术，是其自然与人文生态的载体和视觉表现形式。自然生态环境和活态的民间文化传统不仅为凤翔泥塑的制作提供物质基础和灵感来源，为其发展提供丰富的精神养料，形成了凤翔泥塑与众不同的艺术审美风格，奠定了其在中国民间工艺美术中的代表性地位。

真味是淡——读王少军教授《出纸三分》系列雕塑作品

【作者】李晓林

【刊名】美术观察，2014 年 05 期

【摘要】《出纸三分》系列雕塑作品是王少军老师在雕塑上卓有成效的探索成果之一，它在当代语境下，让雕塑实现了表达中国传统人文精神的任务。《出纸三分》系列作品中，传统文化中某些元素与当代语境融合得相当自然，以至于我们只能“追踪”到其蛛丝马迹。王少军老师雕塑的独创性在于，他用独特的人物形象，雅致的设色，营造出一种具有浓郁中国人文精神的场域，彰显出他对当代中国人的生存状态和精神世界的深入思考。在他的雕塑面前，观众沉浸在中国文化的氛围之中，在欣赏雕塑时，既看到了作者以及他所代表的一类中国人的形象，又看到了现实生活中的自己。

陇南石窟群雕塑材质与造型手法研究

【作者】穆静、康小花

【刊名】美术大观，2014 年 05 期

【摘要】佛教石窟雕塑的造像方法、材料都很丰富，对其选择主要凭借石窟所在地的历史传统、地质地理与气候等条件。地域与风格、手法的关系很密切，特别的地域性材料与技艺的完美结合造就了石窟艺术独特的风貌。甘肃陇南地区石窟分布密集，有石窟走廊之说，包括麦积山石窟、大像山石窟、水帘洞石窟群、木梯寺石窟、八峰崖石窟、鲁班寺石窟、仙人崖石窟……大量石窟因选址在不宜雕刻的砾岩层上，故以泥塑像为主，有大量木骨泥塑像和少量石胎泥塑像，也有石造像碑、悬塑、摩崖浅刻浮塑、薄肉塑等一些非常特殊的形式。

天津民居砖雕艺术的艺术特征解析

【作者】刘洪彩、张帆

【刊名】装饰，2014 年 05 期

【摘要】明清之后，砖雕在民居建筑装饰中兴盛起来，成为彰显财势、寄托祝福、寓教于美的重要媒介，并折射着中华民族传统中多方面的特质。天津民居砖雕作为中国传统砖雕艺术的一个重要组成部分，博采众长并独树一帜，色彩朴素淡雅、偏爱几何构图，构图大气整体，因势创形，雕刻技法突破创新，形象刻画生动鲜活，气势雄浑，深刻体现了天津的地域特色。

做人民的艺术家，谱写文化艺术的新篇章

【作者】曹春生

【刊名】雕塑，2014 年 06 期

【摘要】今天正当全国人民为中华民族伟大复兴而奋斗的关键时期，习近平总书记亲自召开了文艺座谈会并发表了重要讲话。习总书记从实现中华民族伟大复兴的中国梦的使命高度，深刻指出文艺工作者肩负的时代责任，寄希望于文艺工作者坚持以人民为中心的创作方向，努力创作出无愧于时代的优秀作品。文艺作品的生命力在于体现思想性，艺术性的有机统一，只有在思想上有高度，艺术上千锤百炼，才能成为启迪思想，陶冶人生的精品力作。

在经济大潮与全球化语境中站稳艺术的人民和民族立场

【作者】尚辉

【刊名】雕塑，2014 年 06 期

【摘要】习近平在文艺工作座谈会上的讲话是在深入推进社会改革、实现中华民族伟大复兴的新的历史阶段，对于毛泽东《在延安文艺座谈会上的讲话》精髓的继承与发展。继承，是指习总书记的《讲话》再次阐述了毛泽东提出的艺术的主体是人民大众、艺术创作的源泉是社会生活这两个艺术命题。他在《讲话》中使用频率最高的词是“人民”和“生活”，他在《讲话》中最经典的话语是“文艺创作方法有一百条、一千条，但最根本、最关键、最牢靠的就是，扎根人民，扎根生活”。

一代雕龙驭骥手百岁纵笔涂鸦童——王熙民艺术成就回顾展简记

【作者】雍韬

【刊名】雕塑，2014 年 06 期

【摘要】2014 年 11 月 15 日，为庆祝中法建交 50 周年，欧美同学会留法分会主办的“王熙民艺术成就回顾展”在欧美同学会总会举行。“艺术人生，无我即圣”这是近百岁雕塑家王熙民先生的心声写照。作为一位著名雕塑家，也是中国建筑环境艺术研究、创作的创始人之一，王先生从艺 80 年来，以高级建筑师、著名美术家的双重身份，亲力亲为，给当代建筑、艺术在建筑空间中推出新的艺术概念虽然经历不少风雨坎坷，但他克服一切困难，努力的为艺术教育、建筑美术奉献自己的力量，并以刚正的人格、豪迈的创作风格，严谨的艺术态度，低调的生活态度，赢得了艺术界和社会的肯定。

探析吉祥观与景德镇明清彩瓷表现的图饰特点

【作者】袁乐辉、齐霞

【刊名】艺术评论，2014 年 07 期

【摘要】景德镇享有得天独厚的地理环境和自然资源，经过宋元时期数百年的发展，已成为“匠来八方，器成天下走”的全国性瓷业中心。经元制瓷工艺技术的突破，到了明清两代，景德镇制瓷生产已达到了极高水平，瓷器产量高、品种多、质量好，几乎占据了所有的宫廷生产用瓷，代表了整个时代的制瓷特征和艺术风貌，成为制瓷业中心。以此同时，中国画的绘画技艺和文人绘画的思想已融入明清瓷器中，使得彩绘瓷发展空前繁荣，各种品类的彩瓷、颜色釉瓷异彩纷呈，令人目不暇接。本文主要从“彩瓷”的狭义概念来阐述明清彩瓷中的斗彩、五彩、珐琅彩、粉彩等釉上五彩所表现的图饰特点与传统吉祥寓意观的对应关系。

“现代”并非“传统”的对立
——中国语境下的现代陶艺发展

【作者】刘颖睿

【刊名】艺术评论，2014年08期

【摘要】现代陶艺并不是传统陶艺的对立，而传统陶艺问题的解决不是走向现代陶艺，而是如何塑造主观的传统文化。更重要的是，在中国，传统陶艺的问题如不能很好地去认识和理解，同样也不能很好地去理解现代陶艺。它们并不对立，对立的是它们背后的那套非此即彼的话语权体系。在这个意义上，是否做一个现代陶艺家或传统陶艺家，他们要应战的不是表现形式本身，不是形式主义的造型、功能、图像等，而是他们作为创作者的艺术家价值、现代陶艺、传统陶艺都是一个“物件”而已，没有高低之分。有意义的艺术历史书写，多是书写那些有意义的存在在世界上的视觉思想家——真正的艺术家。

不同时期佛教造像的艺术特色
——以赣州通天岩为例

【作者】钟慧

【刊名】美术大观，2014年08期

【摘要】赣州通天岩是典型的佛教造像石窟，始开凿于唐代末年。通天岩石窟是江南石窟的代表。现存造像共计359尊，是我国最南端的石窟艺术群。佛教造像艺术从传入到发展，融合了华夏民族的文化内涵以及当地的审美理念，形成具有民族特色的艺术风貌。是一座难得的佛教文化宝库，造像艺术被认为是“立体的诗、动态的画、有形的音乐”，具有鲜明的时代气息。它在我国石窟艺术史上占据重要的地位，是独具特色的文化遗产。本文以研究通天岩石窟为例，探讨佛教造像在不同历史时期的艺术特色。在传承与发展中融合了华夏民族的思想感情和文化内涵。

澳门观音堂陶塑瓦脊及其文化价值

【作者】黄贤辉

【刊名】装饰，2014年08期

【摘要】观音堂是澳门著名的三大古刹之一，其建筑群遗存的陶塑瓦脊有着清晰的工匠名款和年款题记，在佛山石湾瓦脊艺术中具有重要的标本意义。同时，瓦脊雕塑的吉祥纹样、戏剧场景、日常生活和花鸟鱼虫等装饰，也是清代末期岭南地区风土人情的综合反映，具有重要的民俗价值。

源于生活感受生活
——谈陶塑作品《梦青春》系列

【作者】黄振伟

【刊名】艺术评论，2014年09期

【摘要】如果说，艺术创作对每一位创作者来讲，都有一个似乎形成个人风格的形象符号和表达方式，那么在我所追寻的艺术创作道路中，最为生活化的题材和最为质朴的造型语言则是我最钟爱的艺术表达形式。一组陶塑作品《梦青春》系列正是生活化题材的艺术反映，作品是通过节选一个日常生活的现象体现作者所要诉说的内心思想：即在喧嚣的当今社会，每个人都希望拥有一个属于自己安静的空间。围绕着“空间”作为创作的主题，正是这一组系列作品的核心内容。对这一组陶塑创作而言，“空间”的界定不仅限于作品实体空间的范围，更重要的是作品主体所体现的内心活动空间。

安岳石窟典型造像的艺术美研究

【作者】赵西庆

【刊名】美术教育研究，2014年09期

【摘要】安岳石窟作为中国古代石窟艺术中一朵独放异彩的奇葩，是中国石窟造像艺术宝库晚期的代表之作，有其独特之处。文章选择了安岳石窟造像中的典型造像加以分析、论述，探索其艺术美的特质。

东方精神时代气象
——陈启南雕塑艺术散论

【作者】石村

【刊名】美术，2014年09期

【摘要】在新中国培养的第一代雕塑家中，出现了一批卓有成就的大家，他们活跃于新中国的雕塑艺坛，不仅在雕塑艺术事业上成就斐然，而且大都是新中国艺术教育领域的领军人物，陈启南就是其中一位。陈启南的雕塑艺术概括起来有以下几个特点：一、以写实性表现为主，将现实主义与浪漫主义相结合；二、将西方写实手法与中国写意表现相结合；三、巧妙运用山石环境和人物结合；四、对衣纹的处理非常讲究；五、陈先生很重视室外雕塑与环境的融洽关系。他崇尚经典，追求艺术的典雅和崇高，由此也形成了他的艺术观和造型观，并成为其一生艺术创作的执着追求。因此，他能在几十年的雕塑创作中始终坚持着自己的艺术方向和追求，守正求变，紧紧把握住雕塑的语言本体，努力创造能给人审美享受和精神鼓舞的雕塑艺术。

自由与束缚
——我对云的解读

【作者】史钟颖

【刊名】美术观察，2014 年 10 期

【摘要】云变幻莫测，古往今来人类对云进行了各类艺术表达，如中国传统的祥云图案，各种绘画中对云的描绘等等。但这些都主要是将云作为烘托气氛的背景因素，而近几年，我注意到一些雕塑家开始将云作为主体来表现。这 15 年来，我的作品多用各种网材来制作一些具有象征性的虚空之形，并希望通过做这些具有形而上意味的精神之形的过程来引导我去体悟人生、哲学，尤其是佛学的智慧。在我所创作的作品中，云系列是自然而然出现的。随着我对生活的各种感悟，这个系列的作品也在不断地丰富、深入与生长。现在，通过总结其中几个节点性作品的创作过程，一方面可以帮助我梳理这个系列作品的思路；另一方面也希望通过语言文字的形式与大家进行交流，从而获得更多的启发。

大同和小异
——第十二届全国美展漆画、雕塑展区观察

【作者】子仁

【刊名】美术观察，2014 年 10 期

【摘要】作为中国美协向共和国成立 65 周年庆典的献礼的一部分，本届全国美展的漆画展和雕塑展无疑也具有高规格和所谓全民性的内容，也因应了中国改革开放三十多年来所取得的国家性成就的诸多特征，对此有关媒体会按照给定的路径做不遗余力的大量报道和宣传。

论德化陶瓷雕绘结合工艺之审美

【作者】赖颖秦

【刊名】美术大观，2014 年 10 期

【摘要】雕绘相结合的成型技术不仅成为德化陶瓷造型的主要表现之一，而且，为德化现代陶瓷工艺审美提供了新思维。德化窑的瓷工们吸收了一种新的装饰技术，将雕塑造型系统扩展开来，使德化白瓷瓷塑更加富有装饰的文化语义。无论是陶瓷釉上彩还是釉下彩，都可以完成这样的制作。这种技术的介入，为德化窑白瓷瓷塑创作增加了新创意，最终为德化窑陶瓷工艺美术注入新文化因素，促进了德化瓷塑向着雕绘紧密结合的方向发展。尽管德化窑成型的“捏、雕、塑、镂、贴、接、推（堆）、修”等成为一个相对完整的制作技术系统，但是，它仍然远离了鲜明装饰的特点。这样，当瓷工们发现这一不足时，便进行了修缮，使之更加趋向完整。

让身体说话
——读李鹤雕塑作品有感

【作者】彭锋

【刊名】美术大观，2014 年 11 期

【摘要】在当代艺术界中，像李鹤这样用古典主义的手法去做人体的雕塑家并不多见。我从他的一系列人体雕塑中读到了某些特别的东西，一种慢慢渗透至心灵深处的难以言表的感受。李鹤的人体不是“唯美”的，也不是“唯丑”的，还不是“唯实”的。李鹤的人体显得更加微妙细腻。在李鹤看来，“唯美”“唯丑”和“唯实”这些东西都过于概念化，既简单又隔阂，就像标签，虽然一目了然，但总是在那个“前真实”的艺术世界之外。当然，李鹤的人体的确也是一种忠实的描述，忠实地传达自己的感受。李鹤的人体既不是神的身体，也不是动物的身体，而是人的身体，是具有社会身份和文化特征的人的身体。让身体说话，既说人物的话，也说自己的话，这是李鹤雕塑的重要特征。

通过人体感受世界
——李鹤雕塑的“三个系列”

【作者】孙振华

【刊名】美术大观，2014 年 11 期

【摘要】李鹤将他雕塑的“三个系列”即“东方红——忠系列”“生存方式系列”“原本——元素系列”拿给我，一眼看去，这些作品的“鲁美”特色显而易见。这些年我所接触的从鲁美雕塑系出来的雕塑家有一个明显的特点，他们大多数人仍然倾向于采用具象方式，或者采用人体语言进行创作。将这三个系列放在一起看，他的作品在总体上呈现出一种更加抽离、更具研究性的意味，它们越来越摆脱具体性而进入更具内心化、更具本源性的状态中。李鹤并不想把自己的思想束缚在某种样式和某种个人语言上，他希望在对不同问题的探讨中，让自己的作品展现出更多的可能性。

景德镇的“搅局客”
——当代艺术与景德镇当代陶艺

【作者】任华东

【刊名】艺术评论，2014 年 12 期

【摘要】20 世纪 90 年代中期，艺术家徐一晖来到景德镇，创作了一批具有“艳俗风格”的陶瓷作品《红宝书》等。这些作品具有强烈的反讽意味，传达了艺术家对自己、对当代社会历史和文化的夹杂着调侃、无奈、暧昧等诸多复杂情绪的体验和思考。作为中国当代“艳俗艺术”的代表，一般认为，是徐一晖开启了景德镇陶瓷介入当代艺术的大门。人类文明史上有这种现象，某个领域的革新或进步，常常由一个外来“搅局客”的介入而引发。在当今景德镇，这样的事情正在发生。徐一晖之后，越来越多的从事当代艺术创作的“搅局客”们来到景德镇，从最初的无意于专业的陶瓷创作，到不断挖掘和拓展陶瓷材料的当代性，逐渐形成了与传统陶艺、现代陶艺并存的景德镇第三大陶瓷艺术景观当代陶艺创作。这过程对于景德镇乃至中国陶艺生态发展意义重大。

理论·研究

浅谈中国当代雕塑风格与材料中真实、原创的必要性

【作者】孟继兵

【刊名】中国艺术，2013 年 01 期

【摘要】在中国本土模式、西方传统模式、西方现代模式三者交会的复杂情形下，当代中国雕塑创作风格、材料独立承载性等面临新的挑战。本文试对中国当代雕塑的个性化特征及生存状况进行分析，就中国当代雕塑材料中真实、原创的必要性进行研究，并在此基础上提出一些建设性建议，以供参考。

抽象是过程
——关于抽象及抽象雕塑的几许思考

【作者】王梦佳

【刊名】雕塑，2013 年 01 期

【摘要】抽象是什么？这个问题可以写一本书。我想，自从人类开始智慧地认识到“客观事物、我们眼睛所看到及心灵所获得的三者之间并不相同”，抽象就产生了。不需提及彩陶纹饰，原始工具的产生便是“抽象”最朴素的反映。先民们从生产劳动的经验中提炼出了对于形和功能的理解及把握，通过对于自然现成品的模拟及主观强化实现了创造。

抽象雕塑
——一部争取独立的奋斗史

【作者】朱尚熹

【刊名】雕塑，2013 年 01 期

【摘要】我们学习与研究抽象雕塑的最大障碍有两个：一是抽必像，二是形式必内容。前者主要是因为受到早在古希腊就提出的艺术模仿说的影响太深太久，后者主要受形式与内容的影响太重。不可否认，西方抽象雕塑发展演变的百年历史曾经有过脱胎于模仿、参照自然的简化阶段，但经过数轮的演变与变异，抽象雕塑的现状已经与我们所习惯了的事物没有任何关系，不仅仅如此，它还以新物种的姿态介入我们早已习惯的世界之中，并试图与我们和谐相处，甚至改变我们的生活与思维方式。

现代雕塑变革中的趣味形态

【作者】陈实、赵昕

【刊名】雕塑，2013 年 01 期

【摘要】随着社会经济的不断发展，艺术市场也日趋完善，现代雕塑逐渐受到各方面观念的影响。现代雕塑是一种重要的艺术形式，因而理所当然地肩负起变革审美趣味的使命。本文以现代雕塑的变革为基点，从现代雕塑的内在形式、色彩运用、材料选择、空间环境的开放化等四个方面，对理解趣味形态进行了尝试与探索。

雕塑的基座设计

【作者】林建军

【刊名】雕塑，2013 年 01 期

【摘要】雕塑的基座是雕塑作品的重要组成部分，本文从雕塑的类型、用材、色彩等方面入手，讲述了雕塑基座的重要性，同时提出如何创作好的基座，为广大雕塑爱好者、创作者提供了全新的视野。

汉风与唐韵
——汉唐雕塑造型语言比较

【作者】张海童

【刊名】天津美术学院学报，2013 年 01 期

【摘要】在我国历史的长河中，汉唐是两个不同时期的封建帝国。汉代是一个开拓型朝代，政治上汉承秦制，在文化艺术上汉代继承楚文化，有着战国楚地浪漫之风。汉代四百年间曾出现了中国古代文明的黄金时期，它和同时代的希腊罗马文明并行的。汉时期遗留下来不少优秀雕塑作品，如汉霍去病墓的雕刻《马踏匈奴》《伏虎》《跃马》等，甘肃武威出土的《马踏飞燕》，四川广汉出土的《说唱俑》等，这些雕塑在造型上注重大的动态，注重气势、意韵与外形轮廓造型，劲健阳刚，显示出沉雄博大的气度，审美是强烈而鲜明的。

明清雕塑艺术的衰落与转型

【作者】孙志虹

【刊名】天津美术学院学报，2013 年 01 期

【摘要】一般认为，明清时期是我国古代雕塑艺术的衰颓期。事实上，此时期的雕塑艺术的确有了明显的衰落迹象。随着社会上宗教理想和政治理想的逐渐丧失，以往占据主流的宗教雕塑和陵墓雕塑在蹈袭宋元遗制的同时，愈向空洞、板滞和繁琐发展，作品往往缺乏感人的艺术力量。而另一个不容忽视的现象是，通常应用于建筑、家具之中的石刻、砖雕、木雕和案头小品等非主流并不纯粹的雕塑形式，却在此时格外繁荣，不仅数量众多、技法灵活多样、题材丰富多彩，而且达到了极高的艺术水准。因此，或许可以这样认为，明清时期的雕塑工匠在传统雕塑门类日趋衰落的同时，及时地在石刻、砖雕、木雕、壁塑、小品雕塑等新的表现领域找到了用武之地，不仅成功地实现了雕塑艺术从宗教、礼仪功能向实用的转型，而且也赋予

雕塑艺术以新的生机和活力。

浅析中国传统木雕艺术的文化寓意

【作者】李辉

【刊名】雕塑，2013 年 01 期

【摘要】木雕艺术是中国文化艺术宝库中的珍宝，是中国传统民间艺术形式的代表性之一。以独特的创作方式塑造了丰富多样的题材内容，跨越中华民族五千年的历史，成为传统文化精神的象征。作为传承中国传统文化重要艺术手段之一，它以具有时代感的作品，以充实、丰富的内涵，宣扬和传承着中华民族的思想和文化。

三教融合对大足石刻石窟造像的影响

【作者】刘健、刘晓

【刊名】雕塑，2013 年 01 期

【摘要】在漫长的历史旅程中，以宋代造像为主体的大足石刻处在了一个特殊的时空位置，承载了一个变迁时代独特的精神内涵。大足石刻造像是中国融汇儒、释、道三教而自成一体的大型石窟群，也是世界石窟艺术之林中一座让人惊异的丰碑。中国传统文化三大主流儒、释、道在宋代走向融合，这个融合始终贯穿于大足石刻开创的整个历史过程，并以具象的形式做出了生动而有趣的阐释，从而成就了大足石刻的不朽价值和独特地位。

浅析宋代雕塑艺术的世俗化特征

【作者】吴永平

【刊名】美术教育研究，2013 年 01 期

【摘要】宋代雕塑艺术成就主要体现在宗教雕塑上，其中包括石刻雕像与彩塑像，其造型由魏晋、隋唐时期的写意象征性的意象转向高度写实的具象，形象生动，富有生活情趣；其审美特征一改魏晋时期的秀骨清像和隋唐时期的丰腴华贵，神圣、庄严、肃穆的气质被平和、典雅代替。宋代雕塑体现了宗教和现实生活相结合，反映出柔性、舒缓的一面，世俗化特征十分突出。

雕塑 · 时间

【作者】许正龙

【刊名】雕塑，2013 年 02 期

【摘要】就雕塑而言，主要讨论的是“空间”话题，与空间对应的另一要素——时间是否与雕塑相关则探讨尚待深入。两者有关联吗？毋庸置疑，任何物体皆难脱时间“干系”。走入世界各大博物馆，年代久远的展品大多为雕塑形式，维也纳自然历史博物馆中的《维伦多夫的维纳斯》迄今已近 3 万年，埃及、中国等国家博物馆中也陈列有文明开端之作。在艺术种类中，雕塑显然耐受时光的磨砺。实体不仅占据空间，也拥有时间，雕塑延展时间离不开坚固的材料以及与之相应的牢固的连接方式，除物质元素之外，当然还涉及精神层面，即蕴含时人睿智，好雕塑契合并耐受时间。随岁月变迁，雕塑见证世间沧桑，忽视时间，易不合时宜，重视时间，方历久弥新！

草原文化背景下的蒙古雕塑艺术浅议

【作者】陈健

【刊名】美术观察，2013 年 02 期

【摘要】蒙古草原文化源远流长，厚重而深沉。淳朴豪迈的蒙古民族在广袤无垠的大草原上世代生活，创造了灿烂辉煌的历史文化，其中，具有鲜明民族特色的雕塑艺术品更是展现出其独特的艺术魅力，古老的雕塑用它那古茂、苍润，散发着神秘原始气息的古拙造型，向人们诉说着历史，让世人领略了蒙古民族粗犷而又不失浪漫的审美情感。蒙古民族世代生活在广袤的大草原上，过着“逐水草而居”的游牧生活，形成了自然、淳朴的世界观。寒冷的气候、开阔的视野、一望无垠的生活环境，造就了蒙古民族坚毅、豁达、爽朗的性格特点。对“长生天”的敬仰、对火的崇拜，对自然的崇尚与敬奉，铸造了蒙古民族包容、博大的民族特性，所有这一切影响到雕塑艺术创作，从而形成具有独特民族风格的艺术作品，显现出一种强烈的艺术感染力。

民族精神视野下的雕塑与材料

【作者】彭飞

【刊名】雕塑，2013 年 02 期

【摘要】雕塑是造型艺术门类中与材料有着最紧密关系的一门艺术，虽然材料只是一种媒介，但在雕塑艺术的审美中，材料占有相当重要的位置，它不仅可以使雕塑形象借助物质材料而得以直观呈现，还可以与观赏者的触觉需求发生切实可感的直接联系。可以说，研究材料与雕塑之间的关系问题，是雕塑家不可回避的一个重要问题。这个问题在中国雕塑现代化的初期亦即民国时期就曾广受美术界的重视。民国美术家无论是在理论上还是在实践上都曾对此有过一些有益的探索与思考。这些探索实践与思考多是基于民族传统与民族精神，想必对我们当下的雕塑界也应该是有意义的。

当代雕塑“被当代”的现象和思考

【作者】郑宣彪

【刊名】雕塑，2013 年 02 期

【摘要】随着时代的发展，中国当代雕塑在面临历史发展机遇的同时，也伴随着诸多有待解决的问题。中国当代雕塑艺术要力避“被当代”的现实尴尬，只有从个体切身感受出发，把握时代脉搏，创作出折射时代特点和具有自身身份特征的作品，才是真正的当代雕塑。

衣纹在具像雕塑创作中的运用及我见

【作者】冯国豪

【刊名】雕塑，2013 年 02 期

【摘要】人像雕塑中由人体雕塑与着衣人物雕塑这两大部分所组成。着衣雕塑作品在具像雕塑作品中占有很大

的比重。衣纹雕塑处理的成败是着衣人物雕塑能否取得成功的关键之一。本文通过对静物的裹布所产生的褶纹进行理性分析以及对褶纹的构造、组织形式以及一般的变化规律的分析，提出衣纹研究在雕塑创作过程中的运用方法。启发衣纹雕塑创作要通过观察揣摩，寻得其中的内在本质，并将其本质予以物化。

物质材料映射的人性之光

【作者】高蒙

【刊名】雕塑，2013 年 02 期

【摘要】造型艺术活动，所有那些改造物质结构的实践和认识的积累，构成了人对相关物质材料属性的普遍知识，并形成了一种文化境遇中的氛围，如今机械技术甚至电子技术都参与到人的改造物态的活动之中，莫里斯在现代化过程中强调的人的努力，并没有随着时代的变迁而被淹没，它的警醒作用在于，处于物质世界中个人的努力不可偏废，这是防止人类在创造活动中生产的异己力量对个人的压迫。在此，独自锤炼的铁钉作为放之四海而皆准的批量生产的机制或模印铁钉的补充，可以有效地缓解为了实现目的，对潜藏的事物本质属性的忽略。经验的亲历感在心理意图的作用下，闪现于物质材料中的人性之光才能被发扬光大。

雕塑与跨媒介创作

【作者】王梦佳

【刊名】雕塑，2013 年 02 期

【摘要】本文试图通过与一些跨媒介艺术实践者的对话，呈现当下迅速的媒介变革给雕塑带来的新触点和困惑，并期望对研究者拓宽思考方向、促成雕塑与媒介的深度对话有所助益。

象征主义对中国当代雕塑的启示

【作者】谢恒强

【刊名】美术观察，2013 年 02 期

【摘要】象征主义作为欧洲 19 世纪末一个重要的文艺思潮，它直接改变了其所处时代的艺术面貌，并且深刻地影响了欧洲现代艺术的发展。它构建了一个充满寓意和幻想的引人入胜的艺术世界。艺术开始进入一个“没有观念就不能产生形式，没有形式也不能表现观念”的阶段，它构成了西方现代艺术史的重要部分，显现了那个时代艺术家的审美世界与精神理想。象征主义诗人马拉美认为：诗就是启示，就是梦幻，就是神秘，就是通过象征去展露心灵的状态。对于中国当代雕塑发展而言，同样可以以象征性、造型化的诗词语言展示心灵的状态，并上升到对人本体的反思与关怀，给人启示梦想与心灵的感动。

浅谈当代雕塑的跨界现象

【作者】杨琳梓

【刊名】美术大观，2013 年 02 期

【摘要】艺术家为追求更为刺激新奇的艺术作品，都积极地将看到的、听到的信息重组创建，使各个专业学科之间越来越融合。当代雕塑艺术的发展过程中，各种艺术的语言相互融合，必将会导致雕塑的跨界现象的产生。

玻璃艺术中的女性视角

【作者】宋璇

【刊名】上海工艺美术，2013 年 02 期

【摘要】在玻璃艺术的领域中，女性凭借着不同于男性的思维模式，充分发展了自己的艺术语言，创造出了具有自身特点的艺术作品。她们不是一个小众的群体，而是使玻璃艺术变得更精彩的另一半。当我们欣赏很多玻璃艺术的作品或者图片时，经常会出现这样的情况：我们可以看出某件作品是出自一位女性艺术家之手。

浅析玉雕阴刻工艺

【作者】王凯

【刊名】上海工艺美术，2013 年 02 期

【摘要】玉雕阴刻工艺是玉器雕刻的一种技法，是指用雕琢工具在玉料玉器的雕刻面上刻划琢磨出凹入此雕刻面的点、线、面，或者这些元素的组合，表现出线条、字体或画面的一种雕刻工艺方法。在我国远古时期先人使用的石器上，就已经出现了阴刻线条和简单纹样，在夏商玉器上用阴刻工艺雕刻的线条、图案应该是玉雕阴刻工艺的开始。

浅析随形砚的艺术特征

【作者】陈丽萍、罗珠

【刊名】美术大观，2013 年 02 期

【摘要】本文从形态、材质、工艺和意境等方面分析了随形砚的艺术特点，从而让读者了解随形砚与其他砚式的区别，以及它自身独特的艺术价值。随形砚，又称异形砚或花式砚，它是与几何形、仿物形相区别的一类砚式。这种砚，外形略加处理或直接保留石材原形，借助砚材的纹理，再在砚面进行一些必要的雕刻创作。随形砚以天然造型砚材为载体，因材施艺，制作者通过对砚材的观察、构思，并进行创作，每件作品作者都赋予了不同的情感。

从“面塑”看东方精神

【作者】谭旭

【刊名】美与时代（中），2013 年 02 期

【摘要】面塑是中华民族的民俗艺术，是世界艺术宝库的一部分。“民间面塑”也称“民间面花”，其世代相传，是至今仍流行在我国山东、山西、河南、陕西等地的一种民间艺术。民间艺术是一种民族现象，具有丰富的民俗文化价值，隐含着东方的传统文化精神。在过去长期封建统治的背景下，中国的民间个体很难有系统的人生观，因此，他们的作品更多反映的是民间的集体人生观，是一种东方意志的集中反映，是五千年古老文明国度的民族精

神的体现。面塑艺术在题材的选择上，与我国的传统民间文学，及民俗心态是分不开的，而这些民俗作品的世界观，就是构成东方精神的重要组成部分，反映出东方精神中，人们积极乐观的生活态度。

本土情境与全球话语：一个中西方二元对立的预设？

【作者】高岭

【刊名】雕塑，2013 年 03 期

【摘要】美术界最早触及到全球化与本土化的问题，据本人掌握的资料显示，国内的《画廊》杂志在 1994 年第 4 期以《从威尼斯到圣保罗——部分在京的批评家、艺术家谈中国当代艺术的国际价值》为题所刊发的内容，从“中国话题”“国际话题”“国际规则”“国际价值”“后殖民主义”等角度和话题入手，探讨了中国当代艺术初出国门带来的经验和感受。该刊的责任编辑黄专先生还写了编前导语，并且随后还向全国的主要当代艺术批评家发了自 1995 年起在刊物上讨论“中国当代艺术如何获取国际身份”的约稿函。这应该是中国美术界从当代艺术的角度，对中国与西方文化发展之异同的首次集中的话语关注。毫无疑问，刊物所关注热点的形成，与中国当代艺术在 20 世纪 90 年代前半期开始跻身国际艺术展览的事实有极大的关系。

数字雕塑发展现状分析

【作者】邓威

【刊名】美术大观，2013 年 03 期

【摘要】数字雕塑作为一种新兴的雕塑形式，正逐渐进入人们的视野，本文对当前数字雕塑的发展现状进行分析，探讨数字雕塑在未来需要解决的问题。数字雕塑在国内尚处于起步阶段，但却有着很广阔的发展空间，数字雕塑要在未来得到发展，需要建立一套完善的数字雕塑美学理论，发挥软件与硬件技术的优势，探索数字雕塑的艺术性与多样性。同时要在专业教学中推广数字雕塑，培养出更多的数字雕塑人才，随着数字雕塑的兴起以及相关技术的进一步提高，未来的数字雕塑从创作到加工将更加先进，必将涌现出一大批数字雕塑艺术家，创作出更多、更好的数字雕塑作品。

雕塑的气质

【作者】潘松

【刊名】雕塑，2013 年 03 期

【摘要】雕塑犹如人一样也有着不同的气质，雕塑气质的分类也是多种多样，精彩万千。不同的时代、不同的地域、不同的作者、不同的技术手段、不同的表现形式所呈现出来的气质是不同的。身为一个雕塑从业者，如何把雕塑做到有气质，可以打动人，是贯穿于整个艺术道路中不懈的追求。艺术是一个包罗万象的游戏，雕塑气质的提升不仅要把雕塑制作中需要的技艺扎实掌握，而且要把创作思路放到一个浩瀚的领地，做到生活可以融入雕塑，雕塑也可以参与到生活。

论汉代墓俑的功能与造型特点的关系

【作者】屈峰

【刊名】雕塑，2013 年 03 期

【摘要】墓俑作为我国古代社会丧葬礼仪中的一种典型存在，功能性是其产生的决定性因素。它作为明器中的主要组成部分之一，被赋予了重要的功能价值。正是这种独一无二的功能，促成了墓俑的发展。汉代时期是墓俑发展的蓬勃时期，这一方面取决于汉代丧葬观念和习俗的催生；另一方面则在于汉代墓俑在丧葬中所具有的功能的重要性。这种重要性决定和促成了墓俑的蓬勃发展。事物的功能性往往会对事物的造型产生重要的影响，甚至决定事物的造型风格。汉代墓俑的功能具体是什么？它的重要性体现在什么地方呢？墓俑的存在缘于其功能性。当将汉代墓俑作为一种造型艺术的雕塑来考量时，其功能性对于它的造型特点和风格又产生了怎样的影响呢？

二元分立观带来的认识局限

【作者】宋伟光

【刊名】雕塑，2013 年 03 期

【摘要】二元论是主张世界有精神和物质两个独立本源的哲学观。二元论机械地割裂了物质与精神的关系，是一种试图调和唯物主义和唯心主义的哲学观。在一定层面上二元论也是一种认识问题的有效方法，因为它来源于实际经验，如对善与恶、美与丑、好与坏的区分等等。在认识事物的态度上，我们在很大程度上习惯于运用二元分立的方法，这种态度反映在对艺术问题的认识上，表现出的则是理性与感性的二分、不同派系的二分、不同学统的二分等。往往是各据一理，相持不下。对事物的认识坚持自我立场固然是必要的，但却不能偏执一端，唯我自恃。若不能够跳出物象之表，却分别执著，常常会导致对问题认识的偏颇。

漫谈彩绘佛像艺术中“雕”与“绘”特征

【作者】吴立波

【刊名】雕塑，2013 年 03 期

【摘要】灵相佛光，庄严肃穆。细腻饱满的笔触、艳丽斑斓的色彩、精致高超的雕工，与那雪域高原上的藏传佛教相结合，成就了一类新的艺术形式——彩绘佛像艺术。本文将从藏传佛教文化、浮雕技法以及彩绘的色彩构成、用金技巧、线描手法来阐述“雕”与“绘”的艺术特征。

文明与雕塑
——解析汉唐陶马俑的艺术造型与社会文化背景关系

【作者】陈克

【刊名】雕塑，2013 年 03 期

【摘要】汉唐陶马在中国整个封建社会发展过程中，

是最具特点的明器雕塑艺术，是汉代斗志与力量的集中体现。文章将从历史角度出发，观察陶塑的艺术特征，分出两类对比，即绝对的动势和相对的静势，再从造型细节上进行挖掘。通过对汉、唐陶塑的艺术对比引申到社会的文史价值与艺术的关系，进而带动人们对现当代文化社会与当代艺术之间关系的思考。

数字雕塑拓扑研究

【作者】邓威

【刊名】美术大观，2013 年 04 期

【摘要】拓扑在数字雕塑创作过程中是一个很重要的环节，拓扑不仅可以解决软件在布线方面的问题，同时也是对形体的归纳概括，在拓扑时要从形体的角度出发，使拓扑结构具有形体的美感。在数字雕塑中强调拓扑，目的是要强调形体在数字雕塑中的重要性，在进行数字雕塑拓扑时，要从形体的角度出发，通过拓扑对形体进行归纳概括，将拓扑作为形体塑造的一部分。拓扑网格能够准确表现形体，具有雕塑形体的美感，才是我们研究数字雕塑拓扑的目的。

打印时代

【作者】宋伟光

【刊名】雕塑，2013 年 04 期

【摘要】本文所指的打印，不是通常把电脑或其他电子设备中的文字或图片等可见数据，通过打印机，输出在纸张等记录物上的这种二维平面打印。而是指 3D 立体打印，这是一种快速成型的技术，这一新型技术是以数字模型文件为基础，运用粉末状金属或塑料等可粘合材料，逐层逐层打印构造物件的技术。3D 打印技术，其原理是把一件物品剖成极多的层面，一层一层的把每一薄层打印出来，一层覆盖一层，层层密切结合。它与普通打印机的工作原理基本相同，所不同的是打印机装有液体或粉末等“材料”与电脑连接后，最终把蓝图变为实物。这种技术在一定程度上，替代了现在的模具制造，勿需机械加工，不仅在军工方面，也在雕塑制作等方面显出了它的强大优势。

浅谈“自然釉”在陶艺作品中的艺术表现力

【作者】魏扬

【刊名】美术大观，2013 年 04 期

【摘要】自然釉，泛指采用可以设计的烧造技法与特殊的材料，巧妙运用在陶艺作品当中形成特有的肌理效果，是一种陶瓷艺术家们偶然发现或有意探寻研究运用自然之力表现古拙之美的艺术类实践。柴烧成的作品有受火面与背火面的阴阳变化与火焰痕迹，更完美诠释了中国儒家、道家思想中，大地万物阴阳互合的思想。它散发一种质朴、浑厚、古拙的美感，是电窑与瓦斯窑所不及的，这是柴烧陶艺家为它着迷，尽心追求的原因。

雕塑媒介与基本语言及创作方法

【作者】曾令香

【刊名】雕塑，2013 年 04 期

【摘要】在传统概念中，雕塑是一门通过物质材料和手段来体现艺术家的审美理想和艺术思想的三维视觉造型艺术。而媒介，从广义上来讲，是指使事物之间发生关系的介质或中介。雕塑的媒介是指传达雕塑家艺术思想和审美情感的介质，那么，就像文学的媒介是由文字架构的语言体系一样，雕塑的空间、形体等组成的基本语言也可以称之为雕塑的媒介。所以说，建构在雕塑概念所指的雕塑造型语言能指谱系可以被称为雕塑的本体媒介，即建立在时代性基础上考量和总结出的、相对稳定的与雕塑本体逻辑所指息息相关的基本语言谱系。

论高仿真硅胶像艺术

【作者】费钦生

【刊名】雕塑，2013 年 04 期

【摘要】高仿真硅像作品自问世以来，无论国内、国外主流学界，对蜡像是否是艺术的评判存在不同看法。本文分别从硅像是技术还是艺术？硅像是写实主义雕塑还是超写实主义雕塑？关于硅像的艺术评判，硅像艺术的文物观，这四点展开论述，说明了硅像作品唯有具备了审美价值才拥有其艺术的品质。硅像艺术的创作理念与方法秉持的则是地道的现实主义，而不是超现实主义。硅像艺术创作最高的评判标准应是真实，即形象真实、历史真实、细节真实。硅像艺术作品如果同时具备历史信息价值、科学研究价值和艺术鉴赏价值的条件时，就有资格作为文物被博物馆收藏并陈列。

军事题材雕塑创作思考

【作者】张飙

【刊名】雕塑，2013 年 04 期

【摘要】现实主义雕塑始终具有蓬勃的生命力。尤其是在军事题材的创作中，其地位是不可磨灭的。新中国社会主义、现实主义军事雕塑的创作方法，在马克思主义文艺理论的引导之下，文艺工作者得以沿着现实主义的创作方法和道路向前迈进，创作出大量的优秀军事雕塑作品。现实主义不是一个故步自封的概念，它具有极大的包容性，艺术家应该发挥创造的主动性，与时俱进，广泛吸取各种雕塑艺术表现形式与手法，在源于现实生活的基础上，真实、客观、具体地去进行塑造与表现。现实主义雕塑创作风格在今后的军事题材创作中，仍然具有十分深远的社会现实意义。

玻璃介入陶艺创作的表现形式

【作者】刘鹏、郭琪美

【刊名】南京艺术学院学报（美术与设计版），2013 年 04 期

【摘要】本文通过阐述陶瓷、玻璃这两种艺术媒介相互之间的影响，从材料属性、工艺技法以及审美特性等方面，分析玻璃材料介入陶艺创作中的主要表现形式和呈现

的艺术语言，以期对开拓陶艺创作思维和玻璃艺术发展有所裨益。

我看中国雕塑艺术的风格特质——论中国古代雕塑的八大类型

【作者】吴为山

【刊名】湖北美术学院学报，2013 年 04 期

【摘要】中国传统雕塑风格大致分为八种风格类型：原始朴拙意象风、商代诡魅抽象风、秦俑装饰写实风、汉代雄浑写意风、佛教理想造型风、宋代俗情写真风、帝陵程式夸张风和民间朴素表现风。通过对中国雕塑八种类型风格特征的简要分析，我们可以总结出中国雕塑的精神特征是神、韵、气的统一。所谓神，应包含三个方面：首先指对象的内在精神本质；其次指作者之精神，创作时的艺术思维活动，创作时的精神专一；再次指作品所达到的境界。所谓对象的内在精神，一般概念主要指眼神，而在雕塑上更强调的是情态、体态、动态的瞬间，在把握瞬间之神中，作者必然全神贯注进入主客观交融状态。

惠安雕塑（石雕）产业现状分析与雕艺文化创意产业集群展望

【作者】王延斌

【刊名】雕塑，2013 年 04 期

【摘要】惠安具有悠久的石雕产业发展历史。随着产业规模的扩大及时代的进步，石雕企业意识到，形成雕艺文化创意产业集群的必然性和重要性。本文深入分析惠安石雕产业的现状，阐述惠安石雕产业的特色，解析雕艺文化创意产业集群发展的趋势和优势，以期为惠安石雕产业发展提供更多的参考。

色彩在中国当代雕塑创作中的应用与发展

【作者】张楠、都伟

【刊名】美术大观，2013 年 04 期

【摘要】在自然界中，物体除了具备形体之外，还具有丰富美丽的色彩。在人类的视觉体验和感受中，物体的形状和色彩是人类认识自然的第一步。同样，雕塑的形体和色彩也是有机地联系在一起、密不可分的。浏览一下当代的各种艺术展览，就会发现各种艺术思潮以及新材料、新技术的运用带来了雕塑表达的主题以及表现形式的多元化；雕塑色彩的运用也逐渐被重视，色彩已经成为艺术家进行雕塑多元化探索的有效手段。雕塑的色彩运用已经成为一个值得我们研究的现象。

浅谈传统陶瓷材料的当代转换

【作者】温洋、于清蝉

【刊名】美术大观，2013 年 05 期

【摘要】在现当代陶艺创作中，艺术家是以陶瓷材料为媒介，寄予自我情感，传达艺术观念，进而探究人与社会之间的关系。陶艺的这种发展趋势促成了传统陶瓷材料的当代转换。传统陶瓷在长期发展的过程中，形成了一套相对完整的对于材质的表现程式与艺术审美标准。相对于传统陶艺而言，现当代陶艺更具观念性与个性化，陶泥成为艺术家传达情感与观念的手段与载体。当代执泥者试图最大限度地挖掘陶艺语言的表现潜力，使传统陶瓷材料在当今社会孕育新的精神文化内涵，呈现出崭新的艺术面貌。

低碳材料对于当代雕塑的影响

【作者】沈建国

【刊名】雕塑，2013 年 05 期

【摘要】在当代社会，雕塑艺术发展多元化、自由化特点对雕塑材料的变革及艺术语言的创新提出了挑战。如何利用材料，怎样更好地体现出材料本身的美感，成为艺术家在雕塑创作之前必须要思考的问题。在节能环保理念的指导下，雕塑家们开始探索低碳材料的运用，重新整合资源，把雕塑艺术的形态和手段发挥得淋漓尽致，实现了资源的重新整合利用，达到了美化环境的目的。

论材料在雕塑中的运用

【作者】姬静

【刊名】美与时代，2013 年 05 期

【摘要】中国古代雕塑的意象表现追求以主观化的形象来表达思想情感，且寄情于物。这与中国文化渊源是分不开的，图腾崇拜、道家和儒家思想、中国绘画等都对古代雕塑的意象表现有着深刻的影响。而材料作为雕塑最原始的语言，对其的影响自是不言而喻。因此，无论从哪个角度来看，古代雕塑的材料运用，仍然需要现代雕塑人学习研究并发扬。

论数字雕塑技术对传统雕塑艺术的冲击与渗透

【作者】沈涛

【刊名】美术观察，2013 年 05 期

【摘要】任何一种新艺术形式的出现，都会受到当时社会进步和科技发展的影响，近代工业革命促进了计算机技术的诞生和发展，计算机快速发展给艺术开辟了前所未有的新天地和新气象。时至今日，也没有人能真正预测数字技术到底会发展到何种程度，但是我们现在都能深切地感觉到它日新月异的发展趋势，数字雕塑这一艺术形式，便是随着计算机的发展普及和数字化时代的到来而产生的。但是当数字雕塑给艺术家带来创作兴奋和视觉新奇的同时，却因为文化历史、思想观念等诸多因素，产生了数字雕塑与传统雕塑艺术的相互冲击渗透和情感差异。数字雕塑技术对传统雕塑艺术的冲击概括来说有三方面：首先，数字雕塑工具简单，表现手法更加快捷效果好；其次，数字雕塑在应用领域方面更为广泛；再次，在数字雕塑技术中能实现十分丰富的空间效果，除了来自软件的强大功能外，它还可以和多种现代化技术相结合。

抽象雕塑欣赏刍议

【作者】寇杰

【刊名】美术教育研究，2013年05期

【摘要】面对异彩纷呈的抽象雕塑作品，无论是雕塑创作者还是普通的观众，在艺术欣赏角度上都会面对两个问题：一是何为抽象雕塑，二是如何欣赏抽象雕塑。其中如何欣赏抽象雕塑是一个普遍性的问题，首先是抽象雕塑作品存在着观赏者的审美选择问题，其次是欣赏者抽象雕塑的审美能力和审美心态，第三是抽象雕塑作品的创作方面的问题。

浅析诗歌对装饰性雕塑的影响

【作者】闫建斌

【刊名】美术教育研究，2013年05期

【摘要】笔者通过对诗歌与装饰性雕塑二者加以对比分析，并结合创作心得，阐述我国的装饰性雕塑应立足我国悠久传统文化基础之上，尤其是从诗歌中汲取营养，唯有这样，才能创作出更多体现我国文化特色的优秀雕塑作品。

传统工艺美术造型融入现代审美元素的实践探索——以组雕作品为例

【作者】张静、万正兰

【刊名】美术教育研究，2013年05期

【摘要】随着人们对民族文化的重寻，传统工艺美术的继承与发展已成为全民关注的热点问题。除了客观方面的支持，传统工艺美术工作者也要通过自身的努力，承担继承和发扬传统艺术的重任。文章通过对组雕作品的实践探索，探讨如何将现代审美元素融入传统工艺美术造型。

雕塑即媒介——当代中国雕塑与自我身份确认

【作者】李玉仓

【刊名】雕塑，2013年06期

【摘要】改革开放以来，尤其是20世纪90年代以来，艺术与中国社会、文化和人们的生存状态发生着千丝万缕的联系。而与此同时迅速发展的现代传媒技术，以及资讯的国际化、全球经济的一体化、文化的趋近、趋同化倾向，又将中国艺术不自觉地推进到国际背景当中去，并潜在地影响和规定着中国艺术的多向度发展。当代中国雕塑正是在这样的前提下，参与中国当代文化的建构，参与国际艺术新秩序的建立。从时间上看，当代中国雕塑是与中国的改革开放同步的，尤其自呈现自觉性的20世纪90年代以来。从价值取向上看，当代中国雕塑的发展，已经超出艺术本体的范畴，呈现出与社会学、文化学、传播学、政治学等多种学科相交叉的发展态势。

浅析雕塑之意境

【作者】申旭栋

【刊名】雕塑，2013年06期

【摘要】每一件雕塑作品都包含着雕塑家的思想情感，这种情感的表达，或显或隐。在完成艺术创作后，作品呈现在观者眼前，形成一个无形的“场”，或大或小，或激情澎湃或平淌自然，或五彩斑斓或庄严肃穆，或悠远宁静或动荡不安，这种作品自身流露抑或在与受众互动中出现的各种情感状态，就是本文叙述的意境。

汉代墓俑雕塑的造型观与汉代气论之“形、神”论

【作者】屈峰

【刊名】雕塑，2013年06期

【摘要】直观审视，汉代墓俑雕塑造型语言的特点可以总结为高度的概括性、夸张性和几何化倾向。而这些造型语言的特点，简单看来则来源于运用了几何化倾向的形体对现实事物的造型进行归纳、概括、提炼、夸张和变形处理的手法，而实质上这是一种制作者对于所表现的事物的形象进行的审美重构。这种重构从审美形成的原因来考量，则基于汉代人对于所表现的事物的认知基础上的造型观。而这个造型观可以归纳为：以神制形，形从于神。其体现出将所表现的事物一分为二，从形体和精神两个方面来表现事物，而且强调了神的表现对于所表现的事物有着更为重要的作用。

谈粉彩装饰在现代陶艺中的应用

【作者】韩建敏

【刊名】美术大观，2013年06期

【摘要】现代陶艺装饰材料千变万化，或者单独运用，或者综合表现。粉彩以其淡雅的五颜六色而备受青睐。现代陶艺家如何正确处理粉彩与其他装饰材料之间的主辅关系、介入关系和色彩搭配，将粉彩全面引入现代陶艺设计中，是本文探讨的重点。

解构与建构——中国抽象雕塑艺术展学术研讨会纪要

【作者】翁剑青、冀少峰

【刊名】雕塑，2013年06期

【摘要】在“解构与建构——中国抽象雕塑艺术展”学术研讨会上，与会者主要研讨了：一，史学的角度来剖析抽象雕塑在建构当代雕塑方面的意义，以及在相当长时间段内，抽象雕塑在中国被误读，或者不易被接受的现象以及背后的原因；二，在中国当代的文化背景下，抽象或者说抽象艺术的意义何在，三，抽象雕塑与中国当代的艺术以及设计（包括建筑、景观、环境、公共设施等方面）的关系。本文系该学术研讨会与会者，围绕上述议题的发言纪要。

陶艺与民生

【作者】刘颖睿

【刊名】艺术评论，2013 年 06 期

【摘要】一个国家的文化艺术资源往往与时代的精神氛围紧密联系在一起，艺术创造与生活息息相关，诠释着诸多艺术家的个人情感，对于社会的发展有着深刻而积极的影响。我国的陶艺资源有着多种表现形式，这些陶艺表现手法在不同的历史时期也表现出截然迥异的差别，同时也是时代民生的反映。陶瓷艺术已经脱离了物象、器皿造型的装饰功能，也已脱离了单纯审美或者实用的功能。

魏晋南北朝佛教雕塑造型特点

【作者】董阳

【刊名】雕塑，2013 年 06 期

【摘要】佛像雕塑至魏晋南北朝时期已经获得长足的发展，雕塑艺术表现形式丰富多样，具代表性的有“大丈夫之相”和“秀骨清相”两类造型特征。探索这一时期相异地域的佛像雕塑所形成的不同造型特征和时代成因，以便于我们透彻地了解这一历史时期佛雕艺术的整体风貌。魏晋南北朝时期的佛像雕塑艺术之发展、变化，在文化上很大程度地改变了之前的雕塑造型风格，大大促进了中国佛像雕塑艺术的发展。

雕塑，不仅仅是视觉的

【作者】焦兴涛

【刊名】雕塑，2013 年 06 期

【摘要】从某种意义上讲，雕塑应该是被看作一个“规定动作”的艺术门类。在对雕塑的界定中，材料的使用方式是极为重要的依据。雕塑艺术发展到今天，其语言可以说是相当完善的，也非常体系化，而对其材料的使用范围和使用方式，是有一个无形的“规定”的。雕塑家的状态介于高空杂技的表演者和微雕艺人之间，前者必须在一根细细的钢丝上完成各种复杂的动作，后者则被要求在方寸之间尽显世界的精妙。在当代社会和当代文化，以从未有过的速度不断刷新我们的世界和我们的意识的时候，传统艺术的自我更新——如果它还有能力进行这种更新的话，必然需要对自身的语言体系和言说方式，作出新的阐释和界定，雕塑就是这样。

试论雕塑与环境的关系

【作者】郭瑞慧

【刊名】美术教育研究，2013 年 06 期

【摘要】近年来，随着城市建设的快速发展，雕塑作为城市整体环境的有机组成因素，越来越多地参与到人们的生活中，并给人们的生活环境增添了一抹亮丽的色彩。因此，雕塑与环境之间的关系早已成为一个不容忽视的重要因素。也正因如此，如何进一步了解雕塑与环境的关系，恰当地处理好雕塑与环境之间的关系，具有十分重要的意义。笔者从雕塑与环境之间的关系入手，就如何处理雕塑与环境之间的关系进行探讨。

中国当代雕塑的几个问题

【作者】牛传成

【刊名】美术，2013 年 07 期

【摘要】雕塑是一门既古老又在蓬勃发展的艺术，它有自身的独特性、规律性和限定性，这也是它作为一种独立的艺术门类存在的前提。然而，随着当代艺术的兴起，雕塑的边界在不断扩展，雕塑的概念在无限泛化，反而把“雕塑性”放在次要的位置，使得雕塑概念在形式层次的边界得以突破。究其原因，一是基本概念的无限泛化，二是基础研究的严重不足，三是原创能力的普遍缺乏。此外，当代雕塑还渗透进入其它媒介空间，比如网络、录像、电视、电影中的虚拟雕塑，彻底放弃了雕塑的物质性实体。事实上，当物质性实体瓦解后，雕塑的定义就被颠覆了。而一个艺术概念一旦没有了边界，也就意味着没有了标准。

并非概念惹的祸

【作者】陇艺梅

【刊名】美术观察，2013 年 07 期

【摘要】雕塑和泛雕塑的创作，都有双向的可能性，或者得到普众与专家的首肯，而成为时代象征；或者就是丑陋艺术的靶心，被大众狂射。雕塑本体语言与新的观念和形式语言发生碰撞，所体现出的“泛雕塑”倾向，究竟是将雕塑变成一种更具包容性的艺术种类，还是将雕塑引向某种更加虚无的形式主义怪圈中？毫无疑问，艺术的精神确定品质的高度，形式和语言是被创作者把握着的，而并非概念左右其中。

20 世纪中国雕塑出走探源

【作者】黄继谦

【刊名】美术观察，2013 年 07 期

【摘要】中国雕塑有着久远的历史和丰富的作品遗存，进入 20 世纪后，中国雕塑家开始向两方雕塑学习，他们早期的学习对象主要是西方写实雕塑的创作理念和手法，这种状况直到 20 世纪 80 年代以后才发生重大改变。改革开放后，中国雕塑家们可以更方便地获得西方现代、后现代的创作资讯，由此，大一统的写实风格被打破，一些雕塑家开始借鉴西方现代、后现代雕塑的创作理念和创作手法，创作出了不少让人耳目一新的作品。在当下的雕塑创作领域，一部分艺术家继续沿袭传统的写实手法进行创作，另一部分艺术家则热衷于雕塑的形式语言方面的探索。

陶瓷缺陷肌理介入陶瓷雕塑探究

【作者】赖双安

【刊名】美术大观，2013 年 07 期

【摘要】近年来，陶瓷艺术家常常利用缺陷肌理来表达自己的艺术个性和灵感，并且追求肌理效果的随机性和偶然性，保持并显露手工制作的痕迹。本文对陶瓷缺陷肌理介入陶瓷雕塑的艺术价值和具体运用进行理论探讨。陶瓷的缺陷肌理这种非理性、非规律的特点，恰恰符合了人

们从工业化生存环境以外寻求被压抑的情绪宣泄的需求。缺陷肌理所造成的偶然性和随机性为审美主体提供了广阔的想象余地和充分的参与再创造机会。

雕塑的边界

【作者】邢莉莉

【刊名】美术观察，2013年07期

【摘要】雕塑这种传统的艺术，无论在形态上还是在功能上，都正在发生改变。古老的雕塑艺术现今不断地跨界，与装置艺术、观念艺术、影像艺术等新的艺术门类相融合，以至于越来越无法界定自己的边界。传统雕塑的材料、风格、技巧规则日益受到挑战，人们惊讶于雕塑变得越来越不像雕塑。当青铜、石材之类传统的材料不再具有至高无上的地位时，也意味着传统雕塑在空间、形体、结构、质地上的特征和技术上的优越性正在被消解。

装置艺术与中国雕塑的当代转向

【作者】李庚坤

【刊名】美术观察，2013年07期

【摘要】通过对中国装置艺术产生的梳理，我们可以发现在"八·五"新潮运动背景下产生的装置艺术并没有使中国雕塑"引向某种更加虚无的形式主义怪圈中"。恰恰相反，装置艺术中的"观念性"使当代雕塑艺术家产生了身份和雕塑创作上的"自觉"，进而促进了中国传统雕塑向当代雕塑的转型。

浅谈雕塑中线的运用

【作者】陶冶

【刊名】美与时代，2013年07期

【摘要】线条是绘画艺术诸要素之中最生动的部分，是画家从自然真实中抽取的一种抽象的绘画语言，它也是雕塑家最常用的一种表现手法。在古今中外的雕塑作品中，我们都能看到线条表现的影子。罗丹雕塑中那热情奔放的线条；马约尔作品中圆润饱满、富有弹性的外轮廓线；我国秦汉时期那些用阴刻线条将圆雕、浮雕相结合的优秀的石雕作品，和那充满韵律和节奏的唐俑，都向我们展示着线条的魅力和多变的表现能力。线作为一种表现形式，其在雕塑中有着特殊的意义及表现力，回顾线在古今中外雕塑作品中的历史演变，我们可以发现，雕塑中线在不同的文化背景下，会有着不同表现方式与不同的侧重点。

用艺术的态度享受感伤——雕塑艺术中的感伤情绪表达

【作者】张典

【刊名】美与时代，2013年07期

【摘要】感伤是一种神奇的力量，能成就，能毁灭。而人是最善于表达情感的，人们用诗歌、音乐、绘画、雕塑等艺术形式，将各种情感升华为艺术作品，情感对艺术家而言确实是至关重要的。法国雕塑大师奥古斯特·罗丹曾经说过："艺术就是感情。"而事实正是如此，没有生命热情的作品不能称之为艺术。艺术家把自己的情感、思想、理想、愿望、渴求以及对这整个世界的看法统统表现在了作品中。在所有情感中，感伤情绪对艺术创作而言，几乎是必须的，也是艺术家生存的最高境界。对雕塑艺术而言，亦是如此。雕塑作品是雕塑家通过将自身情感的物化，让观看者感受到艺术作品中透出的情感，被情感的独特魅力所牢牢吸引，为之着迷。而对艺术家来说，创作作品是抒发、整理、甚至宣泄自我情感的一种途径。

"泛雕塑化"，寄生抑或共存？

【作者】王少浩

【刊名】美术观察，2013年07期

【摘要】英国著名雕塑家托尼·克拉格(Tony Craig)曾断言："20世纪80年代以来，艺术世界扩大了很多，非艺术世界缩小了很多。"诚如斯言，雕塑的定义也在扩展，甚至出现了"泛雕塑化"的现象。这体现了当代雕塑必将包容一切的乌托邦式梦想，既是雕塑本体语言发展的自我诉求，也是艺术观念和形式语言寻求解放的需要。将装置等艺术形式纳入雕塑艺术的范围，借此把雕塑推向一个更为宏观的层面，进一步延伸雕塑的概念，这样的实践无疑是积极的。

现代主义雕塑终结了吗？

【作者】何桂彦

【刊名】美术观察，2013年08期

【摘要】早在20世纪60年代中期，西方艺术界就出现了"泛雕塑"的现象。不过那个时候，"泛雕塑"也只是一种表象，背后真正的问题是现代主义雕塑遭遇到了前所未有的内在危机，以及需要回应外来的装置艺术对现代雕塑的冲击。2000年以后，中国当代雕塑呈现出了更为开放的姿态，不仅能有效接纳装置艺术、建筑艺术、观念艺术的成果，而且，在形态上能融汇影像艺术、过程艺术的一些视觉方式，尝试将时间与过程纳入当代雕塑意义呈现的维度中。这些不同的实验当然值得肯定。但是，这并不能说明中国当代雕塑已经告别了现代主义。

冰雪雕塑造型艺术探究

【作者】郭瑞慧

【刊名】美术教育研究，2013年08期

【摘要】冰雪雕塑，作为北方地区一种独特的艺术形式，其每一件作品都被雕塑者赋予了不同的生命与含义，体现着冰雪雕塑者的个人意识与思想。因此，可以说冰雪雕塑所呈现出的造型特点，早已成为雕塑者思想、情感、韵律的重要传递载体。尤其是近些年来，随着北方冰雪旅游文化的快速崛起，冰雪雕塑艺术早已成为世界性质的文化产业。笔者结合个人实践经验，对冰雪雕塑的造型艺术特点及其审美价值进行探讨，以期人们更多地了解冰雪雕塑。

试论现代环境陶艺与多学科门类的关系

【作者】詹伟

【刊名】艺术评论，2013 年 08 期

【摘要】随着人类文化艺术的发展，陶瓷作为媒介介入公共艺术，扩大了现代陶艺审美空间，使得现代陶艺的审美性和功能性趋于复杂化，同时也引发了关于现代环境陶艺学科发展的探索。现代环境陶艺是现代陶艺发展的新趋势和必然结果。随着意识形态的融合和文化多元化状态，陶艺介入多种艺术形式的表述空间已成为可能，现代艺术已很难以单一艺术门类的评价形式对此做出正确的评论。

行者无疆
——管窥当代雕塑艺术

【作者】张彩凤

【刊名】美与时代，2013 年 08 期

【摘要】现代雕塑观念打破了古典的造型规律，试图革命性地颠覆古典主义：现成品、焊接、综合材料、有机物、微观世界、电、声、互动都成为表现手段；对形象的极度精简；对材料的无限挖掘；对表现主题的社会功能的深入探讨，使得雕塑的边界模糊了。我们站在当代雕塑前追溯雕塑艺术如何从大理石底座上走下来，演化成今天似曾相识的模样，我们也会思考未来的雕塑艺术会以什么样的姿态进入我们的视线与观众对话。当雕塑不断地运用多元媒材和形式，结合建筑、戏剧、舞台设计、游戏互动，或与科技、生态学等跨领域学科相结合，在多重可能性当中，艺术家的每一种新尝试，都可能成为下个时代重新定义雕塑疆界的新指标。

传统木雕艺术与中国传统道德文化

【作者】李良斗

【刊名】美与时代，2013 年 09 期

【摘要】传统木雕艺术作为我国传统文化的重要组成部分，蕴含着中国传统道德文化中的行为准则与价值观念，是展现传承中国传统道德文化的重要民间艺术形式，反映出中华民族追求至善、至孝以及至美、至真的传统道德文化精神。传统木雕艺术丰富的内容既反映了中国社会具有局限性的道德意识，同时也将中华民族的道德进步思想全面地展现出来。

浅谈现代陶艺设计中的古代审美意识

【作者】刘殷音

【刊名】美术大观，2013 年 09 期

【摘要】本文的主旨是怎样将中国古代审美意识融入到现代陶艺设计中，对中国古代审美意识的特点、精髓进行发掘、保护、合理利用，以此更好地弘扬民族文化，使之为经济的繁荣做出贡献。

从政治波普雕塑中感悟符号在雕塑中的应用

【作者】荆琦

【刊名】美与时代，2013 年 09 期

【摘要】在生活中符号无处不在，在雕塑创作中我们无法避免符号的运用，若运用得当，将对雕塑本身意义的表达起到事半功倍的作用。符号的运用，首先要与自己创作的主题及理念的表达相一致，要宁缺毋滥；符号在雕塑中的运用要符合时代的气息；雕塑的创作是一个整体的事情，简单地通过符号堆砌出来的雕塑作品是没有生命力的，雕塑创作中对符号的使用是有一定的节制和条件的。如果放弃形式本身的表现力，放弃整体，仅以符号取胜，雕塑就会变成某种概念的表达，没有感情，它也就不能称为艺术品，也就没有了感染力，不会成为一件真正好的作品。在雕塑的创作中，符号运用和艺术家的情感表达怎样才能恰到好处，是一个度的问题。

浅谈中国古代人物雕塑中的“自然丑”与“艺术美”

【作者】郭晓萌、姜嫚

【刊名】美与时代，2013 年 09 期

【摘要】由于“自然丑”有突出作品人物性格、衬托主体、“劝善惩恶”的功用，所以，中国雕塑艺术家喜欢把在生活中观察到的“自然丑”形象合理地表现在作品中，并进行艺术加工，有时甚至为了突出主题，达到传神的艺术效果，把“自然丑”更加夸张、夸大，再加上中国艺术重神似、不重形似的审美追求，使得中国的艺术品更适合表现“自然丑”。

色彩与雕塑

【作者】徐美娇

【刊名】美术大观，2013 年 11 期

【摘要】色彩是不专属于某一种艺术门类的表现语言，绘画是在二度空间上通过点、线、面、色彩等因素进行创作的，而雕塑是三度空间的艺术，雕塑不仅仅需要对作品造型、空间等有一定的研究，还要对色彩有一定的了解。色彩对雕塑的影响是多方面的。色彩与形体、空间、形象、情感、内容有着密切关联。色彩的融入，能为雕塑增添无限的感染力和生命力。色彩运用的成功与否会直接影响到作品的最终艺术效果。

浅谈雕塑的“美”

【作者】王妍

【刊名】美术大观，2013 年 11 期

【摘要】随着时代的变迁，生活水平的提高，人们对精神的享受也越来越强，雕塑越来越被人们所了解和接受，国内各地陆续涌现出优秀的雕塑作品。人们的审美能力就成了理解雕塑的关键。“美”的雕塑往往最容易被人们所接受，“美”是雕塑艺术发展的必然存在方式及方向。不同追求的人所创作出的雕塑作品也不同，就一件雕塑本身而言，线条的流畅，比例的协调，空间的错落，形体的韵律，颜色的搭配，都是让观赏者最容易产生美感的关键。

立体构成几何要素在抽象雕塑中的体现

【作者】任凡凡

【刊名】美与时代，2013 年 11 期

【摘要】我们可以将任何三维实体分解为点、线、面、体的组合；同理，我们也可以将点、线、面、体组合成任意三维实体。如果说一件抽象雕塑作品是一台机器，那么立体构成的几何要素就是这台机器的各个零件。立体构成几何要素与抽象雕塑有机结合，可以推动抽象雕塑内在含义的有效传播和表达。

消费社会背景下艺术复制品价值研究

【作者】张慧、向勇

【刊名】新美术，2013 年 11 期

【摘要】近年来，收藏和投资是驱动我国艺术品市场的两大力量，艺术品消费市场却长期被忽略。在建立一个繁荣多元的艺术品生态环境时，消费市场发挥着不可或缺的重要作用。艺术复制品因具有较低价格而成为艺术品消费市场中重要的艺术商品。艺术复制品的出现让艺术走下神坛，进入百姓家庭，使艺术不再是少数精英阶层的专属。笔者从艺术复制品产生的社会背景、艺术复制品的三个维度、艺术复制品符号价值的构建与传播三方面，对消费社会背景下艺术复制品价值问题进行了探讨。

“观物取象”与“立象以尽意”——略论当代雕塑中观念的表达方式

【作者】卫恒先

【刊名】美术大观，2013 年 11 期

【摘要】《易传》是一部重要的析学著作，它主要突出了“象”的范畴，并提出了“立象以尽意”和“观物取象”的析学命题。这两个易传的命题十分切合中国当代雕塑对于物的思考方式和观念的表达方式。中国当代雕塑的特点是通过形象来传达观念的，“尽意”是通过“立象”的过程传达出来的。“象”的产生又是通过“观物”来实现的。本文从“象”和“意”的关系阐述立象是如何尽意的，通过对于“观物取象”各个方面进行深入的剖析，从而得出当代雕塑中观念表达的各种方式。

先秦青铜器装饰雕塑的归宿——对自我的否定

【作者】吴林桦、曹芳

【刊名】美术观察，2013 年 11 期

【摘要】先秦时期，青铜器装饰雕塑的发展有一个明显的两极分化趋势。器物主体雕塑对华丽效果的追求最终导致装饰纹样的极端细密与繁琐，这促使制作者通过装饰题材的变化、材质的变化来实现更极致的装饰效果，由此催生出人物画像纹和镶嵌铜器的流行。器物附件雕塑则日益立体化、独立化，最终使雕塑尤其是圆雕发展成为新的独立艺术形式。而这变化的一切，归根到底，导致青铜器装饰雕塑走向它历史使命的终结。对自我的否定，这就是它最终的归宿，也催生更新的艺术形式。

浅谈废弃材料在雕塑创作中的运用

【作者】韩松

【刊名】美术教育研究，2013 年 12 期

【摘要】雕塑的基本元素包括空间、体积、质感和表面色彩等，而构成雕塑常见的质感因素主要取决于所使用的材料和表面色彩处理。文章主要对雕塑材料进行研究。笔者认为，所有的雕塑作品都是人们自身情感在物质材料中的倾注和揉捏，创作者无论使用何种表达方式，都需要选择一种最能被观众接受，也最容易被观众接受的材料运用到创作中。废弃材料将成为雕塑创作的一种不可缺少的材料，并会发挥出其特有的表现效果。

“诗意”的塑造——浅谈中国传统雕塑在当代艺术中的传承与发展

【作者】韩松

【刊名】美术教育研究，2013 年 14 期

【摘要】中华文化博大精深，中国的传统雕塑以其独特的品质风貌成为中华文化宝库当中不可或缺的一员。中国的传统雕塑不仅凝聚了华夏民族的精神和睿智，而且把整个华夏文明的历程演绎得分外精彩。中华大地的雕塑遗迹就是一座座艺术的宝矿，等待着后人的开发和利用。

试析抽象艺术在中国的观念误区

【作者】王淑娟

【刊名】美术教育研究，2013 年 16 期

【摘要】抽象艺术作为西方现代主义的产物，一些中国艺术家在对抽象艺术的实践中存在诸多概念与观念误区。对西方抽象艺术概念的误读与中西方在抽象艺术观念上的差异等，造成了中国抽象艺术的争议性，如普通大众不理解甚至排斥抽象艺术，这在一定程度上阻碍了其发展。再如针对中国当代 30 年抽象艺术的发展历程，由于没有一个定论，艺评家对于哪些是真正意义上的抽象艺术，哪些是纯粹形式上的模仿各抒己见，争论不休。抽象艺术之所以在中国一直存在观念误区，也与其长期以来处于边缘化位置有很大关系。文章通过对其现象与原因的阐释，提出解决这种争论的关键是建立适合中国本土的抽象艺术理论体系。

探析传统雕塑手法与写意水墨画效果的结合

【作者】陈德华

【刊名】美术教育研究，2013 年 19 期

【摘要】纵观中国历史，其古老的文明令人骄傲，珍贵的雕塑艺术也让世人赞叹不已，特别是传统雕塑手法的应用。在艺术创作中，写意画蕴含的文化精髓更加丰富，“写”和“意”是艺术的核心，特别是传统雕塑手法与写意水墨画的相融合，其艺术价值更高。为了继承和发扬中华民族传统艺术精神，文章探析传统雕塑手法与写意水墨

画效果的结合，以期为现代“写意雕塑”艺术提供现实基础。

浅谈雕塑的边界及当代泛雕塑现象

【作者】印洪

【刊名】美术教育研究，2013 年 24 期

【摘要】雕塑的边界，及当代泛雕塑现象是当今雕塑家经常思考的课题，文章着重在当代语境下讨论这一课题。当下，传统已溶解于当代，雕塑的边界变得越来越模糊，当代泛雕塑的现象也越来越盛行。这种混乱不清的局面，其实也为雕塑的发展提供了更多的可能性，但这种新的可能应是人们在传统中发掘、寻求自己的个性与血脉，这正是人们研究当代雕塑文化形态的方向与价值所在。

民俗题材在陶艺创作中的转换途径

【作者】郑潇

【刊名】美术教育研究，2013 年 24 期

【摘要】民俗题材的陶艺在民间艺术中具有很高的价值，也是现代陶瓷的重要组成部分。民俗题材的陶艺富有多样化的艺术特色，主要由民间艺人进行创作，具有独特的民俗文化意味。民俗陶艺，在广义上是以民俗文化为创作内容和形式，具有创意的传统艺术；狭义上则是一个陶瓷艺术门类。文章主要以民俗题材在陶艺创作中的转换途径为分析内容，旨在给相关研究人士以参考。

影响浮雕造型因素的探究

【作者】王红伟、吕明

【刊名】美术大观，2014 年 01 期

【摘要】现代社会，浮雕已经进入空间装饰的诸多领域，浮雕有其自己独特的塑造方法，诸多因素都直接或间接地影响浮雕的审美，艺术家经验的积累、材料、环境、体量关系、光影效果等因素都会影响浮雕效果。

媒介的本源及延展意义

【作者】范伟民

【刊名】雕塑，2014 年 01 期

【摘要】雕塑艺术是一门物质性很强的艺术，是一门依赖于物质材料来显现精神取向的艺术。雕塑艺术的视觉感受，在很大程度上是由对媒介材料的感受诱发的，它引发了审美体验、形成审美感受。这种感受是多维度的，是视觉的、也是触觉的、更是思想的。从广义而言，“媒介”这一词，是指使事物双方产生关系的中介质。运用中介质，人类的文明逐渐由低级阶段走向了高级阶段，如从原始社会的石制工具到铜器、铁器的发明使用，近代工业文明，以至当下的互联网时代，均反映出人类借助物质、借助发明、借助媒介的变革，延伸了人的能力这一文明进程。

数字时代的雕塑艺术

【作者】孙振华

【刊名】雕塑，2014 年 01 期

【摘要】近年来，雕塑界发生了一个显著的变化，这就是数字技术越来越多地运用在雕塑艺术中，出现了一批以数字技术为基础，具有科技含量的雕塑作品，这种情况在一些青年雕塑家那里显得尤其突出。一批青年雕塑家基于他们独特的知识结构，在雕塑创作中，表现出了对于数字技术的关注；对于新材料、新时尚的关注；对于雕塑与运动相互关系的关注……这些都成为时下青年雕塑家创作的关注点和兴奋点。

“物质匮乏”的雕塑学

【作者】滕小松

【刊名】雕塑，2014 年 01 期

【摘要】细说起来，“物质匮乏”的雕塑学是指雕塑历史及理论研究中缺乏对材料媒介、技术方法和工具手段的研究。更进一步说，雕塑学作为艺术的学科领地之一，已经拥有了文化学研究、社会学研究和美学研究等等热闹的阵容，但缺乏物理学研究或物质性研究的应有席位。众所周知，雕塑学正在悄悄地取代“雕塑历史与理论”的传统性言说，渐渐地成为一门现代化的二级学科。这种态势大致是在“艺术”成为门类和“美术学”升格为一级学科。

材料与观念
——当代雕塑的扩展

【作者】殷双喜

【刊名】西北美术，2014 年 01 期

【摘要】日常生活世界是意义的产生领域，人类的生存经验，包括图像与材料的体验。当代雕塑通过艺术语言达到对世界整体的知觉把握和表达，这种艺术语言离不开对于材料的处理和表现。雕塑家如何在观念表达中恰如其分地运用材料语言展开叙述，工具和技术怎样在创作中推动表现的力度，以及物质材料怎样在艺术家手中魔幻般地超越原本属性，是充满挑战性的艺术问题。雕塑家对于材料与形式的表现，使他成为传统精神和自我观念的准确解释者。这样，观念就存在于艺术家对材料的理解与处理之中。

陶瓷器造型的模拟转化

【作者】杨帆

【刊名】南京艺术学院学报（美术与设计版），2014 年 01 期

【摘要】在陶瓷艺术设计中，运用模拟转化的方法获得器物造型素材，是最为原始和直观的造型方法，人类制作的最古老的陶器造型，就是从模拟自然物开始的。这种造型方法在我国传统陶瓷艺术的发展中曾发挥过重要作用，至今仍然是一种无法代替的造型方法。陶瓷器物造型的设计，借助于外界形象的启发，有“模拟转化”“象形取意”的方法，其根本是“模拟”而不是“写实”，是借助于外界“形”的启示，加以概括、抽象、变化，引发和拓展造型设计的思路。

论中国当代陶瓷美学研究的问题

【作者】任华东

【刊名】美苑，2014 年 01 期

【摘要】对陶瓷之美的研究古已有之，但作为一门学问及学科被正式提出，不过是中国当代（本文主要指文革结束至今）才发生的事。作为一门年轻的学问，陶瓷美学在中国当代大体经历了从最初主要将陶瓷创造和审美视为“工艺美术”现象，到将其视作“艺术创造”，再到试图从“学问及学科”的角度对其展开“体系性”的理论建构的发展过程。这个过程虽然在总体上呈现出视野不断拓宽、理论愈益深化的趋势，但也存在许多问题。问题一：重材质工艺、形式技巧研究，轻美学与文化内涵探讨；问题二：陶瓷美学理论体系长期裹步不前；问题三：陶瓷美学研究受制于二元对立的思维方式，笔者就此做了分析研究。

浅谈根雕艺术的意境

【作者】苗海波

【刊名】美术教育研究，2014 年 01 期

【摘要】根雕艺术通过形与神的完美结合，让观赏者带着喜爱、好奇的心情和审美的眼光领略千姿百态的根雕艺术作品，并能从作品中体会其所蕴涵的意境。根雕艺术的意境扼要地说，就是通过根雕艺术作品的形式结构和组成，呈现在欣赏者审美意识中超越形式本身，对事件、空间、人类情感世界、自然界万物生命进行诠释的审美心理过程，也是欣赏者通过作品的形式构成所感知到的对作者情感表现色彩的重新整合共振和交流。

漫谈现代陶艺观念性

【作者】刘颖睿

【刊名】艺术评论，2014 年 02 期

【摘要】20 世纪 80 年代以来，出于对保守的批判和全盘西化的影响，传统一概为前卫陶艺家所唾弃，然而至 90 年代中后期，由于后殖民文化意识逐渐被发展中国家的知识分子所厌弃，又因为后现代艺术思潮开启了重新观照、挪用“传统”资源之门，中国的陶艺家在过去“民族化”的基础上，又遭遇了“本土化”情境，因而有了新的思考。中国陶艺不断发生变化过程中的讨论，历来只是针对着各个时期的主流话题，并不需要刻意强调正在讨论中的现代陶艺概念。

当装置艺术介入雕塑

【作者】邢开

【刊名】美苑，2014 年 02 期

【摘要】当代雕塑历经了一个复杂而多元的发展过程。时代的变迁，中西方文化的融汇和碰撞，从结构的解体到重建，改变了我们对传统雕塑概念上的认识，和我们以往的视觉习惯，雕塑家的思想观念的表达越来越呈现出深邃、抽象和个性化的特点。这种变更必然导致雕塑语言的多样化寻求，装置开始介入了雕塑的领域，雕塑与装置的界限也开始变得模糊。雕塑与装置艺术各自独立但又相互影响，两者之间有着相似性和差异性。相似性主要体现在“空间性”“材料语言”和“互动性”上。雕塑以各种特定的材料和制作手法，占据一定的空间位置，塑造可视、可触的静态艺术形象。

雕塑创作中肌理的运用

【作者】谭旭

【刊名】美与时代，2014 年 02 期

【摘要】肌理，这种作为最直观的附生于雕塑表面的艺术表现手段，存在于一切雕塑艺术活动中。雕塑肌理有着独特的自我身份密码。通过可识别的密码，可以透视出雕塑家对作品塑造手法与媒材选择的特殊性情感需求。雕塑肌理的正确运用对雕塑作品观念的传达、主题的突出、氛围的烘托有着至关重要的作用。

相互作用的工艺与材料对金属雕塑的影响

【作者】曾勇

【刊名】中国艺术，2014 年 02 期

【摘要】工艺与材料的进步，以及现实中相互作用的因素，直接影响着金属工艺的发展，为金属雕塑生产提供了有效的物质和技术基础。不同的金属工艺程序，必然产生出不同的视觉美感和触觉美感。雕塑家如果熟知各种材料的制作方法，将有益于发挥工艺之所长，使金属雕塑达到较为完美的艺术境界。

立足现实生活的雕塑审美意象表达

【作者】华龙宝、华予

【刊名】美术研究，2014 年 02 期

【摘要】古往今来，时势造英雄的同时，也造就一个时代的艺术家，产生具有时代特点的艺术样式。艺术史在一代代艺术家不断继承、创新的过程中积淀、丰富、发展，形成了今天五彩斑斓的艺术面貌。不管艺术家本人的意愿如何，他与时代是融合在一起的，其作品必然会烙上时代的印记，东西方许多艺术大家的作品无不体现出时代的印记。艺术作品之所以在人类社会有存在价值，正如俄国作家托尔斯泰所言：就在于它是人们交流思想感情的手段，是促进人类团结的手段。无疑，无论是何种形态的艺术作品，只要有社会需求，有思想内容，有审美价值，这样的作品就有存在的理由。

纸浆造型艺术初探

【作者】张珂

【刊名】美术研究，2014 年 02 期

【摘要】本文通过介绍纸浆造型艺术在古今中外的渊源，及在美术与设计中的运用，探讨纸浆造型艺术的理论依据和在今天的艺术意义。在国际上，运用纸浆进行造型的艺术创作，越来越盛行。中国是纸的发源地，建立纸浆造型艺术系统教学和研究，培养纸浆造型艺术家，弘扬中

国文化与文明，是中国现代艺术打造自身特色、领先世界艺术潮流的重要环节和途径。

略论古典雕塑的文化气息

【作者】李峰

【刊名】美术文献，2014 年 02 期

【摘要】雕塑作为一种传统的艺术形式，从古时候开始，中西方在不同的文化背景下，发展了自己的雕塑艺术。我国的古典雕塑可以追溯到殷商时期，文章在理解古典雕塑写实性和蕴涵生命力的基础上，结合山西太原圣母殿等雕塑，对中西方古典雕塑蕴涵的文化气息的各自特点，进行了对比分析。我国的雕塑具有两千多年的历史，不同的历史时期，雕塑具有不同的特点，但是都能够很好地体现出当时的文化气息，尤其是我国雕塑喜欢用多个人物，组合成特定的生活场景，人物身份不同，表情和形态也具有一定的差异，这种对比的艺术方式，在我国古典雕塑中非常普遍，古典雕塑除了蕴含浓厚的文化气息之外，还具有很高的历史价值，在见到相应的雕塑后，可以从穿着等方面，了解到当时人们的生活状态。

浅谈古瓷色彩在当代雕塑中的应用

【作者】于向华

【刊名】美术教育研究，2014 年 02 期

【摘要】文章主要阐述了古瓷色彩的概念和特点，结合当代雕塑新的发展形势尝试将二者结合在一起，探讨古瓷色彩在雕塑中应用的广阔前景，以此处理好古瓷色彩与雕塑材质及环境的关系。自然唯美的古瓷色彩给人以温馨、舒适的感受；强烈艳丽的古瓷色彩则使人精神焕发、感觉到欢快的气息。

中国传统造型艺术中线的程式语言

【作者】朱唯践

【刊名】雕塑，2014 年 02 期

【摘要】本文从人类的认知、描述、沟通与修正的视觉过程出发，阐释程式对传统造型艺术的重要意义。具体分析线的程式语言及其处理的矛盾。指出传统造型中运用线以“求真”为追求，达到精神与物质世界的平衡，是一种中国艺术家对待造型的态度。

传统与现代双重视域下的铜佛造像

【作者】陈国珍

【刊名】雕塑，2014 年 02 期

【摘要】铜材料在佛教造像中的运用，无一不跟佛教本身的发展息息相关。这些传统的铜佛造像，对今天的铜佛造像艺术产生了深刻的影响。可以说，今天的铜佛造像，很大程度上仍然继承着古代的制作工艺。现代的铜佛造像艺术，如能将传统中的精华部分加以改造和吸收，那么将会为我们的生活增加更多的美。随着现代科技的发展，文明的进步，铜佛造像艺术也将会不断地推陈出新。

“洞”与“孔”
——东西方雕塑“虚空间”之辩

【作者】闫松岭

【刊名】雕塑，2014 年 02 期

【摘要】自 20 世纪西方现代雕塑家在“虚空间”方面取得突破，颠覆了几千年来传统雕塑占有三维空间的实体这一概念。目前为止，研究雕塑的“虚空间”这一理念的论文不少，但大都把东西方雕塑家对这一概念的理解要么混为一谈，要么浮于表面，无法更深一步阐明它们在文化层面存在的明显差异。本文旨在梳理这一概念的同时，试图从多角度来理清东西方雕塑表现“虚空间”概念之间的不同。

中国民间雕塑文化特征初探

【作者】彭博邹

【刊名】天津美术学院学报，2014 年 02 期

【摘要】近代以后，封建王朝的灭亡直接导致了大型造像活动的戛然而止，加之来势汹汹的西方雕塑的影响，使得中国本土雕塑开始逐渐淡出人们的视野。有人就此提出疑问，中国本土雕塑是否已死，其实未必，目前，在全国各地仍旧散发着活力的各类民间雕塑就已证明，中国本土雕塑依然拥有经久不衰的生命力。民间雕塑之所以能够在中国本土雕塑主体部分消亡之后继续呈现出蓬勃的生命力，并得到持续发展，是因为民间雕塑植根于普通民众日常生活的方方面面，只要民族群体与文化继续存在，它就能够得到传承与发展。当然，随着时代的前进，普通老百姓的生活也发生了极大的变化，民间雕塑是否能够在当下现代化、全球化的浪潮中屹立不倒，如何发掘、保护、传承并发展民间雕塑，仍是我们当前亟待解决的关键问题。

谈是艺术还是工艺

【作者】巫极

【刊名】美术教育研究，2014 年 03 期

【摘要】工匠的工艺与画家的技法的重大区别，有其哲学和历史方面的原因，同时，“工匠”这个概念与艺术家的材料和工作方式密切相关。这也提出了在特定社会中艺术家的社会角色的问题，这个角色会随时代与地域的变化而变化。在一些社会里，艺术家及工匠已经被创造或分派了一个限定的位置，或被视为同类。

表现媒介的嬗变与雕塑观念的革新

【作者】黄丹麾

【刊名】雕塑，2014 年 03 期

【摘要】现代“媒介”一词大约出现于 19 世纪末 20 世纪初，其义是指使事物之间发生关系的介质或工具。媒介的嬗变始终与雕塑的变革密切相关。在整个 20 世纪的雕塑史中，企图通过媒介的变化来实现雕塑艺术自身的更新是雕塑家们的一条主要探索之路。20 世纪雕塑艺术的变化是明显的，塑料、钢铁、玻璃、聚乙烯、树脂等各种材

料都介入到雕塑艺术中，这正是现代雕塑对传统雕塑和传统雕塑材料的批判。现成品艺术、装置艺术、大地艺术、行为艺术等后现代艺术形式又突破了现代雕塑媒介和现代雕塑艺术本体。它们不但摆脱了雕塑媒介的束缚，而且实现了对“本体”这一概念的超越。这也构成了这些后现代艺术超越现代主义的基本特征之一。

浅谈大地艺术中对乡土文化的表现

【作者】蔡增杰

【刊名】雕塑，2014 年 03 期

【摘要】大地艺术的创作是艺术家借着大地作为他们心仪的创作对象，将人们寻常思维认为不可能完成的作品，以大地为寄托呈现在人们面前。大地艺术的出现，为农村的土地建设提供了一个全新的发展方向。乡土文化融入大地艺术，大地艺术展现浓厚的乡土气息。乡土文化为大地艺术的创作提供了丰富的资源，大地艺术也更多地走向“基层”，使大地艺术造福于当地的居民，使人们重新认识到农村的文化魅力。更好地保护乡土文化这一非物质文化遗产，激发出更多优秀的艺术作品。

光影在雕塑中的变换

【作者】姚艳玲

【刊名】雕塑，2014 年 03 期

【摘要】光影在雕塑的呈现中占据着绝对重要的位置，而通常的概念里光影都是起辅助呈现的作用。雕塑的光影也占有空间，这在大多数时候是往往被忽视的。试想，将光影作为主角来体现会是什么样的效果，有艺术家就做了这样的尝试，让人耳目一新。当艺术家发现了光影可做创作媒介时，对其的丰富和延伸自当不言而喻。利用光影来呈现观念和看法的艺术作品越来越多，极大地丰富了光影雕塑的内涵和外延。光影，本是雕塑的附属和不起眼的一个因素，却在当代表现形式上被提炼出来，成为艺术家研究的一个重要方向，其演化的丰富程度，给我们带来了全新的艺术感受。

数字时代雕塑材料发展的猜想

【作者】宿志鹏

【刊名】雕塑，2014 年 03 期

【摘要】笔者从历史上新科学技术的发明对艺术材料的影响、数字时代新技术为当代艺术发展提供新的材料和媒介、对于雕塑材料未来可能性的展望、数字时代雕塑艺术发展可能会遇到的问题等四个方面，对数字时代雕塑材料的发展变化趋势做了分析探讨。提出，数字时代的技术手段和材料大量渗透到艺术的方方面面，这已经成为无可厚非的事实，我们今日的艺术创作也当基于这种前提而进行。

中国现当代雕塑的民族化问题

【作者】于子叶

【刊名】美与时代（中），2014 年 03 期

【摘要】中国雕塑艺术的发展过程是 20 世纪初引入法国雕塑教学体系，随后学习苏联写实主义，改革开放后学习西方的现代主义与后现代主义至今。中国现代雕塑体系的构建一直都有问题，所以认识并继承与发扬中国传统文化艺术，立足民族化而发展具有中国传统艺术精髓的现代雕塑学科，是摆在我们每一个雕塑实践者面前亟须认识与面对的问题。历史悠久，体现了中国传统艺术精神与人文理想的古代造像艺术，不论是地位的认可还是关注度，国内外学者对其精神内涵和艺术价值的认识与挖掘，显然是不够的。我们要发展雕塑的民族化，首要任务就是要正确地认识与发掘中国传统雕塑中所蕴含的巨大价值。中国传统雕塑最大的特点在于“得意忘形（象）”的意向性表达，或者说我们与西方传统雕塑最大的区别，可以用前者为写意而后者为写实来概括。中国传统雕塑这种意象性表达的背后，实则是深刻的东方审美思想与艺术精神。

型由心生
——论造型的情感体验

【作者】赵静、洪缨

【刊名】艺术评论，2014 年 04 期

【摘要】造型是人造物的外在形态。在具体设计实践中，造型概念指设计者出于某种动机与目的，动用自身的造物观念，对即将创造物品的形态进行总体设想与规划，并通过合理的技术手段所创造出的物化形态。在造型活动中，除了美和功能等因素之外，还常常牵涉到一种与人的心理相关的因素——情感。

造物、雕塑与空间
——当代漆艺管窥

【作者】佘国华、陈勤群

【刊名】雕塑，2014 年 04 期

【摘要】漆艺是中国古老的艺术媒材之一，其最本体的精华部分，是那层以天然漆为基础，具有独特视觉美感的髹饰层。对于漆器的审美感受和判断的根据，应该回归到天然漆的本体形态特质方面。如果说古代漆艺创作的基础，是胎型规制的积淀演变，那么当代漆艺的基础，则是材料语言的尝试与锤炼。本文分别从漆器制作的图纸设计、材料实验、现成品的借用、精神空间的营造四个方面，概括总结了当代漆艺发展所走过的路程，即从研究制器造物发展到立体雕塑，最终达到利用漆器艺术的感染力，传达人们对于精神空间文化的寻求与诠释。

突破与构建
——20 世纪 80—90 年代中国现代陶艺的发展

【作者】余勇、邓和清

【刊名】画刊，2014 年 04 月

【摘要】从文化与艺术理论批评的角度分析，如果将 20 世纪 80 年代看作是“突破”的十年，那么，20 世纪 90

年代则为“构建”的时期。在中国现代陶艺的突破时期，虽然现代陶艺的一些认识和实践仅在学院范围内进行，但它们作为一股合力，还是共同营建了现代陶艺发展之初的社会与文化语境。20世纪90年代是中国现代陶瓷艺术的构建时期。在90年代的特定条件下，由计划经济向市场经济的转变，构成现代艺术发展演变的重要背景。艺术与社会、政治和经济、现代主义与后现代主义、大众文化与前卫艺术、后殖民主义、架上艺术与观念艺术等一系列问题都在90年代艺术中体现出来，90年的陶艺也是在这样一个背景下发展起来的。综观这二十多年的发展，可以看到作为原创性和表现性的现代陶艺创作形式，仍是占主导地位的叙事方式之一。70后、80后的一些新生代陶艺创作群体不断壮大；尤其值得注意的是，20世纪90年代中后期出现了陶艺双年展和群体性的陶艺邀请展，对于现代陶艺的推动和发展无疑具有积极的意义。

我如何看待传统与当代

【作者】李象群

【刊名】雕塑，2014年04期

【摘要】传统和当代不是一个能截然分开的东西。我感觉自己一直是一个“脚踏两只船”的人，对于传统，我理解的就是技术的传承，对于当代，我理解的就是艺术家的社会责任，是有的放矢的表达。我们过去不太关注传统。以我自己为例：从“革命现实主义”转向“现实主义”，再从“现实主义”转向技术。技术其实就是本体语言的认识和探索。中国技术层面太不够了，或者说比较落后，还是初级阶段。我一直很投入地研究希腊雕塑、埃及雕塑和中国古代雕塑30年。我认为学院本身就是一种传承，没有传承就不成为学院。学院必须有技术上的传承，也就是雕塑本体语言。当然，我还是会特别关注当下。

雕塑何以中国

【作者】孙振华

【刊名】雕塑，2014年04期

【摘要】一个蒙古族雕塑家认为，过去的中国雕塑史与草原民族没有关系，不重视草原民族的雕塑传统，应该写入草原民族雕塑发展的历史。这个问题引发了笔者关于草原民族的界定，草原民族的空间边界，草原民族的历史时代如何划分，等等问题的思考。笔者以中国作为问题，在民族国家的基础上重新想象中国、在民族国家的基础上思考中西雕塑的关系，从三个方面作了分析，认为问题的结论在于，书写好中国雕塑的两个传统，即一个是“老传统”，它是建立在文化中国基础上的“五千年的传统”；还有一个“新传统”，这是辛亥革命以后建立在现代民族国家观念上的雕塑，相对于改革开放后的中国当代雕塑，它目前已经成为了新传统。

走向景观与生活的雕塑

【作者】翁剑青

【刊名】雕塑，2014年04期

【摘要】雕塑艺术和其他艺术一样，在其历史的发展中均面临着两个基本方面的问题与需求：一是其艺术的形式语言及美学观念的发展；另一是与社会及相关领域的关系及不同时代的价值体现。雕塑艺术在中外古代历史中，均是从属于特定空间环境的，尤其是从属于建筑的。也可以说主要是从属于宗教建筑及权力空间的。自20世纪中期以来，艺术的发展已开始较多地考虑与社会和日常生活的关系，恰如传统的经典哲学及美学的形而上之路所面临的难以落地的问题，转而开始反思其高不可攀的抽象的理念世界在当代现实世界的复杂境遇，转而走向日常生活的实践领域，以修正和体察其自身的理论价值。而在艺术界，当艺术离开了它自身赖以发端和生存的文化土壤与富有生机的社会生活，艺术的疆域和影响力，就会自然萎缩。事实上，“景观”和“生活”所包含的自然与社会、生态与形式之万象，可以给雕塑自身的文化与外部拓展提供广阔的空间和无穷的可能性。这或许是自雕塑走出人类的原始文化、宗教文化、权力文化及精英文化以来的一个重要的价值觉醒与走向。

在影响的焦虑中寻求自我：中国雕塑如何进入现代？

【作者】李建盛

【刊名】雕塑，2014年04期

【摘要】提到“中国现代雕塑”，我们不得不注意这里的关键性的关键词，就是“现代”。这样说，并不意味我们所谈论的不是中国雕塑，而是意味着我们在一种转变的语境中看中国“现代”雕塑问题，意味着我们是在“现代”的文化和艺术语境中来讨论中国的雕塑问题，既是在中国雕塑的现代视野中讨论雕塑的问题，也是在文化与美学的现代维度上来思考中国的雕塑问题。这种思考方式迫使我们在谈中国的“现代”雕塑的时候提出这样一个问题：即“中国雕塑如何进入现代”？在中国现代雕塑的“现代”进程中就存在一种“他者”，而这个进程在很大程度上就是在与他者的对话中甚至影响下寻求和寻找自我，可以说，中国现代雕塑就是在这个与他者的对话中进入现代的，更准确地说是在他者影响的“焦虑”中进入现代的。

失语的中国当代雕塑

【作者】朱尚熹

【刊名】雕塑，2014年04期

【摘要】笔者认为中国当代雕塑失语的现象相当普遍，相当深远。粗略看来大概有以下问题：一是，雕塑本体语言的潜心研究的缺失；二是，雕塑沦为文学性和批判现实的工具、再现的镜子和立体符号的简陋罗列；三是，现成品的泛滥，使雕塑本体探索的门槛降低；四是，材料的研究成为具象的附庸；五是，学院雕塑教育与当代雕塑的演进脱节；六是，急功近利的作风盛行，艺术家甘愿成为利益和名誉的工具。笔者对百年近代中国雕塑进行了历史性的回顾，认为经一系列变化之后，自20世纪90年代末以来，中国当代雕塑的各种各样的展览延绵不断直到今天，成为中国雕塑史上未曾有过的奇观，在这样的过程中，中国现状的所谓当代雕塑面貌基本成型，概括起来有以下两个趋向：一是，雕塑的观念化，二是，雕塑的公共艺术化。笔者对问题产生的原因作了分析，中国当代雕塑的现状的根本后果，可能是艺术家独立意识的丧失，这就有了处处讲智慧、讲策略、讲点子的现象。跟风的现象很普遍，没有根本的坚守，唯恐不时髦，这可能是中国艺术家最为根本的痛。

玛瑙雕刻技艺浅析

【作者】谢子扬

【刊名】美术教育研究，2014年04期

【摘要】“素活”是玉石文化的一个术语，是玉雕艺人根据商周时期的青铜器及相关器皿的造型塑造演变而来的。“雅活”是人物、动物、花卉、山水雕刻的总称。素活格调高雅，蕴含了深刻的历史文化内涵，传承了五千年的华夏文明与民族精神。雅活是艺人、大师追求自然又高于自然、源于生活又高于生活的艺术体现。

琢磨艺术——工艺雕塑设计制作中的审美意识

【作者】吴南

【刊名】雕塑，2014年04期

【摘要】工艺雕塑包含了玉雕、牙雕、石雕、木雕以及其他雕刻等多种技艺品类。由于加工对象（尤其是玉石、象牙）的特性（如质地、颜色、稀缺性等），使得人们为此类工艺制品赋予了更多精神层面的内涵与意义，并发展形成独具特色的文化传统。在数千年的发展演化过程中，其象征性工艺的发展，主要反映在造型、构图、形象、装饰等4个方面。“天有时，地有气，材有美，工有巧，合此四者，然后可以为良。”对应工艺雕塑的设计制作，“天有时”即为时代的环境背景，“地有气”则为本土的文化传统，工艺作品的美体现在时代风貌、文化传统、材料特质、创思技艺的有机结合与完整体现。总之，工艺之美需要工艺修养，工艺雕塑的审美意识在借鉴吸收现代多元文化、艺术形式的基础上，不能脱离文化传统。美是一种客观存在，工艺之美同样如是，作为继承者应当谦虚地去发现它的存在，遑论传承与发展。

雕塑：在毁灭中创造

【作者】夏天

【刊名】美术学报，2014年05期

【摘要】女娲造人，上帝创造亚当，均是由一团泥创造出一个人。由此，雕塑诞生了。绵延至今，后世的雕塑家们以各种硬质或软质材料，创造某种具象或抽象的立体造型，借以表达自己的观念或情感。因此，我希冀在不经意的造型中求得精神的感动而非视觉的愉悦或震撼，并以之探讨雕塑的边界。造型只是这一精神体验的副产品，而雕塑，恰在毁灭中创造。

艺术，“合为时而作”——论情感传达载体的时代性

【作者】石向东

【刊名】美术观察，2014年05期

【摘要】如果说语言是思想传达的媒介，那么艺术便是情感表现的载体。就像中国戏曲艺术中，通过夸张的表情和某些特定的表演动作在舞台上暗示或者再现生活中某些场景和虚构的故事内容，传达出自身真切的情感和审美认识，从而引起观者的联想、感想和共鸣。艺术作品建构起来的这种审美关系使艺术主体（艺术家）与鉴赏主体（观众）在某种程度上获得更多的生命体验和精神上的交流。可见，“艺术是一种特殊的社会意识形态，艺术生产是一种特殊的精神生产，艺术作品具有独特的审美价值。”艺术体现出人类对现实世界的审美情感和审美意识，是情感释放和传达的有力载体。

陶瓷动物雕塑制作的探析

【作者】林建平

【刊名】佛山陶瓷，2014年05期

【摘要】随着生活水平的提高，人们的生活也变得非常丰富，更多的人投入对陶瓷动物雕塑的欣赏中去。在这种前提下，陶瓷动物雕塑更应该去满足人们的生活情趣，陶瓷动物雕塑的制作也应该是丰富多彩的。陶瓷动物雕塑的制作，在很大程度上要与人们住宅内部的装饰相适应，这样陶瓷动物雕塑才会达到生动活泼的要求。本文针对陶瓷动物雕塑的制作，进行了探析。

缘木求形——浅析木材的加工方式在现代木雕中的表现

【作者】吕学晶

【刊名】文艺生活，2014年05期

【摘要】踏入20世纪，西方雕塑家在进行创作时，在对雕塑材料运用的观念和技法上，产生了重大的转变，过去对雕塑材料的应用，不论是石、木或金属等，都被视作雕塑造型上一种“重现”的手段。从罗丹对“泥性”的掌握，使“泥味”结合在雕塑创作之中开始，雕塑家把雕塑材料本身之美放在雕塑创作一个重要的位置上。由此，材料雕塑伴随着其它现代艺术类型的发展逐渐应运而生，并成为重要的现代艺术形式之一。

塑造中国精神

【作者】吴为山

【刊名】雕塑，2014年05期

【摘要】全国美术作品展是展示中国美术家创作的重要平台，也是检验国家美术发展水平的重要途径。六十多

年来已形成不可取代的金字品牌。在这个平台上新锐辈出，也产生了一批又一批的艺术大家和影响深远、标志着国家不同阶段美术发展水平的力作。可以说每一届的入选作品和获奖作品都对一段时期的美术创作和审美观发生着影响。而这些作品客观上也反映了时代的追求，成为记录历史、引领新价值观的典范之作。每一届展览的代表性杰作组成了六十多年来的美术创作与审美的轨迹，也凝聚着美术家们艰辛的创作与探索，是一部以美记录社会发展，以美讴歌人民情感，以美表现艺术家心智和创造的篇章。三百多件作品是一个整体，是多样统一的整体，是美与共的和谐整体，它反映了一个时期艺术家们的精神面貌和创作水准，是中国雕塑家的集体亮相，是时代之声的回荡。

沙场秋点兵——太原美术馆“第十二届全国美展雕塑展”综述

【作者】徐永涛

【刊名】雕塑，2014 年 05 期

【摘要】五年一届的全国美展，是全国美术创作的大检阅，全国美展雕塑展同样集中反映了 5 年来中国雕塑界的发展和变化，呈现出它的创作面貌和业绩，也成为人们关注的焦点。统观本届雕塑展，可以发现本届展览参展作品质量较高，主要体现在 5 个方面的探索与创新上，并取得了一定的成绩。主要是 1. 作品表现观念与时俱进，注重主旋律，反映时代精神；2. 作品艺术形态千姿百态，导入时代性与现代意识；3. 作品材质丰富多彩，注重表现力；4. 本体语言研究不拘一格，昭示学术精神；5. 雕塑主题泛化，创作意识更加自觉，推陈出新。本次展览中，许多作品主题明确，既有一定的形式感又有一定的深刻内涵，同时包含较高的创作技巧与表现技能。

雕塑，还是雕塑

【作者】陈云岗

【刊名】雕塑，2014 年 05 期

【摘要】第十二届全国美展雕塑展已在山西太原拉开帷幕。由于场地高大宽阔，入选本届的展品数量也创历届之最。这一方面是当下中国雕塑专业队伍日渐庞大，也是五年一届的展期时间内，全国范围内雕塑艺术创作能量需要释放的缘故。总体而言，就全部入选参展的作品看，形式多样，手法丰富，塑造技巧精湛，材料运用广泛……这都是本届展览作品的基本面貌。应该说是一届艺术质量比较高的展览，基本代表了 5 年来中国当代架上雕塑的创作水平。就本届展览作品而言，其特征之一是反映现实生活与题材占绝大多数。其二是手法的多样性。其三是写实手法居多。其四是语言边际化探索。当然，仍须指出，入选了本届展览的数百件作品中，还是有着个别不尽如人意的。主要表现在：构思平庸、手法单调、加工粗糙、审美旨趣怪异，或者是作者雕塑能力力不从心等。虽然在所难免，希望将来有所提高与改进。

第十二届全国美展雕塑展有感

【作者】殷小烽

【刊名】雕塑，2014 年 05 期

【摘要】在全国美展雕塑展的这个单元里，我们能清晰地看到近 5 年来中国雕塑界的前进步伐。艺术贵在“新”。这里所说的新，不是摒弃传统，缺乏文化根基的“新”，而是指作品的灵魂——原创性；另外，本届雕塑展呈现出了一种多元化的面貌：题材多元、观念多元、材料多元；值得一提的是，除了优秀的意象和抽象风格作品，雕塑展中还涌现了大批具象雕塑的佳作。本届雕塑展发出的是老、中、青三代雕塑人的共同心声，反映出了当今中国雕塑家群体的艺术态度，展现出中国雕塑群体的民族气派、艺术风姿和文化自信。在中国艺术国际化的地图中，绘制出一幅向前无限延展的学术路线图。

当代主流文化的多元拓展——第十二届全国美展雕塑展刍议

【作者】景育民

【刊名】雕塑，2014 年 05 期

【摘要】此次全国美展雕塑展的作者呈现了年轻化、生面孔的可喜局面。主流价值与当代意识前所未有地共置于同一空间。中国雕塑界在材料观念的语言探索中，显然有了明显的进步。“去政治化”及“本土当代”的思维趋向，使多数作品向语言的个性化和风格的极致化，以及材料的多样性的面貌发展。其中不乏令人驻足思索的作品。具象作品由于其沉重的传统背景，在当下的艺术创作中很难保持其鲜明的当代性。经历了前世今生的嬗变，恰恰在这种艰难和挑战中，所产生的一些富有创意的佳作，以其新具象的全新姿态，与当代价值的确立，当然会得到极大尊重！展场中一定数量的材料观念作品，呈现出中国雕塑界近几年来全新的探索与发展态势。其他一些作者的作品也不同程度地从材料的物理性与文化指向以及造型的有机关联，去潜心研究与智慧地呈现，给展场空间注入了新意，而一些“模仿及痕迹”与个别粗陋之作，依然出现在展场，这也是中国当代雕塑艺术的现实生态。

从“翼人”形象的式微看中国古代雕塑遗产的保护与传承

【作者】万吉欣

【刊名】雕塑，2014 年 05 期

【摘要】“翼人”形象雕塑式微的现实，使笔者认识到中国雕塑遗产保护与传承的重要性。本文通过对中国雕塑遗产的保护方式和传承方式进行探索式的分析，以期有效地保护好我国珍贵的雕塑文化遗产，并使其所特有的艺术内涵和中国传统文化精神得以发扬光大。

论雕塑与设计的互渗与融合

【作者】黄丹麾、刘晓陶

【刊名】雕塑，2014 年 05 期

【摘要】翻开雕塑史，雕塑其实从产生的那天起就与设计形影相伴。雕塑从构思、制作到主题、形式，所有环节都离不开设计。雕塑与设计明显的互渗与融合主要体现在构成主义雕塑、极简主义雕塑、大地艺术和景观雕塑的创作上。当代雕塑的泛化促使雕塑艺术不断与环境艺术、景观设计交叉、整合，这一方面丰富了当代雕塑的创作理念和表现手法，另一方面也开启了当代雕塑家的新思维：那就是抛弃单一、线性的僵化雕塑理念，不断地吸收设计领域的最新成果，使当代雕塑向更加多元化的路径挺进，因为只有小段拓展雕塑的发展空间才能使雕塑艺术不断推陈出新，走上更为广阔的发展道路。

语言 · 时间
——雕塑与设计关系问题思考的两个维度

【作者】尹悟铭

【刊名】雕塑，2014 年 05 期

【摘要】作为雕塑工作者，思考雕塑与设计的关系问题，或是从设计的角度去拓展雕塑创作和雕塑研究的新路径，便显得很有必要。对此，笔者首要关注的是雕塑与设计如何实现和谐与统一，雕塑对设计的借鉴应该侧重点在哪儿，如何使雕塑艺术在其本体语言上，达到更好地发展？基于这样的考量，笔者认为：首先，雕塑艺术不能为了设计而雕塑；其次，守望雕塑本体语言的纯粹性；另外，笔者认为雕塑艺术应为时间的艺术。雕塑虽然具有三维立体性特征，属于空间的艺术，但是笔者认为雕塑艺术更应属于时间的艺术，它的价值将经由时间的磨砺而愈发耀眼。

新塑形
——艺术“劳作”中的自我观看与社会观照

【作者】韩小囡

【刊名】美术学报，2014 年 05 期

【摘要】“塑造”是造型艺术的最重要且最基本的命题，艺术发展到今天，对“形”的塑造，尤其是倾向于再现的所谓“具象”塑造，已不是当代艺术的前沿，但我们不应将由再现技术支持的系统与使用该技术所产生的某些作品绑定起来，从而对其产生偏见。在新视觉环境中，广州美术学院有这样一批执着于“新塑形”的青年艺术家，他们在塑形中进行着自我观看，抓住生活中具有精神性或神秘性的有形与无形，在创作中构造一种“真实”，也以此方式完成对外部现实世界的凝视和观照，在观念泛滥，媒介林立的当下艺术潮流中，这种“外化而内不化”的坚持，使他们的创作呈现出别样的艺术特质。他们对“新塑形”独立姿态的坚守与探索的意义，在不久的将来自会显现。

浅析构成元素在当代雕塑中的运用

【作者】韩璐

【刊名】雕塑，2014 年 05 期

【摘要】20 世纪初出现于俄罗斯的构成主义雕塑，有别于古典雕塑着重塑造人物的三度体量，而逐渐强调“空间”这个概念在雕塑中的地位。而“构成”这个元素，也不再似以往那样仅仅作为雕塑艺术整体构图而存在的“构成因素”，开始更加明晰显著地存在于注重空间形式感的现当代雕塑中，真正展示出全方位的三维构成空间，并指明雕塑可以是构成的。由此开始，构成元素的运用大大简化了雕塑作品的外观，使其线条简洁明朗的出现在人们的视野中。当代雕塑中构成元素的运用，在经过数十年的演变与发展，不仅影响到抽象主义雕塑、促生了后来的极简主义雕塑，甚至影响了整个现代建筑设计的发展。公共空间中的大型雕塑则大量采用其“构成”因素，极大地丰富了人类的立体视觉语言。“构成元索”在当代艺术语境下，不断激励当代艺术家对于空间、对于艺术多元化的探索。

民间传统雕刻的适形性特征

【作者】金星

【刊名】南京艺术学院学报（美术与设计版），2014 年 05 期

【摘要】本文以民间传统雕刻中具有适形性特征的作品加以分类研究，阐明适形性所体现的因材施艺的设计原则和规范性、易操作性的工艺特征，并分析了其所反映出的审美心理特征和社会文化心理模式。

扩展与融合
——浅谈陶瓷材料介入综合艺术

【作者】于清婵

【刊名】美术教育研究，2014 年 06 期

【摘要】随着当代艺术的多元化发展，综合材料在艺术中的使用更加广泛和深化。当代艺术品往往突破一种材料的限制，将各种媒材交互作用，从而创造出一种新的艺术形态。现当代陶艺的发展也顺应了这样的趋势，试图突破单一的材料语言，通过扩展与融合的手段介入综合艺术，在综合的语言环境中寻求更广阔的发展空间。

滥用的“材料”

【作者】杨简茹

【刊名】美术观察，2014 年 06 期

【摘要】随着当代艺术创作的“跨界”现象越来越普遍，艺术的形式和观念发生了巨大变化，艺术创作中材料的运用越来越成为艺术表现中的重要组成部分。传统工具的长期使用和不变的材料媒介有时会阻碍艺术创作语言表现的单一，新的材料和新的技术的出现，势必激发对材料探索的创新和突破。以往狭义的传统创作材料开始向综合材料转变，多种材料媒介的综合使用，让艺术创作展现出更多的可能性。但是当一切都有可能成为材料时，并不意味着材料可以滥用。

雕塑发展的转型策略

【作者】屈峰

【刊名】雕塑，2014 年 06 期

【摘要】笔者首先论述了近百年的发展。认为，雕塑在社会上所处的位置、雕塑与社会的关系，都产生了相应的变化，取得了不断的发展。从集体意志下的宣传功能，到个体化的自我表现，雕塑逐渐扮演着更多的角色。但是，仔细审视却发现，在这一发展过程中，雕塑依旧是少数人享有的专权。虽然，当代雕塑艺术的收藏机制已经很发达，但是，这仍旧改变不了雕塑与社会生活之间存在的距离感。笔者进而提出雕塑的权利问题，认为：今天的现状是，雕塑家的独立性和个人权利较之以前取得了较大的发展。雕塑的审美主体也有了一定的扩展和变化。普通市民的介入，在一定程度上改变了权力阶层对于雕塑艺术的专权，但是这种力量也仅仅局限于少数具有艺术知识背景或富有阶层的人群。而且，雕塑作品作为人们审美客体的作用，也常常被限制或者被扭曲。一般而言，雕塑家的权利决定了雕塑的创作定位和语言形态，而雕塑作品的意义和思想却需要观者来定义和完成。这样才能真正实现雕塑作品的价值。当作品被雕塑家所独立拥有时，雕塑作品是不完整的。作品的意义只有在进入到社会交往中才能体现。

问题不在“材料”本身

【作者】葛玉君

【刊名】美术观察，2014 年 06 期

【摘要】所谓材料的“滥用”，在此至少包含两种含义：其一，是“中性”的概念，意指对艺术领域中，所出现的各式各样材料这一现象的描述。其二，带有对这一现象强烈的质疑与批判。当然，在笔者看来，这种质疑与批判的背后，不仅面对着创作材料“滥用”的现象，更进一步引申出对这种“滥用”现象进行阐释的合理性与合法性缺失的困境。

由“材料的滥用”所想到的

【作者】刘军平

【刊名】美术观察，2014 年 06 期

【摘要】自从 20 世纪 80 年代以来，我国美术界积极大胆地引进西方的艺术理念及其材料形式，尤其在美术的外在形式上大下功夫，从而一改新文化运动以来未完成的艺术现代性，尤其对于以前艺术材料的单一性改革取得了巨大的进步。但是，矫枉难免过正，美术类学生和许多艺术家创作中，或多或少地将大量的时间放在了材料上，而对艺术思想、艺术形式语言注重的过少，为了材料而材料，甚至成为材料的奴仆。任何一件事情的有效，必须立足于一定的问题意识，当前艺术界最需要的已经不是艺术材料的外在问题，而是指向图像的社会学，不再是局限于艺术形式本体范围之中，一个令我们眼球能受到一点点刺激的材料而已。

陶艺造型艺术与实用性研究

【作者】石景萍

【刊名】美术学报，2014 年 06 期

【摘要】本文通过对古陶、现代陶瓷以及国外的一些陶艺作品的考察研究，分析了陶艺造型的艺术性与使用性相结合的具体问题，提出了好的陶艺作品要切实地从设计意识和实用目的相结合出发，以及要把造型手法和装饰艺术的审美性等相结合的观点，目的是对陶艺造型容易出现的不协调问题找到解决的具体方法，对陶艺造型设计中的理解、分析、制作等，都形成很好的借鉴意义或指导作用。

雕塑与设计
——论二者的差异与融合

【作者】马文甲

【刊名】雕塑，2014 年 06 期

【摘要】雕塑与设计，在名词性的概念中代表两个专业学科，雕塑学科和设计学科，在国家的教育部学科设置中，雕塑专业归于美术学，而设计称为设计学。从内容上来讲，雕塑虽然在概念的界定上不断地在进行着扩展，语言的实践和认识观念的变化使得雕塑的概念不断地模糊化。笔者以“精神产品与实用功能”“空间的表现与视觉传达”“动手与创意”“艺术家与设计师的思维：个人情感与大众认知”“传播的途径与影响力的呈现”“艺术创造只有第一，实用设计只有更好”“雕塑与设计的融合”“面临的困境”为题，分别从八个方面对论题做了阐述。笔者指出，艺术的不同门类都有着自己的存在特性和发挥功能的领域。而雕塑与设计在创作价值的思考和视觉语言的创新上，可能并不完全的相左。艺术创作的跨界和融合，才是真正的使我们能够开辟新的领域的方向和可能。

当代陶瓷雕塑中被“异化”的身体符号

【作者】谢恒强

【刊名】美术观察，2014 年 07 期

【摘要】身体艺术一直是视觉艺术的表达重心，因为在社会结构中，身体既是文化符号的存在物，又是人在现实环境中对自身存在的观照与反思。艺术家热衷于对身体的表现更是对“人”从文化以及现实存在层面的审视与思考。在当下中国消费主义盛行的社会语境里，裹挟着商业、世俗气息的身体符号随处泛滥，同样在艺术领域对身体符号的表现也发生着令人眼花缭乱的变异，尤其是当代艺术中，身体被艺术家运用不同媒介、材质表达而成为最显著的审美符号。在今天，对身体的关注与表现，似乎成为艺术家言说自我立场的最后根据地。

中国当代人物陶瓷雕塑的创作表现

【作者】朱芳芳

【刊名】佛山陶瓷，2014 年 07 期

【摘要】随着时代的发展，中国的人物陶瓷雕塑的表现形式也在不断地发生着翻天覆地的改变，尤其是在目前信息时代的背景之下，更多的西方文化和思想涌入中国，对中国的人物陶瓷雕塑产生了较大影响。在这样的背景之下，如何充分的体现出中国人物陶瓷雕塑的独特文化底蕴，

彰显中国的文化特色，已经成为了中国当代人物陶瓷雕塑的未来发展趋势。针对这样的情况，本文将采用复合的视角，对中国当代人物陶瓷雕塑的创作表现进行分析。

浅谈生活陶艺

【作者】郑振雷

【刊名】美术大观，2013 年 07 期

【摘要】生活陶艺开始作为陶瓷艺术中一个新的领域，在现代设计思潮冲击下的现代陶艺创作中扮演着重要的角色，并且密切地满足着人们在物质和精神生活上的需求。在装点家居、增加生活情趣的同时，还通过艺术创作表现纯朴、自然、宁静的气息，使人们保持轻松平和的心态，享受一种悠闲怡然的生活。本文从生活陶艺的演变，现代家居文化对生活陶艺的影响，生活陶艺存在的意义三方面来论述生活陶艺在现代家居生活中起到的重要作用。

《写真秘诀》与中国传统人物雕塑造型语言

【作者】

【刊名】美术导向，2014 年 7 月

【摘要】中国传统雕塑人物作品存世量多且质精，形式语言很有说服力，但理论文献的缺失一直是研究的难题，其中与人物造型语言直接相关的内容更是稀缺、零散，仅有的专著《元代画塑记》的内容也只以用料为主。中国传统人物画论著述颇丰，有针对性地搜寻其中可依托的造型理论，并与传统雕塑有机联系起来做深入、系统的研究，无疑是梳理传统人物雕塑造型语言的有效途径。

浅谈雕塑创作中形体语言与情感表达的把握

【作者】霍健

【刊名】美术大观，2014 年 07 期

【摘要】雕塑是一种在三维空间中表现形体的造型艺术。是雕塑家对于自然事物主观认识的再创造，并以此来抒发雕塑家情感的艺术形式。这种造型艺术的主要表现形式是通过不同的空间形体与形体的组合，来塑造立体的艺术形象，这种形象是具体的，可触摸的，并且是有真实空间存在的。雕塑家就是通过这种具体的艺术形象，来表达他们内心的情感与精神，并且，通过这种情感和精神，与观看者产生思想上的共鸣，以此来感染观看者，实现雕塑家的创作目的。笔者认为在雕塑创作中，形体的塑造是一种有效的表现手段，而精神与情感的抒发，则是雕塑家所追求的目的。因此，在雕塑创作中，一定要尽可能地处理好形体与情感之间的关系。

浅谈动漫元素在当代雕塑中的应用

【作者】巩杨

【刊名】美术教育研究，2014 年 08 期

【摘要】随着社会精神文明的不断进步，传统雕塑在遇到独特、新潮的动漫元素之后，呈现出多元化的特征，由此动漫雕塑这种新的艺术形式产生了。动漫雕塑的出现标志着雕塑艺术的巨大变革，它对美化场景环境、推动当代城市化进程起到了重要的作用。

中国当代雕塑的身份转向——当代雕塑分析与研究

【作者】金迪、肖福科

【刊名】美术大观，2014 年 08 期

【摘要】雕塑概念的发展从依赖于精英文化审美到大众文化审美，经历了由传统、独立、封闭的艺术特点到包容、客观和多元的发展历程。于是，当代雕塑的身份也发生了转向。当代雕塑艺术的身份转向往往体现强烈的文化价值观。它的身份转向也具有博大的包容性，它体现的是当代雕塑艺术的熔融与多元共生。当代艺术的身份转向不断拓展当代雕塑的生存环境与艺术境界。在今后的当代雕塑艺术发展中，随着它所吸收的艺术类别不断增加，当代雕塑艺术的身份转向必然会不断地进行，雕塑艺术所代表和折射的文化价值观念也会不断地发生转变。作为从事当代雕塑艺术的人，不能自满于当下所取得的成就，在未来的学科不断完善、进步的大背景下，深入探求雕塑艺术的身份转向为我们带来的反映价值观的艺术高峰，将是一件令人神往的神圣使命。

对民间泥塑两种白色颜料属性及工艺的考辨

【作者】顾浩

【刊名】装饰，2014 年 08 期

【摘要】中国民间泥塑多以白为底色，传统白颜料被俗称为“大白粉”。粉制泥塑的白颜料究竟是什么物质？泥塑所用白颜料的配制工艺如何？根据相关文献和笔者近六年的田野考察资料对比，本文认为：传统民间泥塑所用白颜料，瓷土和铅白为重要的两大类，因产地不同，两种白颜料属性和工艺亦有较大差异，笔者就此做了调查分析和研究。

不应把雕塑的精神追求让位于物质消费

【作者】朱明

【刊名】美术，2014 年 09 期

【摘要】1981 年，时任广州美术学院雕塑系主任的潘鹤在《雕塑的主要出路在室外》一文中这样写到：“室外雕塑是城市精神面貌的构成部分，是别种文化形式难以代替的，往往一个城市有无艺术品的建立，反映出它有无文化，正如一个家庭有无艺术品陈设，反映了主人的文化修养一样。往往一件广场雕塑可以反映出该城市的文化水平和文明程度，这种感觉在初到一个城市的时候是非常明显的……”此文一出，用今天的话来表述，即潘鹤老师为当时的中国雕塑找到了一个最有消费能力的艺术市场。在我看来，在进入消费社会之后，不管是城市雕塑还是架上雕塑，它们的基本概念没有错，错就错在，我们把雕塑的精神追求让位于物质消费，用物质消费来决定精神追求，这是很令人遗憾的。

从中西木雕跨文化对话谈创新

【作者】沈元

【刊名】装饰，2014 年 09 期

【摘要】相较于西方木雕艺术的抽象性，中国木雕更注重写实性。中国木雕表现概念大于形式，西方木雕表现形式大于内容。西方木雕不重视师承与传统，它们直面自然、直面生活，直抒人性、直白个性，具有儿童般的坦率而无所掩饰（西方人从培养孩子自由发展与开拓精神为出发点，认为人从出生起就是一个有独立意愿的个体），表现出颠覆存在、重拓自我的天性与个性。中国木雕在几千年文化冠冕的笼罩下，作品被无以复加的雕琢。雕琢越精，路子越窄，继承传统很多时候成了千人一面和千年不变，缺乏对个性的尊重，也缺乏对时代的文化敏感，积淀为致命的缺陷——缺乏创新！“世界历史是每个时期的现代史”。依此可说，中国近几十年以来的木雕作品很多不太可能在历史上留下烙印。

浅析传统木雕艺术在现当代设计中的应用

【作者】张凯

【刊名】美与时代，2014 年 09 期

【摘要】在中华民族的文明史中，木雕艺术是历史悠久且具有代表性的中国传统民间工艺美术形式。“断木为杵”“伐木杀兽”“剥木以战”是古人创造木雕艺术的开端。中华文明经历了几千年的变化，木雕艺术也在不断地进步与发展。如今随着多元化的步伐，在现当代设计艺术中，传统工艺美术与现代设计不断地碰撞、融合，木雕艺术的发展有了新的属性。希望今后进一步增进对木雕这一独特工艺美术的新认识，并且能够恰当地应用传统木雕艺术，为现当代设计艺术实践做出新贡献。

塑造与表现
——浅析雕塑艺术中的塑造塑痕

【作者】刘玉庭

【刊名】美术观察，2014 年 10 期

【摘要】塑造在所有艺术表现中是一个非常宽泛的概念，包括主题塑造、情感塑造、形态塑造等诸多方面，而在雕塑艺术表现中我们主要分析的是形态塑造。雕塑的形态塑造也是由雕塑本身特殊的艺术方式所决定的，它是通过某种物质材料塑造出具有体积、空间特性的物质实体，因此，具有相对复杂的创作流程。在雕塑的造型过程中，各个阶段的制作都会在作品中留有痕迹，例如在雕塑的第一步——泥塑过程就会留有手印以及工具的痕迹，在模型翻制的过程中就会留有模型分块的痕迹，在金属铸造中还会留下铸造的痕迹以及石雕创作中的刻凿痕迹等。这些痕迹也在不知不觉中把艺术家自身独特的艺术气质、审美修养、思想情态表现出来。

雕塑创作中的情感表现

【作者】龙忠

【刊名】美术教育研究，2014 年 11 期

【摘要】在雕塑作品中，表达可以是观念、个人想法，也可以是情感或者其他。作者在创作过程中，把原始材料进行加工处理、拆卸重组，将情感巧妙地融入雕塑，通过雕塑的材料、体量和形式反映自身的情感。

中国现代陶艺发展反思

【作者】刘颖睿

【刊名】艺术评论，2014 年 11 期

【摘要】我国现代陶艺发展中存有的问题关于“现代陶艺”的概念在国内的学术界一直较为模糊，至今似乎也没有一个广为认同的定义。纵览多位陶艺从业者就这一概念的描述，众说纷纭，其中不乏互相矛盾者。通过比较分析，就“现代陶艺”的概念有以下几种较为流行的观点具有片面性。笔者认为：我国有着优厚的陶瓷文化，且长时间处于世界领先地位，但在现代陶艺发展的进程中，自身出现了诸多问题，如理论水平有限、发展思路模糊等。纵览世界现代陶艺发展的历史，这些问题在其他国家的发展过程中也都出现过，因此我国现代陶艺发展不仅需要借鉴他国的经验，应更具有反思意识，加强理论研究与实践探索，在优秀传统陶瓷文化的基础上更具有开放性和包容性。

装置雕塑的创作思维解析

【作者】宋阳

【刊名】美与时代（中），2014 年 12 期

【摘要】在物质和精神飞速发展的时代，人们的思想越来越前卫，越来越与时俱进，越来越重视对美的要求，不论是现代主义艺术还是后现代主义艺术，是保守还是开放，都会被广大群众所接受，装置雕塑由此得到了广阔的发展空间。越来越多的流行元素被加入进来，使得雕塑艺术得到全面飞速的发展。它作为一个立体抽象的艺术，能够直观地表达出人们所要表达的情感，给人以心灵和视觉上的冲击震撼，更加完美地诠释了什么是真正意义上的美。将装置艺术与雕塑艺术完美结合，使得雕塑不仅仅局限于静态上的表达，更是运用多重效果，把实实在在的雕塑从某个角度上，展现出它的动态美。

公共·艺术

艺术设计学研究视野中的公共空间与公共艺术

【作者】张琦

【刊名】艺术评论，2013 年 01 期

【摘要】“公共空间”的概念在不同的学科中所界定的含义是不同的，因为不同专业的研究视野、研究方向和关注点也不同。社会学所关注的公共空间涵盖的范围非常广。一个社会的有机体，存在各种不同的交往活动，当这些社会关联具有某种公共性并相对固定下来时，便构成了具有“社会学”意义上的“公共空间”。

浮雕在环境景观建设中的应用研究

【作者】闫晓琼

【刊名】美术向导，2013 年 01 期

【摘要】浮雕在环境景观中发挥着重要作用，它如同城市中有机闪动的眼睛，可以有效塑造“场所精神”，推动市民对艺术的感知和艺术精神的交流，对公共生活起到重要的美学熏陶。设计师应根据浮雕的设置场所设计浮雕的主题和形式，使我们的生存空间更完美、更和谐。

浅析具有解构主义思维之城市雕塑形式

【作者】张曜

【刊名】美术大观，2013 年 01 期

【摘要】本文以城市雕塑具有的解构主义思维为出发点，研究和探讨其表现形式和手法，对解构主义思维形式的城市雕塑进行分类和定位，说明解构主义思维是城市雕塑极有价值的手法。解构主义提倡以暴露结构的非稳定性向结构的稳定性原则质疑，以破碎、不完美的因素去打破和谐统一原则的设计形式，以多样性来拓展人们的审美领域，并逐渐影响到城市雕塑。具有解构主义思维的城市雕塑，大致表现出散乱残缺、错置破碎、消解中心等形式。具有解构主义思维的城市雕塑，在手法上是追求偶然、巧合、分裂、不协调、不连续、不稳定、随意的形式，但是在具有动感的作品表象背后，它们呈现出了共同特征，即对复杂世界的精神思考。它们在于重塑今天人们的审美思维，再建新的功能，达到找寻自身存在意义的目的，体现出了后现代主义的优越性。

埃菲尔铁塔的启示——公共艺术的“公共性”之再探讨

【作者】李峰

【刊名】天津美术学院学报，2013 年 02 期

【摘要】圣经是与上帝连接的纽带，然而“圣经”也是一个可以触及灵魂深处的梦想，绝不仅仅是神学上的宗教工作项目而已。正是这个古老而神圣的梦想，正是这个摆脱了所谓技术支撑的梦想，最终产生了无数的描绘圣经的经典作品，似乎艺术的功用就是去揭示一些深奥但却无用的事物。就像埃菲尔铁塔，几乎立刻就脱离了那些能使它得以存在的科学性考虑（就是铁塔必须具备实用性这一事实），它就从人类无限变幻的梦想中呱呱坠地——埃菲尔铁塔体现了一种信念，这种没有任何实用性的信念就是，要让埃菲尔铁塔永远矗立在人类的想象空间中。

城市雕塑存在与发展的思考

【作者】贺伟、李艳文

【刊名】美苑，2013 年 03 期

【摘要】城市雕塑是通过艺术手段装饰城市的重要构成元素，是实现城市的美化、承载历史记忆的重要的视觉立体艺术形象。城市雕塑是城市艺术的重要构成要素，能够通过逼真的三维立体形象，宣泄出一个城市的人文特点和文化品位。许多优秀的城雕对观赏者能够构成视觉冲击，它们所焕发出的城市文化艺术底蕴沁人心脾，人们似乎通过它们闻到了这座城市的气息，触摸到这座城市的脉动。由于城市雕塑的信息传递方式直观、简洁、形象，游客、经济考察团体等外地客人，只要在城市雕塑前观赏几分钟时间，这个城市的文化特点就会了然于胸，从而使这个城市的文化特点播扬八方。

雕塑在公共空间环境中的主导作用——美国西雅图奥林匹克雕塑公园和西雅图中心印象

【作者】何镇海

【刊名】雕塑，2013 年 04 期

【摘要】奥林匹克雕塑公园这座占地面积仅有 8.5 英亩的雕塑公园，背靠城市而面向大海。在这样一个复杂的地形环境中，设计师把这个雕塑公园梳理得有序而美观。雕塑公园的布局独具匠心，充分地利用地形的高低错落，起伏变化的特点，根据不同区域的空间环境，设置了 20 多件抽象雕塑，把整个公园的空间环境装点得格外新颖。雕塑与空间环境完美地融合，形成了一道亮丽的艺术景观。游人可以在这闹中取静的公共空间环境中，漫步欣赏着形式多样、风格独特的抽象雕塑和风光绮丽的蓝色海湾。此处环境真是一个休闲和陶冶心情的好地方。

天津小洋楼建筑装饰浮雕艺术特色浅析

【作者】韩邦跃

【刊名】雕塑，2013 年 04 期

【摘要】梁思成先生曾经说过："艺术之始，雕塑为先"。浮雕艺术作为天津小洋楼建筑装饰的重要组成部分，具有重要的文化价值、观赏价值和使用价值。本文从内容与形式、材料与作法、浮雕与建筑的关系等方面，对天津小洋楼建筑装饰浮雕进行了分析。

首义广场公共雕塑课题的研究价值与文化意义

【作者】张松涛

【刊名】湖北美术学院学报，2013 年 04 期

【摘要】公共雕塑在城市景观设计中起着特殊而积极的作用，述说着民族发展的历史，凝聚着民族的精神和传统，见证城市发展的每个足印，代表着每一历史时期的精神面貌。本文通过对武汉市首义广场公共雕塑的调查研究，以此为切入点，进而深入探讨湖北地区城市公共艺术文化的发展，从审美价值与文化价值上去分析其研究意义，从而证实对湖北省经济文化建设中积极发展有地方特色的公共雕塑的系统研究，将对研究湖北地区本土文化和城市文化起着锦上添花的补充作用。

绿色雕塑初探

【作者】赵强

【刊名】美术教育研究，2013 年 05 期

【摘要】绿色雕塑是在新的时代背景下产生的新兴艺术形式，受到人们的广泛欢迎。绿色雕塑在城市建设中的运用，构成了一个个绿色环保、有生命力、不断变化成长的环境艺术品。高雅的雕塑艺术融入绿色的园林生态景观，成为受社会各界青睐的新景观。

公共艺术的实验与研究——以河北省承德市滦河南路雕塑为个案

【作者】王虎

【刊名】雕塑，2013 年 06 期

【摘要】随着城市经济的飞速发展，居民对城市环境的要求，从功能需要逐渐上升到对精神层面的追求。城市雕塑在公共艺术中，作为一个重要载体介入城市空间，与周围的环境互为影响，有效的提高了城市环境的品质。同时还对生活于此、生长于此人们的文化素养、审美素养以及自律性，起到潜移默化的改善与提升。使审美主体摆脱了传统美学和专家学者的限制，在审美体验上提供了更多的可能性。2010 年夏，受河北省承德市高新技术开发区的委托，由北京美术家协会雕塑与公共艺术委员会、北京希象环境艺术设计有限公司设计并实施了 16 组城市休闲人物雕塑小品，成功安置在承德市高新技术开发区的滦河南路绿化带中，这一系列雕塑作品为开发区的环境注入了浓浓的艺术气息。真正做到了"将艺术还给了百姓"。

城市意象对城市景观雕塑创作的影响

【作者】雷兴福、谌凤莲

【刊名】雕塑，2013 年 06 期

【摘要】城市意象对城市景观的总体规划是有制约作用的。城市景观的塑造必须尊重城市特色，与城市山水环境、文化底蕴相结合，因地制宜，充分挖掘城市的潜能，并加以突出与创新。在城市景观中，景观雕塑是一个重要的组成部分。因此，城市意象对城市景观雕塑的创作也具有强大的约束力。同时，城市景观雕塑的存在对城市意象的形成也起到推动作用。

环境陶艺与公共艺术的融合

【作者】郭铁军

【刊名】雕塑，2013 年 06 期

【摘要】现代陶艺作为实实在在的视觉艺术，以其视觉冲击传达给受众强烈的艺术感染力。作为公共艺术的重要组成元素，在当今城市建构中，体现了强烈的时代特色和审美艺术价值。公共艺术表现形式的多元化，为环境陶艺作为公共艺术新的表现形式，找到了发展的理由。同时，环境陶艺所具有的独特艺术魅力以及日益重要的社会地位，促使广大艺术家们不断地去探索其对公共艺术的介入方式及其在城市公共环境艺术设计中的应用价值。

城市公共设施创意设计

【作者】周韧

【刊名】艺术评论，2013 年 06 期

【摘要】一个城市的现代化程度，既包含着公众对环境的整体印象和总体评价，也包含社会公众对城市各个细节的直观感受。随着中国经济不断发展，城市化发展日益加速，城市面貌日新月异，大中城市人口规模和聚集效应日益得到体现。在这种对城市不断抓"大"的同时，也更应该同时兼顾城市环境中一些"小"的细节。公共设施的创意与视觉意象，直接影响着城市整体空间的规划品质，并忠实地反映了一个城市的经济发展水平以及文化水准，其创意设计也日益成为凸显城市个性和细节的重要载体。公共设施的创意，从设计角度既跨越了视觉传达、环境艺术和产品设计三个方向，从传播和艺术角度也承担了城市广告、品牌宣传、历史人文底蕴和审美作用，看似微观的公共设施设计，其作用却举足轻重，优秀的公共设施设计本身，也构成了整个城市特色文化的重要组成部分。

新美学的崛起——公共艺术与城市文化建设研讨会综述

【作者】辛文

【刊名】美术观察，2013 年 08 期

【摘要】由中国美术馆馆长范迪安、中央美术学院人文学院副院长余丁策划的"从卡塞尔走来——漳州国际公共艺术展"于 2013 年 6 月 16 日至 11 月 30 日在福建漳州碧湖生态公园展出。同期举办的"新美学的崛起——公共

艺术与城市文化建设研讨会”邀请文化部艺术司副司长诸迪等出席。诸迪认为，如何充分发挥艺术在城市生活、公共领域的社会职能，为我国仍在高速推进的城市化建设提供可持续发展的文化动力，发挥它的独特作用，不仅是城镇化建设的重要内容，也是我们当前建设美丽中国、全面建成小康社会的重要抓手。

从“小便器”到“大黄鸭”

【作者】李亮

【刊名】美术观察，2013 年 09 期

【摘要】1913 年，杜尚拿他的名为《泉》的小便器作品在美术馆展出后，自此打破了艺术与生活之间的界限。2013 年，霍夫曼在香港展出他的作品《大黄鸭》，之后“大黄鸭”便在武汉、重庆、杭州等多地被复制，又一次引起了人们对当代艺术随意“复制”的诟病。其实在这一百年里，艺术界始终对于艺术家拿来现成品或简单放大后作为作品，以及民间对这些艺术品进行“山寨”问题的争论不休。但有一点可以肯定，当以后现代审美视角审视当代艺术时，大家应该共识的是：“审美性”已经不是当代艺术的核心，取而代之的是艺术的商业性、娱乐性和观念性。

地方重塑
——公共艺术的永恒主题

【作者】汪大伟

【刊名】装饰，2013 年 09 期

【摘要】地方重塑是 2013 年“国际公共艺术奖”和论坛的主题。作为公共艺术的永恒主题、出发点和归宿点，地方重塑是由公共艺术的属性所决定的。它从各个角度引导了城市生活与地域文化等方面的思考与探索，公共环境里的艺术作品和艺术形式也越来越反映出与生活和公众的联系，强调关注现实与精神等的社会问题，更以“地方重塑”的内容与形式重新拾起城市失落的灵魂。地方重塑的理念从不同角度关注和诠释城市生活与地域文化，关注人文、历史脉络与公众日常生活，体现出公共艺术对社区再造及重塑市民文化生态的意义。

城中村空间价值重估
——当代中国城市公共空间的另类反思

【作者】吴昆

【刊名】装饰，2013 年 09 期

【摘要】“城中村”的原始聚落形态经历了剧烈的“空间撕裂与重组”，在当代城市发展过程中形成了从“自然村”到“边缘村”再到“城中村”三个明显不同的阶段。城中村相对于现代城市形态，是一种特殊异质的空间形态与社会现象，其空间秩序作为一种“镜像”的异质空间，不断对比和消解着现代城市的“公共空间噩梦”。“公共空间”已无法起到“让不同的阶级和种族群体混合”的“社会安全阀”作用。“城中村”所体现的逻辑，正是主流城市空间所缺乏的：开放与交流、互助与共享的社区、从不需要激活而活力四射的街道文化、多元化的生活方式和居住方式、灵活多变而又因地制宜的空间结构。在参与世界城市竞争中，城中村有可能提供比单纯的土地供给更大的价值，这就是城市表达上的“差异性资源”。“城中村”已经是当代中国一种城市化的空间，城中村的空间形态和肌理，对于当代探索中国社会的认知与美学价值具有十分重要的意义。

居住区景观中的雕塑艺术

【作者】邓威、刘畅

【刊名】美术大观，2013 年 09 期

【摘要】在居住区景观设计中，雕塑小品的设置能够较好地反映该小区的品质定位，体现小区的文化内涵。通过这种大众的艺术来引领人们的审美，使人们在自己的“家”中感受艺术的魅力。所以我国居住区景观雕塑在今后的创作中，要突出风格，注意与小区文化背景、当地的地域特色等相协调。与此同时，在重视生态文明的今天，雕塑材质的运用也有待改善，现代人们更偏爱有自然亲和力和现代感的雕塑，如木、玻璃等，在造型的选择及材料的运用上，我们要勇于创新，为人们的生活环境的改善做出积极贡献。

局限与拓展
——中国公共艺术状况及问题刍议

【作者】翁剑青

【刊名】装饰，2013 年 09 期

【摘要】中国近 30 年来的城市公共艺术的演进，经历了从纪念性、叙事性到唯美性及装饰性，再到多元化及综合性的类型和观念的变化。然而在上世纪晚期的实践中大都是重在视觉形式的美学追求和以“城市雕塑”方式为主的审美经验的表达，缺乏与社会现实的对应和公共参与。在进入 21 世纪之后至近期，随着城市再开发和社会文化的多元化发展，国内公共艺术的观念与实践开始逐渐关注艺术与现代城市职能的关系，以及艺术与公众日常生活的关系，从另一侧面显现其公共性、当代性。从而使得艺术介入城市公共空间的建构，并使艺术审美与社会性、地域性、场所性、功能性、生态性等诉求的整体关照成为其前沿问题。由于城市文化与社会生活的历时性和动态性，决定了公共艺术必然是现当代艺术的一个有机部分，适时、因地、多维度地反映社会生活中的情感、新知和问题，恰是公共艺术的重要职责和文化属性之一。

浅析雕塑在公共环境艺术中的表现形式

【作者】冼宁、梁嘉女

【刊名】美术大观，2013 年 10 期

【摘要】现代公共环境艺术设计，不仅仅是停留在外在美观的层面上，设计的出发点是人与自然的和谐相处。环境艺术设计中的重要元素——公共雕塑，其表现形式也要遵循为人服务的本质。如今，空间中的雕塑不再是单一

的艺术品，在某些环境下，又被作为环境艺术设计中的元素，反映着当地人们的内心需求和精神风貌。当雕塑在环境中作为一个单元存在时，其表现形式就是为了体现人与环境的交流意识，建立物质与空间的关系，进而去诠释自然环境的精髓。未来社会是个多元化的社会，会有更多的材料、表现手法融入公共环境设计中，在现有公共环境下，探讨公共雕塑表现形式，使之更好地融入生活中。

浅论当代黑龙江雕塑创作

【作者】于猛

【刊名】美术教育研究，2013 年 10 期

【摘要】在当代，雕塑作为艺术创作的表现形式之一，表现出了其独特的艺术价值，同时蕴含浓郁的地域文化气息和人文精神，以良好的视觉效果吸引了人们的眼球，从一定程度上来讲，它是丰富人们精神文化生活的必要元素之一。基于此，笔者以黑龙江雕塑为例，立足于黑龙江地域文化背景，探求黑龙江雕塑创作独特的文化气息与精神导向。

景德镇文化公共艺术的视觉形式

【作者】赵娟

【刊名】艺术评论，2013 年 11 期

【摘要】本土文化是指人类在长期适应自然、改造自然的实践中产生的具有一定区域特征的文化，它具有扎根本土、世代传承、相对稳定的特点。从内容上看，本土文化中涉及该区域内人们生活中的物质文化、制度文化、精神文化，如：自然环境、饮食文化、习俗文化、生态文化等。从时间维度上看，本土文化既包括了根植于历史背景的、相对稳定的传统文化和基于现实生活的、融合发展的现代文化。本土化设计是指基于本土文化进行的设计，要求设计从本土文化中汲取精华，进而形成具有文化特征的设计造型。

浅谈国内城市雕塑的现状

【作者】程坤

【刊名】美术教育研究，2013 年 14 期

【摘要】随着城市的不断发展，城市雕塑如雨后春笋般涌现出来，然而在城市雕塑的建设上存在许多不足。在商业利益驱使下，在低素质、低水平的城雕从业者的创作下，在急功近利的城市管理者的催促下，雷同而乏味、无聊而空洞、扭曲而变形的城市雕塑泛滥，污染了城市的环境和公众的审美。这样的状况不得不令人们深思。笔者认为，小型雕塑放大化、创作主导权的归属不清、城市雕塑创作跟风模仿是主要原因，对此笔者总结了国内部分城市雕塑建设中存在的若干问题，并在此基础上作了简要剖析。

地域文化背景下的白银市城市雕塑创作研究

【作者】苏云

【刊名】美术教育研究，2013 年 19 期

【摘要】随着城市更新和改造步伐的加快，城市雕塑得到了城市管理者和广大市民的普遍关注。笔者以地域文化为着眼点，在分析城市雕塑的基础上，对两者的关系进行了思考与研究，并针对白银市的地域文化特点，提出了“五彩白银”的特色文化定位，设计创作了一组与此定位对应的城市街道小品雕塑，从而为更好地开展地域文化建设和创造城市特色雕塑提供一条有效的探索途径。

关于中国城市雕塑现代文化艺术的思考

【作者】孙伟华

【刊名】美术教育研究，2013 年 19 期

【摘要】随着社会经济的飞速发展，我国城市环境发生了很大的变化，而雕塑作为城市环境的一部分，其建设也越来越多。笔者对我国城市雕塑的现状、城市雕塑发挥的作用作了分析，进而强调，城市雕塑创作是城市建设中非常重要的部分，城市雕塑同城市环境是互相融合、和谐共十的关系。同时，城市雕塑也是城市文化的延伸，一定要同城市的人文环境与地理环境相融合，并要充分反映城市独有的人文环境与地理环境。城市雕塑就好比城市的名片，可以代表城市的文化，展现城市的精神风貌。优秀的城市雕塑不仅可以给人们带来美的享受，还可以传递思想内涵，充分表达出城市的人文精神。

从东莞潢涌村十八名人像看雕塑对地域文化价值的塑造

【作者】谭旭

【刊名】美与时代，2014 年 01 期

【摘要】雕塑艺术起源古老，雕塑内所隐含的文化价值是连接人类物质世界与精神内涵的桥梁。人类的文化活动对雕塑的内容和形式起着决定性作用。反之，人类对文化价值与精神价值的塑造，也是通过雕塑的形式与内容来实现的，即雕塑影响着人类的精神与文化价值取向。本文作者以自身在东莞潢涌村，为十八位地方历史名人塑像的一次成功艺术实践，以小见大，透析雕塑艺术对人类地域文化价值的隐性塑造作用。

城市绿道空间的公共艺术介入初探

【作者】张健、吴文洁

【刊名】美术学报，2014 年 01 期

【摘要】随着国内城市绿道的发展与完善，城市绿道空间已经成为市民休闲健身娱乐和公共交流的重要场所。但是我们对珠三角的城市绿道进行调研，从而发现大部分城市绿道有形（形式）无物（内涵），难以带来审美上的愉悦和精神上的感动，它在城市风貌塑造、市民公共生活构建、城市文化传承方面所起的作用并不乐观。城市绿道不应仅仅是提供一条可以步行和骑车穿越的道路，而更应是市民生活的“客厅”、城市历史文化的“展厅”和城市公共生活的“舞台”。本文试图探讨公共艺术介入城市绿道空间的原则、方法与策略，为城市绿道的建设与发展提供

相应的参考与借鉴。

美的符号
——公共艺术的有形与无形

【作者】陈金金

【刊名】美术文献，2014 年 01 期

【摘要】公共艺术通常是指以各种媒材创作，且置放或附加于公共空间的艺术作品。例如人行道上的铜像，或是公园里的纪念碑。公共艺术也可包括公共空间里的各种艺术表现，例如建筑物，或是可以使用的物品与设施，如桌椅和路灯。对符号学中美学原则的研究总结具有指导意义，用于指导设计创作，而不是一套设计公式。著名的美国建筑设计大师路易斯·沙利文说过这样一句话："制造公式是危险的，它会扼杀真正的艺术。"对美学原则中有形与无形的理解和研究过程中，要注意到它们研究的创新方式和方法，但是作为方法论的指导作用而言，在具体的设计实践中要理解运用、融会贯通，不能模式化、生搬硬套。

公共空间的艺术审美（对话）

【作者】《雕塑》杂志记者

【刊名】雕塑，2014 年 01 期

【摘要】2013 年 12 月 21 日，由韩美林艺术基金会设立的"韩美林日"在中国确立。当天举行了首届"韩美林艺术讲坛"，围绕着《公共空间的艺术审美》这一主题，邀请多位当今艺术界、思想界、评论界等有独特建树或研究成果的国内外大家为主讲人，从雕塑、建筑、艺术审美等角度，同台共论发表精彩演讲。本文特摘录研讨会上，纽约新世贸中心大楼设计师丹尼尔·里伯斯金、著名作家文化学者冯骥才、号称房地产企业家里的哲学家冯仑、著名雕塑家钱绍武、建筑学家冯其庸等学者的精彩发言，与读者共享。

"地方重塑"：国际公共艺术的启示

【作者】潘力

【刊名】美术观察，2014 年 01 期

【摘要】兴起于 20 世纪 60 年代的"公共艺术"常被理解为放置于公共空间中的艺术作品和环境设计作品，经过在世界各国几十年的发展，"公共艺术"已经成为旨在积极参与地域建设和文化重塑的一种文化运行机制，推动了地域人文精神的发展。笔者从：一、梳理和挖掘地域历史和人文生态；二、研究和优化地域生活方式和社会互动；三、整体性、历时性的区域文化生态工程；四、激发自我生长的机制及结语；四个方面介绍了国际公共艺术近年来的理念发展，介绍了上大举办的首届国际公共艺术展和论坛的情况。提出"地方重塑"的社会功能在于创造当代物质生活和精神生活的合理空间。

公共艺术在社区的角色

【作者】樊威亚

【刊名】美术学报，2014 年 02 期

【摘要】近年全国各地为城市都市化的建设而大兴土木。旧城改造及新城建设中，文化设施、城市建设都注重设置公共艺术作品提升人文品位，营造和谐美好的生活环境和精神家园。近年来，人们纷纷采用公共艺术来改善社区整体文化环境特色和唤起社区公共精神。本文认为在这个压力重重的时代，公共艺术不能仅仅作为"摆设"和"物件"而存在，更应该担负起社会心理的职责，为创建和谐社区的文化建设做出应有的贡献。

互动数字城市雕塑

【作者】王峰

【刊名】雕塑，2014 年 02 期

【摘要】随着经济的发展和社会的进步，都市化进展也越来越快。城市的发展成为社会公共事业和公共建设不可或缺的一个重要部分。其中，城市雕塑成为城市文化中的重要内容，同时折射出城市的物质文明和精神文明，城市的历史和未来。城市雕塑的水平表征着一个城市的精神面貌和文化品位，优秀的城市雕塑作品也会融入到一个城市的文化脉络中，最终成为一个城市历史记忆的一部分。城市雕塑对于一个城市的构造并不同于工业建设，它不是破坏性的不可修复的，而是环保的可持续发展的。于是，城市雕塑非常注重人和城市的互动、人与大自然的和谐相处。

"路贯东西、情系南北"
——昆明北京路、北站隧道装饰雕塑设计创意总结

【作者】张永宁

【刊名】雕塑，2014 年 02 期

【摘要】北京路是昆明市区的南北交通主干道，北京路作为整个昆明市区的发展中轴线，是历史文化与发展的结合点，是建国以来城市的重点建设和快速发展区域，是社会发展的充分体现和集中反映。随着北京路道路恢复提升工程的不断深入与进展，云南四维创意景观工程有限公司参与了北站隧道装饰雕塑的设计制作。

公共艺术与自然的相遇

【作者】朱唯践

【刊名】雕塑，2014 年 03 期

【摘要】本文结合笔者旅途所见所感，通过对艺术作品、景观设计和自然环境的亲身体验，分析"人为"与"自然"这对矛盾，并指出融合自然的观念对于艺术特别是公共艺术的重要性。初春，在《雕塑》杂志的组织下，笔者游历了美国的 5 个主要城市。期待之中又意料之外的异乡环境，在旅人看来总是充满奇异的组合与戏剧化的矛盾。笔者在记叙目之所见的同时，也讨论"人为"与"自然"这对微妙的矛盾。笔者认为，公共艺术并不是仅仅为了聚集人气，而是把控整个空间，并使其中的人处于一种舒适

的情感距离之中。如此我们看一件作品之时，并不能将其与周围的环境相割裂，与人的体验相割裂。自然不曾因人热情或冷漠而有所偏袒，它始终自律自为，它的构建与奇观，会存在千万年。在小远的将来，所有的人造物都会成为献给风沙雨水的礼物，而自然依然在。在城市建设高歌猛进的如今，我们何不去学习自然的手法而蒙荫后人？

广州大学城亚运雕塑与岭南城市新景观

【作者】雷莹、肖汉江

【刊名】西安建筑科技大学学报，2014年03期

【摘要】广州大学城亚运雕塑，构筑了岭南城市新景观，以广州大学城环岛路线的主题雕塑为图像符号。作为各高校出入口的主干道，“主题绿化带”景观建设，是环境艺术设计的一个新亮点，它起着标识各校区域间的导向道路作用，昭示环境雕塑在城市景观空间中的价值取向。主题雕塑是传递激情、拼搏、创新的符号，是以岭南人“世俗化”取向再现大众生活的剪影，象征务实的岭南精神，使大学城环境景观建设具有时代性意义。

对城市公共雕塑的再认识

【作者】李汇龙、邵晓峰

【刊名】艺苑，2014年3月

【摘要】如今，随着经济的高速发展城市建设也如火如荼的进行着，城市公共雕塑作为城市建设的一部分也不例外，但是在琳琅满目的城市公共雕塑作品中有些并不能美化我们的城市空间环境，对城市公共雕塑的认识模糊不清。本文在通过对城市公共雕塑发展历史的梳理基础上，阐述了发展城市公共雕塑的实际意义，总结出展示城市历史文化、树立城市形象、反映人们精神的，城市公共雕塑作品的创作新思路。

飞翔在空中的公共艺术——张宇桐与当代中国飞机彩绘喷涂艺术

【作者】徐永涛

【刊名】雕塑，2014年03期

【摘要】20世纪，飞机成为现代文明不可缺少的运载工具，改变和影响了人们的生活。与此同时，飞机表面喷涂作为飞机本身一个重要特点与组成部分，也在飞机的不断改进中发展与演变，成为了一种特别的带有公共性艺术特点的新形式，越来越受到国际上的瞩目与欢迎。进入新世纪以来，现代飞机喷涂艺术开始引入中国。彩绘喷涂的文字与图案，有利于航空公司更加直观地向外界传递信息，体现其文化理念和核心价值观，实际上是企业、政府的空中流动名片。备受关注的，空军八一飞行表演队歼-10战机新涂装，是我国空军首次正式聘请中央美术学院教师张宇桐为代表的专业设计团队为表演机设计涂装，在艺术角度上不仅仅是一个单纯意义上军民合作的个案，其还具有一定的开启与引领意义，主要在于——以艺术的视角感悟军旅文化、以军事的视角解读公共艺术，致力于用刚强、激越而富有文化个性的触角，展示我国空军的文化生态。

浅析空间意象决定城市对人的影响

【作者】李子文

【刊名】美与时代(中)，2014年03期

【摘要】随着城市人口的不断增长，城市的空间边界也在不定中延展。对于生活在城市中的人而言，会在意城市环境的不定性影响着自身的种种变化。不仅在城市的空间设计中应该具备公共性和开放性的双重角度来进行思考，更应该提升城市环境的整体品质，这样更有利于所属空间之中人的感受，从而改变并影响着自身的活力，进而提升空间的品质与整座城市的精神境界，使人展现出豁达的胸襟。而强调空间尺度转化的多变就能从而避免其人与环境之间的紧张气氛，更能够使之和谐共生。

城市雕塑该立法了

【作者】吴为山

【刊名】美术观察，2014年05期

【摘要】一座城市的文化软实力和国际影响力是由诸多因素构成的。城市雕塑是其重要的元素，它往往是城市精神、城市灵魂的符号与象征。它的非实用性决定了其应有的纯粹以及应当承载的文化内涵和精神价值。当前中国的城市雕塑存在不少问题，概括起来：一，思想精神取向不明确、混杂；二，艺术性不高，创造性不够，相互模仿，题材形式雷同；三，工艺与工程制作粗糙；四，作品与城市文化、历史空间、心理空间、精神空间缺乏联系，与建筑空间不协调；五，建立和拆除城市空间随意性强，缺少将城市雕塑纳入城市建设规划之中；六，根本问题是没有立法。

从文化研究到公共艺术创作

【作者】刘佳婧

【刊名】美术学报，2014年05期

【摘要】文化研究作为一种研究的方法、路径和立场已经渗透到了人文社会学科的各个领域。在艺术界，不少艺术家也开始尝试以文化研究作为艺术创作的工作模式。本文将通过分析公共艺术与地方文脉、场所精神、集体记忆等的关系，试分析将文化研究引入公共艺术创作流程的必要与可能。

景观雕塑场所性表达的两种途径

【作者】王冬冬、郭晋平

【刊名】雕塑，2014年05期

【摘要】本文以景观雕塑的“场所性”为出发点，区分了其两种不同的场所特性，并针对两者之间的差异提出景观雕塑场所性表达“由表及里”和“由里而表”两种基本途径，并结合西方现代景观设计实践对它们分别进行了具体的阐述。即从景观雕塑对环境的参与，反推其固有的精神本质，以此定义场所性发生的两种模式：一种为客体

固有存在的文化本质，与主体文化意识的契合；一种为客体外在作用的文化塑形，对主体文化意识的引领。然而，实质环境固有的身份特征一般不易改变，而非身份特征则会出现一定的变化，如：阳光、湿度、风向、植物群落等。因此本文尝试把作为具有不变性和变异性特点的场所做出研究与解释。

城市雕塑的克隆之忧

【作者】华龙宝、陈云飞

【刊名】美术观察，2014 年 05 期

【摘要】近二十年来，是中国城市公共艺术呈现大发展的时代。我们为陆续出现的优秀城市艺术感到高兴的同时，不可否认，城市公共艺术给我们更直观的感受是雷同、相似造型的泛滥。以相同或不同的尺寸克隆，竖立在大江南北的大小城市，甚至会产生记忆的混淆，只要走过几个城市的人，都很容易总结出几个造型的基本模板。拿来主义的雕塑复制品，漠视了雕塑与环境的关系。让一尊不能代表该城市个性特点的雕塑永久地占据着，无疑也是对广场资源的浪费，并且还产生了一系列副作用。批量复制的大型城雕，同时也暴露出公共艺术规划机制的不完善，显然违背了城市雕塑建设与发展的内在规律，确实令人担忧：是我们缺少创造性？还是我们的思想懒惰？如果我们这个时代缺乏创造的能力，毋宁为后代留下些空间，这样才是对城市空间负责任的态度。

合肥市淮河路步行街公共艺术设计之地域文化研究

【作者】戴晶晶、丁利敬

【刊名】美术教育研究，2014 年 06 期

【摘要】公共艺术作为一种当代文化现象，与城市和大众有着密不可分的关系。城市的公共艺术设计应当与城市地域文化特色息息相关，以此体现城市的历史文化面貌。笔者以合肥市淮河路步行街为例，研究城市步行街公共艺术设计与地域文化之间的关系，从理论上提出一套步行街公共艺术设计方案，以期达到提升淮河路整体形象、展现合肥特有文化魅力的目的。

浅析城市雕塑的价值二重性

【作者】思扬

【刊名】美术教育研究，2014 年 07 期

【摘要】城市雕塑能反映一个城市的文化及市民品位，成功的城市雕塑是公共空间的灵魂，能展现城市的历史积淀与文化内涵，承载现代文明和地域文化，带给市民舒适和美感。文章分析了不同时期的城市雕塑的特点，总结城市雕塑自身具有的双重价值属性，以期为城市雕塑文化的研究提供借鉴。

大学校园雕塑文化研究——以大连海事大学为例

【作者】刘倩、付雪娇

【刊名】美术大观，2014 年 07 期

【摘要】雕塑作为文化环境要素之一，在高校校园文化建设中发挥着越来越重要的作用。校园雕塑建设的意义体现了校园文化，意在寓教育人。校园雕塑与所有的校园物质景观一样，积淀着历史、传统、文化和社会的价值，蕴含着巨大潜在的教育意义，具有很重要的精神导向作用。所以，为了更好地展现雕塑魅力，研究校园文化与雕塑间的关系，我们前往大连海事大学，对其校园雕塑进行了实地研究，使“环境育人，空间育人”这一教育理念通过校园雕塑这一象征物充分地展现出来，进而通过雕塑制作，弘扬校园雕塑文化精神。

环保理念下雪雕小品在环境景观设计中应用的思考

【作者】段艺凡、曹宁、陈晨、柯楠

【刊名】美术大观，2014 年 07 期

【摘要】季节性环保型雪雕小品、冰雕作品在寒冷地区应气候环境而生，它是与时代主题最为接近的产物，也是接地气的艺术作品。树立环保节能的理念与现代环境建设紧密结合，既可达到节能的需求，又可形成供人们审美的文化符号。本文从雪的可塑性、环保性、季节性等为切入点，探索雪雕作品的审美与文化，旨在引导这一季节性环保雪雕小品在城市环境中的应用，以达到增强环保意识，丰富寒冷地区冬季单一的景观，优化城市文化。

浅谈现代陶艺在公共艺术中的拓展与延伸

【作者】王万泉、郑玉梅

【刊名】美术大观，2014 年 08 期

【摘要】陶瓷这个古老的艺术，经过现代艺术家的创造，已经被重新开发利用起来，使它成为一种新的视觉语言进入到公共艺术的创作区域里，并被许多公共艺术创作者们所青睐。本文通过分析现代陶艺在公共艺术中的材料特性、文化意义等因素，探究现代陶艺的特点，目的是为了使人们更加了解现代陶艺的性能，希望透过艺术家们的智慧与技巧，使得现代陶艺在公共艺术中更好地拓展与延伸。现代陶艺设计和创作正向多元化趋势发展，衍生出一个新的研究方向——环境陶艺，陶艺或以陶艺为主的综合媒介作品，更多地出现在城市公共空间，无论从市场价值还是从文化意义上都是值得肯定的。

城市广场地标人物造型设计——以湘西州泸溪县城市广场辛女雕像造型设计为例

【作者】吴群、刘霖

【刊名】装饰，2014 年 08 期

【摘要】本文研究了城市广场地标人物造型设计原理，揭示了城市广场地标人物是城市精神理念在人物造型中的客观存在，提出了城市广场人物造型设计方法——以先验

还原、本质直观、气韵显现为路径的现象学美学造型方法，并应用于泸溪县城市广场辛女人物雕像造型设计中。

当下城市雕塑的公共性

【作者】李星

【刊名】新美术，2014 年 08 期

【摘要】城市雕塑作为城市公共艺术的重要组成部分，不管它是否承载了一个城市的文化、历史，是否完成了装点和美化环境的使命，但它一定是公共文化的产物。无论它的面貌如何，我们都能解读它蕴含于内的文化基因。城市雕塑如同一面镜子始终折射出一个时代的公众化程度。它又如一张试纸检验着我们的文化判断能力。就单纯艺术创作而言，艺术家个体的创作行为可以保持学术范围的前沿性和纯粹性，一旦将“公共性”作为艺术创作的前缀，就必然要经历公共价值判断的验证的过程。

“公”与“共”视角下的公共设计

【作者】邵健伟、朱明洁

【刊名】装饰，2014 年 09 期

【摘要】本文从“公”和“共”字源出发，讨论公共设计的特性和使用逻辑。本文提出三个观点：第一，从“公”的角度看，公有的设计如空间、设施并非绝对共有，公共性具有排他性。第二，“共”反映共同所有的状态，在当下生活环境及文化中，使用者更加重视使用的权利而缺乏维护的意识。第三，“公”和“共”存在相辅相成的关系，高品质的公共生活环境及其内在的设施有助于提升用户使用的舒适度和自觉参与维护的意识。同时使用者也存在自下而上的使用逻辑，比如通过僭建、转化和重组等手段重构公共空间。因此公共设计需要更多地考虑公平性和开放性，尊重和激发使用者自下而上的共处逻辑，通过有效的设计手段增加设计的弹性和共同参与的可能，达成更良性的“公”“共”关系。

雕塑与景观的对话在雕塑公园设计中的应用

【作者】王维

【刊名】装饰，2014 年 11 期

【摘要】作为以雕塑为核心要素的专题类公园，雕塑公园中雕塑与景观空间的关系处理尤为重要。本文从目前一些雕塑公园存在的雕塑与周边空间环境关系不佳等问题出发，以上海静安雕塑公园为研究案例，探讨雕塑公园设计中雕塑与景观空间的对话与互动关系，以期为雕塑公园的规划设计提供借鉴。

木雕艺术壁饰的艺术语言

【作者】孙伟

【刊名】美术大观，2014 年 11 期

【摘要】木雕艺术壁饰追求艺术性、个性化的装饰风格，追求艺术语言的符号性、标志性、简洁性和直观性。木雕艺术壁饰继承了中国文化和传统艺术的文脉，又融合了现代艺术的各种形式。因此，木雕艺术壁饰的艺术语言表现在写实性、装饰性、创意性、图案性、标志性、简洁性和抽象性等艺术特点上。木雕艺术壁饰与现代装饰装修的结合，既能提升装饰环境的艺术氛围，又能展现木雕艺术壁饰的艺术手法。木雕艺术壁饰的价值在于创新，因此木雕艺术壁饰应符合市场需求与艺术规律，使其不断协调发展。

现代雕塑在景观设计中的表现与融合

【作者】余景学

【刊名】美与时代（中），2014 年 12 期

【摘要】景观雕塑不仅可以美化环境，还会对现代人们的行为产生重要的影响。在现代雕塑与现代景观的融合设计中，雕塑家既要善于提炼、概括，注重节奏和韵律，同时还要使自然环境和人文环境保持和谐。

教育·教学

并非无中生有
——雕塑系公共艺术课程的教学随笔

【作者】谭炜

【刊名】湖北美术学院院报

【摘要】授课中，笔者通过拆字游戏的方式来对公共艺术课程进行界定。公：公共艺术通常是指以各种媒材创作，且永久（或相对）性置放或附加于公共空间的艺术作品，实现空间的生命意义。共：体现地域或社会形态与公众的文化意愿和共有精神。艺：指公共艺术创作者与艺术、社会的关系。公共艺术属于当代艺术范畴，创作的思考始终围绕环境与地域来展开，其非功利性的社会积极意义得到展现。术：雕塑艺术作为空间艺术形态在更广泛的可能性中探索与创造。作品与公众、社会亲密接触，并集合各门类学科的交融发展，是公共艺术时代创作的重要手段。此种深入浅出的学习方式，使大家能体会到雕塑在公共艺术语境下的独特美，并且从另外一个角度补充了作品创作的思维模式，拓宽了同学们的艺术表现视野。

如何建立中国的抽象雕塑教学体系
——以书法为媒介的雕塑形态研究

【作者】李秀勤

【刊名】雕塑，2013 年 01 期

【摘要】今天中国的美术和美术教育面临着两个问题：第一，西方艺术思想、创作理念本土化的问题。第二，中国传统文化、美学思想、造型理念向现代性转换的问题，其指意：在当代我们的传统文化、审美思想、形态创作理念经过梳理变革，在坚守其思想精髓的前提下是否适应于当代文化生活节奏，是否转化为今天艺术创作的资源。

以缅前人，以励后学
——郑可先生教学笔记Ⅳ

【作者】郗海飞

【刊名】雕塑，2013 年 01 期

【摘要】中国近现代雕塑始于一批留学国外的雕塑家，如江小鹣、李金发、刘开渠、滑田友等。他们构成了中国近现代雕塑史的第一代人，已故著名雕塑家郑可先生（原中央工艺美术学院教授）便是其中的一位。郑可先生提倡“锥形互套”的理论，以法式学统所具有的特质，阐述了基础课与创作训练之间的辩证关系。由郑可先生当年的学生郗海飞记录的，始于 1978 年的郑先生的教学笔记，生动地再现了先生那富有启发性的灵动神思，释放着先生涓涓不竭的艺术思想，这对当下的雕塑艺术教育以及艺术思想的培育依然具有价值。

与众略有不同
——鲁美具象写实雕塑特点之一

【作者】霍波洋

【刊名】雕塑，2013 年 01 期

【摘要】在鲁迅美术学院雕塑系仓库的玻璃橱窗中，存放着郑惠南先生的雕塑作品《夏露德女士像》，作品满是灰尘，无人提及，渐渐地被人们所忘记，在今天很多老作品大红大紫、价格攀升的对比下，“夏露德女士”显得格外冷清与寂寞。1956 年鲁迅美术学院雕塑系的年轻教师郑惠南先生和李克勤女士，受学院派遣赴同是社会主义国家的德意志民主共和国艺术科学院进修，为期半年。他们回国后所带来的理性、冷静、概括、注重主体意识表达的教学方式，对鲁迅美术学院雕塑系的教学与创作产生了深刻的影响，尤其是理性的形体语言塑造风格的潜在影响我们至今。郑惠南先生在民主德国学习期间完成的习作《夏露德女士像》，成为影响鲁美几代人学习的范本。

王一林先生课堂学习笔记Ⅰ

【作者】王一林

【刊名】雕塑，2013 年 02 期

【摘要】本文内容是，王一林先生于 1959 年 7 月至 1962 年 5 月期间，在中央美术学院雕塑系课堂学习时所记录的课堂笔记，其中分别记录了留法一代著名雕塑家曾竹韶、王临乙、滑田友在雕塑课堂上的习作指导，以及王一林先生的学习心得。教学笔记如实地反映了当代中国雕塑教学初期，留法雕塑家在雕塑习作教学方面的指导理念和探索路程，从一个侧面反映了那个时期美术学院在雕塑教学模式方面呈现的概况，具有重要的学术价值。

大学校园雕塑的教育作用

【作者】吴继金、贾向红

【刊名】湖北美术学院学报，2013 年 03 期

【摘要】大学校园是教育的场所，大学校园雕塑因而比一般雕塑更带有明确的文化意图和鲜明的教育功能。大学校园雕塑不仅成为校园的文化景点，并且鲜明地体现大学的文化品位和独特的教育理念，具有审美价值和审美教育功能。优秀的校园雕塑作品，能使广大师生受到潜移默化的情感作用与思想观念上的自然引领，起到隐性的感染、教育和激励的作用。

浅析陶瓷浮雕创作中陶艺语言的转换——以天津美术学院壁画系陶艺普修课程为例

【作者】邹红琴

【刊名】天津美术学院学报，2013 年 03 期

【摘要】陶瓷浮雕是特指运用陶瓷材料为媒材而制作的浮雕，因其材料的特殊性而衍生出独特的成型技法和陶艺语言。探索陶瓷浮雕制作中陶艺语言的转换成为初学者学习陶艺的重要内容。陶艺语言有其自身的特点：可塑性和模糊性。泥的可塑性是指泥与水相糅合在外力作用下形体发生改变，当外力解除后其形状保持不变，在干燥和水分排出的过程中整体收缩而外观不变。泥的可塑性是创作客体的特点，是泥本身所内含的物质的性能所决定的。

王一林先生课堂学习笔记 II

【作者】王一林

【刊名】雕塑，2013 年 03 期

【摘要】习作课由王临乙教我们。他对大家谈了一点，是关于教学计划的事，后来谈到速写课的问题。王先生的意见：速写要画，但速写画多了，也能画“油”了，有时能越画似乎越觉得欠规律，因而就把东西画得老是那么一套，看起来也正确，但容易失去精神，而且对雕塑来说这毕竟还是“浮”的，要是把速写画“油”了，在做雕塑时就只能偏重于大体而失去具体塑造上的完整。他后来又谈到运动规律的问题：并非一个人，一站在那里就能得出其运动之规律，若从模特身上得其运动规律，需要研究构成某一运动之各个部分（指人体中之各部）之间的连接的规律，清楚了这一点，才能了解整个运动之规律。

金属工艺课程与生态观念

【作者】潘玥

【刊名】西北美术，2013 年 04 期

【摘要】西安美术学院工艺美术系现代实用工作室，2011 年以本科生三年级学生为授课对象，开设的金属工艺课程，是一门体现材料教学系统的装饰艺术专业方向的主干课程，教学目标旨在通过教学，使学生全面认知作为艺术材质的各种金属材料，从形式到加工性能的各个方面，掌握切割、锻造、焊接、铆接、打磨等金属工艺加工方式，能够创作出具有当代意义和审美价值的艺术作品，并由此形成艺术的生态观念。

二十世纪五、六十年代苏联雕塑教育模式对新中国雕塑教学的影响

【作者】刘艳萍、刘明生

【刊名】雕塑，2013 年 04 期

【摘要】中华人民共和国建立之初，由于国际政治、外交关系的制约和意识形态的影响，中国在政治、经济、文化等各个领域实行了向苏联“一边倒”的政策。当时中国雕塑界也通过多种渠道向苏联学习，其中最富有现实意义和历史影响的当属向苏联派遣雕塑留学生和苏联专家尼古拉尼古拉耶维奇·克林杜霍夫举办的雕塑训练班。从雕塑发展的文脉上来说，苏联的雕塑教育体系与法国的雕塑教育体系同源且一脉相承，因此两种教育体系课程设置大同小异，都是从头像、胸像开始做到人体，再到创作，中间穿插有浮雕习作。但由于两国的地理、政治、经济、民族个性等诸多因素的影响，苏联逐渐形成具有自身教育教学特色的雕塑体系。苏联雕塑教育同样延续了法国的写实雕塑教育传统，对新中国雕塑教育教学产生了影响。

王一林先生课堂学习笔记 III

【作者】王一林

【刊名】雕塑，2013 年 04 期

【摘要】在该教学笔记中，记录了王一林在等大人体习作教学的详细过程。从泥料的准备、扎骨架、测量找准正、侧垂直重心、安排模特上台，摆姿势造型，到开始指导上泥塑造，做了详尽记录。从固定两脚位置、定胸骨上窝、定第 7 颈椎、定耻骨到等 8 个关键点，到找准高低位置、空间关系，包括头与胸、胸与腹、腹与腰、肩与腰、腰与臂、臂与腿等形体结构（侧面、中间面）之间的关系。直至具体刻画头部、颈部结构等细部，直至等大人体塑形的全面完成。

本土文化对艺术教育的影响——2013 高校毕业展研讨会

【作者】曾靖

【刊名】雕塑，2013 年 05 期

【摘要】“第八届高校毕业生优秀雕塑展”暨“本土文化对艺术教育的影响”研讨会以“本土化”为议题，旨在探讨和分析理解本土文化教育思想在中国雕塑艺术乃至美术教学领域所发挥的作用与重要性，有助于启发和促进高校艺术教育的良性发展与进步，使艺术学子在通过探索“本土化”意义的实践中，能够在世界政治、经济全球化、时代国际品牌的全球扩张战略的环境下，保持头脑清醒，扩大自身艺术成长的思想境界，正确认识本土文化的存在价值，借鉴并运用传统民族文化艺术中有益的精神养分，通过雕塑艺术作品展现多元文化社会的丰富内涵，促进中国社会文化艺术事业在当代艺术全球化语境下迈向成熟。

写实泥塑训练对基础造型学习的辅助作用

【作者】马钰

【刊名】美术大观，2013 年 05 期

【摘要】大多数人学习绘画的主要途径和方法无非是参加培训班，进行周而复始的素描头像、半身像，色彩头像、静物的写生和临摹。通常，一个普通的培训班都缺乏一个系统的教学体系，更没有什么有效的教学方法。利用大学的课余时间，笔者进行了短期的写实泥塑学习，经过短暂的学习，笔者发现写实泥塑训练的是一个人感觉的敏锐度，一种对事物空间体积的、造型感觉的敏锐度，也是

对事物内在精神气质美感觉的敏锐度。这首先需要掌握的就是正确而有效的观察思维方式，即整体的、立体的、主动的方式，这能使一个学生在学习的初始就进入主题而少绕弯路，不走错误的路。把这一训练穿插在绘画基础造型的教学过程中，也会使学生的学习水平上升到新的高度，并且有利于学生艺术潜能的自我发掘和发展。

基础薄弱仍是当代雕塑水准不高的症结

【作者】叶繁

【刊名】美术，2013 年 06 期

【摘要】自上世纪 80 年代以来，随着西方现代艺术思潮的涌入和艺术观念的不断更新，中国雕塑呈现出多样化倾向和蓬勃发展的势头。然而，在取得成绩的同时，雕塑界也逐渐浮躁起来，其中表现之一就是对基本塑造能力的一种轻视和曲解。和其他艺术门类一样，雕塑需要扎实的基本功，特别是写实能力的训练。写实能力是雕塑的基础，也只有这样，才能对艺术及其本质有所认识、体悟。这是对雕塑基本问题的认识过程，也是对雕塑艺术自身的感悟过程。即通过学习解剖结构，掌握内在的事物运动规律,从而表现出内外一致的形态之美、和谐之美、统一之美、塑性之美、空间之美。这个对事物形象由内在到外在加工、提炼、取舍并最后形成形象的过程，也是提升艺术表现力、观察力及审美意识的过程。

数字雕塑基础教学：石膏像临摹

【作者】邓威、刘海岸

【刊名】美术大观，2013 年 07 期

【摘要】数字雕塑在形体的构建、观察及塑造方面都有着传统雕塑无法比拟的优势，将数字雕塑应用在石膏像临摹课程中，可以使学生更好地进行雕塑基础的学习，对以后的学习有很大的帮助。石膏像通常是对大师作品进行翻制而成的，因此石膏像也继承了原作品的艺术性，雕塑家对形体的表现也反映在石膏像中。石膏像本身是静态的，更有利于学生对作品进行观察与分析。通过对石膏头像的临摹，使学生对空间造型有一个基本的概念，培养学生立体的思维方式与观察方法，培养学生的形体塑造能力，为雕塑专业后续教学打下良好的基础。

校园雕塑在高校景观艺术设计中的应用研究

【作者】康学伟

【刊名】美与时代，2013 年 07 期

【摘要】良好的校园景观环境就是无声的课堂,起着“环境育人”的作用。作为校园环境的一部分，雕塑作品在高校景观艺术设计中亦为“点睛之笔”，不仅美化校园环境，还潜移默化地影响着校园文化氛围的塑造。优秀的雕塑作品在成为校园环境焦点的同时也成为了一所高校的标志。

浅谈当代浮雕艺术与新材料、新技术的结合

【作者】范楠楠

【刊名】美术大观，2013 年 07 期

【摘要】当前，浮雕艺术的造型风格、艺术语言、工艺技法与表现形式等已超越原有方式，艺术风格日益多元化。与此同时，浮雕艺术的艺术功能也正在不断拓展，呈现出若干新的发展趋向：艺术者在开拓浮雕形式构成、视觉空间、形体风格等的创造性设计时，更要充分考虑新材料、新技术的结合，从而对浮雕所表现的艺术内容和艺术语言进行准确定位，使浮雕艺术作品与周边的自然和人文环境成为有机整体。本文从新型创作材料、新型环境技术、新型投影技术三个方面，结合当代浮雕作品实例，阐述浮雕作品创作中如何巧妙灵活地与三个方面结合，为艺术家提供更广阔的创作思路。

简析现当代艺术对雕塑教学的影响

【作者】廖卫东

【刊名】美术教育研究，2013 年 09 期

【摘要】笔者通过对现当代艺术的总结与价值判断，以及对传统雕塑教学方式方法的理论解析，在思维观念等方面与现当代艺术思维进行比对，从形式与内容、教学方法等方面阐述现当代艺术对雕塑教学的影响和介入雕塑教学的必要性，从而凸显现当代艺术思维革命的重要作用。

爱国主义教育基地雕塑艺术表现

【作者】温洋、贺海波

【刊名】美术大观，2013 年 10 期

【摘要】本文以爱国主义教育基地雕塑艺术形象表现为主旨，分别从爱国主义教育基地雕塑的客观现实、自身艺术感染力、亲和力与公众的关系、展望四方面阐述具体塑造中理论与实践相关问题。爱国主义教育基地的雕塑与架上雕塑的不同，体现在受环境、制作题材、方法与风格的诸多方面的限制。雕塑本身最大的特性就是具有扩张性，雕塑通过自身的造型语言特色，使自身的感染力远远超出了雕塑的自然空间体积。心理空间确定了环境能否接纳雕塑，并整合了雕塑与环境之间的合理协调。整体优化处理雕塑空间与心理空间之间的关系，变得尤为复杂与重要。

大学生雪雕作品的设计与实践

【作者】杨润溪、张顺

【刊名】美术大观，2013 年 10 期

【摘要】本文从大学生雪雕作品创作及比赛出发，分析雪雕作品的特性与特点，阐述雪雕作品的创作思想、设计原则与步骤、制作过程及注意事项等关键技术环节。雪雕艺术的特殊性包括三个方面：材质的特殊性、制作步骤的特殊性及展览环境的特殊性。雪雕作品设计有三个基本方法：风格定位法、有机构成法、制作匹配法。成功的雪雕作品一般具有三个要素：内涵、风格、时代特征，这也是雪雕作品的生命力所在。总的来看，雪雕艺术形式大致分为写实与写意两种风格，但不论是具象的、抽象的还是意象的，不论是传统的还是现代的，无一不是具有思想内

涵和生命力的。另外，雪雕作品的体量、空间与装饰造就了它的艺术语言，使作品更具观赏性；雕刻技巧能够凸显出雪雕作品的性格，也决定着雕刻是否能够达到预期效果。

从课堂走向市场
——动画专业雕塑课程改革新探

【作者】陈丽

【刊名】美术教育研究，2013 年 10 期

【摘要】在动漫产业化的大背景下，传统雕塑泥料教学忽略了动画专业的学科特点，切断了动漫衍生品从课堂走向市场的通路。结合教学实践，在市场调研的基础上，笔者把目前市场上先进的雕塑材料——软陶引入动画专业雕塑课程，为课堂教学对接动漫衍生品开发打开了出路。

数字软件技术在雕塑设计中的应用

【作者】秦建华

【刊名】美与时代，2013 年 11 期

【摘要】在雕塑设计中常用的图形应用软件，它们有各自的优势，我们可以利用 pixol zbrush 强大易用的雕塑功能，帮我们制作出符合艺术家和设计师构思的雕塑作品；可以利用 3D MAX 庞大的渲染系统和多边形建模系统，来创建一个更接近现实的环境来展示我们的雕塑作品，还可以利用 AUTO CAD 精准的制图来测量、规划和计算出雕塑的体积和预算。数字图形软件的发展，将有助于艺术设计工作者创作出更多更好的雕塑艺术作品。

陶艺教育与开放学习

【作者】王清丽、张甘霖

【刊名】新美术，2013 年 12 期

【摘要】陶艺教育成为 21 世纪全球艺术教育中最广泛的一种形式，陶艺因它的物质形态、文化基因、大众基础、媒介承传，而使得其教育形态呈现超国界的态势，尤其是我国与欧美、亚洲、非洲等国家陶艺教育机构，展开的国际民间交流日益频繁，全球化陶艺教育在融合区域、种族、文化等特征基础上寻求发展的共性，在经历了传统陶瓷技艺延展的师徒教学模式、现代学院教育以培养陶艺家精英模式的发展之后，呈现出新型的人众文化普及下的陶艺远程教育模式。这种新形态的教育方式最大的特征就是开放性学习，使得陶艺这种广阔的艺术教育方式，能够深入传播到更多的受众与学习者，突破年龄和学历层次的界限，在开放性的学习中打破陶瓷技艺的神秘属性，融合时空、地域、物性的差距感，扩大文化教育的智性因素，在远程资源传授与自主创造学习中，达成一种新的途径。

浏阳菊花石雕专业人才培养策略研究

【作者】马力、李舟

【刊名】美术大观，2013 年 12 期

【摘要】本文在调查研究的基础上，着眼于浏阳菊花石雕行业的现状，分析目前所面临的人才困境，进行了细致的分析，探讨了菊花石雕刻人才培养的策略。指出如要解决菊花石雕企业面临的人才问题，就必须改变家庭作坊式技艺传承方式，完善社会化教育机制，形成菊花石雕人才的梯队建设，扩大从业人员的数量，切实提高从业人员的文化艺术素养，重视理论研究，大力引进人才，提高人员待遇，留住现有人才。与高等院校、研究机构联合培养高端人才，树立顶尖型人才，方能使浏阳菊花石雕的艺术水准更上一层楼。

肖像雕塑教学与创作心得

【作者】李建平

【刊名】美术教育研究，2013 年 18 期

【摘要】肖像雕塑表现形式多样，雕塑家通过不断探索造型的各种可能性，以展现肖像雕塑的艺术魅力。在教学过程中，教师应让学生在掌握人物头部的基本结构、动态变比规律等基础上，通过反复训练，学习整体意识和基本的创作方法，明确告诉学生写实、写意、抽象的造型方法在训练中同等重要。肖像雕塑创作应当以挖掘出肖像人物的精神内涵为前提，注意人物个性的张扬，只有这样，肖像雕塑才有发挥其艺术生命力的空间，具有存在的价值。

试论 20 世纪 50、60 年代苏联雕塑教育模式的特色

【作者】刘艳萍、杨简茹

【刊名】美术教育研究，2013 年 19 期

【摘要】笔者以 20 世纪 50、60 年代苏联雕塑教育模式为研究对象，系统分析研究苏联雕塑教育模式的特色及其对新中国成立初期雕塑创作产生的影响。笔者从基础课教学方法的特色、创作课教学方法的特色、对新中国成立初期雕塑艺术创作的影响，从三个方面对此做了论述。提出当时苏联雕塑教育模式影响了全国。从中心到地方，苏联雕塑教育的基础教学方法与创作教学方法影响了当时中国各大美术学院的雕塑教学，对学生的基本功训练方式与创作思想产生了直接的影响，促成了雕塑重在表现工农兵与文化名人的社会主义、现实主义的新时代风貌。

农村中学泥塑教学的本土化研究

【作者】陈艳

【刊名】美术教育研究，2013 年 22 期

【摘要】作为一名农村美术教师，学生都来自农村，对泥土有着特殊的感情。泥土是农村随手可得的自然材料，学习泥塑对学生有着较大的吸引力，学生在玩泥巴的过程中能够体会雕塑的艺术魅力。泥塑就是用泥巴塑造形体。而泥巴是农村最丰富的自然资源。笔者尝试充分利用农村泥土资源开展泥塑课堂教学，开展凸显农村特色的本土化美术教育。

城市景观雕塑设计教学初探

【作者】诸宁

【刊名】美术教育研究，2013年23期

【摘要】文章从城市景观设计的视角，探讨在现代社会文化，材料工艺不断发展演变的背景下的雕塑设计教学。城市景观雕塑设计是城市景观设计、环境艺术设计等相关专业中的一门专业特色课程。而这类专业的培养目标是培养优秀的城市景观设计师，教学大纲中开设雕塑课的目的，是让学生认知、理解雕塑在景观中的作用以及景观雕塑与建筑空间、自然空间的相互关系。

雕塑基础性教学中适用于造型媒介方法之衍生

【作者】谢子扬

【刊名】美术教育研究，2013年24期

【摘要】近年来工业和工艺的发展，给艺术的发展注入了新的活力，不锈钢、铝、铁等金属材料，柔软的有机玻璃，甚至是种类繁多、形式多样的工业垃圾，正逐渐参与工业造型和雕塑艺术创作，而传统雕塑借助玉、石、泥、蜡等材料也得到新的发展。尤其是木雕、根雕艺术在近年有了新的突破。在雕塑基础性课程训练中，选择适当、方便的造型媒介，让学生更容易上手，快速地掌握雕塑的原理和方法，对于雕塑基础性教学具有一定帮助。文章通过对现代雕塑媒介的综合分析，归纳了有效、合适的造型媒介，对于雕塑教学工作者、学习者和爱好者具有一定的参考意义。

论大学校园雕塑的审美教育功能

【作者】高姝佳、俞奕秋

【刊名】美术文献，2014年01期

【摘要】雕塑相对于其他艺术而言，主要是借助于凝练这一艺术语言来进行实体性的塑造，借此将带有一定意义的情感表达出来。雕塑不仅仅只是人类审美理想的一个感情凸显，同时也是人类精神交流的语言。大学校园作为育人的主要场所，适当地安置相应的雕塑于校园内，不管是在学生教育上，还是社会稳定发展上，均有着非常重要的作用。文章就大学校园雕塑审美教育功能，进行研究与分析。

读《尼·克林杜霍夫讲课记录》随笔Ⅰ

【作者】周思旻

【刊名】雕塑，2014年01期

【摘要】这是一本完全手抄的笔记，是由刘家洪记录的《尼·克林杜霍夫讲课记录》(1956年3月至1957年7月)。后来，刘先生又将他这本记录交给我，以期对我的教学工作产生帮助。我是在前苏联接受的大学及研究生的雕塑专业教育，对这本册子中的内容并不觉得陌生，加上十几年回国在中央美院雕塑系任教的经历，细读笔记，觉得有许多话要说。

读《尼·克林杜霍夫讲课记录》随笔Ⅱ

【作者】周思旻

【刊名】雕塑，2014年02期

【摘要】从笔记中我们读到，1956年4月13日的课程进行了两个内容。首先，克林杜霍夫分别给部分学员指出了他们各自习作中存在的缺点和优点，重点在于结构、比例、形体方面出现的毛病。例如："他的后脑比较小，可是你做得小的太利害了，比他还小。""这个比那个（指张的）头骨要对些，但是看来后脑还是应该再突出一些。""要理解再做，先把结构做准，不要忙做细部。"他也同时强调要表现人物的性格，如"形象和性格还是很像的。""头、颈、肩，做好了对表现模特性格起很大作用。"

读《尼·克林杜霍夫讲课记录》随笔Ⅲ

【作者】周思旻

【刊名】雕塑，2014年03期

【摘要】"关系"一词是教师上课时常常用到的词汇。做学生时，"黑白关系""色彩关系""大关系""空间关系"，这些词汇时时在耳边响起，却从不多想，这耳进，那耳出。当了老师之后，在教学实践中才突然悟到：讲关系就是要有全局观，有整体观，不能孤立地看问题，通过比较，一切才更加明确，才能看得清，做得准。当今的美院，对于学生的好处足、信息量大、要求宽泛、自由度高，但学制短，又有一年的全院大基础部的课程，进入相关的专业学习的时间也就更短。由此带来的结果是，习作课的时间相当紧张，创作课学生只能靠自己挤出时间进行创作了。等到了动手制作毕业创作时，学生自然会产生很多的迷茫，不知所措，因此很难尽快地进入毕业设计制作的状态。

拓展型校本课程建设探究
——以黄淮学院装饰雕塑课程转型为例

【作者】范军

【刊名】美术教育研究，2014年03期

【摘要】校本课程是学校结合自身情况以及学生个性发展的需要，在教育、教学理论的指导下，依托本地资源实施的课程，它是国家课程、地方课程的必要补充。笔者把装饰雕塑与地方文化结合，开发出校本课程装饰雕塑与文化资源，有利于把装饰雕塑造型语言融入当地的文化产品设计，实现产、学、研一体化。文章针对这一课程案例对拓展型校本课程开发进行探索。

景象时代
——雕塑不能回避的光媒涂鸦

【作者】曾岳

【刊名】美术研究，2014年03期

【摘要】本文通过分析造型艺术在综合性大学教育中的位置和作用，提出了美术学与相关学科间的学术交流与融合，将会对创造性人才培养带来新的转机的观点。

近年来，新技术将推升视觉感官进化，激发精神需求。如同光媒可以在空间打映3D形象，雕塑形态借助LED自发光技术，一样也可以照亮自己的空间。因为雕塑的起伏给光影交错带来更多变换的意外，影像叠加、交错，挑战既有经验和记忆而激发观者的兴趣。奇异之光将会照见“光媒雕塑”的迅速成长，占领新的空间领地，助推数码技术在空间艺术的革新。而由景观实像的场域去促进人与人之间那种亲力亲为的真人交往方式发生，或许有利于改善对现实世界渐行渐远的严峻现实。而雕塑只有参与社会和文化进程才能不断发掘、更新存在的价值。

现代陶艺教学探究

【作者】楚梵

【刊名】美术教育研究，2014年03期

【摘要】陶瓷艺术是一门综合艺术，有着悠久的发展历史，其发展离不开政治、历史、文化。现代陶艺教育应该使学生了解中华民族丰富的文化内涵，使学生具备深厚的艺术修养。陶艺教学要掌握市场发展趋势与现代人的文化、心理需求，体现实际生活，体现人与物的关系。时代的变迁带来现代人新的审美需求，这是现代陶艺教学需要考虑的问题之一。

当代艺术语境下的现代陶艺教学

【作者】刘颖睿

【刊名】艺术评论，2014年03期

【摘要】当代学院以其人文品质和学术传统在当代艺术中占据重要地位，成为当代艺术中的学术高地。当代艺术正处于一个多元并存、飞速变化的时代。关注社会、强调观念、注重创新是它不断强调的主题。面对这一语境，现代陶艺教学应从坚守壁垒到学术过滤，通过陶艺语言自身的学术鉴别和分析，把辨识与解惑的任务摆在前面。当代艺术语境下的现代陶瓷教学体系具有一定的实验色彩，还有很多值得关注的课题，这些课题都将影响现代陶艺未来的发展方向。

一次以拴马桩为材料的装置艺术史课程实验

【作者】曹瀛文、王环宇、李然、曹振茹

【刊名】西北美术，2014年04期

【摘要】在“装置艺术史课程”中，教师扮演“情境创造者”的角色，鼓励学生在发现与合作中接受知识，培养学生互助合作、独立思考、语言表达等多方面的能力，激发学生对装置艺术进行主动探索。而学生则分成若干小组，在课前搜集最新的装置艺术资料，做成PPT并在课堂上进行介绍、讨论。本文选出4个较出色的方案作为成果予以展示，并加以点评。

雕塑专业素描及泥塑课堂教学中的问题与应对

【作者】尹悟铭

【刊名】南京艺术学院学报（美术与设计版），2014年04期

【摘要】人体素描与泥塑是雕塑教学之基础。基于雕塑课程的专业要求，人体素描与泥塑课程必须打破原有的思维定势与绘画手法。本文对人体素描、泥塑课，如何采取合理的观察方式以及阶段性教学目标的设定问题阐述了：雕塑课程中，教师经常需要在一个新的课程开始之前为学生做一个过程示范。在教师示范后，很多学生会盲目模仿教师的表现方法，而忽略了课程本身的教学内容。每一位雕塑老师都具有自己独特的一套泥塑表现手法，这种手法并非一朝一夕所炼成，而是长年累月、无数次创作中所形成的只属于自己的一套方法。因而教师在课堂上应要求学生无论对绘画还是泥塑，都要有自己的思考能力，不要将教师的创作手法强加于学生之上，也不以自己的作画标准去要求学生。在普遍性提出教学要求和教学解决方法的前提下，去发掘学生潜在的个人能力。

高校艺术设计专业雕塑课程教学改革探索

【作者】王军校

【刊名】美术教育研究，2014年05期

【摘要】在当代艺术作品设计与创造中，雕塑是构成环境艺术设计景观的最关键要素之一，对于增强环境艺术整体美观和提高雕塑家的实际设计与规划水平有着重要的作用。针对目前国内高职院校艺术设计专业，雕塑课程教学中出现的教学与实际应用相脱节的状况，笔者从教学内容、教学思路和教学模式出发，探讨了高职类院校艺术专业雕塑课程的教学改革方案：教师要不断构建积极的环境景观空间表现因素，不断发掘雕塑潜在的视觉功能。每一类雕塑都象征不同的认知空间、理解空间与审美意识空间，对于启迪观众审美智慧具有重要功能，并且能够帮助学生，将二维空间习惯积极转换为理性三维空间的观察分析模式，有利于雕塑课程教学效果的提高。

一点感想
——关于第四届雕塑抽象班

【作者】梁好

【刊名】雕塑，2014年05期

【摘要】作者参加了《雕塑》杂志社举办的第四届雕塑抽象班，不是作为学员，而是作为比利老师的翻译参与的。她认识比利已有3年，算是朋友，我欣赏他这个人，也喜欢他的作品，因此欣然接受了这份工作。学员来自全国各地，有高等艺术院校的教师，也有小有名气的各地艺术家。他们希望通过这次培训能在创作上有所提高，并对抽象艺术有进一步深入的了解。在整个课程中，她深感中国人的思维方式和所受的教育对理解西方文化和他们的思维及表达方式，有很大的距离。学员们在过去的创作中不曾真正了解什么是抽象艺术，什么是雕塑语言。这个课是一个开始，它给学生提供了一个新的视野、新的思维方式。“

泡沫”减法切割在抽象雕塑课程教学中的运用

【作者】吕绍藩

【刊名】雕塑，2014 年 05 期

【摘要】教学理念“减”的手法：近百年里，在中国大陆艺术高校的雕塑专业教育当中，皆十分重视泥塑课程的教学，由于泥的特性注定了必须运用“塑”的手法，也就是重视“增”的手法，而忽视了“减”的手法的训练；本课程的创新与价值点在于运用“减”的手法对学生进行“抽象雕塑”审美与创作训练，运用电热丝对泡沫材料进行减法切割。本课程强调在教学中的互动原则，通过活跃思维，加强动手能力和创造精神的互动，更好地激活学生对抽象造型的创造力和想象力，促使设计思维与艺术思维的融合交会，强调设计之上的人文精神与审美价值。要求学生掌握并利用抽象造型语言表达观念的能力，能够运用工具与材料进行抽象雕塑创作实践。广州美术学院雕塑系“泡沫”减法切割在抽象雕塑课程教学中的运用，经过笔者六年的教学实践，教学大纲、教案不断修改、不断提升，目前已经逐渐形成“抽象雕塑”教学体系。

对于鲁迅美术学院雕塑系科学视觉形态班的解释

【作者】霍波洋

【刊名】美苑，2014 年 05 期

【摘要】鲁迅美术学院雕塑系于 2010 年进行再次教学改革。这次改革的具体做法是把本科生一至三年级分包给三个基础课教学组，以具象写实为基本教学要求。本科生四至五年级在人文视觉形态和科学视觉形态两个学习方向中由学生自由选择其一。人文视觉形态班——在学习中掌握雕塑的具象写实基本技能，关注社会及人文理念，培养具有当代文化理念，掌握一定形象思维能力和具象写实表现手段的雕塑人才。人文视觉形态班保持和延续着雕塑系优秀的具象写实传统。科学视觉形态班在学习中掌握雕塑的抽象造型基础，关注当代科学与技术，培养具有当代文化理念，掌握具有当代艺术思维能力及科学技术表现手段的雕塑人才。

数字化表现方法在雕塑创作课程中运用

【作者】石向东

【刊名】雕塑，2014 年 06 期

【摘要】20 世纪初，当代艺术进入了一个全新的阶段，新的形式、新的内容，新的流派层出不穷。其中衍生出来的当代影像艺术，作为当代艺术学科中的一支，也相伴而生。广西艺术学院造型艺术学院目前正在努力尝试拓展教学领域的研究方向，针对这种新型艺术潮流的发展趋势，开设了与当代艺术影视专业研究方向相关的教学课题。在当代艺术领域国际文化多元交融的语境下，系统地在院校开展当代影像的教学工作是十分有必要的。要顺应艺术发展潮流而进行教学，就必须制定一套较为完善的教学体系。万丈高楼平地起，我们必须了解自己所在的时代位置，定位在时代的审美环境之中进行教学。笔者以本校的教学实践为例，从课程设置，教材选择，教师选任、教学方式等方面做了探讨。

城市雕塑教学思想的转变与思考

【作者】蔺宝钢、孙静

【刊名】雕塑，2014 年 06 期

【摘要】近年来，伴随着中国城市化进程的飞速发展，以及人们对生活质量要求的提高，城市雕塑建设数量和规模不断增长，城市雕塑专业人才需求旺盛。但是作为一门专业来看，特别是与其他老牌专业相比，城市雕塑教学明显透出不成熟与不完善。笔者提出：城市雕塑的职业特点决定了其人才能力结构应具备以下几方面素质：一是雕塑造型能力；二是多学科知识背景；三是具备广博的社会文化知识；四是，要有多学科、多工种协作的能力。就以上要求，笔者认为，城市雕塑教学思想的转变要做到：1. 多学科交叉，优势互补；2. 项目实践教学、榜样力量；3. 融入中国传统文化知识，提升人文素养；4. 不断优化教师队伍。

浅议北方雕塑专业创作课程的教学改革

【作者】林志民

【刊名】美术大观，2014 年 07 期

【摘要】北方的雕塑具有体块强烈、形体扎实、空间感强烈的特征，培养出来的学生具有写实功底强、基本功扎实的特点。但是，随着信息时代的到来，艺术也呈现多元化，面对这场艺术上的巨大变革，唯有学院仿佛身处其外，显得过于冷静。北方美院学生创作的作品显得功底深厚，但方式和形式上往往显得过于保守，创作创新能力偏弱，这是在教学中对学生能力培养的不均衡所致。本文想要探讨的是：北方雕塑专业创作课程的教学改革应该立足传统，突破固有模式，培养学生创作能力，使学生创作作品上升到一个新高度。

小学雕塑课传承与教学创新探索

【作者】徐艳花

【刊名】美术大观，2014 年 08 期

【摘要】在中国现阶段美术教育中，雕塑课程在初、高中都有开设，但在小学基础教育阶段没有更深入探究。本文指出雕塑课的传承与教学创新探索，可以发挥其独特的实物载体教育功能，让学生更深入感受艺术的魅力。笔者学校正在进行的黏土动画的探索，其实质也是主要运用美术雕塑结合和电脑基础动画制作，借助语文口语对话，故事创编、摄影、音乐等学科融合而成。这种把学生创意梦想通过多学科的综合探索，转变为现实的好玩的课程，从美术学科专业的角度来看，是在纯雕塑创作中打破传统静态展示观念，从二维平面空间转变为立体空间，又从静态时空发展到动态时空的一种创新尝试。这又何尝不是文化的传承，何尝不是打破教学观念的创新尝试呢？

域外·交流

摩尔在伦敦

【作者】理查德·卡尔沃科雷西（文）、刘丽丽（译）

【刊名】世界美术，2013年01期

【摘要】2012年夏，亨利·摩尔的一些晚期作品在英国首都伦敦展出，其中包括高古轩画廊的展出及两件重要公共雕塑的复原。亨利·摩尔认为，雕塑是“露天的艺术，日光，阳光是必不可少的，对我来说，最好的位置和补充是大自然”。他还表示，“宁愿把一座雕塑放在室外景观中，也不愿放在我所知道的最美的建筑里面或上面”。但是，这并没有阻止他偶尔与建筑师合作，比如美籍华裔建筑师贝聿铭。在贝聿铭设计的建筑的入口处常能看到摩尔的雕塑，且位置醒目，在华盛顿、达拉斯和其他城市都能见到。

光之雕塑

【作者】马吉特·洛威尔（文）、胡晓岚（译）

【刊名】世界美术，2013年01期

【摘要】如果将雕塑家康斯坦丁·布朗库西的天才仅仅局限于对木雕或石雕手法的再创造，那么我们无疑忽视了极为重要的另一方面：布朗库西的青铜作品。其青铜雕塑的流线造型和反光表面所造就的特殊效果，在20世纪早期是前所未有的，一亮相就紧紧抓住了公众、批评家及艺术史家的眼光。布朗库西运用了特殊的青铜铸造技法，使作品产生独特的效果，然而迄今却尚无研究对此进行探索。

战国与古希腊雕塑的当代审美启示

【作者】江林

【刊名】艺术评论，2013年01期

【摘要】战国时代（BC476～BC220）与古希腊时期（BC490～BC300）是“轴心时代”中西方雕塑的形成期。战国雕塑突破了前代艺术神秘、威严的桎梏，使作为依附功能的装饰雕塑逐渐过渡到具有相对独立意义的雕塑。无论是空间处理、材料选择，还是形体语言皆显示出较明确的雕塑语言特征；古希腊雕塑经过两百多年的努力，在超越古埃及艺术上取得了惊人成就，尤其是古典时期以具体形象与理想化结合的作品。

印度雕塑创作营随笔

【作者】王小蕙

【刊名】雕塑，2013年01期

【摘要】第一次参加国外雕塑创作营，又是在印度，要不是那里有助手还有中国朋友刘洋同行，我是不敢去的。因为毕竟年过半百，在国内做大雕塑又有工厂和助手帮忙惯了，到国外创作真刀实枪的力气活，着实令人望而却步，好在这次有泥塑铸铜，比起打石雕就轻松多了。印度是一个值得我再去的国度。因为在那里，蕴藏着几千年的古代文明和精美绝伦的宗教艺术，你无法想象它究竟是出自于人还是神的手迹。

我在比利时打石雕

【作者】闫淑芬

【刊名】雕塑，2013年01期

【摘要】2012年是比利时王国德恩豪特Turnhout建市800周年，这个城市是从800年前以狩猎为生的一个小镇发展成现在的以印刷、医药、农产品为主的很有活力的城市。为纪念建市800周年，市政府组织了各种活动和庆典，也把这一年称为2012文化年。杰夫（Jef Van Leeuw）先生是这个市小有名气的雕塑家，他向市长建议组织一个雕塑创作营（他说是受2002年参加中国惠安第二届中国雕刻艺术节的影响，多年来他一直想在他们市搞定期的惠安模式的雕刻艺术节，也曾几次向市里提出建议），由他找同行朋友相助，为市里做6件纪念碑石雕，石材由市政府提供，设计和制作由艺术家无偿支持。

时代与系统——19世纪至20世纪法国现代雕塑的流变

【作者】郅敏

【刊名】美术，2013年01期

【摘要】19世纪至20世纪的法国在社会形态、思想观念等方面都处在巨变之中，活跃的文化氛围促动了现代雕塑的发展。以罗丹和德加为代表的艺术家，开创了以个人化表达为核心的雕塑方式，成为时代转折时期现代雕塑的开端。而后进入法国现代雕塑发展期，分作两种趋势：一是布德尔和德斯皮欧等艺术家对雕塑本体语言现代化的探索；二是以布朗库西和马约尔为代表的趋近于抽象探索的实验。之后杜尚和毕加索将现代雕塑引向更为开放的道路。巴黎作为19世纪欧洲乃至世界的艺术之都，它的文化艺术系统是如何打造的？如今又怎样延续的？这套艺术系统和我们的关系如何？这些都是我此次海外研修想解决的问题。

刚果河——非洲中部雕刻艺术

【作者】陈燮君

【刊名】上海工艺美术，2013年01期

【摘要】作为上海博物馆2013年开年首个特别展览，

由法国凯布朗利博物馆提供展品的“刚果河——非洲中部雕刻艺术展”于 2013 年 4 月 4 日开展，此次展览以非洲雕刻艺术品反映刚果河流域文化和艺术传统的辉煌。流经整个中非地区的刚果河，数千年来一直是当地居民互通有无，接触往来的重要河流。它在承载货品的同时，也使各地的文化和艺术得以融合交会产生了异彩纷呈的民间艺术作品。民间艺术家通常用木材制作配以颜料、贝壳、珠子或金属片作为点缀物。世纪后期，非洲雕刻艺术所呈现出的视觉魅力曾令欧洲的收藏家和艺术家深感震撼，他们从刚果河雕塑的表现手法中汲取了灵感，并由此开始尝试突破自然主义的局限。

吉布斯农场展示的古典主义、浪漫主义和未来的雕塑理念

【作者】约翰 · 芬利（文）、刘应诚（译）

【刊名】美苑，2013 年 01 期

【摘要】奥克兰北部，方圆很大的一片土地，那就是吉布斯农场，无止境的沟壑托起的丘陵俯临一片浩瀚而雄伟壮观的沿海平原。以凯帕拉港知名的这片自然景观，到处刻印着以往居民留下的痕迹，那些承载着血腥战斗记忆的陡峭山丘更是历历在目。吉布斯农场展示给人们的现代特定场景雕塑是最吸引人的，最有品位的私人最慎重收藏的藏品之一。那里最成功的是雕塑家。雕塑必须和它周围的环境相适应，而吉布斯的雕塑工程无疑实现了这一点。

自由之驰骋
——捷克艺术市场探密

【作者】王强

【刊名】雕塑，2013 年 01 期

【摘要】尼采说：“当我想以一个词来表达音乐时，我找到了维也纳。而当我想以一个词来表达神秘时，我只想到了布拉格”。捷克王国除了有神秘的布拉格城堡，还有《鼹鼠的故事》、有趣的木偶剧、流浪的吉普赛人、街头潦倒却腰板挺直的艺术家，以及不乏创意的当代艺术。古老的捷克王国创造了辉煌的艺术，而今天的捷克当代艺术同样以其自由多变的艺术风格，吸引了全球艺术藏家的关注，笔者就今天捷克艺术市场的形成进行探秘。

又成记忆
——吴哥窟漫笔

【作者】徐勇民

【刊名】湖北美术学院学报，2013 年 01 期

【摘要】踏上柬埔寨土地，脑海聚起这个国名带来的回想，鲜明真切。9 世纪的吴哥王朝（大约相当于中国唐朝），兴建了这座雄伟壮阔堪称世上最大的庙宇。几百年后，战败的真腊国迁都金边，吴哥窟不知何故居然被遗弃了。都说人爱遗忘，但人也是有记忆的。如此规模的上百座庙宇怎么可能丢三落四地说忘记就忘记了呢？至今，吴哥窟的巨石上也还遗留下了 20 世纪内战时期的弹痕。失忆的不是人，应该是用意志书写记忆的权力。

雕塑直线

【作者】朱迪斯 · 胡斯 · 福克斯（文）、夏威夷（译）

【刊名】美苑，2013 年 02 期

【摘要】奥古斯特 · 文蒂米利亚的三维空间中的纸上作品和直接作于墙上的作品均是基于极简主义的历史先例（在彻底的领会和重新思考下）和概念艺术（理性化与系统化的）而创作的。他的工具来自于建筑行业经常使用的砂纸、粉笔、智板和铅垂线。借助于这些不起眼的物品，他通过特定的行为创造出一些偶发性的符号，而这种随意性是由理性限定的。我们看到的是制作过程的图像，他用手做出标记并构建图像，但又避免了用手去直接作画。文蒂 · 米利亚逐步减小了他的大型作业，而变成单一的，重复的行为，并且将其称之为“还原”，从而免于陷入叙述性和意象的泥潭。

物质之梦：摄影和雕塑

【作者】谢莉 · 赖斯（文）、赵炎（译）

【刊名】世界美术，2013 年 02 期

【摘要】2004 年，邢丹文开始创作她直到目前还在进行中的彩色照片系列作品，名为《都市演绎》。该作品使用由真正的北京房地产开发商制作的大型公寓的建筑模型为原始素材，通过运用数字技术，将一些小的人物形象（包括她自己）加到建筑物的窗户里、阳台中、屋顶上或周边的人行道上。这些仅仅只能看到外形的无名人物涉及的行为包括：爱情、运动或谋杀。他们有的活泼，有的忧郁，有的善于自我表现，有的专注于自己的世界。他们被这个巨大的摩天大楼所吞噬，也在其中呈现出自己的微观生活。

来自过去和现在的冲击

【作者】布鲁克斯 · 亚当斯（文）、甘霞明（译）

【刊名】世界美术，2013 年 02 期

【摘要】为庆祝让 · 丁古利的《向纽约致敬》50 周年纪念日，“破坏之下”展览召集了 20 位秉承着丁古利破坏理念的艺术家。如何以最好的方式来纪念一件已经消失的“总体艺术作品”？最自由的方式可能就是揽来一批对那件消失的原作不太在意的当代艺术家，让他们天马行空地发挥。至少这似乎就是两位策展人：位于纽约的瑞士学院院长和主策展人贾尼 · 杰泽尔和生活在巴黎、很有抱负的美国策展人克里斯 · 夏尔普所采取的策略。他们邀请了 20 位艺术家，以“破坏之下”为题举办了一个机智的群展。展览的主题是艺术中的破坏，意在纪念让 · 丁古利声名狼藉的雕塑《向纽约致敬》。

和谐与冲突

【作者】理查德 · 卡利纳（文）、胡晓岚（译）

【刊名】世界美术，2013 年 02 期

【摘要】一项全面的美术馆调查表明，罗伊 · 利希滕

斯坦的抽象艺术实践使其波普艺术充满生机。利希滕斯坦以其波普艺术作品知名，然而实际上他也同时创作出了大量的抽象艺术作品。其抽象作品的种类不仅包括绘画、雕塑，还包括影像作品。作者将利希滕斯坦的抽象作品分为平静和谐与矛盾冲突的两类，并选取其中最具代表性的笔触与风景系列进行分析。艺术家对于抽象艺术的深度探索与实验，正是对其艺术可能性与边界的不断摸索过程。从抽象艺术的角度观察，我们将会对利希滕斯坦的整体作品获得一种不同于以往的理解。

从“现成品”到“社会雕塑”——博伊斯以人智学为基础的艺术观

【作者】沈莹

【刊名】世界美术，2013年02期

【摘要】约瑟夫·博伊斯（Joseph Beuys，1921–1986），20世纪最具创造力和颠覆性的艺术家，以其制造的众多个人神话和艺术神话成为最令人费解的艺术家之一。有人称他为萨满教的巫师、先知，从宗教神秘主义或幻象启示的角度解释其作品。有人称他是狂妄自大的极端个人主义者，将他的个人经验神话化，用以说明他对主题和材料的选择。而实际上，博伊斯是人智学的伟大实践者：一方面，他将“思”作为最本质、最原初的创造性力量，通过思考，认为人将获得最大限度的自由，从而改善自然与社会；另一方面，他泛化了传统的艺术观念，提出“扩展的艺术观念”和“社会雕塑”，将存在的事物、语言、行为、活动纳入艺术名下以“塑造”社会。博伊斯的艺术活动包括有形的“可见艺术”和无形“不可见艺术”，任何单向地考察都是片面的，本文从博伊斯对杜尚“现成品”概念的背离入手，通过考察人智学认识论来分析博伊斯的艺术观，及其理论核心“社会雕塑”之要义。

向安迪·沃霍尔致敬

【作者】沈莹

【刊名】世界美术，2013年02期

【摘要】1987年2月23日，《纽约时报》《纽约邮政》等各大报纸的头版头条刊登了安迪·沃霍尔去世的消息，许多人不远万里来到纽约，参加在圣帕特里特大教堂举行的追悼会，人数之多，使得第五大道的交通信号灯被迫中断。《纽约客》杂志评价其盛况“具有国葬之规格”。随即，他的照片出现在《美国艺术》《艺术论坛》《星期日时报》等具有国际性影响力的杂志封面上。可以说，安迪·沃霍尔的谢世最后一次实践了他的艺术主题和他的艺术观念——新闻报道、死亡、每个人都可以成为15分钟的名人……不同的是，这一次，他将成为艺术世界中经久不衰的热门话题。

新精神：1913年军械库展览中的美国艺术

【作者】盖尔·斯塔维茨基、劳雷特·麦卡锡（文）、胡晓岚（译）

【刊名】世界美术，2013年02期

【摘要】恰逢1913年军械库展览百年，作为美国艺术史上最为重要的展览，每每被人们提及，关注点往往都在欧洲的现代艺术。本文首次将关注的目光投向占1913年展览三分之二的美国艺术，投向美国艺术家在军械库展览的策划、实施和批评方面发挥的重要作用，并期望改变人们原有的观点，认识到他们的努力产生的重要影响。作者从参展的美国艺术家入手，分析他们的来源、地区、相互间的密切联系等问题，进而研究展览组织方美国画家与雕塑家协会的成立、展览的策划与运作过程，并随后介绍纽约军械库展览从A至R每个展厅的陈列情况和媒体的热烈反响。文中亦交代了军械库展览巡回波士顿与芝加哥的基本情况与变化，赞助人对美国本土艺术的支持与军械库展览资料的档案情况。军械库展览距今已百年，依然不断吸引着人们的探究与关注。

达利雕塑市场的困境

【作者】塞恩·彼得森（文）章文（译）

【刊名】世界美术，2013年02期

【摘要】萨尔瓦多·达利雕塑的交易市场一直受到错误信息、非法版本、版权纠纷和明目张胆的欺诈行为的滋扰。大量可疑的作品仍然充斥着市场。长期以来，巴塞罗那的大多数游客都是前往旅游区的达利雕塑博物馆参观达利的作品，而实际上该博物馆是一家商业展览机构，主要靠展出纪念品和达利晚年的青铜雕塑获利。其中加拉·萨尔瓦多·达利基金会备受此问题的困扰。

意大利乡村雕塑工作室调查

【作者】马涛

【刊名】雕塑，2013年03期

【摘要】对于一名雕塑工作者而言，意大利是学习和研究雕塑极为重要的地方，雕塑这门艺术在这个国家的文化中的独特地位基本可以体现在两个方面：其一是应用范围之广，雕塑作品几乎遍布整个国家中从公共空间到私人领域的每一处角落，且不说教堂、剧院、广场这些公共领域，几乎大多数的意大利家庭都会或多或少地放置一些雕塑作品，其中甚至不乏大师之作，如果有一处空间缺乏了雕塑的存在，对于意大利人来说那便是不完美的，雕塑已经成为人们生活中的必需品；其二是雕塑家之多，这个有着深厚雕塑传统的国度诞生了太多伟大的雕塑家，从米开朗基罗、贝尼尼、卡诺瓦，到曼祖、波莫多罗、帕拉迪诺，每一个时代的意大利艺术当中必然不会缺少雕塑家的名字；除此之外意大利还有成千上万不知名的雕塑家在默默地创造属于自己的艺术世界，他们的创作不见得见诸于艺术史中，却也成为整个意大利庞大的艺术产业中不可或缺的组成部分。

波普一派

【作者】本·卢克（文）、赵炎（译）

【刊名】世界美术，2013 年 03 期

【摘要】20 世纪 50~60 年代英国画家和雕塑家的作品挑战了简单化的艺术分类，而艺术家和批评家对于波普艺术影响的争论也很相似。半个多世纪之后的今天，也该对这一运动进行重新评价了。

大卫·亨德森的上升空间

【作者】布鲁克·卡明·拉帕波特（文）张舒（译）

【刊名】世界美术，2013 年 03 期

【摘要】大卫·亨德森的作品《航空史：第二部分》回避了战后占统治地位的艺术运动。他的作品既不包含观念性也不代表任何政治意图，高耸的白色玻璃钢和涤纶制成的装置占满了整间画廊。这一作品并不指涉抽象表现主义的行动绘画或雕塑。简约的形式营造出轻盈的感觉，却散发出极少主义理论的严肃感。

浅谈吴哥艺术

【作者】张明远、郭秋英

【刊名】雕塑，2013 年 02 期

【摘要】2013 年 1 月 18 日至 22 日，在中国工艺美术学会雕塑专业委员会和《雕塑》杂志社的组织下，来自全国各地的一些雕塑家和相关人员，前往被誉为东方世界“四大奇观”之一的吴哥窟观光学习。一行人在 5 天内跑马观花，走了吴哥国家博物馆和吴哥城内外大小十几处遗址，造访者无不对吴哥的巨大建筑奇观和精美的雕刻艺术深感震撼。

吴哥雕刻艺术的三个特征

【作者】徐晶

【刊名】美苑，2013 年 03 期

【摘要】在考察了整个柬埔寨吴哥的艺术之后，细品吴哥的雕刻艺术，可以发现其有着三个比较显著的特征：雕刻与建筑的结合、题材的多源与融合以及雕刻风格的印度化，笔者认为这三个特征都是受到印度教及印度文化的深刻影响，是印度宗教、文化、艺术等诸多因素和高棉本土民族文化碰撞及融汇下形成的。

我看柬埔寨吴哥时期的宗教与艺术

【作者】吴为山

【刊名】美苑，2013 年 03 期

【摘要】2008 年，中国雕塑院组团考察吴哥，旨在推动中外雕塑的研究。应《美苑》杂志的约请，希望我们将此次考察的心得与体会撰文刊载。基于现场的考察和文献的掌握，我对柬埔寨吴哥时期的宗教与文化有如下的看法：首先，柬埔寨吴哥窟的宗教特征具有多样性，且多样性中具有统一性。其次，柬埔寨吴哥窟的艺术具有神圣性，神圣性中又带有鲜明的世俗性。再看柬埔寨吴哥窟的浮雕。令人印象深刻的主要有大吴哥城巴戎寺的浮雕，朴拙自然，丰富多彩，生动反映了古代柬埔寨的自然环境、军事状况和百姓生活等，它巧妙地将具有多视角、多风格、多空间的雕刻造型置于一个层面予以处理，出人意表却又合乎艺术的情理之中。从雕塑与建筑两方面来看，神圣的提升和世俗的情味往往并行不悖。

吴哥窟雕塑艺术给我们的启发

【作者】邵大箴

【刊名】美苑，2013 年 03 期

【摘要】我们这次去吴哥石窟，虽然是短时间的参观，但直观感受和印象仍然是很深刻、强烈的。它不仅增加了我们对吴哥雕塑的形象认识，而且还补充了我们关于世界雕塑艺术史的知识。而最重要的，是启发了我们对雕塑艺术本质与创作规律的思考。这种思考，常常出现在我们面对本民族古老的雕塑艺术品的时刻，出现在我们参观古代埃及、两河流域、印度、美洲玛亚、非洲雕塑的时刻。世界如此之大，世界各族人民想像力与创造性如此之丰富，雕塑语言风格如此之多姿多彩，实在令人感叹。但在眼花缭乱的世界雕塑景象中，我们不难看出，隐藏在其背后的创作理念，有两个不同的体系：以自然科学为基础的写实造型体系，以欧洲从希腊罗马到 19 世纪写实主义雕塑艺术为代表；写意的体系，以经验和实践为基础，着重于表现直观感受，注重综合地把握客观对象，它们相互辉映，竖立起使我们引以为豪的两座高峰。

感悟吴哥窟雕刻之美

【作者】陈健

【刊名】美苑，2013 年 03 期

【摘要】柬埔寨的吴哥窟，是世界文化艺术宝库中一颗熠熠生辉的明珠，其精美的雕刻艺术散发出独特的魅力，令世人震撼。作为一名雕塑实践工作者，我曾经在众多图册中关注过吴哥窟的建筑和雕塑，然而当我真正进入到这片艺术圣地，真实的面对和触碰这些精美的神迹时，才切实地感悟到了吴哥的雄浑壮丽之美。我相信，有感而发的创作过程是作品成功的最为重要环节，其中也包括了不断的思考、尝试与探索和反复的修改与调整，吴哥窟的雕刻艺术使我产生了新的感悟，激发了我的创作欲望，此次吴哥之行令我收获颇丰。

从《真腊风土记》看巴戎寺浮雕

【作者】尚荣

【刊名】美苑，2013 年 03 期

【摘要】我们在对世界范围内的古代雕塑遗存进行考察之前，前期的案头工作准备、一手文献的掌握，是一件尤为重要的功课，考察应当是对前期研究思考的一种印证，而不应成为毫无准备的走马观花。对于柬埔寨吴哥艺术的研究，笔者以元代周达观《真腊风土记》为案例，对巴戎寺浮雕具体内容予以观照，倡导文献原典梳理与雕刻本体解读的并举和互证。

发现“女王宫”——班迭斯雷寺之美

【作者】任艳明

【刊名】美苑，2013 年 03 期

【摘要】虽然柬埔寨吴哥窟的考察已经圆满结束，但吴哥窟宏伟壮观的建筑群以及蜚声世界的雕刻，尤其是“高棉的微笑”的表征性雕刻形象，却一直浮现在我的脑海中，久久不能淡。时至今日，吴哥窟那超乎想像的艺术魅力，依然带给我极大的精神震撼和创作源泉。

空间衔接与动态——对话弗兰克·斯特拉

【作者】克劳斯·奥特曼（文）、刘巍巍（译）

【刊名】美苑，2013 年 03 期

【摘要】弗兰克·斯特拉今年被国际雕塑中心授予“2011 当代雕塑终身成就奖”。斯特拉于 1983~1984 年在哈佛大学诺顿演讲中，提出了一个典型的问题，这个问题为理解他的代表性抽象绘画提供了一把钥匙。即“我们能不能找到一种绘画表达模式，它既能表达现在的抽象意义，又能诠释卡拉瓦乔对 16 世纪自然主义及其广大追随者们的探索”。斯特拉自称为“务实的古典主义者”，他下达给自己的首要任务是，做立体主义与文艺复兴古典主义的纽带，以期走出“抽象的困境”。

宋冬：纽约 MoMA 个展——“物尽其用”

【作者】美术文献编辑

【刊名】美术文献，2013 年 03 期

【摘要】宋冬于 2011 年 6 月 24 日在纽约 MoMA 举办个展，入选了今年纽约现代艺术博物馆（MoMA）自 1971 年启动的 Projects 项目。参展作品是宋冬同其母亲赵湘源共同完成的《物尽其用》，它是由赵湘源女士多年来积攒的生活用品组成，其中不乏具有几十年历史的肥皂、断掉的娃娃腿、饮料瓶盖、锅碗瓢盆等共上万件。这种带有偏执性的收集精神，一方面源于赵湘源因陷入失去丈夫的极大悲伤中，借以收集物品来缅怀、填补一种精神的缺失；另一方面更重要的是这种行为无疑体现出了一代人的生活哲学，这与历史时期中的中国社会所处的现实有关，对于经历过物资极度匮乏年代的人而言“物尽其用”成为一种生存之道，这种思想带有深刻的社会历史痕迹，赵湘源只是通过自己多年收集生活用品的行为，十分极致地表达了这种精神。

抽象雕塑——连载之一

【作者】Rob Ward

【刊名】雕塑，2013 年 04 期

【摘要】这篇文章的标题——《抽象雕塑》被当成一个问题，而不是一个假设。阿尔贝托·贾科梅蒂，或者诺姆·加博的作品是对人物的抽象，罗伯特·威尔逊的椅子也是对椅子进行的一种抽象的想象。当人们在考虑抽象这个词语时，好像是一种要将本体消除的感觉。在极端的形式下，当站在一块约翰·麦克拉肯“木板”旁边时，可以感受到物体所指对象的消失，其结果是使个人对于存在的这种感觉得到强化，毗邻的真实情况也都引起了观众的注意。

纪念碑的六种新建法——德国公共艺术家约亨·伽茨介绍场

【作者】杨震

【刊名】雕塑，2013 年 04 期

【摘要】约亨·伽茨（Jochen Gerz）是当代在欧洲非常活跃的概念艺术家。他于 1940 年出生于德国柏林，长期旅居法国巴黎，最近活跃在爱尔兰的都柏林。他以革新纪念碑而闻名于世。他的创作既颠覆了传统对纪念碑的理解，也颠覆了传统对艺术的理解。现代西方曾有言：“纪念碑可以是任何事物”，伽茨的创作实践了这一设想，并且把它推向另一种更为极端的可能性：“纪念碑可以不是任何事物”（而就是纪念本身）。总体来看，伽茨为我们提供了前所未有的六种建立纪念碑的方式。并且，这些方式不是标新立异、哗众取宠，而是蕴藏着深刻的理解和反思。

威利斯·德·卡斯特罗的“活动物体”

【作者】加布里埃尔·佩雷斯－巴雷罗（文）、马芸（译）

【刊名】世界美术，2013 年 04 期

【摘要】巴西艺术家威利斯·德·卡斯特罗（1926~1988）自 1959 年开始创作一系列他称之为“活动物体”的绘画、雕塑作品。他可能在 1959 年至 1963 年创作了 12 幅作品是巴西新具体主义艺术运动中最重要的，同时也是被忽视的艺术，而这场艺术运动在艺术史上的意义正在被重新评估。

对话公共空间——丽塔·麦克布赖德的雕塑与装置

【作者】克里斯蒂娜·兰茨尔（文）、郑英锋、李临爱（译）

【刊名】世界美术，2013 年 04 期

【摘要】丽塔·麦克布赖德是一个在德国工作生活了十年之久的美国艺术家。她被誉为是具有前卫精神、富有激情且善于运用新材料的雕塑家。她的作品既充分调研和考察了周边典型建筑环境与风格，同时又给时而丑陋、时而幽默的公共空间以恰当的定位。她所创作的雕塑工程，因其用材独到而非同凡响，曾引起一些评论家的关注。他们想极力界定她的作品，以至于为其撰文著述。她的新作品表明：只有当艺术家与合适的搭档和合作者发生联系时，公共艺术才称得上是具有生命力的好艺术。

雕塑与媒体的融合
——由美国雕塑家威利·科尔说起

【作者】郭秋英

【刊名】美术研究，2013 年 04 期

【摘要】许多当代艺术家开始利用多种媒介来表达思想和创作艺术，艺术作品也越来越优于形式却不拘泥于形式。其中，美国新泽西州纽瓦克知名雕塑艺术家威利·科尔就是典型的代表之一。他不仅是一名杰出的当代艺术家，还是视觉工程师、环境机械师，他的作品包含了雕塑、绘画、装置艺术等，并且各类作品皆在国际上享有盛名。这些艺术形式和传播形式引发了我们对雕塑与媒体的一系列思考。

安东尼奥·卡诺瓦的雕塑艺术
——古物在卡诺瓦雕塑艺术风格形成中的作用

【作者】张子谦

【刊名】世界美术，2013 年 04 期

【摘要】安东尼奥·卡诺瓦（Antonio Canova，1757~1822），是新古典主义时期出色的雕刻家。他一生始终保持着对希腊罗马时期古物的痴迷，其艺术创作深受古物的影响，通过研究古物来寻找艺术创作的形式语言，以古物为参照进行艺术创作。古物的影响在雕塑家艺术风格的形成过程中起了决定性的作用，贯穿了雕塑家一生的创作。

边缘很重要
——安东尼·卡罗对谈录

【作者】布乔恩·伊舍伍德（文）、初枢昊（译）

【刊名】世界美术，2013 年 04 期

【摘要】今年早些时候，我与老友安东尼·卡罗爵士在他伦敦的工作室中见面。想法很简单：作品大相径庭，但却分享了许多共识的两位雕塑家间的对谈会不会很有趣？从某种意义上说，我们的探讨只是一场持续了 30 多年对话的简单延伸，主题很宽泛，从工作室实践和创作过程到我们与佛蒙特的本宁顿学院的共同联系。

物的秘命

【作者】珍妮特·考普劳斯（文）、吴丹（译）

【刊名】世界美术，2013 年 04 期

【摘要】最近进行的一次艺术展览调查显示，荷兰艺术家马克·曼德斯正处于其艺术创作的巅峰时期。他的雕塑作品以及其他装置作品，总是采用最难以分辨的材料表达最让人难以捉摸的含义。有一些艺术家总是能以一种绝妙的方式在作品中进行模糊的表达。马克·曼德斯就是这样。经由科罗拉多阿斯彭美术馆和洛杉矶哈默美术馆联合举办的巡回艺术展览上，他的作品已成为众人瞩目的焦点。

对错觉的迷恋
——布里奇特·赖利的架上空间

【作者】孙天艺

【刊名】美术向导，2013 年 04 期

【摘要】作为欧普艺术创始人之一的英国女艺术家布里奇特·赖利，其作品充满对错觉的迷恋，她在架上艺术的范畴上，充分发挥了光的韵律感和流动感，造成一种脱离架上本体的空间感。赖利的欧普艺术分别经历了 20 世纪 60 年代初期的黑白两色时期、70 年代的色彩时期以及 80 年代至今的空间感削弱时期。关于赖利作品语言形式的逻辑来自何处又如何发展，成为本文主要讨论的问题。

这个“杀手”不太冷
——路易斯·布尔乔亚的雕塑世界

【作者】王梦佳

【刊名】雕塑，2013 年 04 期

【摘要】我有时这样幻想如果路易斯·布尔乔亚(Louise Bourgeois）不成为一位艺术家，那么她可能会成为一名杀手。从她的作品里所呈现的，是精神世界里不可治愈的伤痛。那些私密的焦虑、孤独、背叛、压抑、愤怒、报复……如此强烈、赤裸裸而血淋淋地通过作品暴露在我们的眼前。创作对于路易斯而言，是情感不可抑制的宣泄，是自残式的挖掘，也是一种自我的疗伤。她的作品与生活密不可分，来自于对童年时期成长经历的回忆以及由此带来的意识深处的复杂情感和心理病痛，构成了一幅自画像。在长达近一个世纪的生命历程之中，她始终以极度自我的、不同于流俗的姿态进行着大刀阔斧的创造。她是 20 世纪艺术界里唯一一位跨越现代和当代两种语境的人物。

潜在的光辉
——芬兰艺术市场探秘

【作者】王强

【刊名】雕塑，2013 年 04 期

【摘要】芬兰，是圣诞老人的故里，诺基亚的产地。浪漫的街道、温馨的建筑、绝美的冰雪都汇聚于这片神奇的北欧陆地上。芬兰这片土地哺育了许多卓有成就的艺术家，如音乐家西贝柳斯、语言学家伦洛特、建筑大师阿尔瓦·阿尔托等，如今还有许多优秀的当代艺术家活跃于国际艺术市场的舞台，现在笔者就对芬兰艺术市场的现状进行探秘。

雕刻时光的印度木艺

【作者】王敏

【刊名】上海工艺美术，2013 年 04 期

【摘要】将印度的木手工作品称为“木艺”，是因为仅以“木雕”或“木工”都难以概括印度以木为质的技术和艺术，它包括木雕、木刻、木质建筑构件、木质玩具、木质日用品等手工制作的众多作品。印度木艺是最原始的艺术之一，印度河流域的考古已证明它的长远和广泛性。

印度人丰富的审美力透过梵天湿婆雕像、建筑的木檐檩条、日常生活中的木勺瓢碗，汇聚在匠人的指尖和刀锋上。印度地缘广袤，气候差异大，树种多，拥有丰富的木资源，在东北、中部、喜马拉雅、希瓦拉克、安达曼和高止山脉东西两侧及沿海地带均有分布，面积仅次于农业用地。人们的生活与木材有着天然的联系，约2，75亿印度人依赖或者部分依赖森林资源生存。每年出口的家具、木雕、竹藤制品等在印度经济中占重要地位。

有无之辩
——关于波兰现当代雕塑的一点思考

【作者】江林

【刊名】美术，2013年05期

【摘要】“有无之相生，难易之相成也，长短之相形也，高下之相盈也，音声之相和也，先后之相随也，恒也”。有无相生相克，这是老子混沌的审美之境。作为中国的艺术家，耳濡目染，自然心中有此情景，选择卡塔尔齐娜·考布罗(Katarzyna Kobro)、斯拉沃米尔·布洛斯卡(Slawomir Brzoska)和玛格达莲娜·阿巴卡诺维奇(Magdalena Abakanowicz)并不仅仅是因为他们在波兰或国际上的影响力，更在于他们作品中所包含的内在的逻辑关联，在一定程度上反映了波兰雕塑的面貌——延续西方现代艺术、向东方求索、专注本国现实三个思路拓展雕塑的可能性。由此反观中国，有着更积极的参照意义。

论中西雕塑文化的象征性

【作者】王静

【刊名】美术大观，2013年05期

【摘要】中西方雕塑，一个注重形体结构的准确，一个强调意境的“传神写照”。西方雕塑写实、中国雕塑写意成为了各自的特点。中国古代的雕塑并不刻意地去追求严格的比例和解剖，不追求外在形象的精确与酷肖，在塑造人物或动物形象时更为重视情感感受与体验。这种处理方式不注重对象的实体，着眼于整体的表现和韵律关系，更关注人物和动物的神采意蕴，并运用夸张变形的表现手法使形象跃然于画面。西方传统艺术把几何形的类型融入到形的概念之中，在哲学和科学双重支持下进行对物象的模仿，最终创造出了比例解剖等方面近乎完美的作品。而中国提倡“传神写照”“以形写神”，重视人物的性格特征和精神面貌的塑造。因此，中国传统雕塑注重表现内在气质和神情特征，而西方雕塑注重外在的形象和比例结构的精细研究，从而形成了中国古代雕塑意象造型与西方传统雕塑模拟造型两种不同的方式。

抽象雕塑
——连载之二

【作者】Rob Ward

【刊名】雕塑，2013年06期

【摘要】空间的体积既包含观众又包含雕塑，还不可避免地涉及距离、高度、运动和光线条件。通过人这个主体所受理的各种感官综合体都被召集起来。一些雕塑作品涉及危险材料或者是受威胁的状况。以丽贝卡·豪恩斯（Rebecca Horns）的高电压电气装置为例，有造成人身伤害的可能性。观众需要认清和权衡认知的水平，这样的危险需要立即处理以免意外的发生。路易丝·奈维尔森（Louise Nevelson）的黑色雕塑，需要感知到其阈值，在光线不足的情况下才能正常操作。高电压蓝光一闪的美丽，或者是尼尔森“盒子”中本土对象的重复是作品中的一个因素。但是观众和作品之间最初的联系是电流的即时性，或者是即时性的取消。什么是真实的，以及以它的物质性进行呈现的意识，引起了一个自我意识起着重要作用的评价过程。正是艺术作品的这个方面，建立起作品的时间感。

后现代雕塑创作中的身体介入
——以二战后欧美几位艺术家为例

【作者】陈超

【刊名】雕塑，2013年06期

【摘要】从古典一路走来，雕塑一直以土、木、石、青铜等材料为伴，我们看到的是以这些材料为物质载体所塑造的人的形象，此时的人体是一个被审美的物质化形态。现代派雕塑将人体形象加以抽象变形，通过对材料的表达与利用，来追求人体的形式美感，这一时期艺术家关心的是材料选取与抽象人体之间的形式统一问题，人体依旧作为一个物化的审美客体而存在。而步入后现代时期，人体这一高贵优雅的形象走下了神坛，观念至上的口号使得一切可以传达观念的材料都可以拿来使用，就连声音、光影、空气等非物质化形态也都参与到雕塑本体创作中来。但艺术家发现，对于自身观念的传达和情感的表现，并非是可以通过一件或多件永恒稳定的物质形态所能够阐释的，于是，作为能够体现和把握雕塑时间性与空间性因素变化过程的媒介——人的身体，从幕后走向了前台。

卢浮宫的巴洛克雕塑

【作者】宋伟光

【刊名】雕塑，2013年06期

【摘要】卢浮宫，这座建于13世纪的法国王室城堡，珍藏着无数珍宝。如果你要大致浏览下来，可能也需数天时间。就拿其中的雕塑馆来说吧，若稍微仔细一点地看下去，也得用去一天。所以，笔者选择了巴洛克时代的雕塑馆作为考察的重点，因为我们对西方美术史的这一段，关注不是很充分，今日到此，可聊补缺课。文中，笔者对卢浮宫马利厅、皮热厅所收藏的巴洛克和洛可可雕塑代表性作品，做了详尽的介绍与点评，对巴洛克雕塑在西方美术史上的地位给予了中肯的评价。

卓越之乐土
——瑞士艺术市场解析

【作者】王强

【刊名】雕塑，2013年06期

【摘要】提起瑞士，人们自然会想起秀美的湖光山色，以及瑞士钟表、瑞士军刀等一系列闻名世界的瑞士产品，这个以精准著称的国度，具有多样的文化，更有举世闻名的巴塞尔艺术博览会，即使在现在全球经济低迷的形势下，瑞士艺术市场依然非常活跃。笔者试就当代瑞士艺术市场的现状进行解析。

物质并不低人一等
——托尼·克拉格的雕塑艺术

【作者】邵敏

【刊名】美术观察，2013年07期

【摘要】曾在德国杜塞尔多夫美术学院任教多年，现任院长的英国雕塑家托尼·克拉格。去年曾到中央美院美术馆举办作品回顾展，引起较大反响。托尼·克拉格在当代雕塑界，是一位在研究和探索媒介材料自身变化无穷的表现力方面走在前沿的雕塑家。他在最近的创作中将虚拟世界的技术实体化，创作出了不同以往的雕塑作品，为在技术空前进步的未来时期，雕塑的发展开辟了新的方向。青年学者邵敏的文章，对托尼·克拉格的雕塑艺术创作做了深入全面的介绍。

透视当今美国公共艺术的五大特点

【作者】凌敏

【刊名】装饰，2013年09期

【摘要】美国公共艺术的出发点是公共性。它的内涵会根据社会环境的变化和公众要求的变化不断更新。当下美国公共艺术有五大特点：重社区、重环境、重地方、重材料、重历史。从趋势看，美国公共艺术现在更强调公众参与，强调公众的主体性，强调表现形式的多样性，强调公共艺术项目对地方与社区公众的裨益。总之，更强调公共艺术的"公共性"，突出公共艺术的社会价值。

雕刻出手感的无限可能
——非洲传统木雕的手工艺之美

【作者】张宏蔚

【刊名】美术观察，2013年11期

【摘要】非洲传统木雕不需草图的直接雕刻，抛却任何概念与理论的束缚，其创作的冲动并非来自观察或是因循，而更像是一场艺术家与材料的精彩邂逅。在每一个刀痕之间似乎都可望见创作者陶醉在过程中的完全回归自然、纯粹忘我的表情，感受到他们手执利刃时扩散出的无比坚强的意志与毫不妥协的精神。

传统雕塑与当代雕塑材料运用的比较研究

【作者】罗伟安、梁娟

【刊名】美术教育研究，2013年13期

【摘要】雕塑从物理上来讲，是三维空间存在的物体；从精神层面来说，是艺术家思想观念和精神信仰的实体化。雕塑以最清晰的方式呈现了创作者想表达的精神观念。材料是作者赋予雕塑的一种语言，然而材料本身不构成语言，它的价值体现在雕塑艺术家对材料的运用上。因此，对材料的选择和使用是雕塑艺术家最先要解决的问题。

高贵的单纯，静穆的伟大
——解读古希腊雕塑艺术

【作者】苏洋

【刊名】美术教育研究，2013年14期

【摘要】古希腊雕塑具有永恒的魅力。笔者通过分析希腊的雕塑艺术产生的根源和代表作品，论述了其艺术特色。古希腊雕塑是后人取之不尽、用之不竭的财富，具有重要意义，值得我们深入研究和学习。

追寻罗丹的脚步
——罗丹艺术创作思想的启示

【作者】舒文鑫

【刊名】美术教育研究，2013年18期

【摘要】罗丹是西方艺术史上一位举足轻重的艺术大师，一生为人类奉献了许多令人震撼、名垂青史的艺术作品。在其生命之车即将驶向终点之时，他为后来的艺术追求者留下了一篇振聋发聩的嘱词，为迷茫于艺术追求之路上的人们找到出口。时至今日，这篇嘱词对于我们仍有许多指导意义，其中许多观点仍值得我们深入思考。

论杜尚之后当代雕塑艺术的转向

【作者】李晶、殷小烽

【刊名】美术研究，2014年01期

【摘要】作为"达达主义"最为核心的代表人物杜尚，一直尝试拓展艺术的边界，建立属于这个时代新的艺术范式。这表现为以下几个方面：其一，杜尚一直在建立一种全新的艺术和生活之间的关系，这一关系是人类文化史上全新的，同时也终将影响后世的新逻辑。杜尚是以尝试突破原有艺术概念、形式、方法的界限而展开实践的；其二，杜尚颠覆了艺术的传统观，开辟了当代的艺术方法论。杜尚有意撇开在旧有艺术系统中十分重要的传统观，开辟了当代的艺术方法论，颠覆了艺术创作由技术入手的方法论，提出了"观念先行"的新艺术方法论。这一方法更是一种观念，深刻地影响了此后所有艺术的方法论，当然，也改变着雕塑艺术的形态。

浅谈贾科梅蒂雕塑中的意象空间

【作者】周珞璟

【刊名】美术教育研究，2014年01期

【摘要】笔者通过分析2010年拍出的被称为"最贵的雕塑"——瑞士雕塑大师贾科梅蒂的作品《行走的人》，了解雕塑的空间感，并用中国意象空间思维理解贾科梅蒂雕塑，说明《行走的人》在西方雕塑史中的重要性。

抽象艺术的黄金时代：正在此时

【作者】佩佩·卡梅尔（文）、蒋文惠、蒋岳红（译）

【刊名】世界美术，2014 年 01 期

【摘要】评点我们身处的时代也是在重复诉说我们的过去，当代的抽象艺术正是景观、身体、符号、建筑和诸多领域的引领者。把 1912~1925 年和 1947~1970 年两个时期视为抽象艺术的两段黄金时代，并且认为现今的抽象主义复苏不过是一段白银时代，这一观点很有吸引力。但是，所谓现在总是带有蒙蔽性的：回顾历史，对我们而言，马列维奇、蒙德里安，还有波洛克，似乎是高山仰至的巨擘，对于与他们同时代的人而言，却显然不是如此。实际的情形是，当今大量优秀的抽象艺术不断被创作出来，个中翘楚丝毫也不输给以往最好的抽象艺术——抽象艺术的黄金时代正在此时。

感觉的世界
——龙·米克的雕塑

【作者】柯秉飞

【刊名】世界美术，2014 年 01 期

【摘要】时间回到 1997 年，英国皇家美术学院举办“感觉：来自查尔斯·萨奇收藏的年轻艺术家展”，不过我们今天要谈的不是达米·赫斯特、翠西·艾敏的“坏小子”和“坏小妞”，也不是雷切尔·怀特里德或是詹尼·萨维尔。展厅某处，龙·米克“死去的父亲”静静地躺在那里，如同德国画家小汉斯·霍尔拜因的《墓中基督》那般沉默、死寂。这件作品的动人之处在于它本身所蕴藏的矛盾性本质：以一种高度完整饱满的形式向我们诉说已经遗失的事实。米克近年来的作品似乎更加关注当下的生活经验和社会处境，作品在题材和形式上都更多地偏向生活化场景，更加直接地展现出艺术家对无可逃遁的消费世界的种种现象的反映，有享受，有戏谑，有迷茫，也有倦怠。

威尼斯双年展我之见闻

【作者】李占洋

【刊名】美苑，2014 年 01 期

【摘要】2013 年，第 55 届威尼斯双年展。开幕式过后的人流似有减淡，这正好可以避开开幕前后闹哄哄的人群，好让我仔细看看展览。此次威尼斯双年展的主题为“百科殿堂”(The Encyclopedic Palace)，主题的选择源于一位自学成才的意裔美国艺术家马里诺·奥利迪(Marion Auriti)的设计理念。所以这一届威尼斯双年展并没有中心主题，也并不以呈现艺术作品来渲染某个具体的话题。但在观看完威尼斯双年展之后，我受到了很大的启发，也引起了我的思考，于是写下此文。

雕塑的本体

【作者】Andrew L·Phelan（文）宋扶日（译）

【刊名】雕塑，2014 年 01 期

【摘要】传统的雕塑本体理论的核心点一直都是基于一种概念之上的：那就是雕塑一直都是一种物质性的事物，而且一直都是以三维形式展现出来的。然而在未来是否会出现一种创作方式来打破这种概念？最近在技术和社交媒体上表现的比较突出的发展趋势是：人们提出了一个质疑：在未来社会，人们是否还会期待一个独特的奇异的雕塑作品存在于他们中间？新型的社交媒体是等式的一部分，但不是全部。对于年轻艺术家（当然，包括雕塑家）对社会、环境和道德问题还有他们随之而来的审美态度的关注变得越来越多，除此之外，不断发展的可供雕塑家们运用的技术，引发了另一种关于“雕塑艺术未来的走向”这一主题的探究和质疑。

加勒比海边的创作营

【作者】刘洋

【刊名】雕塑，2014 年 01 期

【摘要】加勒比海岸的雕塑营在来到加勒比海国家之前，作者对哥斯达黎加这个国家的认识仅仅局限于在 2002 年的世界杯上，他们以 2:0 的比分毫无争议地战胜了中国足球队。这段“恩仇”下文再表。其周边国家还有洪都拉斯、危地马拉、尼加拉瓜，对于作者来说都是一些陌生的名字。唯一熟悉的是巴拿马，因为这个国家有一条连接太平洋和大西洋的运河——巴拿马运河。如此陌生和神奇的国度，对于游走于世界的艺术家来说充满了神秘的诱惑，在几经波折之后，作者终于获得了可以前往哥斯达黎加的邀请函，开始了雕塑创作营之旅。

抽象雕塑
——连载之三

【作者】Rob Ward

【刊名】雕塑，2014 年 01 期

【摘要】合成立体主义时期，从虚拟空间到物质性的转变，使毕加索开始在他的雕塑中使用体积空间。合成立体主义绘画把作品当作仿造的或者是墙壁上的一个对象的意识的强化，回荡在合成立体派雕塑中。毕加索的解救方法是使用架子的添加，就像是 1914 年的“玻璃和骰子”，或者是作品的框架，同样是 1914 年创作的“玻璃、报纸和骰子”，来和体积空间建立起一种关系。在 1914 年的“一杯苦艾酒”中添加的一把勺子，就是根据空间直觉所创作的一件装置作品。这个时期强烈地凸显出绘画元素，并且在毕加索的雕塑中仍然是一个重要的组成部分。

乌菲兹美术馆的展陈方式

【作者】宋伟光

【刊名】雕塑，2014 年 01 期

【摘要】乌菲兹美术馆原本是美第奇家族的办公楼，乌菲兹的发音有些像英文 office（办公室）的发音，所以，它的本意可以理解为“办公室美术馆”。这个美术馆以收藏文艺复兴时期的著名画家和古希腊、罗马的雕塑为馆藏的主要特点。该美术馆的绝妙之处在于，它是专门收藏文

艺复兴时期美术作品的“题”美术馆，这种专门性对帮助研究美术史的学者们提供了一个减少偏颇的学术平台，且这座美术馆恰是在文艺复兴的原发地、原发点上建立的美术馆，因此，它的典型性是很有实际价值的。乌菲兹美术馆的分类，能够很清楚地知晓不同时间、不同艺术家对同一题材表现的不同风格，以圣母像为例，最早的是乔托画的圣母，依次是波提切利、利比、安吉利克，直到文艺复兴的盛期拉斐尔的圣母像，这样便于了解艺术风格的进程和体会出杰出绘画作品的魅力所在。

赤裸的真实

【作者】弗雷德里克·约瑟夫·劳瑞；查尔斯·斯塔基（文）、初枢昊（译）

【刊名】世界美术，2014 年 02 期

【摘要】保罗·麦卡锡(Paul McCarthy)的近作，激发了关于西方艺术史中，从杜尚时代直至今天涉及裸像、审查制度与“躲猫猫”式阴毛处理法的议题。保罗·麦卡锡有关其模特爱丽斯·波佩斯的照相写实主义雕塑，在他近期于纽约上城的豪瑟和沃斯画廊举办的展览“真人翻模”中展出，没有阴毛。尽管历经数世纪的审查制度，多谢女权主义与照相写实主义，蓬蓬的毛发仍是一个激烈的问题，不至于像毛发被剔除那样被轻易忽略，因为现在流行整体热蜡脱毛的时尚，无论男女。无论突出还是消除，阴毛都引发了性别身份、政治与美学的问题。任何书写裸体史的人都要直面阴毛。

追踪空间中的点：约翰·德雷弗思访谈

【作者】莎拉·唐吉（文）、甘霞明（译）

【刊名】世界美术，2014 年 02 期

【摘要】了解我出身的人都问我为什么离开建筑。我钦佩建筑师的工作，但我觉得在雕塑中我更能控制我的作品。伟大的雕塑往往会卷入建筑与形体之间的复杂关系，这种关系既是内在的，也跟周围环境有关。是的，我觉得所有伟大和持久的雕塑一定都具有纪念碑性究竟什么是纪念碑性，怎样才能做到有纪念碑性？当我在具体的语境中创造形体并发展出自己的语言时，纪念碑性有什么意义？有些雕塑家教会了我一些东西，他们每个人对我的作品来说都很重要。

革新之动力
——古巴艺术市场的兴起

【作者】王强

【刊名】雕塑，2014 年 02 期

【摘要】提起古巴，人们自然会想到雪茄、朗姆酒、咖啡等特色产品，以及切·格瓦拉、卡斯特罗等政治改革人物。古巴的历史、地理和多民族融合，造就了此地多元混生的文化，同时这里独具民族特点的当代艺术也正在国际艺术市场中走向兴起，现在笔者就古巴艺术市场的现状进行以下揭秘。古巴是一个多民族交融的国度，这里的民众虽然收入不高，但是对艺术充满了由衷的喜爱，这里的艺术家具有天赐的想象力与无限的创造力，这里的艺术具有鲜明的民族特点。

论柬埔寨吴哥时期浮雕艺术模式

【作者】林静静

【刊名】雕塑，2014 年 02 期

【摘要】吴哥(Angkor)，现在泛指 9~12 世纪位于柬埔寨北部的伟大王国，遗址集中在今暹粒市郊。在吴哥王朝的盛期，首都吴哥大城内有数万之重居民，完善的水利设施与巨大的圣庙建筑，令人叹为观止。本文研究对象，是指公元 9~12 世纪神庙建筑上所刻绘的浮雕艺术。浮雕是在平面上雕刻出凹凸起伏形象的一种雕塑形式，是一种介于圆雕和绘画之间的艺术表现形式。本文是笔者对吴哥窟做了实地考察后，写下研究报告。

丽贝卡·霍恩与她的独特创造

【作者】张宾雁（编译）

【刊名】世界美术，2014 年 02 期

【摘要】丽贝卡·霍恩(Rebecca Horn)是 20 世纪 80 年代确立国际地位的德国艺术家之一。创作范围涉及表演、装置艺术、雕塑和电影等不同领域。善于使用填充物、假肢、绷带、羽毛和面具等材料制作身体雕塑。如戴上 1 米多长的尖细手套去拿东西的《指状物手套》；头上戴着独角兽的角在森林和麦田里行走的《艾因霍恩》。1980 年代开始以机器替代身体创作机械动力作品。霍恩也是一位诗人，她的诗经常带给作品灵感。目前霍恩生活和工作在巴黎和柏林。

挣破·自由
——美国黑人艺术先驱梅尔文·爱德华兹

【作者】于牧洋

【刊名】雕塑，2014 年 02 期

【摘要】笔者撰写此文是为了介绍其导师：美国黑人艺术先驱，雕塑家梅尔文·爱德华兹(Melvin Edwards)。笔者是梅尔文·爱德华兹的学生，得到爱德华兹的指导。梅尔文·爱德华兹(Melvin Edwards),1937 生于休斯顿，他是一位很有影响力，极具社会责任感的美国黑人现代艺术家。1970 年，他成为第一个在纽约惠特尼美国艺术博物馆(The Whitney Museum of American Art)举办个人展览的黑人雕塑家，该博物馆享有立志于现代美国艺术的声誉。爱德华兹以有刺的铁丝为“笔”，在角形墙的空间里立体“画线”，采用平面立体组合制作装置雕塑，引起艺术界的关注。美国黑人艺术家大卫·翰曼斯回顾道：“那是我见到的第一件抽象理念作品，反映美国黑人的历史文化，在见到那件作品之前，我无法想象抽象艺术可包含深刻的社会意义”。

再生之舟谈《CHIFRA 中法艺术巡回展》

【作者】苏磊

【刊名】雕塑，2014 年 02 期

【摘要】“远行的目的是走向自我”——赛林格全球性的文化交换，基于一个紧密连接的共同体，以及内部不断扩大彼此差异的个体间的连接。这使得作为社会润滑剂的文化越来越呈现出一种分离而焦灼的状态。随着世界经济格局的根本性变化，不同区域间价值和审美交换的增长，殖民时代的文化等级逐渐消失，艺术系统的纯粹性和单一性遭到质疑与拆分。如何重建一个共同体，以及如何在共同体和个体之间建立彼此共存的联系，成为今天正在接入世界艺术体系的亚洲艺术家所不可回避的问题。

丹尼尔·布伦《双重舞台》与八十年代法国公共艺术的重建与复兴

【作者】王路

【刊名】南京艺术学院学报（美术与设计版），2014 年 02 期

【摘要】在对文化遗产、历史古迹的更新改造中，新与旧如何避免发生冲突，如何达到平衡，如何相互彰显，既需要艺术家的创造力，也取决于决策者的眼光。丹尼尔·布伦的《双重舞台》不仅在艺术上有其独特的美学价值，而且回顾围绕它发生的一系列事情，也会获得一些可供借鉴的经验与教训。

触碰现实 ——与朱塞佩·佩诺内的一次谈话

【作者】特怀林·莫耶（文）、马芸（译）

【刊名】世界美术，2014 年 03 期

【摘要】朱塞佩·佩诺内(Giuseppe Penone)认为几乎所有的雕塑都是有灵魂的，他将仪式性内涵灌注到材料、过程和对象之中，超越了传统文化而捕捉到人类天性中与生俱来却被遗忘的东西。他对于艺术的定义令人迷惑，也非常简单：艺术家的工作在于探索我们周围的现实世界，并将探索的结果赋予形式表现。在他看来，创造，包括人为的创造，恰恰是自然的力量，在逻辑上说，是穿过不同的生命形态、材料种类和生活方式来扩展其接触联系的必要能量。佩诺内的实践使雕塑试图回到原点：一种通过基本的、感觉的体验激发灵感的创造性行为，它让我们创造了一种像自然世界中潜在的、拥有强大繁殖力的作品。

浅析荷兰博物馆的建筑雕塑

【作者】韩璐

【刊名】雕塑，2014 年 03 期

【摘要】20 世纪以来，荷兰的建筑设计在国际上产生重大影响，无论是早期的风格派、结构主义，还是 80 年代后走红的解构主义，建筑设计中的雕塑性元素都成为其建筑设计发展的一个重要趋势。作为承载科技与人文的重要平台，荷兰的很多博物馆在结合其自身特点的同时，更注重建筑的雕塑性发展倾向。如今，“建筑雕塑”已然成为一个专有名词，指固定的配合或装饰建筑群、建筑物、建筑局部的雕塑总称。是建筑的组成部分，也是建筑师整体设计的内容之一。而博物馆的建筑雕塑，除了具有一般建筑雕塑的特点之外，还要考虑到展览空间的合理性及博物馆展品的特点等。

贾科梅蒂大事年表

【作者】昆斯特·维耶纳（文）马静（译）

【刊名】新美术，2014 年 03 期

【摘要】1901 年 10 月 10 日，乔瓦尼·贾科梅蒂和安内塔·贾科梅蒂的长子阿贝尔托·贾科梅蒂出生于瑞士与意大利边境斯坦帕（stampa）的贝盍尔山谷。在其后的六年内，他有了两个弟弟和一个妹妹。大弟弟迪耶戈后来成为一个家具设计师，并帮助兄长从事雕塑创作。小弟弟后来成为一名建筑设计师。1906 年，贾科梅蒂跟随父亲学画，其父乔瓦尼·贾科梅蒂是一位后印象派画家。全家迁居斯坦帕。1915~1919 年，贾科梅蒂在库尔市附近上中学，成绩优秀……

“认识我的感觉”和“实现我的视觉”塞尚与贾科梅蒂的怀疑之旅

【作者】菲利克斯·鲍曼、保尔·托涅克（文）马静（译）

【刊名】新美术，2014 年 03 期

【摘要】时至今日，保罗·塞尚的作品还保持着鼓舞人心的力量。纵观 20 世纪所有与塞尚本人，与他创造性思路，与他的思维进行批判性接触的重要艺术家中，阿尔贝托·贾科梅蒂绝对是其中的佼佼者。贾科梅蒂和塞尚都是视觉艺术家——即便在他们脱离了自己的主观阶段之后，也还是这样。在他们早期，形象同时在融入外界成为事实和现象之前，必须要在内部世界中经过检阅。对此梅洛—庞蒂在自己的《眼与心》中的描述是：“这些形象是内在的外在，同时也是外在的内在，感官的双重性使得它们成为可能……”

生命之歌：维格兰雕塑公园札记

【作者】张莉雅、王欣

【刊名】雕塑，2014 年 03 期

【摘要】挪威雕塑大师古斯塔夫·维格兰恰恰身处这个艺术潮流的变革时期，虽然在近代雕塑史中似乎鲜有他的踪迹，但维格兰的雕塑艺术却动人心魄，极具艺术魅力。对这位雕塑大师的真正了解，源起于笔者对维格兰雕塑公园的参观学习。在维格兰的雕塑中，对个人理想和美化的光环已经消失，取而代之以现实躯体的真实，和体积块面的运动与对比中所塑造的“现实世界”的“你”“我”“他”。那些诸如父子之间的爱与成长，包括愤怒与肢体冲突的形态，实际上就是一种真实的而非理想状态的肉体存在。在这里，对人生价值解读以及对命运的无奈与痛苦，都可以启迪人们重新思考生命的真谛。雕塑大师古斯塔夫·维格

兰将“人”和“生命”的探索，具象化地凝聚成一尊尊生动写实的雕塑，从而拉近了艺术与普通大众之间的距离，并体现出了艺术家对人生的透彻感悟与独到见解，谱写出了一首荡气回肠、感人至深的生命之歌！

贾科梅蒂的素描地志

【作者】赫伯·路斯特（文）马静（译）

【刊名】新美术，2014年03期

【摘要】贾科梅蒂一直都是一个颇具争议性的人物。不光是贾科梅蒂的仰慕者认可他人生的各个阶段和创作手法的重要性以及正确性。大多数贾科梅蒂的狂热支持者都认为他的素描作品很令人兴奋。当然，即便是这种媒介也存在着争议，虽然这篇文章可能会加剧争论，可是我们毕竟还是在努力将与贾科梅蒂相关的哲学理念搁置一旁，而是尽全力以一种直截了当的方式将艺术家素描作品的诸多风格和物质方面进行表述。

实现隐喻、记忆和意义

【作者】明哈兹·马宗达（文）、许琦（译）

【刊名】世界美术，2014年03期

【摘要】加内什·哥哈因创作的雕塑和绘画是针对神话、记忆、物质性和形而上学的极具个性化的强烈内省。虽然这些作品因为较小且简单的形式而极具欺骗性，但它们却内含相当复杂的观念，这些观念都是基于艺术家自己的生活经历和理性沉思。它们亦深深植根于全世界的人对意义的探寻。哥哈因探索了抽象的观念、真实的本质，以及艺术创造的过程。他说，他的作品“表现了对历史的过去、现在和未来的一种想象性的研究。它是一种有关存在的研究，实现幻想、现实和抽象的东西，简言之，就是探寻真理的一个过程”。

另类的极简抽象
——伊娃·海瑟的雕塑艺术

【作者】陈超

【刊名】西北美术，2014年03期

【摘要】20世纪60年代，以唐纳德·贾德和罗伯特·莫里斯为代表的西方极简主义雕塑以单一、呆板和纯粹的几何规则形态呈现出冷漠、刚毅的男性化特征。但在这一时期，伊娃·海瑟却属另类，她以柔性材料在非机械生的重复和变化过程中阐释了对生活的理解和感悟。在她的作品中，我们感受到了来自于网状结构所蕴含的柔性力量。

卡伦和罗伯特·邓肯的当代雕塑收藏

【作者】格伦·R·布朗（文）、李京泽（译）

【刊名】世界美术，2014年04期

【摘要】在邓肯夫妇的收藏中的一个主要信条反映在下述事实中：自从对金的装置的购买开始，这个木制的手就几乎不断地被借出去展出。邓肯夫妇深知他们所拥有的许多雕塑的独特性和历史重要性。他们致力于一个原则：即将他们的收藏向艺术家、学者、收藏家同行、学生和其他任何对于当代艺术有专业兴趣的人开放。归根结底，对于邓肯夫妇来说，收藏并不仅仅只是针对作品。他们从主持这个以艺术家为主的活动中获得的兴趣，也许才最能代表他们创立这个巨大而多样的收藏的动机。

公共雕塑：西沃德·约翰逊

【作者】戴维·弗奇戈特（文）、王豪（译）

【刊名】世界美术，2014年04期

【摘要】美国著名公共雕塑艺术家西沃德·约翰逊的作品在美国乃至整个雕塑领域可谓家喻户晓。随着他盛况空前的雕塑回顾展开幕，我们逐渐理清了艺术家多年来的创作思路，以及在雕塑领域所做出的杰出贡献。作者戴维·弗奇戈特曾担任首位”国际雕塑中心”机构专职执行主管，作为多年来与约翰逊合作并熟识的挚友，在文章中不仅对其雕塑作品的三个主要系列以及其它杰出作品给出了全面的阐释，而且对他在“国际雕塑中心”与“雕塑地基”机构的创建与发展所做出不可磨灭的贡献方面做了详尽的叙述，为我们更加全面地了解约翰逊生平及作品做了良好的铺垫。

透析芝加哥公共雕塑的“公共性”

【作者】李伊晴

【刊名】雕塑，2014年04期

【摘要】在后现代艺术的语境中，公共雕塑逐渐成为当代艺术讨论的热点话题之一。自上世纪60年代起，伴随着社会民主运动的进程与城市经济的发展，公共雕塑的“公共性”理念也不断地深化。芝加哥作为美国公共艺术的重镇之地，其公共雕塑的核心由公共场地转移到公共空间、环境和文化，如今又进展到公共兴趣。如同一面明镜一般，芝加哥的公共雕塑映照着这个城市所经历的政治文化变迁。经过数十年的发展，公共雕塑不再是固定不变的，而是时刻有变化的，并且与观众产生持久的互动。雕塑虽然无法同参与性艺术一样邀请人们进入到艺术创作的过程，但它力求将完成后的作品能与市民产生最大限度的互动，用这种对话的时间性来彰显它的公共性。

土耳其搜神记

【作者】易乐平

【刊名】雕塑，2014年04期

【摘要】土耳其地处亚欧大陆，三面环海，曾是古希腊文化浸溢之地，地中海的希腊文明从爱琴海自西向东蔓延。笔者沿君士坦丁堡一路搜寻下去，穿行于雕塑丛林，近距离用心观看，细细地品味。在众多的石像中，笔者特意留心了石雕表现方法与处理效果，不难发现石雕技艺的发展与传承的关系，石材的限制性与匠师的聪明创造力，由古代微笑到裙幔飘逸的演变，从神性到人性的演变。多看雕塑几眼，采撷入梦，乐不思归。让人真正感受到大理石材质的魅力与无限的表现可能。

西班牙的艺术奇才
——高迪

【作者】张云薇

【刊名】雕塑，2014 年 04 期

【摘要】安东尼·高迪，全名安东尼·高迪·克尔内特(Antoni Gaudi i Cornet，1852 年 6 月 25 日 ~1926 年 6 月 10 日)，西班牙“加泰隆现代主义”(Catalan Modernisme，属于新艺术运动，与 20 世纪初的现代主义并不相同)建筑家，为新艺术运动的代表性人物之一。安东尼·高迪以独特的建筑艺术称荣，城市几乎所有最具盛名的建筑物都出自他一人之手，被称作巴塞罗那建筑史上最前卫、最疯狂的建筑艺术家。高迪早已超越了建筑师所涉及的范畴。他在艺术方面的许多领域，如园林环境设计、室内装饰、公共广场和公共设施、浮雕、圆雕、壁画……都能独树一帜；甚至家具、灯具、门窗、围墙、栅栏、门柱等都处处用心，任何细节他都饶有兴致地进行创意。材料的涉及更是如此，世人评说：“没有哪座城市会让巴塞罗那因一个人——高迪而变得熠熠生辉”。

从解构到重构
——比扬·诺格的艺术逻辑

【作者】赵炎

【刊名】世界美术，2014 年 04 期

【摘要】作为丹麦最为重要的当代艺术家，同时也是北欧当代最具影响力的艺术家之一的比扬·诺格，对于中国观众来说，或许也并不陌生。2007 年，比扬·诺格曾在中国举办了“西西弗斯遇上孔子”的个展，尤其是在展览现场上进行的行为艺术创作在当时引起了不小的震动。2014 年 10 月，“比扬·诺格，再世界”展览在中央美术学院美术馆开幕，通过对他早期的小型雕塑、行为表演、影像和近期大量雕塑、装置作品的展示，试图对这位艺术家半个世纪的艺术生涯和成就做出一个梳理，尽管这个梳理并不一定详尽，但却是精准和重要的，因为透过这个展览，我们所看到的不仅仅是一个艺术家个人的艺术生涯历程，同时还反映出西方当代艺术从 20 世纪 60 年代以来的发展逻辑，以及关于当代艺术创作方式等方面的启示。

十字路口的交会与发散
——“聚焦与共鸣”雕塑展与交流活动述评

【作者】项祎

【刊名】雕塑，2014 年 04 期

【摘要】本次“聚焦与共鸣——雕塑作品展”，是中国、德国、比利时当代雕塑艺术的一次“聚焦”，旨在对中国乃至世界的雕塑艺术热爱者发出友好诚挚的邀请，在全球多元化大发展的今天，运用雕塑艺术的语言形式进行文化推广及传播。通过借助雕塑作品造型语言作为交流媒介，更加生动直观地使中国文化语言走出国门，让世人共同领略到中国文化的观点、气象与作用，在与全球多元文化浪潮交会过程中，共同达成精神文化的深度交流与对应，在“共鸣”中实现梦想。此次展览的作品形式多样，材料丰富，不仅融合了具有中国特色的景泰蓝、漆器、陶、瓷、木、石，同时也展示具有当代创新实验性雕塑及抽象雕塑作品。

刀刃体
——贝聿铭和亨利·摩尔的空间共舞

【作者】乔迁

【刊名】雕塑，2014 年 05 期

【摘要】建筑和雕塑一直是一对姊妹艺术，它们都是三维的，可触的，雕塑主要是依附于建筑发展而来的。建筑的目的是追求空间的实用性，同时也追求形式的美；雕塑的目的是造型的审美性，依附于建筑的雕塑增加了建筑的精神意义。20 世纪上半期，纯功能性的建筑逐渐占据主导，雕塑一度失去了与建筑依存的方式。而从 20 世纪中期开始，对建筑精神性的需求又使得雕塑以新的方式参与建筑之中。雕塑不再是建筑的一个装饰元素，而是有独立存在方式的艺术品，多以摆放、陈列的方式参与到建筑环境之中。以形式的关联性、精神的关联性，与建筑形成一个整体。华盛顿国家美术馆东馆，为贝聿铭、亨利·摩尔提供了展示建筑与雕塑依存的样式。

俄罗斯圣彼得堡列宾美术学院雕塑系教授帕维尔·阿努汝叶维奇·舍夫琴科

【作者】李永康

【刊名】雕塑，2014 年 05 期

【摘要】帕维尔·阿努汝叶维奇·舍夫琴科是俄罗斯圣彼得堡列宾美术学院雕塑系的教授，是俄罗斯著名的雕塑家。他在雕塑上的天分和勤奋，自虐性的工作方式，已成为他生活中的一部分。他既不回避现实主义的创作方法，也不为之拴结，他既挑战众多的传统艺术家，又要克服产生脱离了精神的感知与偏离当代社会需要的感觉。用生动可靠的大量艺术实践、丰富的雕塑作品推动了自己不同时期的艺术创作风格，并使之融入教学中。他把教学外所有的时间和精力都停留在自己的工作室里，创作和寻找着自己的雕塑美学语言。他以创作出大量优秀作品，来追求生命中更本质的东西，更理想的境界。

中国台湾“第二届蕉蒲国际艺术创作营”随笔

【作者】王小蕙

【刊名】雕塑，2014 年 06 期

【摘要】期待了很久的宝岛之行，终于在金秋时节成行了。台湾国际雕塑创作营中最著名的是花莲石雕创作营，其次是台中的 BenQ，蕉埔作为第二届，学习借鉴前者的经验，将单一的石雕变成多元媒材的创作营，就是在同一个创作营可以看到木雕、青铜、不锈钢和石材，这次还增加了马赛克(我和刘洋的作品就是用马赛克来表现的)通过这种多媒材的创作营，也可以促进艺术家之间的相互交流与探讨。与往届不同的还有，这次创作营有助手协作，

艺术家创作起来可以比较轻松，以便更好地去完成创作，这么好的条件在中国大陆以外的国际雕塑创作营是很少见的。

艺术自由与博爱精神——美国佛蒙特州拉特兰市公共艺术创作简记

【作者】徐国华

【刊名】雕塑，2014年06期

【摘要】笔者以认为：自然创造了人类，人类创造了艺术，这是我们这个奇妙星球中的奇迹。艺术把美带给人间，把爱呈献给这个世界，陶冶了人们的情操，装点了我们的家园，使得我们的世界如此的丰富繁盛，如此的色彩缤纷，如此的和谐美好。艺术是无国界、艺术是源于自然的、艺术是神奇的。笔者以应邀在美国创作钢铁焊接雕塑作品的经历，生动地阐述了自己的艺术观。作品《跨越时空》，一辆蒸汽机在峡谷中疾驰，寓意中美之间沟通的重要性。艺术无国界，艺术是世界语言。绘画、音乐等艺术形式全世界的人们都能符懂听懂，因为艺术能融入每个人的血液，融入每个人的心底，尽管有语言的障碍，影响彼此深入的交流，但是人们的心是相通的，这就是艺术的魅力和神奇的地方。

吴为山与克罗德·阿巴吉的雕塑对话

【作者】朴父

【刊名】美术，2014年08期

【摘要】6月5日，作为纪念中法建交50周年的一项重要活动，“心灵对话——吴为山、克罗德·阿巴吉雕塑展”在法国巴黎中国文化中心隆重举行。克罗德·阿巴吉是法国当代雕塑大师，2014年当选为法兰西学院主席。他的作品表现重大的哲学意义，通过外观的媒介，借由雕塑对人的本质提出疑问。其雕塑如同残缺不全的文物，往往没有头部，这种引发不安的空白，在吸引着人们。观察者必须借助于自己的文化知识和记忆来恢复对自然存在的完善。与之相对，吴为山的雕塑则由意出发，他的写意性超越客观表象，直入精神，通过瞬间的捕捉和表现过程的凝固，展示出悠游、自在的文化气象。两位艺术家意犹未尽、意味深长的一唱一和的二重合奏，引发了观众热议。

具象与抽象的融合——论乔治·让克洛·莫塞的雕塑艺术

【作者】刘淑泓

【刊名】美术，2014年09期

【摘要】乔治·让克洛·莫塞(Georges Jeanclos MosSe，1933-1997)是法国当代著名雕塑家，法裔犹太人，以陶泥雕塑著称。作为饱受创伤的犹太教徒，他一生都在用犹太教义医治和安抚着自己的心灵，通过作品表达他的思想观念和情感。20世纪是一个风起云涌的时代，多元文化、艺术风格和流派无不让人眼花缭乱，而身处这个时代的让克洛，则注重表达自己的思想和感情，探索与实践着具有个人艺术风格的造型语言。他充分挖掘灰色陶泥的材质特点，探究其雕塑造型理念和视觉趣味，并巧妙地迂回于具象、象征和抽象之间，以表达具有隐喻的、抽象的和象征性的内涵。他的作品充分展现材料语言的魅力和造型意趣，在传统材料、传统造型和传统雕塑形式里悄然注入了观念性的阐述；无疑，他的作品全然属于当代。

传奇之超越——伊朗艺术市场的振兴

【作者】王强

【刊名】雕塑，2014年05期

【摘要】伊朗，古称“波斯”，丝绸之路的另一端，是世界十大古代遗迹最丰富的国家之一，笔者就伊朗当代艺术市场的兴起进行以下探秘。笔者从传奇的国度迷人的艺术氛围、革新之重构新奇的当代艺术、传奇之超越艺术市场的兴起，三个方面对伊朗艺术市场的发展概况做了介绍，指出：如今，伊朗当代艺术家们关注民众日常生活，以本民族传承艺术元素为根基，以全球通行的流行艺术表现手法，以崭新的艺术视角，创作出了一系列既体现时代特征，又具有鲜明波斯民族艺术基因的当代艺术作品。可以说，伊朗当代艺术家以震古烁今的艺术语言，呈现出了对于拥有辉煌历史的波斯艺术传奇之再超越，正在国际艺术市场的舞台中不断走向振兴。

回到希腊：古希腊与现代设计

【作者】西奥多拉·玛莎里斯（文）、李骐芳（译）

【刊名】装饰，2014年09期

【摘要】在一位设计师，尤其是一位希腊设计师的眼中，希腊艺术、建筑与设计的价值和意义是怎样的？为此，我们特别约请到了希腊著名设计师、雅典2004奥运会设计创意总监西奥多拉·玛莎里斯(Theodora Mantzaris)的稿件。玛莎里斯女士的文章全面地分析了古代希腊的雕塑、绘画、建筑、图形等艺术形式的特征，并阐释了她对希腊艺术精神在当代设计中的继承和发展的认识。

希腊传统与艺术复兴

【作者】汪瑞

【刊名】装饰，2014年09期

【摘要】希腊，一直作为历史的典范和参照的标准，而被奉为西方文明的最高代表。而对艺术来说，也正是希腊的视觉图像，奠定了西方艺术的传统，并成为此后历次复兴或艺术运动最常借用的理由。我们不仅将希腊艺术视作人类文化的遗产，更应将其看作一个活着的文明。希腊的世界，是永恒的美的源泉，是我们寻找理想美的动力。

哥特式教堂建筑与雕刻共构的信仰属地

【作者】刘畅、曾坚

【刊名】美术观察，2014年11期

【摘要】艺术是“人类以情感和想象为特征的把握和反映世界的一种特殊方式”，在这种认识的基础上，全面和完整地研究解读哥特式雕刻与建筑，我们会感悟到哥特式建筑和雕刻艺术正是以独特的方式，叙述着那个现实和梦幻交融的时代，昭示着中世纪的宗教生活和文化现象，它的存在影响着人类的生存方式和精神状态，其创作方法也对后世有着深刻的启迪作用。哥特式建筑是形象化的精神产物、教堂雕刻可视的形体语言所承载的精神空间、建筑与雕刻共同构筑的，既现实又虚幻的宗教世界，哥特式建筑和雕刻以其高超的技术和艺术成就，将西方基督教艺术推向了顶峰。

优秀硕博论文

佛教对魏晋南北朝时期雕塑审美观的影响

【作者】胥巍

【导师】王同君

【作者基本信息】哈尔滨师范大学，美术学，2013，硕士

【摘要】汉朝时佛教传入中国，对中国后世的雕塑审美观影响甚大。尤其是魏晋南北朝时期，战乱频发，民族纷争加剧，而从西域传入的佛教与中国古典文化的儒家和道家等在碰撞中交会，并逐渐渗透到魏晋时期形成的玄学思想中。此后，佛教日渐兴盛，并逐渐改变了秦汉以来的雕塑审美观的发展。随后，由于士大夫雕塑的兴起、民族审美和印度佛像雕凿的融合，促使魏晋南北朝的佛像雕造也经历了一系列变革的过程。

雕塑在定格动画中的运用

【作者】胡琼

【导师】陈刚

【作者基本信息】西南大学，美术学，2013，硕士

【摘要】传统雕塑通常是以静态的模式来表现动态的意境，用一瞬的时间锁住永恒的话题，可以说追求动起来的美感是雕塑艺术家们孜孜不倦奋斗的方向。亚历山大·考尔德未必是20世纪最有造诣的雕塑家，但他是一位用“动的”雕塑愉悦了几代人的艺术家，他以雕塑家的身份开启艺术天堂的一方瑰丽天地。随着科学技术的发展和进步，使雕塑更灵活地动起来已不再是一种奢望，偶动画就是雕塑与动画完美结合的产物。

浅谈巴洛克雕塑中的涂绘风格

【作者】嵇晔

【导师】陈连富

【作者基本信息】鲁迅美术学院，雕塑，2013，硕士

【摘要】本文旨在通过两种绘画风格即线性风格与涂绘风格入手，结合它们在雕塑艺术中的体现，通过对不同历史时期雕塑作品的风格对比分析，研究巴洛克雕塑中体现出来的涂绘风格。同时分析大理石材质与青铜材质对这种涂绘风格的影响。所有的艺术风格都是特定历史背景的产物，特定历史时期的艺术风格受当时的时代背景所左右。艺术作为人类文化发展的重要产物脱离不了人类的生存环境，也脱离不了每个民族每个个体的生活习惯。

浅谈心理学与雕塑创作

【作者】吴志广

【导师】张峰

【作者基本信息】鲁迅美术学院，雕塑，2013，硕士

【摘要】本文主要阐述了雕塑创作同心理学的密切联系，旨在从心理学的角度分析雕塑家以及雕塑家的作品，并通过具体的举例论证，进一步阐释心理学对于我们雕塑学习的重要性，以使我们能够更好的进行雕塑的艺术创作。我认为人的思维是理性思维与感性思维的结合体，因此它是富有情感的，而这种情感和内心的思维方式又属于心理学的范畴，可以说只要有人参与的客观活动就会有心理学相应的去产生相关的影响。所以说心理学的知识与艺术，与雕塑是密不可分的。

论公共艺术中的物象表现

【作者】陆才霞

【导师】邬烈炎

【作者基本信息】南京艺术学院，设计艺术学，2013，硕士

【摘要】公共艺术的概念具有深厚的社会历史背景，与公共艺术这一文化批评术语相对应的就是城市发展理论和大众文化理论。公共空间的取得与城市的发展动力、发展模式以及公共空间的生成密切相关。同时公共艺术的艺术特征使其与艺术相关的思潮、批评和价值判断紧密相连。当今社会对公共艺术的研究领域很窄，大都只停留在公共艺术与城市、环境之间的关系层面上，更多的也就是公共艺术的公共性方面，而对于公共艺术的设计手法、风格、形式等方面的研究相对有限。

现代大型石材雕塑制作工艺研究——以大型石雕《文化的图腾》为例

【作者】杨兵

【导师】潘松

【作者基本信息】北京服装学院，美术学，2013硕士

【摘要】雕塑是艺术现象，也是文化现象。从人类敲击第一片石块开始，人类文明通过双手不断劳作一步一步的发展到今天多姿多彩的景象，艺术与人类文明相伴而生。雕塑作为人类历史上最伟大的艺术形式之一，古人为我们留存下来了很多的让人敬仰的雕塑艺术精品。而在这些流传下来的雕塑艺术中，最让我们敬仰的无疑是那些石头上的艺术——大型石材雕刻。古人在当时生产技术低下，没有任何机械工具的条件下仍然能够建造出如埃及金字塔、埃及方尖碑、中国云冈大佛等不朽的艺术精品。

浅析雕塑与公共空间的关系
——以南京新街口广场孙中山先生像为例

【作者】周馨

【导师】孙盛银

【作者基本信息】南京艺术学院，美术，2013，硕士

【摘要】随着中国城市建设的快速发展，雕塑作为公共艺术中的重要表现形式，在公共空间中被大量的运用。由于城市雕塑本身的特殊性，从出现的那天起就存在于艺术与公共设施两者之间。城市雕塑作为公共设施的同时也受到时代艺术风潮的影响。公共性是城市雕塑与生俱来的特征，也是其区别于一般雕塑艺术特征之一。以南京新街口广场孙中山像为例，通过查阅资料与实地观察，对其历史、周围环境、艺术性进行分析，来探讨雕塑与公共空间的关系。

从雕塑作用的角度出发
——谈雕塑职能的多样性

【作者】孙千淇

【导师】林志民

【作者基本信息】沈阳大学，美术学，2013，硕士

【摘要】在这篇论文中，我所想探讨的是雕塑这门学科它所最本质的问题，雕塑的发展始终它是用来做什么的，在出现之初到发展直至今日，它经历了怎样的职能转变，而雕塑走到了今天，我们又该怎样看待这样一门艺术呢？以往论文和书籍里对雕塑的作用都是一带而过的，而有的不了解这个学科的人以为雕塑就是捏泥巴的人，在这篇文章里我想以我所了解的雕塑和雕塑事件，具体谈谈雕塑这门学科带给我们怎样的一个世界。

雕塑空间的形态研究

【作者】王臻达

【导师】刘玉庭

【作者基本信息】北京服装学院，美术学，2013，硕士

【摘要】自人类把第一件雕塑做出来那天起，它就和空间密不可分了。作为一个学习雕塑的学生，我一直把雕塑和空间这种关系作为我对雕塑最大的兴趣点。写这篇论文的目的也是为了对雕塑和空间的这种关系有一个系统的了解，也能够从空间这个方面更深刻认识了解雕塑。同时也希望通过这次在对雕塑空间的研究中得出自己的理解。

质朴与归真
——用传统的雕塑艺术形式塑造儿童

【作者】王瑞雨

【导师】陈连富

【作者基本信息】鲁迅美术学院，雕塑，2013，硕士

【摘要】儿童时期是人生中最为重要的一段成长时期之一，这是一段相对纯粹的时期，孩子时刻展现着生命的丰盈，洋溢着蓬勃的活力。把这一时期的状态通过雕塑的艺术形式表现出来，所呈现的作品具有其专属的魅力。儿童题材方面的艺术形式在人的生活中并不陌生，儿童形象本身具有可爱、纯洁、天真的特质。儿童的形象象征着一种符号，代表了纯洁，在每件不同的作品背后影射出一些人们内心的影子。

汉代雕塑雄浑写意风格研究
——以霍去病墓前石雕为例

【作者】牛志远

【导师】吴为山

【作者基本信息】南京大学，美术学 2013，硕士

【摘要】在中国文明史上，汉代王朝曾经灿烂辉煌，创造出了无数的丰功伟绩，并对后世产生了深远的影响。雕塑是文化的重要组成部分，汉代雕塑在艺术史上拥有着不可或缺的位置。本文以“汉代雕塑雄浑写意风格研究”为题，从一个雕塑创作实践者的角度对汉代雕塑风格展开研究，以霍去病墓前石雕为个案具体分析其风格特质，在整体上对汉代雕塑艺术特点和精神气质进行把握，从形式语言角度分析霍去病墓前石雕的写意风格。

长沙市大学校园象征性雕塑研究

【作者】刘明

【导师】陈杰

【作者基本信息】中南林业科技大学，设计艺术学，2013，硕士

【摘要】随着大学校园文化的发展，学校将会越来越重视校园环境的规划设计。雕塑本身具有强烈的空间意识，而其作为绿化中的小品，在校园环境艺术中更是起到了“画龙点睛”的效果。本文主要针对长沙市地区部分大学校园环境雕塑进行分析，从其主题、材料、造型、位置、尺寸大小等方面展开阐述。

雕塑·艺术·精神——论雕塑的纯粹意义

【作者】李金泽

【导师】许正龙

【作者基本信息】清华大学，美术学，2013，硕士

【摘要】今天，雕塑作为一种艺术被人们熟知，最初雕塑并不是作为艺术而存在，它由人类最原始的活动而来，随着文明发展逐渐成为艺术门类之一。在当今物质文明高速发展的背景下，科学技术所带来的巨大益处促成了人们对实用的追求，雕塑更多地被作为工具性而存在，很大程度上失去了其作为艺术而言的纯粹性与精神性。本文通过解析“雕塑如何成为艺术”“如何体现精神”提出其纯粹意义的必要性。

论雕塑艺术中观念与材料的关系

【作者】王天娇

【导师】田国林

【作者基本信息】吉林艺术学院，美术学，2013，硕士

【摘要】雕塑作为艺术的一种表现形式，它通过造型、

材质等媒介传达作者的创作思想，使作品形成了具有一定深度的文化蕴义，即雕塑艺术的创作观念。艺术家将材料作为雕塑艺术在创作过程中表现的物质媒介，使物质材料变成具有生命的艺术作品，是每一位雕塑艺术家进行创作的思想体现。本文试图通过不同时期的雕塑作品，来分析雕塑艺术中材料与创作观念的关系。

论朱铭雕塑中的人文情怀

【作者】滑磊

【导师】黄兴国

【作者基本信息】河北师范大学，美术学，2013，硕士

【摘要】众所周知，中国古代雕塑艺术是构成中华文化乃至世界文明不可或缺的重要组成部分，为世人留下了丰富而宝贵的遗存。但是，由于中国古代的雕塑作品大多服务于政治和宗教，且雕刻艺人们的地位低微或等同于一般的匠人。因此其作为受不到统治者和世人的重视，雕塑的手艺也不过是匠人们谋生的手段，与市井小贩无异。当拂去历史的尘埃，中国传统雕塑艺术重现其光彩，令我们惊叹的同时，又不得不让人感到万分的痛心。

雕塑的物性

【作者】郑敏

【导师】隋建国

【作者基本信息】中央美术学院，美术学，2013，硕士

【摘要】雕塑艺术作为一种身体性强烈的艺术形式——无论是使用自然物作为原材料来进行传统意义的创作，或是现当代艺术中人造材料甚至未经加工的自然物作为艺术品的直接使用——它的产物实际上都是主体和客体交媾的结果。因此，雕塑的物性所指不应局限于材料的物质性，而应当放眼于雕塑制作的全过程。在中国本土文化语境下，雕塑的物性非常清楚地指向了“身－物－心”的体验认知系统。在这个系统中，雕塑家的主体性和材料的客体性是可以对等交互的。

浅谈“方案式”雕塑创作方法

【作者】杨红超

【导师】姜杰

【作者基本信息】中央美术学院，美术学，2013，硕士

【摘要】本论文分三个部分，阐述了“方案式”创作方法。首先是“方案式”创作方法的流行背景，主要由于对西方现代主义艺术的引入，因语境不同而产生了新的解读，以及现代艺术批评的介入，它们都对“方案式”创作方法产生了很大的影响。其次，针对“从方案产生到实施转化为雕塑实物”的整个过程，笔者分析了此方法对创作不利的几个问题。一是对这种方法的认同及使用本身，就意味着创作者对材料的态度是凌驾其上的，是相信理性控制的，同时，带着既有想法去面对材料，也会让人忽视、材料的丰富性；二是针对方案的生成环节，分析了既有知识与艺术形式在创作者构思中的使用，这容易使人落入观念的无思想性；三是针对方案到雕塑实物的转化这一环节，分析了构思中的情景与雕塑实物之间的不对等。针对以上问题，笔者引入分析“无规划”的创作方式，以期规避以上问题。

雕塑负空间形态研究

【作者】毛显丽

【导师】陈刚

【作者基本信息】西南大学，美术学，2013，硕士

【摘要】本文通过对雕塑史中空间雕塑存在的不同形态进行梳理，使我们对空间形态进行不断的探索，现代雕塑打破了三维空间的固有形态，伸向更加广阔的认知领域中。从海德格尔和阿恩海姆的空间理论出发，结合雕塑正空间进一步对雕塑中“负空间”的探索、分析和研究。在研究过程中偏重于现代雕塑，旨在探讨雕塑负空间的感知形态。

RPM技术在雕塑中的研究与应用

【作者】李世政

【导师】王备战

【作者基本信息】厦门大学，软件工程，2014，硕士

【摘要】雕塑历来都出自于艺术家之手，随着数字信息技术的发展，高科技制造方法快速成型技术（简称RPM技术）的出现改变了这个状况。代表“增材制造”方式的快速成型技术与以“减材制造”为主的传统雕塑制造技术之间的相互碰撞，是会相互伤害还是相互融合都是本文研究的目标，快速成型技术在雕塑中的应用方式更是本文研究的重点。本文阐述了RPM技术的基本技术原理、主要工艺方法和五大关键技术。

视觉的反向研究

【作者】郭天亮

【导师】殷晓峰

【作者基本信息】东北师范大学，美术，2013，硕士

【摘要】反向思维犹如太极，终点即起点，既对立又统一。而雕塑作品是一个结合空间的艺术作品，这件作品所展现的视觉效果是由媒介塑造出来的，塑造就是通过研究传达空间与形体的关系。视觉的反向研究通常把现实艺术中的需求和表现意象化，形式化。其内在的价值和意义也就随之生成，在雕塑艺术空间的反向研究过程中领会了雕塑空间与雕塑实体的整体性，正负空间是一个不可分割的整体，雕塑与空间的融合不仅可以提升雕塑本身的存在价值，也会体现一件艺术品的生命力。

城市雕塑创作与地域文化的结合

【作者】杜小林

【导师】王凯

【作者基本信息】南昌大学，美术学，2013，硕士

【摘要】本文从时空发展的广度与深度，以雕塑艺术

作品创作的高度、尺度等因素分析城市雕塑创作与公共文化的关系；从时代发展脉络和特色出发，分析城市雕塑创作，强调城市雕塑创作必须融入地域文化精神这一鲜明主题，城市雕塑是城市发展的必然的、内在的要求，城市雕塑只有与城市规划、与地域文化精神相结合，才符合现代城市发展的框架模式，才会展现城市公共艺术真正的魅力；城市雕塑要体现思想性与文化性，展示浓郁的当地地域文化精神和历史文化根基，城市雕塑的灵魂是出自于独具特色的地域文化精神性格。

长沙市壁画现状及其问题研究

【作者】黄礼攸

【导师】陈飞虎

【作者基本信息】湖南大学，设计艺术学，2013，硕士

【摘要】随着长沙城市综合实力的快速提升，作为公共艺术的壁画在对改善城市软环境、传达城市文化、提升城市形象、体现人文精神方面越来越体现出其重要作用，因此，研究长沙壁画的现状及其审美问题具有重要意义。文章从环境艺术、公共艺术、城市环境美学等角度探讨长沙市壁画的现状、实施、发展及存在的问题，以设计艺术学相关理论作为理论基础，并结合现场调查与问卷访谈等方法，着重研究长沙市壁画的美学价值及其存在的问题，并指出长沙壁画存在问题的原由及解决方法。

城市文化视角下的公共艺术整体性设计研究

【作者】周秀梅

【导师】周婕

【作者基本信息】武汉大学，城市系统工程，2013，博士

【摘要】本文从城市文化的角度，通过对国内外公共艺术的起源与发展状况的分析，阐述了公共艺术与城市文化的关系，在构建公共艺术整体性设计理论框架的基础上，对公共艺术整体性设计的主要层面进行了全面而深入的论述，并从公共艺术系统规划与设计出发，从系统思维的角度，以整体性设计为核心，把公共艺术以及公共艺术所处的复杂的背景环境作为一个不可分割的整体进行研究与设计，其目的是为了营造具有地域文化氛围和宜人尺度的雅致、宜居的城市公共活动空间。

新中国城市雕塑语言的嬗变研究

【作者】李一夫

【导师】吴为山

【作者基本信息】中国艺术研究院，美术学，2013，博士

【摘要】本文通过回溯新中国成立前后城市雕塑语言的嬗变历程，系统梳理了新中国前后城市雕塑理论研究现状和潜在的文化观念及价值体系，探讨了城市雕塑的学科概念和表达手法，分析了新中国成立前后城市雕塑与城市、城市文化、社会背景、观念形态、文化结构、空间、环境等方面的关系，以期挖掘我国城市雕塑发展变化的深层原因。同时，本文立足于本土文化视角，总结了国内外城市雕塑的不同特性以及存在的问题，阐述了在城市发展建设中发挥城市雕塑功能性的必要性。

公共景观设计中的雕塑应用——景观雕塑的融合性探讨

【作者】王强

【导师】武贵文、张恩光

【作者基本信息】山西大学，艺术设计，2013，硕士

【摘要】本文阐述了公共景观与景观雕塑的定义与联系，以中外经典实例分析了景观雕塑与自然、文化、空间的相互融合特征，实践创作了一些具有融合性特征的景观雕塑作品，总结了景观雕塑融合在公共景观设计中的意义，展望了公共景观与景观雕塑的未来发展趋势。通过对景观雕塑融合性的探讨，认识到我们必须从自身文化角度出发，从项目的主题出发，更好地将景观雕塑的融合性应用于公众生活。

光在公共雕塑媒材应用中的互动性研究

【作者】李鹏飞

【导师】周阿成

【作者基本信息】江南大学，设计艺术学，2013，硕士

【摘要】光材料雕塑的出现大大提升了广场的意义和价值，给城市公共空间注入了新的血液，丰富了公共雕塑的艺术形式，拉近了公众与城市的距离，减少了公众之间的陌生感。文章从各个学科中深入探究光的互动性，以及这种互动性的存在方式和形式语言，把互动性引进入光雕塑中，为光雕塑在城市公共空间中的互动性服务。最后总结光作为材料的雕塑的互动性的方式和语言，以及光雕塑未来的发展方向。

宗教文化中空间的符号表征和实践

【作者】董琳

【导师】何其敏

【作者基本信息】中央民族大学，宗教学，2013，博士

【摘要】空间是人类生活和存在的物质和秩序要素之一，从日常生活而言，它是人类存在的基础，也是人最通常的体验之一。纵观人们生产生活的历史，可谓是创造空间的过程。本文以空间的生产实践为轴线，以符号学为分析的主要工具，探讨宗教文化所建构的空间模式、关系和象征体系；对宗教文化的意义生成、宗教文化与人的身体和体验的关系，以及宗教文化的实践性进行探索。宗教通过对空间的建构表现自身的信仰和文化特质，宗教文化具有超验和抽象的特征，具体化为空间的物质形态——身体图式、雕塑、建筑等，以及由此而形成的空间关系、结构、秩序和模式——表征出宗教的意义。

基于“质觉”下雕塑材料的形式语言研究

【作者】张泽佳

【导师】范铁明

【作者基本信息】齐齐哈尔大学，设计艺术学，2013，硕士

【摘要】本文运用质觉原理对雕塑材料的形式语言进行了全面研究，分析出艺术形式语言包括具象形式、抽象形式、意象形式，同时阐述质觉包含触觉、视觉、感觉三个因素，构成了质觉的基本特征；结合实例详细论述了具象、抽象、意象三种形式在触觉、视觉、感觉的作用下，雕塑材料所产生的不同变化与感受，进而结合雕塑材料的三种形式，表达新的构成形式，为雕塑艺术的发展做出了理论探讨。

当代雕塑材料语言和观念表达

【作者】张静

【导师】肖福科

【作者基本信息】大连工业大学，美术学，2013，硕士

【摘要】我们所研究的当代雕塑，指的是采用雕塑的技术和材料，进行雕塑创作，并且具有当代性的作品。雕塑家们已经不再单纯地关注材料与语言形式，而更多地是关注这些艺术是否参与到了我们的现实生活中去，与此同时也更加关注了我们人类自身的一个生存状态。通过对当代艺术及当代雕塑的研究，我们对他们的感念有了一定的认识。在这些概念的基础上我们得以研究雕塑的材料及观念表达。

浅析夸张手法及材料在人物雕塑中的运用

【作者】霍健

【导师】陈连富

【作者基本信息】鲁迅美术学院，雕塑，2013，硕士

【摘要】雕塑家通过概括夸张、抽象变形等表现手法以及同材料语言的结合来表达审美感受和审美理想的追求，赋予了雕塑作品思想和生命力，充分展现了艺术家的伟大创造力。在此过程中“夸张”意识同材料的选择对于雕塑作品特别是雕塑创作过程中的造型和思想的完美体现起到了巨大的作用。本文通过对国内外各时期雕塑家在人物雕塑创作中夸张手法的运用进行梳理、实例比较分析来进行探析夸张手法与材料作为雕塑中的艺术表现语言，从古到今的雕塑中都是不可缺少的重要语言。

基于景观空间内涵表达的雕塑艺术应用研究

【作者】吴雪梅

【导师】刘破浪

【作者基本信息】中南林业科技大学，林业，2013，硕士

【摘要】作为景观空间的重要组成部分，雕塑在景观中起到了视觉焦点和标志的作用，在景观内涵表达方面占据重要的地位。本文以雕塑艺术在景观空间中的有效应用为目的，根据使用者反馈的信息和雕塑与景观环境的关联因素，进行总结分析，发现并总结目前雕塑艺术在园林景观应用中存在的问题及其应用规律，为雕塑艺术在景观空间中的有效应用提出实践性建议与指导原则，并为促进景观空间营造人文内涵与精神取向，提出了相关的借鉴方略，为雕塑艺术今后在景观空间中的应用增加了可行性的方案以及研究资料。

可佩带雕塑——身体、空间、器物研究

【作者】汪正虹

【导师】杨奇瑞、张晓凌

【作者基本信息】中国美术学院，美术学，2013，博士

【摘要】笔者的研究焦点主要是从媒介的角度，对雕塑和首饰区别的相关认识展开详细论述。当然，两者是存在共性的，它们都具有三维的空间特征。笔者的研究尝试在中国传统哲学特别是中国传统医学和道家思想的基础上，来分析并研究“人的身体作为山水”的理念。通过理论的研究分析，将西方当代的关于“可佩带雕塑”的理念和中国传统的“视山水为身体”的理念进行整合。阐明为什么笔者的艺术研究是一个过程，通过这个过程，笔者又是如何来克服作品、身体和空间的鸿沟的。

藏传佛教经幡的文化特点及宗教功能

【作者】尼玛央宗

【导师】罗桑开珠

【作者基本信息】中央民族大学，藏族宗教文化，2013，硕士

【摘要】佛教器物在藏传佛教的发展和传承中起着重要的作用，它不仅是藏传佛教雕塑、绘画等艺术形式的重要题材，也是佛教思想与观念传播的一个重要媒介。本文试通过对藏族经幡的介绍与分析，希望加深人们对藏族经幡的了解，从而有助于继承与弘扬藏族的传统文化。最后总结了藏族经幡的价值，即藏传佛教经幡的宗教价值、社会价值以及环保等价值。

藏族鼓文化研究

【作者】祁德世

【导师】罗桑开珠

【作者基本信息】中央民族大学，藏学，2013，硕士

【摘要】藏族文化历史悠久而博大精深，鼓作为重要的文化元素之一，其内容庞大而艺术体裁多样。本文以藏族鼓这一文化元素为主要研究对象，试图对藏族鼓的历史及其文化现象进行全面的研究，论文共有五章。第一章，谈及了藏族鼓的文化选题目的及意义、研究方法，以及相关研究动态等方面的内容。第二章是藏族鼓的起源。主要包括鼓的起源与演变情况，以及有关藏族乐学理论论著的发展情况。第三章，藏族鼓的种类及其演奏技巧。第四章，藏鼓的功能以及多姿多彩的艺术形式。第五章为结语，强调鼓在不同领域的作用和重要性，以及它在艺术领域传承发展的必要性和遇到的困境。

论汉代动物陶瓷雕塑艺术风格

【作者】夏金凤

【导师】黄胜

【作者基本信息】景德镇陶瓷学院，美术学，2013，硕士

【摘要】汉代雕塑艺术闻名著世，动物陶塑则是这一时期陶塑艺术的一个重要的组成部分，形式各类、神态万千的动物陶俑形象的变迁发展，在中国古代陶塑史上起到了承前启后、继往开来的作用，在很大种程度上充分体现了汉文化既统一又多样的艺术特征。因此，研究汉代时期的动物陶塑艺术风格，深入剖析其成因，对于研究汉代社会人们生活水平、习俗、农业发展、生产技术、情趣审美和丧葬制度以及更深层次的了解汉代文化艺术的内涵有着及其重要的推动意义和作用。

论唐宋时期陶瓷动物雕塑的艺术性

【作者】张朕

【导师】陆军

【作者基本信息】景德镇陶瓷学院，美术学，2013，硕士

【摘要】陶瓷动物雕塑早在石器时代就已经出现，并且一直伴随着中华文化的发展而慢慢成熟。本文通过对两个朝代的动物雕塑造型、装饰等方面的对比分析，管中窥豹更深刻的认识唐宋时期的社会背景、人文思想、工艺特点、艺术风格。理清唐宋时期艺术性的联系，仔细品读唐代雄风和宋代婉约的艺术性背后蕴含的审美思想，使我们更加清楚的认识到艺术性在陶瓷动物雕塑中的重要地位。通过对艺术性的认知来衡量陶瓷动物雕塑的艺术价值，研究古人在陶瓷动物雕塑中寄予的精神寄托和审美倾向，提升我们审美的认知水平，深刻理解中华民族艺术精神的精髓。

北京铁狮子胡同 1 号砖雕艺术研究

【作者】胡登芳

【导师】姚永康

【作者基本信息】景德镇陶瓷学院，美术学，2013，硕士

【摘要】砖雕是建筑艺术中一个重要门类，也是中国传统建筑装饰的重要组成部分。本文就北京铁狮子胡同 1 号的砖雕艺术进行研究，首先介绍了有关此建筑的地理位置、历史沿革、人文思想、文化特征。并深入了解中国传统砖雕的工艺、题材及内涵，研究中国传统砖雕的造型方法及风格特征。然后通过对中外建筑审美的比较，来了解铁狮子胡同 1 号的砖雕艺术特色的形成原因。最后在对砖雕文化题材内容、风格特征、传统创作手法的理解的基础上，探讨这种传统的雕塑形式对于目前艺术创作中的现实借鉴意义。

1912～1949 年间中国雕塑艺术研究

【作者】罗朝婧

【导师】张卫东

【作者基本信息】山西大学，美术学，2013，硕士

【摘要】这篇论文是尝试探讨在西方现代雕塑技法中国化的道路上，中国现代雕塑家们在技法上经过了哪些尝试，在思想上经历了哪些循序渐进的转变的一篇论文。艺术家的作品参与历史、记录历史，我们从中学习历史、感受历史。对于这一特殊时期的雕塑艺术如何借鉴西方雕塑技法，如何尝试与本民族的情节融合，我们需要从研究具体的艺术家风格形成的过程开始。

宋代景德镇湖田窑青白釉人物瓷雕的研究

【作者】李聪

【导师】陈雨前

【作者基本信息】景德镇陶瓷学院，专门史，2013，硕士

【摘要】宋代景德镇湖田窑青白釉人物瓷雕呈现“青白淡雅”、灵巧、秀丽的独特时代风格，在中国陶瓷雕塑艺术史上具有重要地位。本文尝试从文化与审美的角度探讨和研究湖田窑青白釉人物瓷雕。本文首先用较大篇幅总结和归纳了湖田窑址已出土的青白釉人物瓷雕的种类、作用、人物的各种细节特征。提出了宋代景德镇湖田窑青白釉人物瓷雕的审美风格是宋代工艺技术、政治、文化、哲学等社会意识形态综合作用的结果，并充分肯定了这种审美风格所具有的美学价值及史学地位。

中国史前女性人像雕塑功能研究

【作者】王晓婷

【导师】邢莉

【作者基本信息】南京艺术学院，艺术学理论，2013，硕士

【摘要】我国新石器时代的女性人像雕塑是我国原始先民智慧和技艺的结晶。这些遗留下来的雕塑遗存对于我们研究史前艺术的发生有重要的意义。本文将我国新石器时代的女性人像雕塑作为一个整体来研究。通过对它们的分布特点，分类情况造型特点以及雕塑手法的分析，并结合其出土地点，运用我国史前祭祀等的知识，重点分析我国史前女性人像雕塑的功能。旨在证明我国史前女性人像雕塑起源与原始祭祀活动有着密切的关系，它们在先民的宗教活动中是祖先形象的象征。

中国当代女雕塑家女性视角探析

【作者】董竞文

【导师】周阿成

【作者基本信息】江南大学，美术学，2013，硕士

【摘要】中国当代女雕塑家作为这支群体里的一部分，具有其独特性。通过对中国当代女雕塑家发展现状及其作品特点的分析论述，进而归纳总结出中国当代女雕塑家及其作品中所蕴含的女性特质、女性视角的具体表现。中国当代女雕塑家的艺术创作是中国当代女性艺术的重要组成

部分。本文从“女性视角”出发对中国当代女雕塑家及其作品进行深度剖析，是对中国当代雕塑理论研究的有利补充，同时也为中国当代艺术发展规律的把握与总结提供了新的研究视角。

汉代雕塑原创精神对当代雕塑的启示

【作者】张秒

【导师】李东红

【作者基本信息】东北师范大学，艺术，2013，硕士

【摘要】在我国古代雕塑艺术发展史上，秦汉时期的雕塑极具特色，可以充分表现时代风貌的较高品质，作品以其恢宏的气势，形象并且客观的记录了我国古代文明史整体的演变过程，这一过程汇聚了中华民族传统的民族情结与普遍的民则审美意识。本文研究以中国汉代雕塑呈现的美学思想、表现形式和审美意义为依据，从中观察中国当代雕塑发展状况，以及当代雕塑发展如何传承汉代的雕塑独创性和原创精神。

浅谈动物形象在雕塑中的意义

【作者】柴佳

【导师】陈连富

【作者基本信息】鲁迅美术学院，雕塑，2013，硕士

【摘要】雕塑作品是雕塑家内心世界所要表现的产物。动物形象与人物形象的结合一向具有时代感，运用作品来反应一个时代或相关的历史事件，从国内外雕塑作品即可看出动物和人物形象所表达的特殊含意，无论具象亦或抽象，传统的还是当代的，许多雕塑家用其高度严谨的造型技艺，使得二者结合的十分契合。当代的很多女性艺术家用自身作为雕塑家的优势，从女性的视角思考自己的创作，向我们传达了艺术家对所关注的动物与人的一种思索，并赋予了作品内在的精神含义，于是解读作品让我们重新审视对二者固有的关系，带我们用另一种思维去关注生灵与人性。

雕塑本质语言的回归——立体主义雕塑浅谈

【作者】李晓楠

【导师】张烽

【作者基本信息】鲁迅美术学院，雕塑，2013，硕士

【摘要】从19世纪末20世纪初期开始，西方社会随着工业化进程的不断发展进入了现代时期。本文作者通过对西方现代艺术史及对立体主义流派的解读，以立体主义雕塑的本质语言为切入点，结合对艺术家与雕塑作品的分析，图文并茂，共分为五个部分并围绕着立体主义雕塑核心要点展开论述。着重强调了现代雕塑体现出的创造性思维与多样性的艺术取向，意在通过对现代艺术流派立体主义的研究学习，增强艺术家的主观精神，开拓雕塑创作的思路，丰富雕塑创作的语言。

传统山水艺术在中国当代雕塑创作中的新表象研究

【作者】高原

【导师】王铁城

【作者基本信息】北京服装学院，美术学，2013，硕士

【摘要】本文以当代雕塑作品中所显现出的中国传统山水艺术元素为切入点，上溯中国古代山水画和中式园林艺术中所蕴含的艺术精神和文化特征，挖掘其中蕴含的人与自然、与艺术创作的关系。“新表象”雕塑是进而深入研究隐含在具有传统山水艺术元素的当代雕塑作品中的文化内涵和反思意义，同时研究这种艺术呈现方式所带来的在美学和艺术创作方法论方面的启示。与此同时，凝结在作品中呈现出的是具有中国文化特色的当代艺术创作的积极探索，艺术家在创作过程中的研究和探索也是在艺术创作方法论方面的有益尝试。

穿透的空间——透明材料雕塑研究

【作者】熊益华

【导师】龙翔、朱晨、孟庆祝、钱云可

【作者基本信息】中国美术学院，雕塑，2013，硕士

【摘要】透明材料自身的材质特点，特别是它对光线的敏感与自体的通透决定了它在空间表现上有别于其他材料，在雕塑领域的运用和在空间性的内涵上，具有新的研究点。本文将阐明透明材料雕塑在空间上拓展，延伸虚实空间的概念，明确穿透的空间形式，更大限度的打开透明材料雕塑的空间新意，使之更准确的迎合透明材料雕塑的艺术创作，以便更有效地表达艺术家的情感和意图。

陶瓷雕塑风格表现

【作者】叶炯

【导师】林志民

【作者基本信息】沈阳大学，美术学，2013，硕士

【摘要】陶瓷再不是简单的造型与釉色就可以驾驭的单一艺术形式，对当代艺术发展方向的把握，对陶瓷雕塑本身语言更多的丰富与创新变得更加重要。其实艺术在形式上的要求，已经不能停留在艺术家对作品简单的技巧表达上了，在艺术的形式语言上或者说在陶瓷雕塑的形式语言上应该更结合当代的发展，与各门类艺术家们更多的沟通才能真正看清自己所处的位置。本文力求从影响陶瓷雕塑语言的因素入手，对陶瓷雕塑的风格语言表现进行分析，希望能对陶瓷雕塑创作新形式的挖掘有所帮助。

浅析西方美术发展中持续存在的雕塑性——从西方绘画艺术到观念艺术中的三维实践

【作者】丁小龙

【导师】吴翘璇

【作者基本信息】江西师范大学，雕塑，2013，硕士

【摘要】东方思想与西方思想天然的差异导致了东方美学注重意境，西方美学注重实体的差别。从而在西方美术史漫长的发展脉络中，绘画中的“雕塑性”一直隐约的起着作用，成为贯穿整个西方美术史的主线。这个源头的开启，是从古希腊美术开始的。古希腊雕塑的成就奠定了西方美术史的审美取向。此后，在以绘画为主线的美术发展脉络中，我们不断看到，古典艺术中的具有雕塑感的三维立体的绘画方法；现代艺术中对雕塑感的重新认知与创造；后现代艺术中对雕塑理念的借用等。最终使观者认知到，雕塑性成为一种思想在西方美术史中存在。

雕塑材料与环境审美价值的研究

【作者】朱涛

【导师】张琨

【作者基本信息】西安建筑科技大学，设计艺术学，2013，硕士

【摘要】本文从历史沿革的角度、广度与深度，从时代发展的脉络出发，描述了雕塑材料发展状况。从雕塑艺术史，美学，材料学等方面对雕塑艺术和材料进行论述，研究雕塑材料的发展脉络，对各种雕塑材料进行归类和特性的介绍，试图对雕塑材料的审美价值对雕塑艺术的影响以及作用进行研究和论述，思考艺术形式同材料之间的关系，通过以上研究展望雕塑材料的未来，让我们能够更深刻地认识到材料的深层意义和审美价值。

浅析汉代雕塑美学精神在当代雕塑中的应用

【作者】黄先达

【导师】魏小杰

【作者基本信息】郑州大学，美术学，2013，硕士

【摘要】本文以汉代雕塑的美学特点作为出发点，深入研究汉代雕塑在当代雕塑中的具体应用作为研究方向，采用以点带面，来阐述当代雕塑创作中保持地域性、民族性的重要性及探讨如何在创作中保持地域性、民族性的方式和方法。对中国古代雕塑和西方雕塑的历史和文化背景的分析，更进一步的分析中西古代雕塑的特征，从而对中国传统雕塑有更深入的认识。同时系统的分析汉代雕塑在当代中国雕塑中的的风格使之更加明确。以便在当代雕塑的创作中为作者提供更有效的创作资源和理念，巩固并提高中国雕塑在世界雕塑界的地位。

当代雕塑的跨界现象

【作者】杨琳梓

【导师】温洋

【作者基本信息】大连理工大学，美术学，2013，硕士

【摘要】跨界雕塑的出现，正是多元文化融合的切实体现。相对于传统雕塑艺术，当代的跨界雕塑对艺术的参与更加深刻，影响面更加广泛，表现也更加复杂。受大众文化和“泛文化”影响下产生的跨界雕塑将是会有什么样的表现形式？跨界雕塑产生后会有怎样的转变？跨界雕塑在后现代的发展进程中将会有怎样的走向？最终跨界雕塑的出现会对雕塑艺术产生什么样的影响？就这些问题，本文进行逐一分析。

20世纪中国陶瓷雕塑特征研究

【作者】徐丹丹

【导师】孙晓岗

【作者基本信息】郑州大学，美术史研究，2013，硕士

【摘要】本文从艺术学的研究体系进行思考，在结构安排上以“史”为“经”，设法避开“史”的干扰，对20世纪陶瓷雕塑的发展状态做出整理的勾勒，在评析事件、艺术家及作品的基础上，关注它与同时期各个艺术门类和社会政治、经济、文化等的携程关系，在陶瓷雕塑共性与地域性特征交织的前提下，着重呈现20世纪中国陶瓷雕塑在各个历史阶段的时代特征。陶瓷雕塑艺术经历时代转换，在每个历史时期都绽放着奇异的光彩，但是万变不离其宗，文章的落脚点是陶瓷雕塑创作中技术与艺术相统一的本质特征和中国现代陶瓷雕塑的创新突破。

计算机辅助景观雕塑设计的应用研究

【作者】侯珂

【导师】解少勃

【作者基本信息】郑州大学，美术学，2013，硕士

【摘要】近年来，由于信息技术的迅猛发展，计算机辅助技术在景观雕塑设计中的应用得到广泛的认可，同时计算机辅助设计也是一个符合当今数字化时代的全新技术观念。计算机软件的不断更新和发展，使计算机辅助设计成为景观雕塑创作的主要手段。本文从计算机辅助技术和景观雕塑设计，即从技术和艺术两个层面进行分析，它是以计算机这种工具为创作手段，为景观雕塑创作提供更为方便、快捷、实用的途径。归纳总结出计算机是时代发展的产物，是历史的进步。

雕塑中的人体比例研究
——浅析写实与变形的造型更迭

【作者】王礼军

【导师】陈科

【作者基本信息】中央美术学院，美术学，2013，硕士

【摘要】雕塑造型中的人体比例体现两种不同的造型标准。一是以模仿自然为基础的造型观，雕塑的人体比例模仿真人的比例建立起对比例的科学的、审美的、哲学的认识。古希腊基于数的和谐观念发现了人体中的黄金比例，并广泛应用到雕塑、建筑中。比例的问题就是造型的问题，从艺术发展史来看，造型的变化体现为写实与变形的两极更迭变化，这种变化的实质是由西方哲学的一元论决定的。

大理本主雕塑艺术性与精神交融研究

【作者】袁玉明

【导师】邓威

【作者基本信息】大连理工大学，美术学，2013，硕士

【摘要】本主雕塑是一种地方艺术，它是大理本主信仰者的崇拜对象，也是村落内部稳定团结的象征。本文关注本主雕塑的艺术性，探究大理洱海地区本主雕塑与村落生活的关系，调查大理本主雕塑现状。本文对雕塑的艺术性加以归纳总结，结合实地调查走访，寻找本主雕塑的问题，提出解决途径。

中国写意雕塑之当代性研究

【作者】张济军

【导师】魏小杰

【作者基本信息】郑州大学，雕塑艺术研究，2013，硕士

【摘要】中国写意雕塑基于中国传统文化和中国传统美学双重滋养，尚意轻象，不求形似，但求传神，旨在抒发意趣与情感。不同时空背景下的雕塑家，在同为写意雕塑范畴的创作中，不断对写意雕塑进行着新的创造和诠释。中国写意雕塑具有独特的审美特征，具有一定的当代价值。本文主要通过对中国写意雕塑的历史发展、类型及审美特征的阐述，充分挖其美学价值，并结合当今雕塑现状和自己具体的创作实践，探讨写意雕塑的当代性，以期抛砖引玉，引发思考。

唐代雕塑中绘画性元素探析

【作者】张雪娇

【导师】张乐毅

【作者基本信息】山东大学，美术（专业学位），2013，硕士

【摘要】中国古代雕塑具有明显的绘画性，文章主要以唐代雕塑为代表来分析中国古代雕塑中体现的绘画性元素。唐代是中国历史的辉煌时期，唐代艺术同样也获得了前所未有的发展和成熟。唐代是中国绘画走向成熟的时期，不论是人物画还是其他画种都获得了重大的发展。这篇文章主要以绘画者的角度来观察剖析唐代雕塑所表现的代表中国古代雕塑的一些绘画性的特点，主要从绘画的基本元素线、色彩、空间感来阐述唐代雕塑所体现的绘画性。本文结合唐代绘画和雕塑作品阐述绘画元素在雕塑作品中的体现和运用。

造型艺术与数字化——三维软件基础的雕塑艺术创作

【作者】李昕伦

【导师】秦璞

【作者基本信息】中央美术学院，美术学，2013，硕士

【摘要】数字时代引发了艺术领域巨大的变革。三维软件基础的雕塑艺术创作是数字时代艺术界的创新性成果，体现了造型艺术与数字化的交会。本文首先对三维软件基础的雕塑艺术创作的内涵进行多层面的分析，指明这种创作方式对雕塑艺术创作尤其是环境雕塑创作有重要的作用。最终以序列感雕塑、动态感雕塑、几何感雕塑、强调结构的雕塑为例进行深入的造型分析，说明三维软件生成雕塑形态的艺术表现和数字化表现。

情感的物化——女性主义话语下的女性雕塑

【作者】徐婷婷

【导师】吕品昌

【作者基本信息】中央美术学院，美术，2013，硕士

【摘要】新世纪以来，随着各种书籍的翻译和学者的介绍，女性主义在中国逐渐产生影响，女性主义艺术理论逐渐介入到艺术领域，雕塑这个以男性艺术家为主宰的艺术门类，也成为女性主义艺术理论影响的重要领域。本文主要通过分析女性雕塑作品中的女性意识和女性特质，同时结合自身的创作体验，来阐释女性艺术家如何用雕塑的媒介材料，从自身经验出发来表达自己的情感和观念。

雕塑薄膜的镀制及其特性研究

【作者】田杰

【导师】王青

【作者基本信息】南京理工大学，光学工程，2013，硕士

【摘要】随着薄膜被越来越广泛的使用，人们对薄膜的性能与功能提出了新的要求，对薄膜的研究工作也在随着这些要求的不断出现而日趋深化。雕塑薄膜由于它的微观可控性，使得它拥有广阔的运用前景。本文先从普通薄膜生长理论出发，分析薄膜的微观结构，说明雕塑薄膜生长时与常规薄膜的不同之处，从而分析雕塑薄膜的微观结构及其成因。用椭偏仪测量结果检验前面建立起的等效折射率模型，分析结果，并指出本课题实验结果不足之处，对雕塑薄膜的前景进行展望。

浅谈宋代小型雕塑中线条的特点

【作者】李军

【导师】吴为山

【作者基本信息】中国艺术研究院，美术学，2013，硕士

【摘要】宋代小型雕塑是中国古代雕塑世俗化发展出的独特现象，它具有世俗且又浪漫的气质，其中宋代小型殉葬俑和小型玩赏雕塑更是刻画出了市民阶层对于生活的积极、乐观的趣味。在几千年的雕塑史中，线条是中国古代雕塑发展出的最独特的造型语言，但在不同朝代、不同地域的雕塑中，线条又发展出了不同的造型特点。宋代小型雕塑中的线条不同于同时期大型陵墓等仪卫性雕塑，有着独特的造型特点，并在世俗化的发展上更体现出其灵动、活泼，透露着生活中的美。

以现成品为塑造形式的雕塑艺术表现研究

【作者】胡永盛

【导师】邓威

【作者基本信息】大连理工大学，美术学，2013，硕士

【摘要】与传统雕塑艺术相比，雕塑的基本创作元素现成品赋予了雕塑在美学意义上的新价值。现成品雕塑表达的对象从有机形体到无机形体，基本组成符号有简单的几何图形，也有复杂的不规则样体。由于创作材料的差异带来了创作方法的差异，雕和塑还有没有必要在雕塑艺术的基本功训练中占有较大的篇幅，这也是需要研究的问题。中国的雕塑艺术应该怎样找到属于自己的发展方式和位置，我想这是我们的担当和责任。

浅论景德镇写实陶瓷雕塑的技法与运用

【作者】谢长敏

【导师】吕品昌、隋建国、王少军、展望、于凡、张伟

【作者基本信息】中央美术学院，雕塑，2013，硕士

【摘要】陶瓷艺术一直以来受到广大艺术家的喜爱，如何形成自己独特的陶瓷语言是艺术家们为之奋斗的目标。在写实陶瓷技法的运用上人们总结了许多的宝贵经验，在陶瓷雕塑中写实技法就占有相当大的一部分。当我们看到许多惊世骇俗的作品的同时，在赞美的艺术品的价值时，有时不得不为他们的技法而惊讶。通过在景德镇多年的研究与总结，力图阐述景德镇陶瓷雕塑的写实技法，并举例说明这些技法在景德镇写实陶瓷雕塑中是如何形成和运用的。

解析当代雕塑创作中材料的审美价值

【作者】李子一

【导师】刘君、张红梅

【作者基本信息】吉林艺术学院，美术，2013，硕士

【摘要】雕塑语言形态的多元化，极大的观念性表现方式都是时代赋予它的必然结果。雕塑艺术拓展材料技术和观念的表达形式具有非常大的必要性。现代的材料与工艺的多元化极大地丰富了雕塑创作手段，观念的时代性也使雕塑这一领域更加丰富多彩。各种观念和思潮的出现也为当代材料的表现提供展示的舞台。由于当代雕塑这一理念在中国起步较晚，而恰巧中国是一个传统文化根深蒂固的国度，雕塑的发展仍面临着来自社会一些保守意识的困扰。因此，必须在新技术和传统雕塑语言的交融中找到与审美相一致的结合点，使作品产生更大的共鸣。

基于符号学知识背景下的环境雕塑设计研究

【作者】罗燕

【导师】曹福存

【作者基本信息】大连工业大学，设计艺术学，2013，硕士

【摘要】随着城市建设的不断发展，城市景观环境雕塑的建设也越来越具有至关重要的作用，在城市景观建设的一项重要内容，以及环境雕塑如何在环境发挥了重要的作用是一个值得思考和考虑的重要问题。本文试图探讨符号学的知识与环境雕塑的切合点，使环境雕塑在创作上能够基于符号学的理论基础之上，探讨其与雕塑的关系和影响力的象征性理论的角度来看，按照符号学的基本框架和研究水平，结合一些例子，集中在意义和雕刻的形式一般组织和它的表达方式，以及探索的背景下，解释和雕塑符号的功能，以及分析其所产生的影响，使环境雕塑的创作真正的能够产生具有其独特含义与内在积极向上的意义。

雕塑造型艺术在现代装饰设计中的应用性研究

【作者】单清烘

【导师】林学伟

【作者基本信息】哈尔滨理工大学，设计学，2014，硕士

【摘要】论文主要是阐述雕塑造型在现代装饰设计中的应用性研究。文章综合剖析了雕塑造型艺术与现代装饰设计的关系。论述了雕塑作为造型艺术的特点、语言形式以及其审美价值，综合阐述了雕塑造型艺术的创作性、立体性和观赏性等特点，特别强调了雕塑作品的空间性。文章阐述了现代装饰设计的概念、特点以及分类，详尽分析了现代设计的程式化、装饰性、适应性、寓意性和工艺性等基本特点，并结合装饰设计的类型、风格、地域、民族表现以及内容等不同的角度对其进行了分类，以此为基础，对雕塑造型艺术与装饰艺术设计的应用性，做了较为深入的分析研究。

唐代仕女雕塑形象特征研究

【作者】余洁敏

【导师】曹春生

【作者基本信息】景德镇陶瓷学院，美术学，2014，硕士

【摘要】唐代经济的发展影响着艺术的发展，而唐代仕女俑尤为出色。在唐代陶俑中，塑造的仕女俑的形象充满活力是最成功的。高高的发髻，圆脸，多彩的衣裙衬托着丰腴的体态之美，多变的妆饰装点着脸庞，人物细腻生动，营造“丰肌秀骨”的唐代审美特色。唐文化的重要标志就是服饰文化的发展。服饰质地考究，雍容华贵，款式众多，色调绚丽。唐代女性热爱并追求自己的美，也只有在唐代历史上处于最高的地位，从女子着装的改变显现出唐代女性地位的提高，另一方面女俑体现各阶层的审美情趣，为现代了解唐代文化提供史实论据。

在绘画的语境下寻找雕塑中的线

【作者】周亦光

【导师】吕品昌

【作者基本信息】中央美术学院，美术，2014，硕士

【摘要】从艺术史的发展进程和大量优秀的雕塑艺术品的表现手段来考察，绘画与雕塑的联系都是十分密切的，不仅同出一源，而且是相生相伴，共同发展的。因此，从

雕塑艺术中的发展规律来讲，研究雕塑就不能不谈绘画，雕塑的绘画性始终是雕塑理论研究领域的一个重要课题。雕塑的绘画性，广泛存在于雕塑艺术发展的不同时期和不同门类中，表现于不同国家和不同地域，同时，也通过其丰富的艺术表现元素，存在于大量雕塑艺术作品之中。而研究雕塑中的线条，不仅对于了解雕塑的绘画性意义重大，及正确把握雕塑艺术发展的规律有帮助，而且在雕塑艺术的创作实践中也将发挥积极的作用。

观念、材料与造型

【作者】戴亮

【导师】隋建国

【作者基本信息】中央美术学院，美术学，2014，硕士

【摘要】后现代艺术的一个主要的特征就是艺术的观念化。观念让艺术形式的边界变得模糊。这也让雕塑的媒介发生了有别于传统的深刻的变革。而作为传统媒介之一的雕塑，将其在艺术时代的变化中，所产生的影响都体现在造型的变化上。与此同时，材料在其发展的过程中也扮演着很重要的角色。诸如这些因素之间的关系，构成本篇论文探讨的话题。本篇论文主要以观念在造型中的影响及材料在造型中的作用作为插入点。从这两个点着重分析二十世纪西方艺术演变过程中，具有典型造型特征的雕塑家案例，通过研究观念与造型在不同时代的艺术语境的变化中，所产生的对应关系。最后结合个人在当代雕塑创作中的体会，重点在于说明在当代艺术语境下，观念与造型的关系和观念与材料对造型的发展所带来怎样的挑战，以及面对这些挑战所要应对的态度。

瓷视觉——由皮埃尔·于热的多媒介创作方式引发，《海公子》的创作方式与“瓷视觉”

【作者】耿雪

【导师】徐冰

【作者基本信息】中央美术学院，版画，2014，硕士

【摘要】本论文与我的毕业创作《海公子》有关。引言部分，简要介绍皮埃尔．于热的多媒介创作方式，概括论述他的创作方式如何引发我对毕业作品创作方式的思考，以此作为论文的写作背景。论文以创作实践为基础，论述如何通过布光和拍摄在影片的视觉上实现对“瓷性”的充分表现，提出影片中的“瓷视觉”概念，并围绕“瓷视觉”展开深入讨论，这种视觉形式语言，既有效的传达了聊斋故事的特殊美感，又准确而充分表现了瓷器的性格。论文通过论述瓷的材料、运动中的雕塑、电影拍摄手段相结合的多媒介创作方式，分析了这几种不同媒介的整合中所涉及的技术与观念。

论雕塑中马的造型与个人情感表达

【作者】游元明

【导师】刘春尧

【作者基本信息】西南交通大学，美术学，2014，硕士

【摘要】本文首先分析马的造型在我国秦汉以及唐代所呈现的不同特点。以秦始皇兵马俑墓葬中的马俑与汉代霍去病墓中的马俑作比较，我们不难发现秦代马的造型是组合式的单一重复、运用写实手法进行逐个塑造，这样的手法不免产生机械呆板的印象；汉代马的造型特征是运用局部夸张的方式，极具象征性。这些造型的差异是如何形成的？人们的审美情趣的变化是如何体现在马的造型之上？研究结果表明，各个时期马的造型都会由于文化和审美意识的不同而随之产生塑造形象的变化。所谓“借物抒情”的表现方式即创作者以马的造型特征来抒发自身的情感。而后，文章以时间为线索脉络，评鉴近现代国内外雕塑艺术家运用马的造型进行创作的内在原因。最后综合以上研究结果，剖析本文作者以马作为创作源泉的理由，以及在创作中的体验和作品的特点。

论雕塑基座与主体的关系

【作者】王元明

【导师】叶仄辉

【作者基本信息】海南大学，美术学，2014，硕士

【摘要】基座是雕塑的一部分，基座的尺寸、色泽以及有无都对雕塑所呈现出来的效果有着重要的影响。随着雕塑艺术的发展，基座成为雕塑作品的重要组成部分，它不但起到了支撑雕塑主体的功能，还起到了衬托雕塑的功能。本文通过对古今中外雕塑图片的搜集整理及对北京国际雕塑公园、天安门广场、清华大学美术学院、中央美术学院等地的雕塑进行实地考察并丈量取证，研究雕塑家各不相同的雕塑基座的造型，试求论述基座在雕塑造型中的重要性。

论新中国人物雕塑的表情特征

【作者】郭大明

【导师】黄焕义

【作者基本信息】景德镇陶瓷学院，美术学，2014，硕士

【摘要】艾伯特梅拉比公式：人际沟通＝7%语调＋38%声音＋55%肢体语言，在这个公式中我们可以清晰地发现肢体语言（包括面部表情）在人与人沟通中的重要性。如果把新中国建国以来60余年的雕塑人物的表情排列起来，我们会发现一个耐人寻味的效果。相应地，雕塑家手中的人物雕塑的表情同样具有传达信息、表达感情的作用，这也是雕塑的重要表现目标之一。通过分析，能够帮助人们从众多的雕塑作品中解读出丰富的历史文化信息和情感信息，把握时代精神，了解艺术与人类发展的紧密联系。

渭北拴马桩造型艺术研究

【作者】周洁桦

【导师】陈丽萍

【作者基本信息】景德镇陶瓷学院，美术学，2014，

硕士

【摘要】我国民间美术史是我国民俗文化的形象体现，也是华夏民族精神的视觉象征，我国渭北拴马桩就是其中之一。本文将对拴马桩的造型作深入研究。拴马桩的存在价值不仅在于它石雕的本身，还在于从它身上我们可以看见历史遗留的痕迹，给学者们研究历史文化、衣着服饰、民俗信仰、宗教影响等相关文化提供了实质的资料，同时学者们又从人文历史、佛教文化、风水信仰、民间习俗等方面对它进行剖析与探索，使之相辅相成相互完善，也使研究更加便捷与完整。

线在南北朝至隋唐佛教石窟造像中的艺术表现

【作者】张明洲

【导师】陈丽萍

【作者基本信息】景德镇陶瓷学院，美术学，2014，硕士

【摘要】中国佛教雕塑是中国雕塑艺术的一个组成部分。本文以中国南北朝时期到唐朝时期的石窟造像为研究对象，通过查阅到的各种历史文献、图片和实物上显示的点点滴滴的信息，从雕塑中线的艺术表现形式来对南北朝到唐朝的石窟造像的发展特点进行比较和梳理，试图从中寻找一条发展的轨迹，从而能更好的理解和欣赏佛教造像，更好的将这些元素利用到今天的创作中来。

老照片解读“上山下乡”：对“知青”题材表现于公共艺术创作中的研究

【作者】桂源

【导师】李江

【作者基本信息】西南交通大学，美术学，2014，硕士

【摘要】本文通过公共艺术作品对老照片的解读，从那个年代的记忆里发掘出真实的历史鉴证，对知青老照片、知青口述、知青用品、知青诗歌等资料进行收集、整理和研究，用公共艺术新的表现方式，包括铝板腐蚀老照片、多媒体展演纪录片、实物收集陈列、公共艺术装置、还原历史场景等，做成无墙的博物馆，既完成艺术对知青群体的关怀，又达到让后人阅读历史的目的。

中国地铁站装饰壁画研究

【作者】缪琳

【导师】屈健

【作者基本信息】西北大学，美术学，2014，硕士

【摘要】本研究涉及艺术学、建筑学、心理学等多个学科范畴，通过文献归纳法、实地调研法、比较研究法等研究方法，对“公共艺术”“地铁站壁画”等相关知识体系进行梳理，根据国内外的研究现状及实地考察收集的资料，归纳总结地铁站壁画的基本特征、影响因素，重点分析国内外典型城市的地铁站壁画，找出我国地铁站壁画现存的问题，提出解决建议及其未来发展的趋势。希望本文对处于初级阶段的地铁站装饰壁画领域进行更加深入细致的探索，对今后的地铁站壁画创作有所启发。

乌鲁木齐公共艺术发展现状及对策研究

【作者】肖锟

【导师】倪志琪

【作者基本信息】华东师范大学，设计艺术学，2014，硕士

【摘要】乌鲁木齐作为丝绸之路的重要节点和亚欧中部的重要城市，是中国西部对外开放的重要门户，研究该区域的公共艺术发展态势非常有意义。乌鲁木齐作为一个现代中小城市，公共艺术建设要摆脱简单借鉴国内外经验的表现形式，应以民族传统历史文脉为基础，切入现代思想，与时俱进，方能形成独特风格的乌鲁木齐公共艺术。本论文主要通过文献查阅、社会访谈、实地调研及实践案例分析相结合的方法，阐述新疆公共艺术的历史渊源与现状，并分析其发展过程中存在的问题及对策。

子长县钟山石窟 3 号窟雕塑艺术特色研究

【作者】王珂莉

【导师】牟运道

【作者基本信息】西安美术学院，美术学，2014，硕士

【摘要】我国陕西省境内，存在着许多精美的小型石窟寺，其中保存较好且雕塑艺术水平较高的属延安市子长县钟山石窟，尤其以钟山石窟现存 3 号窟雕塑最为精湛，本文将重点立足于钟山石窟 3 号窟的雕塑造像，并且结合现有的文献资料，从其历史和地缘文化背景入手，对钟山石窟 3 号窟窟内造像在雕塑艺术特色上进行深入研究。紧密联系钟山石窟 3 号窟雕塑造像的实际情况，以造像的艺术特色为主要研究目的，并通过与陕北地区周边石窟造像和同时期我国其他地区的石窟雕塑造像进行比较，对钟山石窟雕塑艺术进行更加深入的探讨和论述，更好的发扬中国传统石窟雕塑艺术。

穿越时空的艺术交响——中世纪勃艮第地区克吕尼派罗马式教堂门楣雕塑与北魏孝文帝时期云冈石窟雕塑之比较

【作者】谢扬帆

【导师】王少军、王伟

【作者基本信息】中央美术学院，美术，2014，硕士

【摘要】欧洲中世纪罗马式克吕尼派门楣雕塑是中世纪罗马式雕塑中极具代表性的一类宗教雕塑，中国北魏孝文帝时期的云冈石窟雕塑是北魏中期的宗教石窟雕塑，两者在雕塑的精神面貌上有着耐人寻味的相似。本文通过横向的对比，希望对这两个不同时期不同地域的雕塑艺术进行比较分析，进而对人类精神物化出来的样式和成因有一个认识，探讨宗教精神的物化与雕塑之间的关系。

完整的碎片
——浅论雕塑的整体观念

【作者】秦天

【导师】于凡

【作者基本信息】中央美术学院，美术，2014，硕士

【摘要】“碎片雕塑”出自对古希腊出土的雕塑残片的描述，对于再现体系完备的西方具象雕塑来说，碎片雕塑只具备文物的价值或者是作为研究古代雕塑语言的素材，而不会被当做本身具备完整性的雕塑形式。而进入到了“碎片化”横流的后现代文化环境中，碎片本身同样获得了完整性的潜力，并在完整性上对传统的雕塑形式进行了彻底的颠覆。本文将从社会文化、雕塑的历史、以及审美中的整体性等层面论述碎片雕塑对于完整性的体现，以说明碎片雕塑同样具备一种完整的审美，并在主动应用和钻研的同时，形成雕塑家独特的语言形式。

当代雕塑中的寓言性表述

【作者】刘冠南

【导师】陈科

【作者基本信息】中央美术学院，美术学，2014，硕士

【摘要】本文的研究在通过寓言性表述来分析当代雕塑艺术的新变化的基础上，从另一个角度来讨论国际间语言游戏中语言策略的重要性，而寓言性表述就是语言策略之一。本文的研究方法以近半个世纪以来的哲学思潮、美术理论为支撑，借卡特兰的具象写实雕塑作品作为重点分析，来阐释寓言性表述的发生、接受、传播原理；并结合大量的雕塑艺术创作实例来讨论寓言性表述作为当代艺术语言策略的重要性。

从感官到心灵
——从中国古代佛教雕塑如何通过视知觉营造感受谈起

【作者】陈静

【导师】张伟

【作者基本信息】中央美术学院，美术学，2014，硕士

【摘要】中国古代的佛教雕塑在制作的时候带有明确的目的性，即为观者营造特定的感受，让观者受到感召而信仰佛教。为达到这一目的，工匠运用了多种方法给观看者造成视觉感觉和心理感受。本文首先从知觉心理学出发，阐述通过知觉制造感觉的科学依据，知觉心理学认为感觉客观世界通过知觉营造的一种心理构造。再从佛教的角度出发，阐述佛教认为可以从知觉中明心见性洞见佛法的宗教解释。再结合当代状况，构想如何用这种思路进行艺术创作或者应用到其他领域。

中国传统动物雕塑的隐喻研究

【作者】袁越

【导师】吴荣华

【作者基本信息】厦门大学，美术学，2014，硕士

【摘要】隐喻的运用和研究已历经了数千年的历史。本研究基于近几年国内外学者的研究成果，分析和研究隐喻在中国传统动物雕塑中的运用。它们涉及到艺术的各个门类，如绘画、雕塑、宗教仪式、戏剧、巫术等，动物雕塑仅仅是其中的一小部分。笔者从中国历史上遗存的雕塑作品中，通过分析中国传统动物雕塑的存在形式和表现方式，总结隐喻在动物雕塑中的不同类型，以及隐喻的特征，它在传统雕塑艺术中是被怎样运用，传统雕塑中的隐喻对于当代的艺术创作又具有怎么的启示。

天马与中国汉代雕塑艺术中马的形象研究

【作者】韩晓冬

【导师】罗世平、孙家钵

【作者基本信息】中央美术学院，美术学，2014，博士

【摘要】本文立足于研究天马与中国汉代艺术中马形象的关系。通过实地考察、文献检索、考古发掘、论著综述等方法，详实地掌握关于中国历代的天马图像资料，梳理并总结中国两汉时期天马雕塑、石刻及绘画的造型特点与艺术特征，重点分析其在中国传统文化与造型艺术中的审美观念，从而揭示出天马对汉代艺术中马的视觉形象及造型的独特的影响，以及对中国马文化的发展及影响。本文的写作从三个方面对天马文化及汉代造像艺术的审美关系展开深入的研究和论证。对当下我们如何继承，研究并发展传统文化有独特的意义。

3D打印技术与写实雕塑艺术关系的思考

【作者】李渊博

【导师】王少军

【作者基本信息】中央美术学院，美术学，2014，硕士

【摘要】写实雕塑在艺术形态上属于具象艺术，是雕塑的一种表现手法，艺术家通过对外部物象的观察和描摹，结合自身的感受和理解而再现外界的物象。3D打印对写实雕塑艺术具有一定的影响，它会给某些相关领域带来压力甚至可能取而代之，但同时有助于写实雕塑从基础性的艺术性不高的工作中解脱出来，并且推动写实雕塑向着更加艺术化和多元化的方向发展。写实雕塑艺术必须重视、运用这一前沿技术；3D打印有可能在某些方面替代雕塑工艺，但这一前沿技术永远无法取代雕塑艺术。

元代藏传佛教雕塑艺术研究

【作者】陈健

【导师】吴为山

【作者基本信息】中国艺术研究院，美术学，2014，博士

【摘要】元代是我国历史上一个开放包容的朝代，在蒙古族统治者实施的兼容并蓄的国家政策下，文化与艺术的蓬勃发展成为可能，而文化的交融与碰撞则构成了这一时代的最强音，在这种丰富、活跃而充满生机的文化背景

下，各种艺术形式均得以焕发熠熠光彩，其中藏传佛教雕塑艺术更是这一多元文化的集中体现，是构成我国雕塑艺术史中不容忽视的重要组成部分。经过深入的分析、研究和对比我们得知，“世俗化”是元代佛教造像的主要特点，而对造像“神性”的表达则更多的体现在了藏传佛教雕塑艺术中，是元代藏传佛教雕塑艺术的主要审美特性。

陶土在本人雕塑创作中的应用

【作者】李松涛

【导师】郭航

【作者基本信息】东北师范大学，美术，2013，硕士

【摘要】中国有悠久灿烂的文明史，国学三大思想佛、儒、道，都是我的创作思想来源，特别是老庄思想对我影响很深，也潜移默化的影响着我对陶土和陶塑的审美方式。魏晋的隐士文化又给了我创作的灵感和创作思路，还借鉴了国画中文人画的某些人物形象的特征。有了这三个前提，我才能在陶塑创作的道路上进行更好地创作。通过了解陶土上的文化底蕴和我对创作材料的对比，石膏和树脂都不是理想的材料，只有陶土可以作为雕塑的载体，才能体现出作品的内涵。

雕塑家内心世界的真实流露——浅谈德国雕塑家威廉·莱姆布鲁克

【作者】林南

【导师】陈连富

【作者基本信息】鲁迅美术学院，雕塑，2013，硕士

【摘要】德国雕塑家威廉·莱姆布鲁克（Wilhelm Lehmbruck，1881-1919），自20世纪以来，一直被誉为西方国家最伟大的雕塑家之一。他一生短暂，生命后半段不幸遭受“间歇抑郁症”的困扰，但丝毫不影响他对雕塑的热衷。莱姆布鲁克内心世界通过他的雕塑作品真实的流露出来，在他三十九年短暂的生命中，没有停止过对雕塑的创作与探索，不同时期不同形式，都看到他的内心所向，无时无刻不散发着无穷无尽的艺术魅力。

结合与对抗——安尼施·卡普尔的艺术语言解析

【作者】代高健

【导师】胡明哲

【作者基本信息】中央美术学院，美术学，2013，硕士

【摘要】对于在自身的艺术领域，如何突破传统的与固有模式，逐渐形成独特的个人艺术语言，“结合与对抗”可以认为是安尼施·卡普尔的一种方式，安尼施·卡普尔的作品并没有离开雕塑范畴，但又不断的挑战了人们对雕塑的固有认识，扩展了雕塑的可能性。本文概括安尼施·卡普尔作品的基本特征，分析其作品的构成，作品的传承与衍变，解读作品的语义内涵，分析艺术家个体精神在作品中的表现。从传统雕塑的当代化转变案例中，可以看到传统艺术语言发展的可能性。

熊秉明艺术研究

【作者】张丽娜

【导师】蔡正非

【作者基本信息】云南大学，艺术学，2013，硕士

【摘要】熊秉明是1947年中国教育部选出的一批公费留学生中，唯一一位云南艺术家，有着很高的艺术成就。本文着重对熊秉明的艺术进行的研究与分析。研究中，在对于熊秉明艺术成就方面的分析，本文主要侧重于其雕塑、书法两类最重要的艺术成就，分别分析了熊秉明雕塑四个类型的艺术特征，和其书法理论成果与实践创新。同时在此基础上，着重分析了熊秉明艺术的特征，即三个融合性：各艺术门类之融合、艺术与哲学精神之融合、中西之融合。最后，文章指出熊秉明艺术对当今的启示意义。

当圆点最后消融——草间弥生艺术作品解读

【作者】杨洋

【导师】黄玲玲

【作者基本信息】西安美术学院，设计艺术学，2013，硕士

【摘要】草间弥生1929出生于日本长野县。被誉为日本现存的经典艺术家，以圆点艺术闻名于世。文章通过对草间作品解读及浅谈笔者创作的体会进行了全篇的总结，再一次深刻的体会草间的圆点艺术。用四个字概括对草间弥生的解读即：“从圆到圆”。草间的艺术就是借用了圆特殊的自然魅力。她惶恐，她遁入圆点，她挥霍圆点，她从圆点中解脱，她所有的创作潜意“消融”于圆点作品。与此同时，她用圆点钙化了自己的身体，把身体融入到浩瀚的宇宙之中，把爱传播到世界的各个角落，让爱无限的传承下去，让圆点与自身皆成为永恒。

浅谈汉代动物雕塑的形式美——我创作中的感悟

【作者】吴姗姗

【导师】苏立群

【作者基本信息】南京艺术学院，美术，2013，硕士

【摘要】汉代的动物雕塑，历史久远现存的数量并不太多，就现存的动物雕塑来看，其艺术水平在当时已经到达相当高的高度，主要特点是在写实的基础上注重形式美的象征性，写意性以及装饰性。研究汉代动物雕塑对于我们现在的创作有着很大的帮助。从观察生活的角度，方式，到表现手法，我们依然在传承着、创新着。汉代的动物雕塑有的气势磅礴，有的精巧细致，有的粗犷有力，有的温柔婉约，无不感染着我们后代，启发颇深。

浅析罗丹雕塑中的速塑性

【作者】马田甜

【导师】张烽

【作者基本信息】鲁迅美术学院，雕塑，2013，硕士

【摘要】速塑，作为小品雕塑其本身也是艺术作品。制作的手法很简要概括和绘画中的速写很相似，都是很自由、随意、约束性小且富有动感，并带有着浓郁的绘画味道，注重整体的气韵和精神性，甚至比长期创作的作品更富有激情，更加生动。本文意在探讨研究速塑这种独特的雕塑方式、特点和雕塑大师罗丹在作品中所运用速塑的优势和特点增加作品中的雕塑艺术的表现力。并立足于速塑的角度列举、分析罗丹的作品中运用的一些创作思维及雕塑手法，为今后人们学习和传承罗丹作品中精髓找到新的途径。

叙事雕塑之我见
——从我的场景雕塑创作体会谈起

【作者】孟福伟

【导师】吕品昌、隋建国、于凡、展望、王少军、张伟

【作者基本信息】中央美术学院，雕塑，2013，硕士

【摘要】叙事雕塑这是一个大概念，其实文学、舞蹈、音乐、影像、绘画等艺术形式都有叙事性。叙事是一种很常见的形式，同时我认为无论抽象雕塑还是具象雕塑，或者装置、行为都离不开叙事手段。不管它多么荒诞，人们似乎都要从这荒诞中找出理由、逻辑、思想，于是这种荒诞，我们不由得认为它就是一种荒诞的叙事。这也许是因为人类的思维发展顺序的原因吧。我这里没有在前人的理论基础上谈论叙事雕塑，因为我很多思考都源于我的创作实践，所以想从我个人的创作实践来谈自己的一点理解，希望大家批评斧正。

跨界与原创
——从《零度空间》系列谈雕塑语言

【作者】景晓蕾

【导师】张伟、隋建国、吕品昌、展望、于凡、王少军

【作者基本信息】中央美术学院，美术，2013，硕士

【摘要】本文以《0度空间》系列雕塑作品的创作研究为入手点，从实践者的角度阐述个人对于当代雕塑创作方法论的一些观点，并将主题引申到关于当代雕塑语言的原创性与跨界问题的探讨。笔者认为，雕塑语言通过“跨界”的方式借鉴与融合其他的当代艺术形式、风格，是实现原创性突破的重要途径。文章从个体的雕塑创作经验出发，结合举例阐述动漫美学、后现代工业设计对雕塑创作的影响，归纳、总结雕塑语言的实验性研究成果；同时，结合当下的一些文化现象与相关的社会学观点，剖析雕塑语言背后的社会根源与主体心理。

滑田友雕塑艺术特点之我见

【作者】李展

【导师】王少军、王伟

【作者基本信息】中央美术学院，美术学，2013，硕士

【摘要】本文立足滑田友先生生前自述、论文及部分笔记内容，试分析滑田友艺术风格成因和学术经验，探讨滑田友与中西艺术传统的关系。滑田友因多年留法学艺背景和作品中鲜明的民族特色，被誉为“中西合璧”的典范。对中国传统造像的深入研究，和对谢赫“六法”意义的雕塑化引申，都是其弘扬民族传统文化精神的实证。但细究滑田友艺术风格的形成，其核心影响还是源于对西方写实主义艺术的潜心钻研，而其作品与中国传统艺术的渊源多体现在外化的样式特征上。本文试图从滑田友作品及其艺术实践理论出发，论述滑田友雕塑艺术风格的主要特点和艺术主张。

浅谈雕塑中的超写实与“超现实”
——由杜安·汉森和让·穆克所感

【作者】徐晓楠

【导师】隋建国、吕品昌、王少军、展望、于凡、张伟

【作者基本信息】中央美术学院，美术学，2013，硕士

【摘要】伴随着科技的发展，当抽象化和观念化日益盛行的时候，超写实主义与超现实主义的出现是一种必然。先进的科技带给具象艺术冲击并迫使人们重新审视真实。杜安·汉森和让·穆克的作品都是在对真实的进行诠释。表现手法也都是力求逼真，达到极致。但在情感表达和想象空间方面却不尽相同。情感表达是让·穆克作品的主题，作品尺寸的放大和缩小是其重要的艺术特征。本文旨在通过分析杜安·汉森和让·穆克的作品之异同来说明写实手法和具象雕塑的不可替代，并就中国当代雕塑所出现的问题，来阐述二人作品的现实启示意义。

长沙市城市雕塑美景度评价研究

【作者】尹易杏子

【导师】蒋烨

【作者基本信息】中南大学，建筑学，2013，硕士

【摘要】城市雕塑在城市景观空间中具有娱乐、文化、美学等多种意义。随着我国城市建设的步伐逐渐加快，从北上广等一线大城市到长沙等中小型城市，都对城市品位提升、改变城市形象有着普遍的需求。通过对不同专业背景群体审美一致性、差异性、审美偏好以及各个景观因子对城市雕塑美感的影响显著性大小这四个方面来分析，有助于城市雕塑景观理论的发展。有助于城市绿地建设前期的方案评估阶段与城市景观建成后的经营管理中引入一套城市景观评价体系，建立完整的城市景观评价标准，从而指导城市规划与管理。

桃李不言、下自成蹊
记刘家洪

【作者】吴漾

【导师】隋建国、周思旻

【作者基本信息】中央美术学院，美术，2014，硕士

【摘要】刘家洪是中央美术学院雕塑系的老先生，是雕塑家，是雕塑教育家，是中国雕塑教学队伍中最平凡的一员。本文以刘家洪为个案，立足于刘家洪本人自述、论

文及部分笔记内容。以时间为轴，通过阐述其从一名学员到一名教员的成长轨迹，归纳和概括其艺术观、教育观的形成，基本特征及教育实践。探求其教育观在中央美术学院雕塑系雕塑基础教学中的现实意义，并试图探讨雕塑基础教员的职业意义和价值。

王朝闻雕塑美学思想研究

【作者】骆玉平

【导师】代迅

【作者基本信息】西南大学，美学，2014，博士

【摘要】王朝闻是新中国马克思主义美学的开拓者和奠基人，是一位从雕塑艺术创作转入文艺评论和美学理论研究的美学家。本文将从王朝闻雕塑美学的核心范畴——"耐看"、他关于雕塑活动中审美主客体关系的论述、雕塑的艺术功用与审美价值之间的紧张关系等方面，讨论王朝闻的雕塑美学思想，试图揭示王朝闻雕塑美学感悟性理论形态下的内在逻辑架构，探索其中那些不仅属于过去、更属于当下和未来的东西。

语言的嬗变
——从"雕塑1994"到"雕塑2012"看中国当代雕塑的演化

【作者】任日

【导师】殷双喜、隋建国

【作者基本信息】中央美术学院，雕塑，2014，博士

【摘要】本文以"雕塑1994"和"雕塑2012"两个展览，作品语言所呈现的变化为主体线索。其中涉及到隋建国等五位雕塑家，19年中，具有影响力、代表性的作品演化的历程，以及与此时期形成对比研究的雕塑现象与语言的变化。语言的嬗变，不仅指涉及作品语言形式的方面，更涉及在此形式下隐含的问题意识、观念与创作方法的转变。雕塑语言的嬗变是中国当代雕塑发展到今天，20世纪80年代末90年代初成长起来的一代人的个人价值和精神性与当代文化、观念嫁接的产物，以及由此形成作品语言的表述。由两次具体的展览，作为文章讨论的时间节点和事实材料依据，试图以点窥面，分析、概况中国当代雕塑从80年代末期至今，语言演化的趋向，由此勾勒出中国当代雕塑发展的一条重要线索。

装饰雕塑创作中点、线、面、体组合形式的研究与探索
——由毕业作品《成长的烦恼》想到的

【作者】王永辉

【导师】李霁

【作者基本信息】山东工艺美术学院，美术，2014，硕士

【摘要】形式对雕塑作品的艺术感染力起着极其重要的作用，许多艺术品的不朽就是借助那些不朽的表现形式。在本文中，作者通过装饰雕塑形式语言构成的四大要素进行解析，结合对东西方雕塑中，涉及装饰雕塑形式构成要素的经典雕塑作品分析，使读者了解到线、面、体等构成因素在雕塑创作中的作用。在论述中结合雕塑作品，对线、面、体在雕塑创作中的应用进行了一定的探索，对雕塑艺术中点、线、面、体各元素的转换、形式与内容的关系、形态与情感的表达展开分析研究。

我的野口勇
——用雕塑的本体语言谈野口勇的作品和艺术观

【作者】徐升

【导师】吕品昌

【作者基本信息】中央美术学院，美术，2014，硕士

【摘要】日裔美国人野口勇是20世纪最著名的雕塑家，也是最早尝试将雕塑介入景观设计的人。本文更多的是从雕塑的语言，谈野口勇雕塑作品，及影响其一生的艺术创作。作者以雕塑家的身份这一角度切入，更多的谈野口勇的雕塑作品，同时把他优秀的景观建筑项目看成雕塑的放大与延续，展现他思考维度是如何从雕塑家的视角，介入建筑园林设计的。具体地从单体雕塑的语言探索发展和对材料的处理，谈及野口勇艺术的核心和价值。

论城市景观与地域文化的关系
——以改革开放三十年来西安城市雕塑的变迁为例

【作者】屈炳昊

【导师】吴昊

【作者基本信息】西安美术学院，设计艺术学，2013，硕士

【摘要】城市是承载人类历史文化的巨大容器，一座没有文化的城市自然也就失去了精神维系。在现代城市化发展的过程中，城市景观不断地一味追求高标准、技术化，让现代城市成了一种单一追求功能性和目的性的工程化构造物。在这种盲目的趋势下，大部分的城市景观设施缺乏对生态自然、社会文化、宜居环境和工艺美学等方面的综合考虑，因此带来了一系列相应的城市问题。城市景观设计要作为将城市灵魂与城市风貌进行融合的一种创作。

雕塑在当代园林景观中应用现状的研究

【作者】畏来

【导师】李东江

【作者基本信息】东北师范大学，园林植物与观赏园艺，2013，硕士

【摘要】人类经历了物质文明和精神文明的高度发展而产生了城市，随之而来的负面影响也相应产生，人口的过快增长造成环境的破坏与污染，进而导致生态的失衡，制约城市的发展脚步。快节奏的生活环境，使人们的思想长期处在紧张与压力之间，回归自然，在美丽舒适的环境中享受生活、放松心情是人们的需求。在大众物资生活水

平提高的时候，精神文化生活便得到了人们更多的关注。

山东莱州环球雕塑石材有限公司发展战略研究

【作者】董亮

【导师】张鸣

【作者基本信息】青岛科技大学，工商管理（专业学位），2013，硕士

【摘要】在我国城市化高速发展的今天，城市空间中及生活中的雕塑数量越来越多，在雕塑企业不断增加、规模不断扩大的同时，企业发展中带来的问题也越来越多。深入开展企业发展战略研究，从战略的高度上规划雕塑企业的未来，具有十分紧迫的现实意义和极为广泛的应用价值。雕塑水平特别是城市雕塑的水平，是衡量一个国家城市化水平及文明程度的重要指标，其发展与经济的景气周期密切相关。

主题雕塑在西安门户景观设计中的应用研究

【作者】高福星

【导师】吴雪萍

【作者基本信息】西安建筑科技大学，设计艺术学，2013，硕士

【摘要】主题雕塑是城市人群精神生活中最主要的艺术产品，是城市提升自身品位和塑造城市自身门户形象的重要载体。因为现代城市的发展已突破了基本的生产生活的需要，城市人群呈现出追求品位的趋势，因此，作为提升城市门户形象重要载体的城市主题雕塑艺术，也就获得了空前的发展。本文的目的是在西安门户景观中塑造出一系列体现西安历史文化、西安城市特色和人文风情的主题雕塑。

公共艺术在地铁空间中的介入

【作者】丁磊

【导师】吕品晶

【作者基本信息】中央美术学院，艺术设计，2013，硕士

【摘要】随着城市化进程的加快，地铁已经成为城市建设中不可或缺的一个重要的部分。公共艺术在地铁空间中的介入，对于改善地铁环境、传播公众思想、提升城市品位、彰显城市文化等方面起到了非常积极的作用。本文通过大量的文献资料查阅整理、案例分析比较和实地观察、测绘分析的方法对公共艺术在地铁空间中的介入进行了研究。通过本课题的研究，对公共艺术在地铁空间中的介入有了一个初步的认识。目的是，为我国地铁空间中公共艺术的建设提供一些理论依据和实践性的参考。

基于公共艺术视角下的户外广告创新设计方法研究

【作者】杨思瑶

【导师】李馨、侯兵

【作者基本信息】西南交通大学，设计艺术学，2013，硕士

【摘要】本文以对公共艺术的内涵、功能、作品类型、表现形式等为分析对象，并结合中国现今户外广告存在的问题，系统的分析借鉴了公共艺术一系列的相关理论，并归纳总结公共艺术在户外广告中运用的形式，场所特征的设置，户外广告媒体表现形式的研究，户外广告视觉语言的研究等几个方面。研究公共艺术的相关理论，并对提高户外广告方法设计的创新有着十分重要的现实意义。

公共艺术运作机制研究

【作者】刘文沛

【导师】汪大伟

【作者基本信息】上海大学，美术学，2013，博士

【摘要】公共艺术在当代城市文化中的作用与影响愈来愈突出，因此，对公共艺术运作机制进行务实与深入的系统研究，是非常及时和必要的。本文以公共艺术运作机制的系统结构为脉络，从相关学科理论角度出发展，开对公共艺术运作机制的内部系统与外部系统的整体观察与分析，在微观层面和宏观层面全面考察了影响艺术机制的要素与系统，通过优化机制结构与功能的探索性论述，最终以务实、理性的视角建立起公共艺术运作机制的一般方法论。

自然的融合与超越——海南儋州峨蔓湾海蚀海岸线公共艺术设计方法研究

【作者】丁亚慧

【导师】王中

【作者基本信息】中央美术学院，设计艺术学，2013，硕士

【摘要】我国在十八大中提出了“建设美丽中国”的口号，并将生态建设提升到了新的战略高度，这为我国的生态旅游带来了发展契机。海南国际旅游岛的建设，更是为海南儋州原生态的峨蔓湾海蚀海岸线带来了艺术生态旅游典范的发展机遇。笔者将以海南儋州峨蔓湾海蚀海岸线作为与公共艺术专业相结合的实例进行研究，通过对儋州峨蔓湾海蚀海岸线的实地调研、分析与研究，通过国内外相似案例的比对，针对儋州海蚀海岸线进行公共艺术设计方法的探讨。

试论图腾符号与特色区域环境的营造——以楚雄市太阳历广场、彝人古镇、博物馆为例

【作者】徐汉广

【导师】苏云虎

【作者基本信息】云南艺术学院，设计艺术学，2013，硕士

【摘要】图腾符号艺术作为最原始的艺术表现形式之一，以其巨大的魅力、独特的风格、深厚的内涵，越来越

被现代社会认同，图腾艺术在公共环境中的运用就应该得到重视，因为图腾的很多属性都能很好地弥补环境特色缺失的问题，而且图腾艺术通常代表了特定区域的文化艺术特色，本文针对图腾艺术和特色公共空间营造的关系，从公共艺术的角度出发，通过对彝族图腾符号在楚雄市中的应用进行调研和分析，对图腾艺术在公共空间运用的优势、运用中存在的问题以及如何更好地利用图腾符号这三个大的问题进行了探索和总结。

多元互动：公共艺术创作方法研究——以“浙江馆”为例

【作者】曾令香

【导师】杨奇瑞、张晓凌

【作者基本信息】中国美术学院，美术学，2013，博士

【摘要】正如贡布里希所说：“历史很像瑞士奶酪，充满了孔隙。”本文试图以“无知者无畏”的胆量，以2010年上海世博会浙江馆的创作为重要案例，对我国公共艺术研究现状下进行一番填补空白式的、较深入的研究。把目光转向创作过程的发现；转向对主题、构思、创意及制作的演绎；转向对感性经验和地域文化深沉积淀的生成揭示；转向公共艺术结合公共空间创作的流动过程，也许，这开拓公共艺术“过程美学”的新领域的斗胆的尝试。这是浙江馆创作研究的理论意义所在。

地铁公共艺术的功用性——以杭州地铁公共艺术作品为例

【作者】凌云

【导师】张新宇

【作者基本信息】浙江工业大学，设计艺术学，2013，硕士

【摘要】随着地铁交通的快速发展，地铁空间中的公共艺术受到了越来越多的关注，也使之成为了城市公共交通中最具有代表性的一类公共艺术。杭州作为一个传统文化积淀深厚的城市，如何利用地铁公共艺术来传达杭州的城市精神，成为一个有意义的研究课题。以此为背景，本论文采用了文献查阅分析，问卷调查研究及实地调查研究相结合的方法，通过对国内外地铁公共艺术的理论研究和实践的分析，形成地铁公共艺术作品应该满足地铁功用性需求的观点，提出公共艺术在地铁环境下的功用性框架。

北京城市广场公共艺术现状研究

【作者】李梓昕

【导师】田辉

【作者基本信息】北京服装学院，美术学，2013，硕士

【摘要】城市广场作为城市文化的一个窗口，其公共艺术以多元化的艺术形式呈现在大众面前，无论是雕塑还是壁画，都以艺术的语言向人们宣传着城市文化、品味着历史情怀、展现着时代气息。不同类型的北京城市广场，公共艺术有哪些特点？其设置又有何差异？以怎样的艺术形式和材质来突显北京城市广场的主题？带着这些问题，笔者对北京城市广场公共艺术现状进行了考察。对其分布、数量等情况做了归纳与梳理，并对北京城市广场公共艺术的造型风格、材质工艺、艺术类别等方面进行了总结。

商业空间语境下公共艺术的互动性研究

【作者】崔一

【导师】潘强

【作者基本信息】首都师范大学，美术学，2013，硕士

【摘要】商业空间语境下公共艺术的互动性研究，不仅仅是从公共性与互动性入手，还要考虑到在商业空间语境下，公共艺术所体现出的不同的公共性质，和带来的不同的互动效果。为了充分阐释这一问题，笔者在文中将首先详尽地介绍有关公共艺术的定义，其次，再分析公共艺术的互动性特征缘何而起，以及它们的意义何在？进而再将分析结果带入到商业空间语境下，研究在商业语境下，公共艺术所呈现出的互动性有何个体差别，最后，在了解了这种差别之后，才能为今后的公共艺术实践指明正确方向。从而对国内本土公共艺术的创作与发展，起到一定的启示作用。

北京高校新区公共艺术研究

【作者】周霞

【导师】唐文

【作者基本信息】昆明理工大学，设计艺术学，2013，硕士

【摘要】本文以北京市高校新区公共艺术为研究对象，通过对北京新建高校的调研排查，最终选择了以清华大学、北京工商大学、北京航空航天大学、北京理工大学、中央财经大学、北京邮电大学、中国政法大学和中央美术学院等八所具有代表性的高校新老校区的公共艺术设计，作了系统的调查研究，通过对比、归纳分析其高校新老校区公共艺术建设的现状，从而对高校新区的公共艺术建设提出了一定的展望性的发展建议。以期对高校公共艺术的发展和建设有一定的推动作用。

对公共艺术的认知

【作者】韩惠

【导师】孙韬

【作者基本信息】中央美术学院，中国当代壁画与公共艺术研究，2014，硕士

【摘要】随着中国现代社会的发展，公共艺术理念在国内城市生活中被逐渐重视。本文针对公共艺术进行两个部分的调查研究，第一部分，以调查问卷的形式展开，对社会公众不同阶层进行采访，以公众为基础进行的调查问卷，其分析的数据与结果，让我正确的了解了公众的想法。第二部分是对中央美术学院7位资深公共艺术家的专访。老艺术家们提出了很多当代公共艺术存在的问题和当代社会的教育问题，在这两方面给我很深的启示。综合两部分

调查研究，我对公共艺术也有了全新的认识和理解，希望这份调查报告能为中国公共艺术的发展贡献自己的微薄之力。

北京地区博物馆空间公共艺术研究

【作者】夏维妮

【导师】田辉

【作者基本信息】北京服装学院，美术学，2013，硕士

【摘要】博物馆作为当今市民经常参与的公共领域，已然成为现代人们生活中的一部分，尤其作为首都的北京，笔者对北京159座博物馆中有代表性的进行了考察，对博物馆中的公共艺术形式进行梳理、分类研究，试图总结出一份各类博物馆与不同类型公共艺术在博物馆空间中的适配性分析报告，并与其文化内涵相结合，寻找到博物馆公共艺术的建设指向，为今后的博物馆公共艺术建设实践起到一定的促进作用。

极简主义在西安地铁站公共艺术中的研究

【作者】张华

【导师】汤雅莉

【作者基本信息】西安建筑科技大学，设计艺术学，2013，硕士

【摘要】地铁站作为展示城市风貌的形象窗口，良好的设计及和谐的建设能够体现城市的历史风貌和城市地位，对于西安而言，完善成熟的公共艺术也是其打造现代化国际都市形象的重要环节。本文以西安城市地铁作为研究对象，针对二号线的公共艺术，提出将极简主义艺术风格和城市公共艺术建设相结合的设想。希望通过本文对极简主义的研究，采取理论设想和实际调研结合的方法，为西安地铁公共艺术设施设计提供有力的理论支撑，为我国地铁公共艺术设计创作的形态设计提供参考意见。

公共空间领域中关于导向标识系统创作的探索

【作者】徐一舟

【导师】于小平、杨奇瑞

【作者基本信息】中国美术学院，美术学，2013，硕士

【摘要】对于大型城市快节奏的特性而言，建立一套合理的导向标识系统是公共艺术事业发展与建设过程中的一项重要命题。本文旨在针对公共空间领域内的“导向标识系统”这一特定内容——希望对国内外公共空间领域中关于导向标识系统这一服务性设施进行简要分析和研究。文章从城市公共空间导向标识系统的概念入手，主要阐述了公共空间领域导向标识系统的功能、构成、基本特征、与公共艺术之间的关系等内容，最后提升至理论高度，对导向标识系统创作进行理性、系统的思考，并得出结论。

公共艺术介入功能空间的非零和效应研究

【作者】张宇栋

【导师】徐涵

【作者基本信息】江西师范大学，设计艺术学，2013，硕士

【摘要】艺术介入空间的过程即为公共艺术的形式体现，其本质是构筑或注入功能空间某种“场域精神”。但是，在景观的功能空间构筑中，通过艺术的介入来营造具有某种“场域精神”的公共氛围，存在如何协调解决二者之间的矛盾冲突的难题。功能空间追求的是使用的最大化效应，而艺术介入则有可能在强化自身效应的同时削弱空间的使用功能，反之也然。二者之间的结合是否能通过协调实现一种互补的关系，即获得趋向双赢的效应呢？实际上，这个问题的探究即是本文将要着手研究的重点，也是笔者选题并决定撰写该文的初衷和努力的方向。

泸溪县辛女广场非物质文化浮雕墙设计

【作者】刘旺

【导师】宋立新、尹复辰

【作者基本信息】湖南大学，工业设计工程，2013，硕士

【摘要】如何在城市公共设施建设时，将城市文化融入其中，使城市的历史文脉得以传承和发展，创造出人民喜闻乐见的作品成为了广大设计工作者的当务之急。设计是文化的一种外在流露，文化是设计的内在力量。因此，设计的文化取向和品位反映出设计价值的含金量。尊崇城市文化是近几年城市公共设施设计非常重视并引导的设计原则。作为设计师，我们应该拥有本土化的设计观，懂得怎样合理的保护、挖掘城市文化，将城市文化的精髓融入到设计中去。如何充分表现不同城市的传统特色，需要设计师经过深刻的思考和理性分析，寻找城市文化的可塑因子，因地制宜，延续、整合、变异，得到符合地域、本土的设计成果，为作品注入芬芳隽永的生命。本文以泸溪县辛女广场非物质文化浮雕墙的设计实践为例，深入调查分析了泸溪地区的城市文化特质，将城市文化与现代设计艺术有机结合起来，为以后的城市公共设施的建设提供案例参考。

城市公共艺术“公共性”实现方法研究

【作者】王欢

【导师】蒋涤非

【作者基本信息】中南大学，建筑学，2013，硕士

【摘要】本文通过对“城市公共艺术‘公共性’实现方法”进行研究，旨在发掘和揭示当代城市公共艺术潜在的社会价值和文化价值，为发展中的中国当代公共艺术提供参考价值。本文立足于中国当代城市化发展的客观需求，以公共艺术公共性实现的历时性、市民性、共生性及开放性策略为依据，针对中国当代城市公共艺术公共性缺失的现象，以文献总结、调研比照、跨学科、理论结合实际的研究方法，结合国内外大量的经典案例，对城市公共艺术公共性实现的方法做出系统的梳理和理论的辨析，明确提出六项实现城市公共艺术公共性价值的方法。

河北新农村景观规划设计与研究

【作者】甄伟肖

【导师】田宝川

【作者基本信息】河北科技大学，设计艺术学，2013，硕士

【摘要】我国是个农业大国，大部分人口都集聚在农村，因此新农村景观规划与设计也成为了人们关注的焦点。本文从河北地区农村景观研究现状为出发点，结合新乐市何家庄村的实例，分析研究了何家庄农村景观的现状及农村景观存在的问题，探索何家庄新农村景观规划的方案对策。通过本文的阐述研究，思考如何构建一个有特色的新农村，使艺术在提升农民的审美意识和文化品格方面，发挥其重要作用，笔者试图将河北地区农村景观规划设计的理论研究成果加以细化并应用于实践中。

公共艺术视角下高校空间导向系统设计的研究

【作者】何杰

【导师】毛加农

【作者基本信息】江西师范大学，艺术设计学，2013，硕士

【摘要】校园环境的逐渐改善，使得高校师生的学习生活条件有了很大的提高，学校面貌焕然一新。然而，作为校园环境与文化的重要组成部分，高校空间导向系统设计还处在一个形式单一，风格沉闷的阶段，尤其在观念上，仍然把高校空间导向系统的设计限定于已有的表现形式及对功能的单一体现，把局部从整体中生硬的剥离出来，在一定程度上桎梏了高校空间导向系统设计的发展。本文从公共艺术的视角，对高校空间导向系统设计的人文性、审美性、公共性进行了研究。

《雕塑》杂志对中国当代城市雕塑发展的引领作用研究

【作者】李旸

【导师】蔺宝钢

【作者基本信息】西安建筑科技大学，设计艺术学，2013，硕士

【摘要】《雕塑》杂志的出现，大大拓展了雕塑艺术文化的传播时空，极大改变了雕塑艺术文化的交流方式并推动普及了雕塑文化教育，而且迅速传播雕塑了专业知识。《雕塑》杂志的出现，能够及时地沟通社会各界意见，充分协调中国城市雕塑的发展。《雕塑》杂志的出现，广泛吸引了受众的注意力，产生了深刻的示范效应。《雕塑》杂志的属性以及文化层面都在很大程度上促进、推动了中国城市雕塑的发展。未来中国城市雕塑的发展是多维度的，多层次的。它应该在传承中国优秀文化历史的同时吸取国外优秀的经验，充分用于新技术、新模式，实现雕塑艺术的发展。

秦汉文化在西安地铁公共艺术中的应用研究——以地铁一号线公共艺术为例

【作者】李楠

【导师】汤雅莉

【作者基本信息】西安建筑科技大学，艺术设计，2013，硕士

【摘要】本文以西安地铁一号线公共艺术方案设计与制作的实际项目为背景，以西安地铁一号线部分站点内的公共艺术为研究对象，通过整理公共艺术设计的相关知识，结合西安的城市特色、传统文化和西安地铁一号线文化背景，运用公共艺术的设计原则作为理论指导，探究西安地铁环境中，作为公共艺术的传统秦汉文化艺术品的一般设计法则，探究传统文化艺术的可持续发展方向。通过具体项目的实践应用，指出传统文化艺术新发展的可行性创新路线，为以传统文化为根基的公共艺术提供一般性的参考。

高校校园公共艺术设计研究——以湖南农业大学为例

【作者】徐怡菲

【导师】尹建强、范小舰

【作者基本信息】湖南农业大学，园艺，2013，硕士

【摘要】校园公共艺术作为校园环境的重要载体，对于提升校园文化品质，塑造人文艺术氛围，建立师生文化认同感，更好的展示和传递校园精神有着举足轻重的作用。本文在大量收集相关研究资料的基础上，梳理了校园公共艺术的发展历程，对高校校园环境特殊性和功能性进行进一步归纳，通过对高校公共艺术艺术性、公共性、教育性和参与性的特征分析把高校校园公共艺术分为建筑小品、园林景观、公共设施、雕塑装置、水体水景和广场空地等几大类，为探讨高校校园公共艺术设计提供了分析依据。

浅析当代中国城市化进程中的城市雕塑发展

【作者】钟勇

【导师】陈飞

【作者基本信息】武汉理工大学，美术学，2013，硕士

【摘要】一座好的城市雕塑，就是一张城市的名片，可以让人们简单、深刻地感受到城市的文化底蕴，甚至为城市带来不菲的经济效益。城市雕塑是人类文化血脉的重要物质载体，同时也是人类社会进步的物质见证。本文将从城市雕塑的概念、特征、价值等出发，对比国内外城市雕塑的发展状况，挖掘城市雕塑与城市环境、自然环境、人文环境等因素之间的内在联系，探索城市雕塑在中国城市化进程中的作用及意义，探索如何为中国的城市建设增添色彩，提升城市品位和改善人文环境。

自然情与自然意——公共艺术的绿色行为

【作者】杜晓鹏

【导师】于小平、杨奇瑞

【作者基本信息】中国美术学院，美术学，2013，硕士

【摘要】公共艺术的绿色行为以其“取之于自然，用之于自然”的特性，从而使之能够成为人、自然与艺术之间的情感桥梁。这是一种独具文化深度的艺术形式，满溢着深幽的禅意；是一种带有真实生命力的艺术形式，能唤起人心灵的声音；是一种带有生机的，崇高的，且带有精神性的艺术形式。本文针对公共艺术在符合民生的要求的前提下，倡导艺术家将理想生态的概念与艺术创作紧密联系起来，创造出具有前瞻性、启发性的绿色公共艺术品，让绿色行为融入到公共艺术领域。

它山之石，可以引玉——“通感”在公共艺术中应用的初步研究

【作者】田佳

【导师】宁国强

【作者基本信息】内蒙古农业大学，设计艺术学，2013，硕士

【摘要】本文以公共艺术为平台，以“通感”的基础理论为线索，从“通感”与公共艺术的基本概念入手，将“通感”引入到公共艺术中，初步分析了通感理论对公共艺术的发展所产生的影响，进而论述了通感在公共艺术领域中的表现与运用。在通感理论的指导下，通过大量分析现代公共艺术作品，汲取优秀公共艺术作品“营养元素”的同时，得出了运用通感理论提高现代公共艺术设计的新思路，最后提出了结论及展望。

照明公共艺术化趋势影响下的城市公共空间研究

【作者】何崴

【导师】张宝玮、王受之

【作者基本信息】中央美术学院，设计艺术学，2013，博士

【摘要】近年来随着光电技术的发展，以及公共艺术向城市照明领域的延伸，城市照明已不再只是功能性的服务职能，照明的自我表现欲望，艺术表现力都在快速的提高，城市照明已经进入一个照明公共艺术化的时期。这种变化对于城市公共空间的影响是巨大的，它不仅重新塑造了空间形态和人的行为，也间接的影响了空间的公共性和场所性。本文正是针对这一新现象的跨学科研究，将涉及城市公共空间、公共艺术和城市照明三个领域。针对城市公共空间问题，本文对空间内的物质元素、行为进行了逐一解析，说明了它们对空间形态和空间场所性的作用。

中国民俗剪纸在城市公共艺术中的发展和应用

【作者】杨宁

【导师】曹宁

【作者基本信息】西北农林科技大学，园林规划设计，2013，硕士

【摘要】论文从民俗剪纸的基本发展概况出发，综合国内外公共艺术设计的经验，对我国公共艺术的发展建设进行深入研究，总结出公共艺术的发展建设和地域性民俗文化密不可分，互相共融；将传统的民俗剪纸以一种全新的艺术表现手法展示在现代景观中，既表现了设计师全新的创作思路，又处处彰显着当地的民俗文化特色。在以后的发展道路上具有一定的指导意义和前瞻性。

当代城市公共艺术与区域环境的关系模式研究

【作者】张昕

【导师】鲍诗度

【作者基本信息】东华大学，设计艺术学，2013，硕士

【摘要】随着社会文化和艺术的发展，公共艺术正迅速成长在城市形象建设的诸多环节，而今天国内的公共艺术市场，“尚处在‘量’重于‘质’的时代”，“常常让建筑独自发展，却让其周边环境流于空缺与芜杂”。缺少规划，缺乏独立的城市精神，可能是今天国内公共艺术所面临的重要问题。故而，对于当代中国公共艺术的发展，比起大张旗鼓、遍地撒网式的公共艺术置入，更为重要的是梳理适合本土公共艺术发展的脉络关系，以关注社会价值观的人文思考，架构起公共艺术与多元环境的互动网架，进而，以批判性的思考面向环境的命题。

从公共场所的美术走向公共艺术——中韩公共艺术制度的初步研究

【作者】赵慧玎

【导师】殷双喜

【作者基本信息】中央美术学院，美术学，2013，硕士

【摘要】本文是关于中韩两国公共艺术制度的比较研究。两国对于公共艺术的理解，早期都是从公共场所的美术开始，后来逐渐走向公共艺术作为艺术作品不仅应当具备“艺术性”，而且也要实现社会学意义上的“公共性”这种概念。1980 年代有关公共艺术的制度，全国城市雕塑规划组和建筑物之美术装饰法的出现，使中韩两国的公共艺术得到了空前的发展。本文将以两国的这两项制度为对象进行研究。

北京奥林匹克公园中心区雕塑研究

【作者】叶飞

【导师】孙伟

【作者基本信息】中央美术学院，美术，2013，硕士

【摘要】随着城市的现代化，城市公共艺术得到越来越多的关注，而雕塑作为公共艺术的主要表达形式，也成为重要的研究课题。本文以北京奥林匹克公园中心区的公共雕塑为研究对象，通过从题材、形式、创作者年龄、身份等方面不同角度的分析和对比，来重新认识和了解这批雕塑的整体规划特点，从一个小的切入点来看政府行政规划下的公共雕塑。文章共分为公共雕塑的意义与价值，奥

运之前北京公共雕塑的发展状态，北京奥林匹克公园雕塑分析以及结论四个部分。

现代老年康复疗养空间中公共艺术的研究与应用

【作者】鹿金龙

【导师】李江

【作者基本信息】西南交通大学，设计艺术学，2013，硕士

【摘要】通过我们对现有的老年机构的研究调查，在优化设施功能使用的前提下，将公共艺术中的人性关怀、情感关怀和人性化的概念注入到老年康复疗养空间的设计中来，这也是构建和谐社会的重要内容。倡导在老年康复疗养空间中，增加公共艺术的人性化设计，有利于化解长期以来，老人们对集体的老年养护机构的压抑和冷漠的负面印象。在现代老年康复疗养空间中，对于公共艺术设计的重视和运用，势必给老年人的晚年带来精神和物质生活上的帮助，为他们创造一个快乐、安详、舒适的晚年生活。

趣味性互动公共雕塑创作中行为心理学的运用——以上海地区公共雕塑为例

【作者】项侃侃

【导师】周阿成

【作者基本信息】江南大学，设计艺术学，2013，硕士

【摘要】本文主要从趣味性互动公共雕塑的使用群体的角度，分析趣味性互动公共雕塑的创作，把行为心理学和趣味性互动公共雕塑作为一个整体加以研究，强调行为心理学介入趣味性互动公共雕塑创作的必要性。不同的公众对趣味性互动公共雕塑的感受和体验都存在着一定的差异，因此，这就要求趣味性互动公共雕塑的创作者应该以换位思考的态度，关注不同类型城市公共空间中公众的心理行为体验，让这种类型雕塑更加完整而富有意义。

从雕塑瓷厂看景德镇陶瓷雕塑六十年

【作者】陶卉

【导师】陈丽萍

【作者基本信息】景德镇陶瓷学院，美术学，2013，硕士

【摘要】雕塑瓷厂是1956年创建的专业性较强的雕塑专厂，主要从事陶瓷雕塑创作。该厂的组建把景德镇当地从事陶瓷雕塑创作的专业人才吸收进厂，是在很长一段时间里引领整个景德镇陶瓷雕塑发展的重要角色，因此具有研究的意义。文章通过实例的论证，探讨了景德镇陶瓷雕塑六十年来的发展变化，为现代陶瓷雕塑创作提供借鉴和启发。

城市雕塑互动性设计研究

【作者】赵光泽

【导师】王逢瑚

【作者基本信息】东北林业大学，设计艺术学，2013，硕士

【摘要】公共环境与城市雕塑在发展的进程中更加生活化、艺术化。然而，城市雕塑中存在的“孤独”等问题，使许多的城市雕塑在与大众的交流上产生了各种各样的障碍，无法实现与大众的有效互动。本文从雕塑设计的方式、材料、色彩、工艺以及现代科技的融入和媒介的扩张等环节，研究城市雕塑展示形态的丰富多样性，探讨如何更好地让互动的可能性加强。通过层层的递进，找到在深度和广度上打开城市雕塑与大众的互动空间的有效方法。

当代金属雕塑创作的艺术形式特征研究

【作者】段宝柱

【导师】纪连路

【作者基本信息】哈尔滨师范大学，美术学，2013，硕士

【摘要】本文主要针对金属雕塑创作的艺术形式特征方面做系统的论述。首先介绍当代金属雕塑中出现的特点以及新工艺手段的运用，通过分析美学特征来阐述不同性质，具体地认识当代金属雕塑的运用状况。其次结合当代的具体创作的形式，探析对金属雕塑创作的感悟，并探讨中西方金属雕塑艺术创作的交融与发展，揭示中国当代金属雕塑产生的原因及意义。最后为更深刻、更全面的认识金属雕塑创作艺术，在反思当代金属雕塑创作的状态下提出一些个人见解，并对未来当代金属雕塑的发展方向做出美好的展望。

地域文化背景下的城市雕塑规划研究——以西安一环内雕塑规划设计为例

【作者】尤斯桢

【导师】蔺宝钢

【作者基本信息】西安建筑科技大学，艺术设计，2013，硕士

【摘要】本文选择西安一环内东，西、南、北四个街道作为研究对象，以当地的文化，城市规划，城市设计概念为理论基础进行研究，为城墙内一环建立符合历史文化的城市雕塑系统，更好地优化景观空间，引导人们更加深入的了解西安历史文化，恢复城市风貌，对相关的课题研究提供一个参考和借鉴。

中国道教文化背景下的景观雕塑艺术创作研究——以西安楼观台道教文化景观雕塑创作为例

【作者】张敏超

【导师】陈雪华

【作者基本信息】西安建筑科技大学，艺术设计，2013，硕士

【摘要】本文通过对道教造型艺术表现手法的归纳并

结合当代景观雕塑的创作，使楼观台景观雕塑在人们观赏之余，也成为人民了解中国道教文化的渠道和媒介之一。文章通过对道教造型艺术的定义、类型、表现手法等基本特征的解读，阐述了不同种类道教造型艺术的发展脉络及艺术特征，并结合当代景观雕塑的应用，进一步分析了当代景观雕塑受传统文化的影响，最后结合楼观台道教文化区景观雕塑的创作实践进行研究分析，研究其特有的艺术特征性和文化内涵，旨在为当代景观雕塑在传统文化背景下的创作提供有益的实践参考。

植物雕塑在城市景观空间中的应用研究

【作者】田超

【导师】李学斌

【作者基本信息】合肥工业大学，美术学，2013，硕士

【摘要】植物雕塑是雕塑艺术与园艺艺术的有机结合，是新时代的生态型雕塑。本文系统阐述了植物雕塑及城市景观的概念、功能、形式、分类以及其起源和发展历程，并阐述了植物雕塑与传统雕塑的区别与联系，调查分析了其作为城市景观的必要性和可行性，分析了植物雕塑在城市景观中应用的策略，并结合合肥市为实例进行研究，从多个方面分析植物雕塑在城市景观设计中的应用的要点，最后对植物雕塑在城市景观设计中的应用进行总结和展望，为今后景观设计中能更好的应用植物雕塑这一特殊景观元素，提供一些参考依据和帮助。

当代城市景观雕塑中民俗文化应用研究——以陕北吴起城市运动公园民俗雕塑创作为例

【作者】刘蓉

【导师】陈雪华

【作者基本信息】西安建筑科技大学，艺术设计，2013，硕士

【摘要】当代城市景观雕塑的创作与民俗文化有着不可分割的关系。民俗文化是依附于人们的习惯、生活、情感与信仰而产生的文化，民俗文化在人们日常的生活中占据着特别重要的地位，在许多方面它影响和渗透着人们的生活。本文从研究民俗文化在城市景观雕塑中的应用及发展入手，就陕北民俗文化的历史渊源、发展及其在城市景观雕塑中的应用做了详细的介绍，并在实际创作研究中，体现当前我国城市景观雕塑与民俗文化的结合要领，尝试提出了一些个人观点，并将研究重点放在当地民俗文化在雕塑创作中的重要影响这一方面。

北京雕塑公园考察研究

【作者】祁玉贺

【导师】赵云川

【作者基本信息】北京服装学院，美术学，2013，硕士

【摘要】本文通过对北京石景山雕塑公园、北京国际雕塑公园、夏都公园、中国人民抗日战争纪念雕塑园等几个以雕塑为主题的公园，进行实地考察，来阐述北京雕塑公园的建设现状，并且对红领巾公园这样的园内雕塑作品数量偏多的普通公园做了考察研究，分析每个雕塑公园的特点、优势以及存在的问题，并且对比雕塑主题公园与普通公园的差异，为以后公园在雕塑艺术品方面的建设以及雕塑公园的整体建设提供可借鉴的资料。并具体分析雕塑在公共社会中的作用和艺术价值，说明雕塑艺术的存在意义。

南京当代城市景观雕塑现状研究

【作者】金莎

【导师】尹安石

【作者基本信息】南京林业大学，设计艺术学，2013，硕士

【摘要】梁思成在《中国雕塑史》中曾说过：“艺术之始，雕塑为先。”雕塑是人的精神、知识与艺术的一种体现方式，同时也是劳动的产物之一。本课题归纳总结了传统意义上的雕塑手法、雕塑形式、雕塑定义，结合当代城市景观雕塑的发展，找到适合在现在形势下的城市景观雕塑的发展起来的新的形式。新型材料的运用、新颖的表现手法、新的内涵意义，给予了当代城市景观雕塑在当今社会赋予新的艺术定义和角色定位。我们应当以传承和发扬的方式去看待当代城市景观雕塑的不断壮大。

民国雕塑考略——以国民政府三次全国美术展览会中之雕塑为例

【作者】刘冉

【导师】刘新

【作者基本信息】广西艺术学院，美术学，2013，硕士

【摘要】本文以三次美展的时间，来分割出民国时期雕塑发展的三个阶段。在艰苦简陋的创作条件下，诞生了一大批优秀作品。这些雕塑家用艺术鼓舞国人，用才华为国争光，为后人留下了无数值得研究和借鉴的典范之作。当今学界对那一时期的雕塑艺术则知之甚少。由于社会的动荡和连年战乱，使得当时一些艺术家被迫改行谋生，有的死于战火，有的逃亡国外，这其中不乏有享誉中外的艺术名家。他们在当年可谓名扬四海，而在当今学界却是闻所未闻。

当代历史文化名城中雕塑规划体系的创新应用研究——以西安街景雕塑设计为例

【作者】贺妍娇子

【导师】蔺宝钢

【作者基本信息】西安建筑科技大学，设计艺术学，2013，硕士

【摘要】城市雕塑的艺术形式古老而又年轻，在这个崭新时代中，城市建设一直起到了城市灵魂的作用，城市

总体规划中的城市雕塑两者在逐渐的协调发展，使其真正地成为总体城市规划中的一部分。现针对于西安市历史文化资源的现状，对西安历史文化特色进行了梳理，而后在此基础上提出：针对不同的片区重点历朝构建不同的历史保护。实现历朝风格，突显朝代特色，使现有的城市空间的构建具有历史文脉特色，让非物质文化遗产文脉得到传承发展。我们的最终目标是通过西安的城市雕塑规划，把西安建设成更具历史文化特色的历史文化名城，使西安市的城市灵魂在众多城市中脱颖而出，独具魅力。

艺术与空间——多元化艺术形式营造高品质公共空间

【作者】古新

【导师】秦东

【作者基本信息】西安美术学院，设计艺术学，2013，硕士

【摘要】艺术在很大程度上体现文化的内涵，也在侧面代表文化的发展，当艺术营造公共空间时，就不得不在文化层面考虑艺术的形式问题，同时在地域与人文差异性方面的考虑也是艺术必须结合的必要手段，而且在大众审美取向方面也要全面兼顾。总体来讲，品质化公共空间的营造需要艺术创作者的积极参与，在营造公共空间时必须全面协调各方面的精神性的特征与需求。不但要融入大众的思想，还要融合当下空间的文化、环境、人文特点及其历史积淀问题，在这个复杂而又庞大的有机体中达到共融，使艺术与公共空间、大众三者之间达到共融。

市场语境下景德镇陶瓷创意市集田野考察

【作者】叶瑞敏

【导师】朱乐耕

【作者基本信息】景德镇陶瓷学院，设计艺术学，2013，硕士

【摘要】景德镇创意市集是近几年在景德镇出现的一种新的特有的文化艺术现象。这种新的文化已经逐步渗透于当今市场经济活动中的方方面面，在新的消费文化的冲击下，传统的陶瓷远远不能满足现代人的需求，传统陶瓷需要融入新的元素。本文以田野工作和社会学统计方法，以景德镇创意市集为研究对象，试图通过对景德镇创意市集这一典型个案的剖析，深刻理解和认识市场经济下，景德镇学生艺术群落内部及其与社会的多元互动关系。

高校校园雕塑创作与空间环境文化特征研究

【作者】丁德明

【导师】李学斌

【作者基本信息】合肥工业大学，美术学，2013，硕士

【摘要】高校校园雕塑不仅可以美化校园环境，而且还可彰显校园文化，体现时代精神，对提高高校学生的文化素质和艺术修养有着不可替代的作用。高校校园雕塑创作要与所在的校园空间环境和文化特征相协调，应充分挖掘高校特有的人文历史和精神内涵，并对高校校园特定的空间环境和文化特征进行系统性的整合，进而创作出主题鲜明、造型新颖、体量适中、材质合理、色彩美观的高校校园雕塑作品。论文阐述了近年来笔者在雕塑创作和实践方面的心得体会，进一步论证了空间环境和文化特征在高校校园雕塑创作中的重要意义。

试论满洲里地域文化背景下城市雕塑的研究

【作者】许翔宇

【导师】肖福科

【作者基本信息】大连工业大学，美术学，2013，硕士

【摘要】本文在对地域文化、城市雕塑研究的基础上，详细阐述了地域文化对城市雕塑的影响。为彰显边境城市的地域文化，走出一条独具特色的城市雕塑之路，作了有益的初步探讨。同时，通过对满洲里城市雕塑的深入分析，指出了满洲里城市雕塑规划、设计、建设中存在的一些问题，提出了初步解决方案，并对满洲里城市雕塑的未来发展进行了构想。为拓展城市雕塑文化语境，传承并发展地域文化，进一步挖掘边境城市雕塑的人文精神内涵，推动满洲里城市雕塑的协调有序发展，进行了有益的探索。

从雕塑材料的发展看待软雕塑艺术

【作者】苏琴

【导师】王朝阳

【作者基本信息】大连工业大学，美术学，2013，硕士

【摘要】随着现代纤维艺术的发展，软雕塑的表现形式越来越多，同时传达的思想也越来越深刻，软雕塑的出现对现代艺术的风格产生了巨大影响。现代雕塑艺术家对材质的认识和发现，对建筑环境空间的认识和感知，敢于大胆利用软材料的特性来表现自己的创作理念。论文从学术的角度探索研究“雕塑”艺术的定义，最后在理论上确定“软雕塑”属于雕塑的艺术范围，然后了解软雕塑的出现，发展，演变，从软雕塑的材料入手分析作品的不同。

试论动态雕塑在营造城市公共空间中的独特性

【作者】朱缘

【导师】于小平

【作者基本信息】中国美术学院，美术学，2013，硕士

【摘要】动态雕塑，顾名思义，即将雕塑与动态结合。它借助一定的动力驱动而产生一种动的旋律，它打破了雕塑在传统意义上静态的概念。文章的论述重点为：动态雕塑对城市公共空间的营造方式及其在营造过程中所体现的美学特征。本文的理论核心主要从动态雕塑本身出发，向城市公共空间展开。先从它的发展历程说起，在理论层面上归纳其相关的概念、不同的类型及所包含的哲学理念，接着重点探讨它对城市公共空间的几种不同营造方式，并阐述其介入城市公共空间中独特的美学特征，然后以一些不同类型的案例及实地考察，进一步深化它在营造城市公共空间中的独特性，最后得出结论并展望未来。

体验感知下西安城市街道雕塑空间类型及实证研究

【作者】刘硕

【导师】刘晖

【作者基本信息】西安建筑科技大学，城市规划与设计，2013，硕士

【摘要】本文运用体验感知的理论，对西安市现有的街道雕塑空间进行调查研究。调查西安街道雕塑空间的使用现状、空间特征和在体验感知过程中存在的问题。利用调研结果，为城市街道雕塑空间划分类型。找寻在城市街道中，如何为不同类型的城市雕塑设计、选择或改造合适的街道雕塑空间的方法，以使城市雕塑在街道空间中给人带来艺术的触动与对话，发挥城市雕塑应有的作用。

合肥市城市雕塑景观文化性研究

【作者】田金玉

【导师】黄成林、许克福

【作者基本信息】安徽农业大学，农业推广，2013，硕士

【摘要】本文通过合肥市城市雕塑的实地调查，分析合肥市城市雕塑的发展历史、现状以及利弊因素，描述了合肥市城市雕塑总体发展现状，以及中国城市雕塑发展的解决方法及未来的发展方向。只有将城市雕塑与城市的文化相结合，才能得到很好的发展，才会有较大的发展空间，才能很好的体现出其魅力所在，才能展示出城市历史文化特色与城市性格。翻开人类文化史，我们可以看到城市雕塑始终伴随着人类社会文明的发展而发展。

公共雕塑艺术载体在乡土文化传承中的核心价值体现——以陕北高原乡土文化传承为例

【作者】侯建伟

【导师】蔺宝钢

【作者基本信息】西安建筑科技大学，艺术设计，2013，硕士

【摘要】陕北高原乡土文化历史悠久、传承久远，是陕北传统文化中不可或缺的重要组成部分。其民间艺术门类繁多，著名的剪纸、唢呐、秧歌等艺术形式已成为代表，同时还有很多民间艺术形式没能够得到类似的继承和发扬。论文通过对陕北高原乡土文化及已建成的公共雕塑进行调研，再对国际、国内有关公共雕塑设计理念进行梳理的基础上，采用美术学、美学、民俗学等多学科交叉的研究方法，认为乡土文化是公共雕塑很好的设计元素，公共雕塑同时能在乡土文化的传承与保护中起到继承创新、宣扬展示的积极作用。

咸阳渭河北岸生态观光带秦文化雕塑设计研究

【作者】宋明明

【导师】蔺宝钢

【作者基本信息】西安建筑科技大学，艺术设计，2013，硕士

【摘要】作为秦代古都咸阳，在其渭河北岸生态景观带进行秦文化雕塑的设计研究，是咸阳城市雕塑设计的一项重要内容。本论文就咸阳渭河北岸生态观光带秦文化雕塑设计所面临的诸多问题进行分析，从理论层面和实际设计层面，将带有普遍规律性的问题进行分类，在总结相关理论的基础上，完成相应的设计研究，从而为城市历史的文化雕塑的设计总结出比较相对具备借鉴性的设计理念。

城市景观设计中文化融入的应用研究——以历史文化名城西安二环内景观雕塑设计为例

【作者】杨铭

【导师】蔺宝钢

【作者基本信息】西安建筑科技大学，艺术设计，2013，硕士

【摘要】城市景观雕塑被人们赋予了文化价值，文化资源便是城市景观雕塑发展的养分。笔者首先通过列举典型的实际案例，来分析文化融入景观雕塑的现状；其次，明确了城市景观雕塑设计的艺术手法，提出影响城市景观雕塑作品效果的因素；然后，进一步论证了文化与城市景观雕塑的关系和文化在城市景观雕塑中的作用与表现形态，分析得出将文化融入城市景观雕塑设计的原则和方法。最后，以西安市二环内景观雕塑设计实践案例为主要研究对象，进一步论证了文化融入城市景观雕塑的设计方法和原则的可行性，并总结得出文化融入景观雕塑设计的模式。

新疆高校雕塑教育与新疆城市雕塑发展研究

【作者】王犀

【导师】莫合德尔

【作者基本信息】新疆师范大学，美术学，2013，硕士

【摘要】本文从教学角度，对于新疆高校的雕塑教育进行了分析，同时从环境艺术角度和高校雕塑教育对城市雕塑发展的角度，对新疆的一部分城市雕塑作品进行了现状分析和存在问题的总结。结合新疆特有的地理环境和人文环境，对于新疆现有的城市雕塑建设情况做了具体的统计与案例分析，并同时对一些问题与症结给出了一些个人的思考建议。本文希望能够通过论述与评价新疆的城市雕塑状况以及出现的一些问题，从而促进新疆城市雕塑向更好、更优的道路上发展。

地域文化在当代城市雕塑创建中的表现——以苏州吴文化城市雕塑建设为例

【作者】李凤志

【导师】吴为山

【作者基本信息】南京大学，美术学，2013，硕士

【摘要】面对百家争鸣的雕塑创作现状，笔者尝试提

出对于城市雕塑建设自己的几点思考。同时，如何理解和把握民族精神在城雕领域的传承与发展，是雕塑从业者必须要面对的课题，也是摆在大众面前的话题。笔者以苏州当代城市雕塑的表现性为切入点，从创作技法的角度剖析其构成要素。苏州这座历史悠久的文化古城，在传承吴地文化，发展现代经济等方面在全国名列前茅，将其作为案例分析比较有代表性。

软雕塑艺术在时装首饰设计中的应用研究

【作者】步洪双

【导师】陈彬

【作者基本信息】东华大学，设计艺术学，2013，硕士

【摘要】本文是一篇研究某一艺术元素设计应用的评述类文章，是关于软雕塑艺术在时装首饰设计中的应用研究。文章通过对软雕塑艺术的艺术特征进行归纳总结，在研究软雕塑艺术与时装首饰两者关系的基础上，进行具体的应用分析，这也正是本文的创新点。研究的目的在于探究时装首饰设计的新观念，将软雕塑的艺术元素与时装首饰设计的原理相结合，使软雕塑艺术从更深层次、更广角度为时装首饰设计所用，为软雕塑艺术在时装首饰设计中的应用和表现，增加更充实的内容和更丰富的表达语言，提供更大的发挥空间。

中国当代女雕塑家创作研究 –1980 年至今

【作者】姚徐娜

【导师】金文伟

【作者基本信息】景德镇陶瓷学院，美术学，2013，硕士

【摘要】我国女雕塑家的女性意识在雕塑作品中发展变化的过程，大致经历了“隐现——觉醒——突显”这几个阶段，现在已经逐步发展到“女性主义的雏形”阶段。本文围绕着中国当代女雕塑家雕塑创作中规律性的特点展开研究，着重从材料语言、选题、形式风格三个方面论述了 1980 年以来中国女雕塑家的雕塑创作，以及她们为了寻找女性生命本体的主体意识和性别语言所作出的各种尝试与探索，分析了她们在创作过程中的心理变化及其作品中透露出来的女性特征。

住宅小区景观雕塑的审美价值取向研究

【作者】李超

【导师】孙冀东

【作者基本信息】燕山大学，设计艺术学，2013，硕士

【摘要】本文从住宅小区景观雕塑中存在的问题着手，通过查阅资料、市场调查、案例分析以及理论和实际相结合的方法，对住宅小区景观雕塑的审美价值取向进行分析和研究，提出“以居民为本，协调互动”的审美价值取向观点，探索实现住宅小区景观雕塑“以居民为本，协调互动”审美价值的创作设计规律和围绕设计规律提升小区景观雕塑审美价值的方法，为住宅小区景观雕塑的创作设计起到一定的借鉴和引导作用，进而在一定程度上，解决住宅小区景观雕塑审美价值缺失的问题，以保证住宅小区景观雕塑发挥出在小区环境中应有的作用。

“孝道主题”雕塑在城市景观构建中的应用研究
——以濮阳为例

【作者】张瑞芳

【导师】余小荔

【作者基本信息】景德镇陶瓷学院，设计艺术学，2013，硕士

【摘要】运用雕塑的艺术形式来宣传孝道，将孝道文化与景观雕塑环境设计相结合，形成“孝道主题”雕塑城市景观。这样在美化环境的同时，也能起到宣传教育的作用。不但可以提升城市品位与形象，而且可以提高人们的社会公德意识。本文以解决濮阳城市景观雕塑环境中现存的问题为基础，通过对濮阳特有的自然风貌、风俗民情来探讨景观雕塑环境空间以及文化内涵，其次是通过历史文化名城濮阳的景观雕塑环境现状进行实地考察、研究和分析，阐述为解决当前濮阳城市景观雕塑环境中存在的特色危机、文化危机、环境危机而寻找的解决途径。

中国现代城市雕塑的发展研究

【作者】邵靖

【导师】吴为山

【作者基本信息】苏州大学，设计艺术学，2013，博士

【摘要】本文以中国现代城市雕塑作为主要研究对象，着重分析了我国现代城市雕塑在各个不同历史时期的发展历程。现代城市雕塑作为一个舶来品，是从 19 世纪末才从西方国家引入中国的，论文按照“殖民时期——民国时期——建国初期和文革时期——改革开放”这一历史脉络进行分析，对中国大陆上的城市雕塑，进行了基本历史梳理，并在对各个时期主要的作品进行了案例分析的基础上，探讨了中国的城雕在各个时期受不同的文化历史背景、社会因素和意识形态的影响，形成的不同的特点及其内在联系，对中国不同时期的雕塑教育和几代雕塑家的发展及特点也进行了深入的分析。

城市公共艺术与城市形象相关性研究

【作者】孙一丹

【导师】马兵

【作者基本信息】哈尔滨工程大学，设计艺术学，2013，硕士

【摘要】本文总结出基于城市形象的城市公共艺术设计原则：全局性的综合设计观、主题性的地域文化特征、人本位的人文关怀。最后通过城市公共艺术与城市形象的相关性，研究分析哈尔滨道外区沿江广场的公共艺术对城市形象的塑造，发现现有的道外区沿江广场公共艺术对城市布局形象、城市功能形象以及城市文脉形象的塑造有不

足之处，并依据基于城市形象的城市公共艺术设计原则，对哈尔滨道外沿江广场提出一项设计，使其在塑造城市布局形象、城市功能形象以及城市文脉形象上更完善。

关于浙江省城市公共艺术研究报告

【作者】杜晨艳

【导师】于小平

【作者基本信息】中国美术学院，美术学，2013，硕士

【摘要】浙江省是人文历史、城市面貌、生活节奏、经济飞速发展的典型性中国代表地区，从改革开放到如今，城市中的公共艺术由开始的星星点点到如今在主要区域的普遍性。但迄今为止，对浙江省公共艺术的整体研究却仍然不全面，具体表现在当地政府对所在城市的公共艺术品没有全面整体的规划、管理、维护和统计。公共艺术品的“公共性”体现不明显，公共艺术与城市的特质的相吻合等问题。思考“公共艺术”以何种文化姿态介入于城市之中，并且如何建立城市自身的独立品格，而这种品格恰恰是城市的都市文化和灵魂。

公共艺术空间设计的人文关怀研究

【作者】罗欣

【导师】邓乐

【作者基本信息】西南交通大学，艺术设计（专业学位），2013，硕士

【摘要】近年来随着科技的进步，经济水平的提高，城市建设得到迅速发展。面对废品的增加，垃圾的不合理处理以及环境灾难不断涌现等问题。本文期望以公共艺术设计空间的人文关怀作为研究主题，让艺术更好的介入社会，深度关切社会的变革，向社会提问，唤醒公众的环境保护意识。反对资源浪费与环境破坏。引导人们在获取生活资源的同时注重环境保护，让公共艺术设计介入空间环境与人文关怀，促使人类社会与自然环境和谐共生，共同发展。

当代公共艺术在乡村公共空间中的应用

【作者】刘雅平

【导师】魏春雨、卢健松

【作者基本信息】湖南大学，建筑学，2013，硕士

【摘要】乡村公共空间在乡村建设中具有重要作用，但受各方面因素影响，乡村公共空间正面临着逐步萎缩与消失，建设单一的问题，公共意识也随之消减，而国家对于乡村公共空间的建设也存在着资金匮乏的问题。本文通过理论分析、案例分析、案例实践的相互结合，指出了当代公共艺术与乡村公共空间的内在联系，并为公共艺术如何介入乡村公共空间做出了理论上的指导与案例上的参考实践，一方面弥补了当今乡村公共空间建设方法的不足，另一方面也为乡村人居环境的可持续发展提供了新的发展思路。

当代壁画在城市公共空间的应用研究

【作者】许俊婕

【导师】徐伯初、李俊涛

【作者基本信息】四川师范大学，美术学，2013，硕士

【摘要】壁画作为城市公共空间的重要营造要素，凭借其个性突出、富有表现活力的特点，能够为人们提供一个视觉的互动场域，满足公众的心灵交流等多样化需求。本文从文献整理入手，通过文字、图像数据和设计案例的分析，逐步梳理出当代壁画对城市公共空间的营造意义和营造表现等主要内容。然后针对特定的空间环境有目的地、深入地思考和讨论“如何结合我国城市建设的现状，将壁画这一古老艺术所彰显的时代精神融入到当代城市公共空间环境的营造中”。

日本动漫形象在城市公共空间中的应用研究

【作者】任轶博

【导师】唐鼎华

【作者基本信息】江南大学，美术学，2013，硕士

【摘要】动漫形象早已不是一种单纯的娱乐产物，而已转变为一种传播信息、愉悦心情的载体。本论文挖掘日本动漫形象的公共性，从文化传播领域和经济发展领域中进行分析，探究其具有公共性的必然原因，如日本动漫形象的创作过程、日本动漫产业链及日本国家文化为动漫形象的公共性发展提供的良好氛围等，并对日本动漫形象在城市公共空间中的应用以及动漫形象在城市公共空间中应用的意义进行分析，通过实地调研与列举案例，证明动漫形象的公共性及在城市公共空间中应用的必要性。

现代城市公共艺术中装饰雕塑艺术的应用与研究

【作者】曹帅

【导师】何克峰

【作者基本信息】湖北工业大学，设计艺术学，2013，硕士

【摘要】装饰雕塑是城市公共艺术中比较突出的艺术形式，如何使装饰雕塑在城市公共艺术中很好的应用，更是需要大众共同研究的大学问。本文分析了城市公共艺术的生成及发展、装饰雕塑的历史及工艺，装饰雕塑在城市公共艺术中的运用，以及装饰雕塑的装饰语意等方面问题，着重研究了装饰雕塑的文化特质和装饰意义，城市公共艺术对装饰雕塑的造型影响，装饰雕塑的空间特性以及装饰雕塑的造型、材质及色彩语言等。

当代公共视觉传达创作中的书法运用

【作者】叶玮瑶

【导师】朱以撒

【作者基本信息】福建师范大学，美术（专业学位），2013，硕士

【摘要】书法作为中国五千年传统文化精髓之一，在

现在广告传达和公共艺术中中运用到书法是符合中国人的审美传统的。笔者通过分析中国书法元素在当代公共艺术中的应用现状，并对其今后发展趋势进行了有益的探讨。意在使公共艺术具备更多的文化内涵和社会价值，促进中国书法艺术的传承与公共艺术创作的科学发展。利用周围的条件，搜集相关论点的资料。详细阅读，仔细思考，从中获得有用的知识，严谨分析发现的问题，并加以思考及解决。整理现有材料及调查，同步思考总结，清理思路，与导师紧密联系，及时解决问题。

校园公共设施设计研究——以山东农业大学南校区为例

【作者】谢天仕

【导师】于东明

【作者基本信息】山东农业大学，园林植物与观赏园艺，2013，硕士

【摘要】大学校园是一个地区的文化核心，有悠久的历史和文脉，整体文化水平和欣赏水平高，在进行校园公共设施设计时要服从校园的整体规划，和周围环境相融合，拥有自身的形象特色和精神内涵，杜绝粗制滥造。本论文通过问卷调查，了解山东农业大学校园内公共设施现状，掌握人性需求、历史文化和时代发展在公共设施建设中的作用，最后以山东农业大学校园内座椅设计实践为例，解决校园内休憩设施不足的问题，为师生建设一个优美、温馨的校园氛围，也希望能够为以后的校园公共设施建设提供借鉴意义。

论室外公共场所艺术作品的合理使用

【作者】高鸿飞

【导师】焦洪涛

【作者基本信息】华中科技大学，法律，2013，硕士

【摘要】本文对比研究国际公约，以及世界各国对室外公共场所艺术作品合理使用的立法规定，通过案例，分析探讨了我国室外公共场所艺术作品的合理使用的立法缺陷和司法不足，进而对我国室外公共场所艺术作品合理使用制度提出建议：其一，我国对于室外公共场所艺术作品合理使用规定的立法模式从“封闭式”向“半封闭式”的转化；其二，认定室外公共场所艺术作品合理使用时应进行四个方面的考量。其三，通过对我国室外公共场所艺术作品合理使用的理论分析，对于我国《著作权法》第三次修订案草案的完善提出建议。

现在进行时——短期公共艺术研究

【作者】张海燕

【导师】张新宇

【作者基本信息】浙江工业大学，设计艺术学，2013，硕士

【摘要】短期公共艺术主要包括大地艺术、装置艺术、行为艺术、公共艺术活动等具体形式，是一种置身于时间中的开放式公共艺术行为，也是思想观念的演绎过程。在公共艺术设计过程中，它所具有的时间短暂性、题材形式的丰富性互动参与性等主要特征成为永久性公共艺术的重要补充。笔者探究了短期公共艺术的发展趋势，针对短期公共艺术发展过程中所面临的问题进行策略分析，从而形成论文完整的结构脉络。

新媒体介入地铁公共艺术的应用研究

【作者】臧雪

【导师】杨奇瑞

【作者基本信息】中国美术学院，美术学，2013，硕士

【摘要】目前的地铁公共艺术创作中，比较普遍和常见的还是传统的表现形式和创作手法，而相比之下，新媒体在公共性、临场感和互动性上都有非常明显的优势，在彰显城市形象、凸显城市文化、承载公众审美等方面，具有广阔的发展前景。本文着眼于对新媒体介入地铁公共艺术创作中的应用进行调查和研究，期望能够对当下正在建设中的地铁公共艺术的创作和设计，提供一些参考。

数字媒体技术应用于城市公共空间——以光媒介解析

【作者】张琛熹

【导师】王峰

【作者基本信息】江南大学，数字媒体艺术设计，2013，硕士

【摘要】20 世纪，公共艺术作为新生产物，在自身的发展中反映时代发展。本文通过举例将“光”这一传统媒介向数字化公共空间创作媒介转变的特性进行剖析，由于技术的发展，光摆脱了传统的照明媒介的工具身份，成为一种新型的艺术表现手段甚至是艺术主体——“光”艺术。通过分析光作为一种艺术语言与艺术，以及它与城市公共空间的关系，结合多个国内外优秀光艺术作品，并结合荷兰 Sintorderoad 的灯光节实践案例，通过举一反三，总结出数字技术介入城市公共空间的方法论。

“他暗示”在景观公共艺术中的运用——以光媒介解析

【作者】李佳衡

【导师】周曙

【作者基本信息】南昌大学，设计艺术学，2013，硕士

【摘要】景观公共艺术，在景观美学上对公众起到潜移默化的“他暗示”心理作用，“他暗示”是心理学上的一个专用术语，“他暗示”作为一种非理性的直觉，现如今已经越来越多地运用到景观公共艺术中。本文通过列举“他暗示”在景观公共艺术中的正反两方面的案例，来论述其表现手法和社会影响，使“他暗示”在景观公共艺术的设计应用中，能够起到精神文明建设的积极作用。从微观的角度来讲，会对青少年产生潜移默化的作用和影

响，从宏观的角度来讲，会提高城市的思想内涵和人文主义氛围，从长远的角度来看，对国家的发展起到积极的促进作用。

英雄到平民
——90 年代以来的中国着色具象雕塑研究

【作者】赵川

【导师】殷双喜、孙振华、孙伟、段海康、

【作者基本信息】中央美术学院，美术，2014，硕士

【摘要】本文通过对 20 世纪 90 年代以来的中国彩色雕塑的历史文脉的梳理，可以发现无论古今中外，彩色雕塑都有着悠久的历史，并在现存的雕塑作品中占有很大的比重，且都曾断裂后再次出现在人们的视野之中。本文通过对重点作者与作品在内涵与传达上的分类解析，可以看到当代彩塑对古代彩塑的传承与发展。同时，在中国现代雕塑的历史中，当代彩色雕塑相对于文革时期以前的现代雕塑而言，在创作上的主要变化是写实走向具象，由再现转为呈现；在表现的内容上，由英雄、偶像走向平民、世俗；在特性上，则是由纪念性、叙事性、文学性转向观念性与波普化，并逐渐走向多元化。

中国当代软雕塑的现状和发展
——以光媒介解析

【作者】康悦

【导师】秦璞

【作者基本信息】中央美术学院，美术，2014，硕士

【摘要】软雕塑是雕塑艺术中的一个分支，它突破了大众概念中雕塑的庄严永恒的特征。软雕塑从狭义上理解，就是用软质的材料做成的雕塑作品，创作手法多采用剪裁、缝制、填充、拼接等手工劳作方式，材料多使用棉、麻、丝、毛皮、化纤等软质材料。软雕塑艺术家们把自己的情感物化成艺术作品，体现了他们对生活、社会的独特理解。在软雕塑的创作中，软雕塑也正和其他的艺术门类以交融的方式呈现它们的姿态，我们相信软雕塑的未来会更加的多元化。

衡阳城区园林雕塑调查研究

【作者】阙小伟

【导师】左家哺、陈盛彬

【作者基本信息】中国林业科学研究院，风景园林（专业学位），2014，硕士

【摘要】以园林雕塑为主的园林造型艺术，作为城市园林设计的重要参与者，早已在北京、广州和上海等一、二线城市园林建设中起了很大的作用。通过对调查结果进行分析，总结出衡阳园林雕塑存在着创造的平庸，衡阳园林雕塑与城市规划脱节，雕塑作品后期的维护不力等问题；并针对这些问题，笔者试探性地提出了科学规划和建设衡阳园林雕塑、制定专项法规和建设规划，建设一批具有较高水准的雕塑作品、在创作题材和创作手法上扩张思路，加强市场管理，培训专业人才，提高公众雕塑审美等应对措施。

涂鸦艺术在城市公共空间的发展应用与研究

【作者】邹甜

【导师】王可君

【作者基本信息】湖南师范大学，设计艺术学，2014，硕士

【摘要】涂鸦艺术自身多样化的形式和个性化的色彩表达方式，与城市空间中各个要素不断融合，呈现出和谐的发展态势，逐渐在城市的公共空间中闪耀迷人的光彩。本文主要采用“视觉文本分析”，定性分析与“公共空间”多维度解读研究范式相结合的研究方法，整理了大量的涂鸦与城市公共空间相关的文本资料，并搜集大量的图片资料作为佐证，进而对公共空间中的涂鸦艺术进行剖析。重点在于分析涂鸦艺术在城市公共空间中存在的价值及两者的关系，最终得出当代涂鸦艺术运用于未来城市公共空间的可能性，并对涂鸦艺术在中国本土发展的新趋势进行了分析。

城市景观与公共艺术在现代城市发展中的实践表达

【作者】相永昌

【导师】谭大珂

【作者基本信息】青岛理工大学，工业设计工程（专业学位），2014，硕士

【摘要】城市的景观是一个城市形象的直接表现，在我国城市景观发展的过程中，存在城市景观创新性不足，与地域文化以及民族文化联系不密切，景观创作中对于公共性以及艺术性关注不足的问题。针对以上问题，笔者研究了以坚持景观创作思想为原则，关注城市景观创作与公共艺术的公共性以及艺术性的联系，将中国传统文化融入到城市景观创作以及公共艺术设计中的方式方法。

公共艺术介入地铁空间的发展与艺术形式研究

【作者】张楠

【导师】王中

【作者基本信息】中央美术学院，艺术设计，2014，硕士

【摘要】随着城市的快速发展，轨道交通逐渐成为市民主要的出行方式之一，地铁作为重要的城市公共空间，逐渐成为传播艺术文化、展现城市形象、彰显城市精神的重要窗口和平台。基于目前城市地铁公共艺术的发展现状，将以北京地铁为例，对北京地铁公共艺术的现状进行实地的调研，同时对国外的城市地铁公共艺术案例进行分析与研究。通过对国内外地铁公共艺术案例的分析与比较，总结得出未来城市地铁空间公共艺术的发展趋势与发展方向。

新型城镇化进程中公共艺术介入城市公共空间营造——深圳市南山区文化体育广场公共艺术设计

【作者】熊时涛

【导师】王中

【作者基本信息】中央美术学院，艺术设计，2014，硕士

【摘要】本文以深圳市南山区文化体育广场公共艺术空间营造项目为依托，探讨在全面深化改革的背景下，如何适应新型城镇化战略对城市文化建设提出的新要求、新挑战。阐释这一语境下，公共艺术对于传承城市发展文脉、建立城市区域认同感的作用。通过对城市文化认同与公共艺术的关系，以及我国城市文化认同与公共艺术的关系发展脉络的梳理，分析并得出深圳市南山区文化体育广场公共艺术空间营造的概念和设计方案。

西南交大犀浦校区公共环境艺术设计研究

【作者】范朝坤

【导师】李江

【作者基本信息】西南交通大学，环境艺术设计，2014，硕士

【摘要】在全球化一体化的大背景下，中国高等教育发展迅速，本论文是从校园文化艺术视角来展开研究，试图在深入理解和发掘城市公共艺术内涵的基础上，通过大量实地调研，了解现代高校校园公共环境艺术状况，根据不同的校园环境与特色，塑造文化景观，以图达到校园公共环境艺术的上升。本次课题设计试图通过作品的表现形式，为西南交通大学校园文化环境建设贡献更大的力量，同时对于公共艺术设计学科建设提供积极的意义。以期对高校公共艺术的发展和建设起到一定的推动作用。

内蒙古赤峰市公共艺术研究

【作者】于宗嘉

【导师】赵志生

【作者基本信息】内蒙古大学，艺术学，2014，硕士

【摘要】本文以内蒙古赤峰市的公共艺术建设现状为个案，笔者进行了系统的田野调查，把赤峰市公共艺术形式的典型做了梳理，再进行个案分析，以便更透彻地掌握赤峰市公共艺术的建设情况，为其找出症结所在，并给予解决的方案。最后通过国内外公共艺术的比较，探讨有利于赤峰地区公共艺术发展的思路，提出民族地区公共艺术发展的新方向。力求将当代公共艺术理论知识和成熟的设计理念，与内蒙古赤峰市不同的地域特点相结合，为赤峰市公共艺术建设归纳设计资源，并提供建设参考。

地铁公共艺术的导向作用研究

【作者】钟斐

【导师】王海涛

【作者基本信息】厦门大学，设计艺术学，2014，硕士

【摘要】地铁公共艺术作为公共空间环境中的重要组成部分，在提升地铁空间的文化品质和凸显地域文化特色的同时帮助乘客识别空间，最终达到空间导向的作用。本文通过笔者文献资料的整理，对地铁公共艺术的导向作用进行了理论背景研究，并对地铁空间导向理论基础、国内外地铁公共艺术现状、地铁公共艺术表现形式进行了分析；基于此，总结出在地铁空间中影响公共艺术导向作用的要素和设计理念，为我国地铁公共艺术的建设提供了一些理论与实践性的参考。

城镇化进程中的公共艺术研究

【作者】张瑶

【导师】姜加宁

【作者基本信息】吉林大学，设计艺术学，2014，硕士

【摘要】随着我国城镇化进程的快速发展，城市建设日益繁荣，这必然会导致城市公共空间资源的重新分配，而这些与城市形态中的土地利用、空间划分、交通布局、景观园林的绿化、历史文化的保护等物质因素有着密切的联系。本论文以城镇化改革及发展为切入点，主要探求当今城镇化进程中，如何运用公共艺术来连接城市的历史、保护人类的人文资源以及城市未来发展的趋势。

信息化时代下城市空间对人的影响——以公共艺术的形式介入社会问题

【作者】邵旭光

【导师】王中

【作者基本信息】中央美术学院，艺术设计，2014，硕士

【摘要】本文以信息化时代为背景，揭示城市空间中的监视系统所呈现的与权力、人、行为、意识形态间的复杂关系。文章将首先阐述信息化时代的背景。然后将探讨网络资源共享下的“全裸时代”概念并论述这样的城市空间下人的行为及意识形态的变化。随后，公共艺术的社会性将被引入，笔者将以公共艺术空间装置的形式表现这一社会问题所产生的矛盾及碰撞，试图通过本次毕业设计，以公共艺术家的身份介入该社会问题，并通过艺术创作得到大众的共鸣。

游离于现实与虚拟之间——全息影像在公共艺术中的研究与探索

【作者】庄凯凯

【导师】孙伟

【作者基本信息】中央美术学院，美术学，2014，硕士

【摘要】随着新媒体技术的应用与推广，新的艺术形式越来越多地被应用于当代公共艺术的创作中去，呈现出一种“数字化”，“科技化”的趋势，并在今后的城市公共艺术发展中愈演愈烈。例如动力与光影雕塑、声音雕塑、

全息影像、虚拟现实、交互艺术等。本文探讨全息影像这种新的投影技术是如何运用于当代的公共艺术中，使公共艺术创作形式变得更加灵活多样，传达出公共艺术的新力量，使之变成动态的，它涉及多维空间的新形态，拓展了艺术的展示空间，开创了全新的艺术表现形式。

城市地铁公共艺术的互动性研究 ——无锡地铁2号线公共艺术设计方案

【作者】孙佳娜

【导师】郭晓阳

【作者基本信息】苏州大学，艺术设计（专业学位），2014，硕士

【摘要】为实现公共艺术的互动性关系，本文以艺术、环境、乘客的有机良性互动为出发点，为唤起乘客的艺术联想而建设艺术性的地铁空间。在公共艺术设计中，新观念和新技术挑战着传统壁画形式，依据无锡地铁2号线站点周边环境，设计从公共艺术的趣味性、文化性、互动性出发，运用新技术手法增强艺术的互动性关系，顺应时代的新需求，做到艺术作品与乘客、环境的良性互动。

浅谈明代雕塑及其世俗性 ——明代雕塑与其历史文化的联系

【作者】孙尚

【导师】吕品昌、尚晓风

【作者基本信息】中央美术学院，美术学，2014，硕士

【摘要】明朝是中国封建社会的晚期，社会制度比较完善，有着将近三百年的历史，社会的稳定带来了经济的繁荣，并出现早期的资本主义萌芽。城市的兴起导致市井阶层的扩大，文学戏曲和哲学思想出现世俗化和平民化。明代转型时期，艺术出现前所未有的变化，出现了雅俗互补、趣味多元的审美变化（在美学文、艺术、哲学、文学等多方面）。文化中的世俗审美情趣促进了玩赏性雕塑的蓬勃发展。一些文人墨客和工艺大师也加入到创作的队伍，有些甚至进入宫廷并成为贵族的玩物。同时也影响到仪卫性雕塑中大量出现的装饰性和工艺化的特点，并且缺少了前代雕塑作品中的力量和气息。

古典时代雅典人物雕塑研究

【者】周倩

【导师】王志超

【作者基本信息】山西师范大学，世界史，2014，硕士

【摘要】本文以雅典的人物雕塑为例，试图说明在古典时代雅典民主政治充分发展的背景之下，作为一种艺术品的雕塑，是如何利用自身的审美价值，向雅典公民们传递民主政治理念的。雕塑家们所选择的雕塑对象，往往是具有政治含义的神话英雄，立有功勋的军事将领，名声显赫的政治领袖，这些人物雕塑的存在本身就是一种政治宣传，人物本身所具有的政治含义通过公民们的审美行为传递了出来，不仅提高了公民们的审美趣味，也塑造了他们的政治理念，增强了他们对于政治的认知能力，从而在雅典公民间营造出一种高度的政治认同感，在这个过程中人物雕塑塑造着民主政治自身。

数字技术在雕塑教学中的应用

【作者】班守猛

【导师】刘娴、杨敏

【作者基本信息】北京工业大学，软件工程（专业学位），2013，硕士

【摘要】雕塑作为最古老的艺术形式之一，早在人类学习石器打磨的活动中就产生了，随着人类社会的发展，雕塑的外延和内涵都在发生着巨大的变化，这对雕塑教学从业者提出了更高层次的要求。本文对国内外雕塑教学的历史和现状进行了梳理分析，对数字技术进行了简要陈述，着重分析了雕塑教学中遇到的空间表达、材料试验、环境转换等难题。具体运用数字技术，在雕塑教学中的应用方面进行了分析和例证。

虚拟造型艺术与公共艺术实践教学探索

【作者】张俊

【导师】杨奇瑞、于小平

【作者基本信息】中国美术学院，美术学，2013，硕士

【摘要】虚拟造型艺术，将传统的造型能力，通过电脑技术，如多媒体、虚拟境界（virtual world）、因特网等媒介手段进行艺术创作，并与公众实现互动，是一种新型的艺术表现形式。作为现代艺术中不可或缺的重要内容，它能快捷直观地实现视听传达，呈现艺术家的创造意图，拓展艺术家的创作思维，并使观众参与作品的重构，进行交互和浸透式的再创造，实现现代艺术与技术的融合——“虚拟现实”。本论文以虚拟造型理论知识切入，结合教学实践并穿插实践案例进行综合分析并总结。

公共艺术观念融入儿童艺术教育的探索

【作者】周君军

【导师】陈宇飞

【作者基本信息】合肥工业大学，艺术设计学，2013，硕士

【摘要】基于个人不断参与社会艺术工程的工作经验，以及儿童艺术教育的实践为背景，首先理清长期以来及不明确的公共艺术观念，然后以国内外少儿艺术教育书籍的介绍和国内公共艺术教育现状为背景参考，以自己在儿童艺术教育实践中的经历和感受为本文关键部分的思考动力来源，根据现实的社会背景，提出不仅可以在高校实施公共艺术教育，也可以将公共艺术观念向生活在城市的儿童传播，并论述如何将具有当代性的公共艺术观念，融入到儿童艺术课堂中去的可行的教育思维方法和实践方法。

直面材料 ——浅谈雕塑材料语言的学习体会

【作者】欧鸣

【导师】吕品昌、尚晓风

【作者基本信息】中央美术学院，美术学，2013，硕士

【副题名】浅谈雕塑材料语言的学习体会

【摘要】我想，作为一个雕塑家，都是建立在对雕塑历史的理解与“雕塑究竟是什么？”的思考之上展开自己的工作。具体到我个人来说，对雕塑的基本认知是通过对材料语言的学习而开始的，在其中所获得的认识、体会和反思触发了我对“雕塑是什么？”的思考，并以此展开自己所进行的雕塑创作。所以，我的论文主要是谈对雕塑材料语言的学习体会。“直面材料”是我对雕塑学习及理解后的重要认识。直面的意义不仅是与材料同处在一个可直接感知的空间中，更是需要以个人的崭新状态去探寻理解自然的新的可能性。

高校公共艺术教育管理转型研究

【作者】徐薇

【导师】叶笑云

【作者基本信息】宁波大学，公共管理（专业学位），2013，硕士

【摘要】现代科技突飞猛进，日新月异，人类社会进入了一个快速化、多元化、整合化的发展新时期，高等教育实现了历史性跨越，进入到大众化发展阶段。面对教育改革和发展的关键时期，高校实施公共艺术教育是适应现代社会发展的需要，是人才培养的要求。本文通过对公共艺术教育特性和功能的探讨和研究，说明在现今社会开展公共艺术教育的重要意义。公共艺术教育是使人全面发展的教育，高校是高素质人才的培养基地，能对大学生的表现欲、自信心、协调能力、创新思维、审美能力等方面产生不同程度的影响。

试论博物馆对公众艺术教育的影响

【作者】孟书远

【导师】宋伯元

【作者基本信息】陕西师范大学，油画（专业学位），2013，硕士

【摘要】现在，人们越来越关心的问题是，艺术博物馆或美术馆的职能可否得到真正实现，也就是我们通常所说的，艺术博物馆或美术馆的教育职能能否得到显现。而利用博物馆进行公共艺术教育，在欧美国家由来已久，并且对国民教育产生了积极的影响，而在我国，这种新的教育方式才刚刚起步。本文会对一些国外先进的博物馆教育事例与我国博物馆对公共艺术教育的现状进行对比分析，为发展中国社会主义特色的博物馆教育投石问路。让艺术不再是曲高和寡，而是能“与民同享”的文化产物。

身体美育视野下的高校公共艺术教育研究

【作者】林媛媛

【导师】徐承

【作者基本信息】杭州师范大学，艺术学，2013，硕士

【摘要】本文着眼于我国高校公共艺术教育的教学理念和方法，并在身体美学中找到了可以尝试改革的方向，如果要用一个概念来说明，那就是“身体美育”。本文首先对“身体美育”做了内涵和艺术观上的解释。笔者认为，当下高校公共艺术教育以静观式的美育和鉴赏化的课程为主流，而身体美育更加关注身体的感受、体验和参与，更接近美学的具象性和生活实践的本质，也更有助于培养精神和肉体上都全面和完整的人。笔者分别结合美术、音乐和戏剧这三块公共艺术教育的内容，进行了身体美育角度的分析。

六十年的步履——中央美术学院雕塑教学体系的传承与革新

【作者】曹晖

【导师】贺西林、隋建国

【作者基本信息】中央美术学院，美术学，2014，博士

【摘要】本论文的研究对象是中央美术学院雕塑系的教学体系，考察的时间范围是从 1952 年至 2013 年之间的六十余年。研究以这样几个问题为线索展开：中央美术学院的写实雕塑教学体系是怎样培育成型的？这个体系发展到 21 世纪前夜，面临着什么样的问题？改革开放后本土培养的新一代教员如何面对老先生的教学遗产？新时期的教学改革是如何发端并不可逆转地推向深入的？笔者把中央美术学院雕塑系各工作室在不同历史阶段的教学模式进行梳理，意图从时间上纵向揭示这套教学体系的结构发展关系，以历史的眼光来把握中央美术学院雕塑系六十余年来的教学发展面貌，并希望能窥见其未来发展的可能性。

高校公共艺术教育管理的研究

【作者】潘雪

【导师】范向前

【作者基本信息】淮北师范大学，高等教育学，2014，硕士

【摘要】从目前高校公共艺术教育管理的现状来看，我国高校公共艺术教育体制、机制还不完善；政府出台的有关高校公共艺术教育政策的内容不细化、之间的联系不紧密；教学组织管理不到位；师资不足且对教师的管理较为混乱；艺术教育管理者管理理念落后。因此，需要完善高校公共艺术教育的管理体制、构建科学合理的高校公共艺术教学组织管理体系，构建师资队伍、建立开放性的高校公共艺术教育机制才能，实现《全国学校艺术教育工作经验交流会纪要》中提出的惠及全体的构建体系完备的艺术教育的目标。

日本城市公共雕塑的建设以及管理事业的研究——东京都为例

【作者】松尾丽

【导师】余丁

【作者基本信息】中央美术学院，美术学，2013，硕士

【摘要】日本的城市公共雕塑建设始于第二次世界大战后，多以象征自由的男、女人体雕塑或是母子像为内容，是 20 世纪 60~70 年代的日本经济高速增长期下所形成的城市景观。然而那些雕塑作品会随着时间的流逝、环境的变化而老化损毁。本论文将按时间顺序叙述一些渐渐被观众遗忘的不幸的作品，并阐述它们的产生过程，归纳各个户外雕塑中出现的问题。通过东京都 23 区与东京都政府新办公大楼（新都厅舍）为主要案例，分析日本户外雕塑的保存与维护现状，分析各个作品材质的退化和维护管理的问题。希望能够通过这些考察，给当下中国城市公共雕塑事业的维护和管理方面带来建设性的意见。

人名索引

人名索引

B

82/ 白 明，1965 年生于江西省余干县，1994 年毕业于中央工艺美术学院。现为清华大学美术学院陶瓷艺术系主任、清华大学美术学院美术馆执行副馆长、中国美术家协会陶瓷艺术委员会秘书长、中国国家画院陶瓷艺术研究所副所长、联合国教科文组织国际陶协 IAC 会员、中国油画学会会员、中国陶艺网（www.artcn.net）艺术总监、《中国陶艺家》杂志常务副主编。

C

85/ 陈 钢，1963 年生于内蒙古包头市，1982 年参加工作，1985 年考入天津美院雕塑系，1989 年毕业留校任教至今，现任天津美术学院雕塑系主任，中国雕塑学会会员。

172/ 陈 钢，1978 年生，广州美术学院雕塑系研究生毕业文学，硕士学位。中国雕塑学会会员、中国工艺美术学会雕塑专业委员会会员、福建省美术家协会会员、福建省雕塑学会理事、福建师范大学美术学院雕塑专业讲师。

173/ 陈 辉，1970 年生，1998 年毕业于中央工艺美术学院雕塑专业，获硕士学位并留校任教，2004 年至 2005 年俄罗斯彼德堡列宾美术学院访问学者，现为清华大学美术学院雕塑系副教授，中国雕塑学会理事，中国工艺美术学会雕塑专业委员会会员， 中国美术家协会会员，北京城市规划学会公共环境艺术与城市雕塑专业委员会副秘书长，《学院雕塑》副主编。

174/ 陈 虹，1978 年出生，2006 年《印 · 象》入选《“和而不同”——中国西北当代雕塑展》；2009 年《唱大戏》获昆山市城市雕塑设计方案征集活动优秀作品奖；2011 年 《吾友如斯》获第六届陕西省艺术节美术书法优秀作品展雕塑类三等奖；2013 年《沂蒙六姐妹》纪念孟良崮战役胜利 66 周年——“英雄孟良崮”主题雕塑国际大赛；2014 年《十》入选首届丝绸之路国际艺术节美展。

86/ 陈 克，1965 年生于河南省三门峡市，1989 年毕业于广州美术学院雕塑系，2001 年至 2002 年就读于中央美术学院雕塑系教师研究生班。现为广州美术学院雕塑系副教授、当代艺术研究室负责人、中国雕塑学会会员、中国工艺美术家协会雕塑学会会员、广东省美术家协会会员、广东省美术家协会雕塑艺委会副秘书长。

29/ 陈连富，1956 年生于黑龙江省，1986 年毕业于鲁迅美术学院雕塑系，学士学位，现任职于鲁迅美术学院雕塑系硕士研究生导师，中国雕塑学会会员，英国皇家雕塑协会会员。

250/ 陈文才，1988 年生于广东省。2007 年至 2012 年就读于广州美术学院雕塑系，现驻广州市番禺区大学城工作室“滘水大街 16 号”艺术创作。

89/ 陈汉生，1960 年生，陕西南部人，从事雕塑艺术 28 年：1983 年毕业于陕西师范大学。现为陕西美术家会员；全国城雕委城市雕塑创作设计资格证持有者；亚太地区艺术机构“世界美术家协会”理事；陕西龙吟雕塑院院长。擅长雕塑艺术创作与制作，曾长期执教商洛学院美术系，任讲师、高级美术师之职。

30/ 陈 敏，1959 年出生，祖籍安徽，生于西安，1985 年毕业于中央工艺美院环境艺术系。1985~1993 年执教于西安美术学院设计系，任西安美术学院环境教研室主任及西安美术学院雕塑艺术中心副总设计师。1993 年赴美国进行现代艺术及艺术教育考察。当代著名画家、现代艺术策划及景观设计家。西北农林科技大学艺术系教授、国际园林景观规划设计行业协会高级景观规划师，中国工艺美术学会会员，作品被国内知名艺术刊物报道介绍并刊登作品百余件次。

87/ 陈文令，1969 年生于福建泉州，1991 年毕业于福建工艺美术学校国画班，1994 年结业于中央美术学院雕塑系，现居北京，自由艺术家。

88/ 陈志光，1963 年生于福建厦门，1988 年毕业于福建师范大学美术系，现工作生活于北京、福建。

177/ 陈 玮，1979 年生，2000 年毕业于上海工艺美术学院雕塑班，2007 年毕业于伦敦艺术大学—中央圣马丁艺术与设计学院（FINE ART-4D），回国后参与了众多国内的公共艺术项目，工作涉及：策划，雕塑艺术研究等方面。2011 年考取《中国城市雕塑创作设计资格证》。2013 年参加第三届全国高级抽象雕塑研修班，创作作品荣获首届央视雕塑大赛优秀作品奖，并被中央电视台永久性收藏。

175/ 陈晓春，1976 年生于西安，1995 年毕业于西安美术学院附中，2000 年毕业于西安美术学院雕塑系并留校。现任西安美术学院雕塑系副教授、副主任，中国工艺美术学会雕塑专业委员会员、中国雕塑学会会员、中国美术家协会会员。

176/ 陈学博，1973 年生，国家一级美术师，英国雕塑艺术硕士。海南省有突出贡献的优秀专家、海口市专业技术拔尖人才，海南省工艺美术大师。海南省雕塑艺术学会会长、中国雕塑学会理事、中国工艺美术学会雕塑专业委会委员、中国城市雕塑家协会理事、民盟中央美术院理事、民盟海南美术院常务院长，海口市美术家协会副主席、海口市政协委员。

83/ 蔡 沙，1962 年生于西安，1989 年毕业于西安大学艺术设计系；1992~1993 年日本京都造型艺术大学陶艺专业研修；2004 年日本京都造型艺术大学陶艺研修旅行。现任西安文理学院艺术学院副院长、副教授、陕西省美术家协会陶瓷艺术委员会副会长。

170/ 蔡志松，1997 年毕业于中央美术学院雕塑系，之后于该系任教。曾获泰勒大奖、洛克菲勒中国杰出青年艺术家大奖、岗松家族基金奖和中央美术学院院长奖等；并曾获评 2012 全球 100 名艺术领袖、中国艺术权力人物、中国风度人物、全球华人时尚领袖等；作品曾三次创造中国雕塑家在国际市场上的最高拍卖记录。

2/ 曹春生，1937 年生于辽宁省沈阳市，原籍北京，满族。1957 年毕业于中央美术学院附中，同年被保送至中央美术学院雕塑系深造，师从刘开渠教授、王临乙教授。1959 年受国家选派到前苏联列宁格勒·列宾美术学院雕塑系留学，师从苏联著名雕塑家米·康·阿尼库申教授。1964 年由苏联学成回国，任教于中央美术学院雕塑系至今，曾任雕塑系主任，院学术委员会委员。现任：中央美术学院雕塑系教授、硕士研究生导师；

全国城市雕塑建设指导委员会委员；全国城市雕塑艺术委员会名誉主任；中国雕塑学会名誉会长；中国美术家协会雕塑艺术委员会副主任；首都城市雕塑艺术委员会委员；北京市人民政府、长春市人民政府专家顾问；俄罗斯·列宾美术学院名誉教授、荣誉博士；清华大学美术学院客座教授。获国务院授予国家级有突出贡献艺术家称号，享受国务院特殊津贴。

84/ 曹春生，1960 年生，江西都昌人。艺术学博士，景德镇陶瓷学院教授，硕士研究生导师，江西省中青年学科带头人，景德镇雕塑院院长。现为中国美术家协会会员、中国雕塑学会理事、中国工艺美术学会雕塑专业委员会常务理事、全国城市雕塑创作设计资格证持有人、景德镇市美协陶瓷艺术委员会副主任。

251/ 曹淑海，1982 年生于山东临沂。2008 毕业于中央美术学院雕塑系，获学士学位。2012 年至今就读于中央美院雕塑系，攻读硕士学位。

252/ 曹　云，2008~2011 年就读于清华大学美术学院雕塑系硕士学位；2004~2008 年就读于清华大学美术学院雕塑系学士学位。

28/ 曹智勇，1959 年生，幼时随父母于重庆支援贵州建设来到册亨县，当过插队知青。1977 年到册亨县文化馆工作，1990 年调入兴义市文化馆工作。1984~1985 年在四川美术学院主修雕塑。现为中国工艺美术学会雕塑专业委员会常务委员；中国美术研究院副研究员；中国工艺美术协会玉（石）文化专业委员会理事；贵州省美术家协会会员；贵州省雕塑艺术委员会委员；贵州省高级工艺美术师；贵州省工艺美术协会理事；黔西南州美协常务副主席。

90/ 程　远，1966 年生，安徽省铜陵市人。铜陵市远程艺术制品有限责任公司董事长。中央美院雕塑专业毕业。国家高级环境艺术师，安徽省高级工艺美术师，安徽省工艺美术名人。

171/ 钞氏兄弟，1970 年生于河南南阳，双胞胎兄弟（钞子艺，本科学士；钞子伟，清华硕士），职业艺术家。同为中国美术家协会会员、中国雕塑学会会员、中国工艺美术学会雕塑专业委员会会员。

254/ 崔　宇，1998~2002 年就读于沈阳市鲁迅美术学院附属中学；2001~2006 年就读于中央美术学院。2009 年至今任教于中央美术学院设计学院。

253/ 车映霖，1990 年生于山东淄博，毕业于贵州大学艺术学院雕塑系。现工作于贵州省雕塑院，贵州雕塑艺委会成员。

D

259/ 董博泉，1983 年生于济南，2006 毕业于清华大学美术学院雕塑系。2006 至今为自由艺术家。作品多次参加国内重要雕塑展览，多件作品被艺术机构及个人收藏。

91/ 董斗斗，1995 年毕业于天津美术学院雕塑系学士学位；2000 年毕业于乌克兰国家造型艺术与建筑学院研究生院获得硕士学位，同年获得乌克兰雕塑艺术家称号，2000 年任教于南京艺术学院，2002 年任教于南京师范大学美术学院至今，现南京师范大学美术学院雕塑教研室主任，副教授，硕士研究生导师。

92/ 董书兵，1968 年生于新疆。1989 年毕业于西安美术学院附中；1993 年毕业于中央工艺美术学院装饰艺术系雕塑专业获学士学位；2007 年毕业于中央美术学院雕塑系获硕士学位。现为清华大学美术学院雕塑系教授、副主任，中国雕塑学会理事会理事、中国工艺美术学会雕塑专业委员会常务理事、清华大学吴冠中研究中心研究员、清华大学美术学院“韩美林励志金”评委、中央美术学院“曾竹韶艺术奖学金”评委。

180/ 董益友，1973 年生，河南南阳理工学院艺术系城市雕塑专业。中国工艺美术学会雕塑委员会会员 、深圳市宫禾公司雕塑艺术总监、持《城市雕塑创作设计资格证》，职业雕塑家 。

178/ 戴　耘，1971 年生，1990 年毕业于西安美术学院附中，1995 年毕业于西安美术学院雕塑系同年留校任教。2000-2014 年在深圳雕塑院工作，2015 年调入深圳大学师范学院任教至今。国家一级美术师；亚洲雕塑学会理事；中国雕塑学会理事。

179/ 邓　柯，1978 年生，2002 年获清华大学美术学院学士学位，2007 年获清华大学美术学院硕士学位。2007 年至今，北京服装学院造型艺术系讲师，中国美术家协会雕塑艺委会委员，中国雕塑学会会员，中国艺术研究院雕塑院中国中青年雕塑家创作中心特聘雕塑家，文化部艺术服务中心中国美术创作研究基地聘任雕塑家。

31/ 邓　乐，1951 年生于四川，1978 年在四川美院雕塑系学习，现任中国美术家协会雕塑艺委会委员；全国城市雕塑艺术委员会委员；中国城市雕塑家协会常务理事；中国工艺美术学会雕塑专业委员会常务理事；中国雕塑学会理事；《雕塑》杂志编委；四川美术家协会副主席；四川雕塑协会副会长；成都画院艺术顾问；西南交通大艺学术与传播学院硕士生导师；英国皇家雕刻协会会员。

258/ 邓浩然，1984 年生于吉林。毕业于东北师范大学美术学院雕塑系，现工作生活于北京。现为雕塑在线网总监。

181/ 窦付坤，1979 年生于山东省临沂费县，现居北京。山东雕塑家协会会员；中国雕塑学会会员；中国工艺美术学会雕塑专业委员会会员。

255/ 窦思聪，1986 年生，2011 年毕业于海南大学艺术学院雕塑系，获学士学位；2014 年毕业于海南大学艺术学院版画系，获硕士学位。
海南省女画家协会会员。

257/ 丁　浩，1987 年生于山东诸城。2006 年至 2011 年就读于山东艺术学院雕塑系，现为中央美术学院雕塑系硕士研究生。

256/ 丁继会，1987 年生于山东菏泽。2010 年毕业于天津美术学院雕塑系，获学士学位；2013 年毕业于中央美术学院雕塑系，获硕士学位。

93/ 段维国，1965 年生，1984 年毕业于河北大学工艺美术学院雕塑专业，2004 年北京宋庄创建雕塑工作室。现为河北省美术家协会会员、中国雕塑学会会员、高级环境艺术师、持《城市雕塑创作设计资格证》。

260/ 杜英奇，1989 年出生。2009~2013 年在中央美术学院雕塑系二工作室学习，2013 年保送中央美术学院雕塑系研究生。

F

32/ 范伟民，1954 年生，1982 年毕业于中央工艺美术学院（现清华大学美术学院）。现为高级工艺美术师，中国《雕塑》杂志社社长、《中国雕塑年鉴》编委会主任、亚洲铜装饰协会副会长、中国工艺美术学会雕塑专业委员会常务副主任、全国城市雕塑指导委员会委员、江苏宜兴陶艺学会艺术顾问、北京城市雕塑与环境艺术委员会委员、福建惠安雕刻研究会顾问、河北曲阳政府顾问、美国《世界木雕》杂志特约通信员、北京精卫文化艺术中心主任、雕塑在线网艺术总监。上海视觉传媒学院客座教授、北京服装学院客座教授、河北大学美术学院客座教授、西安建筑科技大学客座教授。

3/ 付新民，1949 年 6 月生于江西南昌，大专学历，就职于厦门。中国美术家协会会员、中国根艺美术大师，福建省雕塑学会会长。先后被福州大学、集美大学、厦门大学等高校聘为客座教授、研究生导师。

4/ 傅光大，1946 年生于贵州贵阳。1978 至年考入四川美院雕塑系进修。1983 年至今在贵州省雕塑院从事雕塑创作设计。现为国家一级美术师；中国美术家协会会员；中国雕塑学会会员；贵州省美术家协会会员；贵州美协雕塑艺术委员会副主任；持有全国城市雕塑创作设计资格证。

34/ 傅绍相，1959 年生人，山东临朐人。高级工艺美术师、高级环境艺术师、山东省工艺美术大师、山东省潍坊市政协常委、九三学社社员、山东省工商联执委、中国艺术铸造协会轮值主席、中国民间文艺家协会会员、中国网络电视台公益广告艺术委员会委员、中国雕塑学会会员、中国工艺美术学会会员、中国雕塑专业委员会会员、中国金属专业委员会理事、山东省工艺美术协会副理事长、山东省美术家协会会员、山东省雕塑艺术家协会会员、山东省民间文艺家协会理事、山东省儒商研究会会员、潍坊市工艺美术协会副会长、潍坊市民间文艺家协会副主席、潍坊市工商联常委、山东华艺雕塑艺术有限公司董事长。

33/ 傅中望，1956 年生于湖北武汉。1982 年毕业于北京中央工艺美术学院（现清华大学美术学院）。曾任职湖北省博物馆、湖北省美术院。现为湖北美术馆馆长、全国美术馆专业委员会副主任、中国雕塑学会副会长、中国工艺美术学会雕塑专业委员会副主任、中国美术家协会雕塑艺委会委员。

182/ 冯崇利，1975 年生于内蒙古。2002 年毕业于清华大学美术学院雕塑系，获学士学位，2011 年获清华大学艺术硕士学位。2002 年至今就职于北京故宫博物院副研究员。

183/ 冯都通，1976 年生，江西九江人，中国雕塑学会会员，景德镇陶瓷学院陶瓷美术学院雕塑系教师（讲师），2005 年毕业于中国美术学院雕塑系，获学士学位，2006 年任教于景德镇陶瓷学院陶瓷美术学院，2012 年毕业于清华大学美术学院雕塑系，获硕士学位。

G

261/ 高伯寅，1987 年生，2014 年毕业于华南师范大学美术学院。

36/ 高 峰，雕塑家，毕业于景德镇陶瓷学院雕塑专业，从事陶瓷雕塑创作工作三十余年。现为景德镇陶瓷艺术研究院艺术室主任、中国工艺美术学会会员、中国雕塑专业委员会会员、江西省美术家协会会员、景德镇第 10 届、第 11 届政协委员、江西省工艺美术系列高级职称评委。

184/ 高 峰，1972 年生，辽宁人。1996 年毕业于鲁迅美术学院雕塑系获学士学位；2009 年毕业于清华大学美术学院雕塑系获艺术硕士学位。现为沈阳大学美术学院教师，中国雕塑学会会员。

35/ 高 蒙，1959 年生。1982 年毕业于中央工艺美术学院装饰雕塑专业。1982~1996 年就职于安徽省合肥市城市雕塑领导小组办公室。1999 年毕业于广州美术学院雕塑系，获硕士学位。现为广州美术学院雕塑系副教授。

262/ 高满君，1984 年生，2013 年四川美术学院雕塑系硕士。中国雕塑学会会员；中国工艺美术学会雕塑委员会会员。

94/ 高 泉，1968 年生。1984 年在空四军服役; 1989 年在中央工艺美术学院特艺系学习; 1992 年在《香港国际商品展望》出版社做设计工作；2000 年在中央美院八路工作室、三鸣博雅装饰公司做办公空间设计。

263/ 高 昕，1980 年生于湖北利川。2005 年四川美术学院雕塑系获学士学位；2008 年四川美术学院雕塑系获硕士研究生学位并任教于西安美术学院雕塑系。

185/ 郭其鹏，1992 年内蒙古包头师院；1996 年清华美术学院装饰雕塑系；2005 年中央美院雕塑系助教研究生。作品被国内外多家廊及艺术机构、个人收藏，获奖作品被多次出访美国东西部城市及欧洲，法、意等国交流学习。

37/ 郭心聪，1958 年生，现居北京宋庄，职业雕塑家。1981 年毕业于潍坊教育学院美术系，1995 年结业于中央美术学院雕塑系。职业雕塑家，中国美术家协会会员，作品多次参加全国性美展并屡有获奖。

95/ 葛 军，博士、硕导、教授、研究员。现为中国陶瓷设计艺术大师、中国陶瓷文化研究所紫砂文化研究中心主任。

186/ 宫长军，1986 年毕业于中央工艺美术学院雕塑专业，2000 年毕业于中央美术学院雕塑系硕士研究生课程班，现为中国雕塑学会会员、中国工艺美术学会雕塑专业委员会会员、全国城市雕塑创作设计资格证书持有者、国家二级美术史。由于长期对景观艺术和公共艺术的研究，其相关作品具有很高的专业水准，雕塑和摄影作品曾多次在国内外获重要奖项。

187/ 耿孝臣，1979 年生，毕业于苏州大学艺术学院，设计艺术学专业，获文学博士学位，艺术学博士后在站研究。现任教于福州大学，硕士研究生导师，工艺美术研究所所长。

264/ 耿 雪，1983 年生于吉林省白山市。 1999 年考入中央美术学院附中；2007 年中央美术学院雕塑系获学士学位；2012 年就在读中央美术学院研究生。

H

39/ 霍波洋，1956 年生于沈阳，1982 年毕业于鲁迅美术学院雕塑系，获学士学位，1988 年毕业于鲁迅美术学院雕塑系，获硕士学位，现鲁迅美术学院雕塑系主任、教授、中国美术家协会雕塑艺术委员会委员、全国城市雕塑艺术委员会委员、中国雕塑学会常务理事、英国皇家雕塑协会会员、辽宁省美术家协会副主席。

266/ 霍 健，字明阳，1987 年生于吉林东辽，现居辽宁沈阳。2010 年本科毕业于鲁迅美术学院雕塑系获学士学位；2013 年研究生毕业于鲁迅美术学院雕塑系具象雕塑材料语言研究方向获硕士学位。现任河北美术学院雕塑学院专业教师、沈阳汇晟达雕塑艺术设计有限公司艺术总监。

188/ 胡 冰，1970 年生于西安市，1990 年毕业于西安美院附中，1995 年毕业于西安美院雕塑系，获学士学位，现任陕西省雕塑院第一党支部书记、艺术部主任，国家一级美术师，中国美术家协会会员，中国雕塑学会会员，持有《全国城市雕塑资格证书》，陕西省体育文化艺术协会理事，陕西省青联委员、省“三五人才工程”、“四个一批人才”入选者、全省文化系统先进工作者，省直系统优秀共产党员等荣誉称号。

99/ 胡学富，1965 年生，1993 年毕业于天津美术学院雕塑系，2005 年在北京创立个人工作室。现为中国雕塑学会会员、中国工艺美术学会雕塑专业委员会会员。

267/ 胡尹萍，1983 年生。2009 年荷兰达库宁美术学院交换学生；2010 年毕业于中央美术学院雕塑系。

96/ 黄 剑，毕业于中央美院雕塑系，中国建设环境艺术专业委员会公共艺术研究部主任，北京清尚环艺建筑设计院公共艺术部主任，美国 ISC 国际雕塑协会会员，中国工艺美术学会雕塑专业委员会会员。

97/ 黄庆国，字浩源，山东淄博人。1986 年毕业于上海轻专美术系，进修于中国工艺美术学院雕塑专业。现为中国雕塑家协会会员、中国工艺美术学会雕塑专业委员会委员、中国传媒大学客座教授。

38/ 黄兴国，河北师范大学美术与设计学院副院长、教授、硕士生导师，中国美术家协会会员、中国雕塑学会理事、中国雕塑专业委员会常务委员、河北雕塑艺术委员会主任、河北省画院雕塑院院长。

98/ 黄月新，1987 年广西艺术学院雕塑专业毕业，师从朱培钧、陈禾衣教授。2000 年中央美术学院雕塑系研究生同等学历班毕业，师从隋建国、曹春生、董祖怡先生；2003 年赴法国巴黎作访问学者。现为广西艺术学院造型艺术学院院长、教授、硕士生导师，雕塑学科带头人，中国美术家协会会员、中国雕塑学会理事、中国工艺美术学会雕塑专业委员会常务委员、广西美术家协会理事。

5/ 何 鄂，1937 年生于上海金山。1955 年毕业于西北艺术学院美术系雕塑专业。1955~1959 年甘肃省美术服务社工作；1960~1962 年兰州艺术学院美术系任教；1962~1974 年敦煌文物研究所工作；1974~1993 年甘肃省工艺美术公司及省工艺美术研究所工作；1994 年创立甘肃何鄂雕塑院。1993 年获“国务院颁发的政府特殊津贴”；1993 年获“中国工艺美术大师”的荣誉称号；2010 年获“中国工艺美术终身成就奖”；2013 年受聘为英国皇家艺术研究院“荣誉院士”“客座教授”。现任中国雕塑学会常务理事；全国城雕艺委会专家顾问；中国建设文化艺术协会环境艺术专业委员会专家；中国艺术研究院中国雕塑院特聘雕塑家；甘肃省美术家协会名誉主席；甘肃何鄂雕塑院院长。

7/ 何力平，1949 年生于重庆丰都，1985 年毕业于四川美术学院雕塑系研究班，获硕士学位，现任教于四川美术学院雕塑系，硕士生导师。中国美术家协会会员。

40/ 何镇海，1959 年生于广西柳州。1985 年毕业于江西景德镇陶瓷学院美术系雕塑专业；1988 年结业于中央美术学院雕塑系。现为广西艺术学院美术学院教授、硕士研究生导师、中国美术家协会会员、中国雕塑学会理事、中国雕塑专业委员会委员、广西美术家协会理事。

6/ 韩美林，2010 年，韩美林先生受命为杭州将台山创作摩崖石刻宗教文化公园大佛，专程赴日本、尼泊尔、印度体验生活。在尼泊尔，激情迸发，收获颇丰。按照释迦牟尼家乡佛教艺术的风格和形式，韩美林先生和他的助手们用了八个月的时间塑造了这一对含吉祥及佛教内容于一体的大象，它将尼泊尔、印度、东亚及西藏等地域的人文、佛教、人物形象（包括衣饰）等特点融为一体，自然地概括了一部佛教简史，引起了各界的好评。

265/ 韩文华，1980 年生，2004 年毕业于吉林艺术学院美术系获学士学位，2007 年毕业于中央美术学院雕塑系获硕士学位。现为吉林艺术学院美术学院院长助理、雕塑系讲师；中国工艺美术学会雕塑专业委员会常务委员。

8/ 贺中令，1935 年生于吉林省德惠县农村，自幼跟随家父东北著名民间雕塑艺术家、鲁迅美术学院特聘教师贺钧学习民族民间雕塑艺术。1955 年考入东北美专附中，1959 年升入鲁迅美术学院雕塑系，1964 年毕业分配到沈阳园林处从事园林雕塑创作。曾创作我国毛泽东不锈钢像，现立在湖南长沙清水塘和北京国防科委。其后参加沈阳中山广场《胜利向前》群像和北京毛主席纪念堂雕塑创作。1979 年调入鲁迅美术学院雕塑系先后任讲师、副教授、教授、民族传统雕塑研究生导师等职。1993 年始享受国务院特贡津贴。1995 年退休，为中国美术家协会会员、中国雕塑学会会员。

100/ 洪　涛，鲁迅美术学院雕塑系学士，俄罗斯列宾美术学院雕塑系硕士，现任教于鲁迅美术学院雕塑系，副教授，硕士研究生导师。作品多次参加国内外展览，并被中国美术馆及个人收藏。

J

102/ 姜　杰，1984 年毕业于北京市工艺美术学校特种工艺专业，1991 年毕业于中央美术学院雕塑系并就职于中央美术学院雕塑创作室。现为中央美院雕塑系教授。多次参加国内外重要展示活动并多次获得重要奖项。多次举办个展、联展，受到学术界和公众普遍关注。作品被国内及日、美、法、德机构收藏。

268/ 蒋海岭，1981 年生，2007 年中国美术学院毕业。现就职于福建省武夷山市武夷学院艺术学院。

43/ 蒋志强，福建漳州人。1982 年毕业于江西景德镇陶瓷学院雕塑专业。现任厦门大学艺术学院教授；中国美术家协会会员；福建省环境艺术协会副会长；福建省雕塑协会理事。

101/ 金文伟，1969 年生于浙江省龙泉市。1993 年毕业于景德镇陶瓷学院美术系雕塑专业，获学士学位；1996 年研究生毕业，获硕士学位。现任景德镇陶瓷学院陶瓷美术学院教授、硕士生导师、国际合作与交流处国际陶艺家工作室主任。2008 年入选江西省新世纪百千万人才工程、2004 年至今江西省高校中青年骨干教师。曾任教加拿大 NOVA SCOTIA 艺术设计大学；芬兰 Aalto 大学访问学者；法国利摩日国立美术学院访问教授。中国美术家协会会员、联合国教科文国际陶艺学会会员（IAC）、中国美术家协会陶瓷艺术委员会委员。

190/ 纪　峰，字雪崖，1973 年生于安徽界首市，师从著名艺术家韩美林和著名学者、国学大家冯其庸。1990~1998 年在韩美林艺术工作室学习、工作。2000 年创立了北京雪崖雕塑艺术工作室，从事文化名人肖像、佛教塑像、大型环境艺术浮雕及户外主题雕塑的创意设计和制作。现为中国艺术研究院特聘研究员、中国雕塑学会会员、中国工艺美术雕塑学会会员。

44/ 纪连路，1957 年生，黑龙江哈尔滨人。1985 年毕业于鲁迅美术学院雕塑系，现为哈尔滨师范大学艺术学院副教授。

189/ 焦爱龙，1971 年生。高级环境艺术师。现任中国美术学院公共艺术研究院雕塑分院院长、中国美术学院风景建筑与设计研究院佛教艺术设计研究中心、杭州嘉禾雕塑艺术有限公司总经理、创意总监。

191/ 焦兴涛，1970 年生于四川成都，1996 年毕业于四川美术学院，获硕士学位，现为四川美术学院雕塑系教授，主任。

269/ 景晓雷，2006 年本科毕业于天津美术学院雕塑系；2013 年硕士毕业于中央美术学院雕塑系。现为中国艺术研究院中国雕塑院青年创作中心雕塑家、中国雕塑学会会员、南开大学滨海学院教师。

42/ 景育民，1956 年生于山东蓬莱，1982 年毕业于天津美术学院，1992 年任教于天津美术学院师范系，后转入雕塑系，1994 年入全国城市雕塑高级研修班学习，2001 年入中央美术学院高级研修班学习，现任全国城市雕塑建设指导委员会艺术委员会副主任，中国工艺美术学会雕塑专业委员会顾问，中国雕塑学会常务理事兼展览部部长，中国《雕塑》编委，英国皇家雕塑协会会员，中国雕塑院秘书长兼特聘雕塑家，天津美术家协会副主席，天津市城市规划学会常务理事，天津美术学院公共艺术学院院长，研究生导师，教授。

41/ 贾濯非，1953 年生于东北辽宁，1982 年毕业于东北师范大学美术系。1989 年结业于中央美术学院雕塑系教师进修班。现任现任西安交通大学人文学院教授，中国美术家协会会员，雕塑学会常务理事。

K

103/ 孔庆坚，1961 年生，广西合浦人。1989 年毕业于广西艺术学院雕塑系，获学士学位；2001 年毕业于中央美术学院雕塑系研究生同等学历班。现为广西师范大学美术系副教授、硕士生导师、中国雕塑学会会员、中国工艺美术学会雕塑专业委员会会员、广西雕塑艺术委员会委员。

104/ 孔武战，1967 年生。中国石雕艺术家、福建省工艺美术大师、高级工艺美术师，全国城市雕塑创作设计资格持证雕塑家，中国雕塑学会会员、中国工艺美术学会雕塑专业委员会会员。专业从事雕塑艺术的设计、造型研究工作，尤以石雕见长。

L

112/ 蔺宝钢，1962 年生，1985 年毕业于西安美术学院，现为中西安建筑科技大学艺术学院院长，三级教授，博士生导师，中国美术家协会会员、中国城市雕塑家协会理事、中国雕塑学会会员、中国《雕塑》杂志编委、中国工艺美术学会雕塑专业委员会会员、亚洲画家联合会副主席、西安市城市雕塑委员会专业委员。

105/ 林　春，1960 年生于永安。1985 年毕业于浙江美院雕塑系，现为厦门大学艺术学院美术系副教授。

199/ 林胜煌，生于中国福建，师事祖父林天堂学习中国传统雕塑。1996 毕业于清华大学美术学院 （原中央工艺美术学院雕塑系）；2001 年毕业于东京艺术大学研究生院硕士学位；2001 年任东京艺术大学研究员。现为日本建筑都市景观设计联盟、理事日本环境艺术学会会员。

280/ 林双鹏，1984 生于吉林。2010 年毕业于天津美院雕塑专业，获学士学位；

2013 年毕业于天津美院雕塑专业，获硕士学位。现任教于吉林师范大学美术学院。

50/ 李宝龙，1951 生于台湾新竹，台湾师范大学艺术学院硕士毕业，曾任设计学系助理教授、台北市公共艺术执行及评审委员、台湾雕塑学会秘书长、中华电视台、中国电影制片厂艺术指导，现任台湾雕塑学会常务理事、中华文创学会理事，专事油画、雕塑、公共艺术、窑烧玻璃釉画等艺术创作。曾荣获雕塑类中山文艺奖、北京奥运景观雕塑 征集大赛获铜奖及公共艺术《良缘》、《风露沾霈》、《金风飘逸》、《希望之翼》、《敬天乐土》、《共创美好》、《妳爱我吗》、《悠闲》、《舒》等 20 余件首奖和设置。

192/ 李东江，1970 出生。1992 年毕业于东北师范大学美术系雕塑专业获学士学位，2000 年结业于库巴索夫雕塑高级研修班，2003 年结业于东北师范大学美术学院研究生课程班。现为吉林省美术家协会会员、中国工艺美术学会雕塑专业委员会会员，任教于东北师范大学美术学院雕塑系，副教授。

272/ 李丰延，1981 年生，2001~2005 年就读于广西艺术学院美术系雕塑设计专业本科；2005~2008 年就读于广西艺术学院美术系雕塑设计专业硕士。2008 年至今任教于广西大学工业设计专业。

46/ 李刚，1959 年生。1985 年在中央美术学院油画系学习；1993 年在中央美术学院雕塑系助教研修班学习；1995 年在中央美术学院城市雕塑高级研修班学习。现为中国雕塑学会理事、中国工艺美术学会雕塑专业委员会委员、持《城市雕塑创作设计资格证书》。

108/ 李钢，1967 年生，贵州省雕塑院院长、贵州省雕塑艺术委员会主任、贵州省第十一届政协委员、贵州省美协主席团成员、中国工艺美术学会雕塑专业委员会会员、贵州省贵阳市城乡规划委员会委员。

193/ 李 鹤，1972 年生于辽宁省，1996 年毕业于鲁迅美术学院雕塑系，获学士学位，2001 年毕业于清华大学美术学院，获硕士学位，现任清华大学美术学院雕塑系党支部书记、副主任、中国雕塑学会理事、中国城市雕塑家协会会员、副教授、硕士研究生导师。

195/ 李惠东，1971 年生于辽宁沈阳，1997 年 7 月鲁迅美术学院雕塑系研究生毕业，获硕士学位。

194/ 李华清，1974 年生、四川美术学院雕塑系硕士。现为中国雕塑学会会员、中国工艺美术协会会员。2010 年举办个人雕塑作品展；2011 年《活着系列》入选 2011 曾竹韶雕塑艺术奖学金；2011 年《活着系列》第二届全国大学生公共视觉优秀作品展获得创作新锐奖，作品被上海市人民政府收藏；2011 年《活着系列》入选罗中立奖学金；2012 年《无题》获广西工艺美术作品展银奖。

109/ 李俊，1969 年生，贵阳职业技术学院艺术系教师。2007 年毕业于贵州大学艺术学院刘万琪雕塑专业硕士研究生班获硕士学位。2010 年砂陶系列作品参加国际砂陶研讨会展览获得二等奖；2014 年《生态》系列作品入选 “上海第十四届南京路雕塑邀请展暨多彩贵州雕塑精品展”。

47/ 李金仙，1953 年生。现为福州大学厦门工艺美术学院雕塑系教授、硕士导师，清华大学美术学院高研班导师，福建省工艺美术大师、漆艺大师，中国当代女雕塑家。

273/ 李铭燃，1987 年生于黑龙江，现居住于北京。2011 年赴西班牙马德里交流学习；2012 年毕业于清华大学美术学院雕塑系，同年作品《承载》、《花非花》获“曾竹韶奖学金”并被中国雕塑博物馆收藏。

51/ 李庆芳，1956年生。1972年在北京工艺美校学习；1983年在北京工艺美术职工大学学习；1991年前苏联奥姆斯克大学任教；1999年在中央美术学院硕士研究生班研习。

48/ 李如全，1955年生于四川成都。1989年毕业于中央美术学院全国雕塑研究班。全国工艺美术学会雕塑专业委员会会员，四川成都雕塑家协会会员1984年，“黛玉葬花”、“岳母刺字”等工艺品荣获第三届全国工艺美术百花展金奖、银奖。1993年参加乐山东方佛都大型石窟雕塑工作，完成170米睡佛，龙门石窟雕刻20米麦积山石窟15米等大型石窟雕塑。作品《棋逢对手》等被四川高交展会馆收藏。在三十年的雕塑工作中为各地完成不同材质的大中型城市雕塑30余座。

196/ 李世伟，1978年生于内蒙古包头。2001年毕业于清华大学美术学院雕塑系获学士学位；2005年毕业于于中央美术学院雕塑系，获硕士学位；2014年赴美访学，现任教于天津美术学院造型艺术学院雕塑系。

270/ 李　伟，2010年毕业于鲁迅美术学院雕塑系，获文学硕士学位。2010年至今，任教于大连工业大学艺术设计学院雕塑系。现为中国雕塑学会会员 、中国工艺美术学会雕塑专业委员会会员、大连市青年美术家协会理事。

110/ 李　迅，1969年生于新疆乌鲁木齐市。1995年毕业于天津美术学院雕塑系获学士学位；2004年毕业于俄罗斯国立苏里科夫美术学院雕塑系卢卡唯仕尼科夫工作室获硕士学位。现为天津美术学院雕塑系副教授、中国美术家协会天津分会会员、中国雕塑学会会员、中国工艺美术学会雕塑专业委员会会员。

197/ 李烜峰，1974年生，2000年鲁迅美术学院雕塑系获学士学位；2008年南京大学美术研究院获硕士学位；现为中国艺术研究院美术学雕塑创作方向在读博士。现为中国雕塑院青年雕塑创作中心副主任、东北师范大学美术学院雕塑系 副主任、副教授、中国城市雕塑家协会理事、中国美术家协会会员、中国雕塑学会会员、中国工艺美术学会雕塑专业委员会会员。

49/ 李先海，1955年生，原重庆市奉节县人，1996年来成都从事木雕创作，现定居成都。现为中国美协会员、四川美协会员、四川省雕塑协会理事，成都市雕塑协会理事，中国工艺美术学会木雕艺术专业委员会常务理事，中国工艺美术协会会员。

107/ 李象群，1961年生于黑龙江哈尔滨。1982年毕业于鲁迅美术学院雕塑系获学士学位；1982~1987年任教于鲁迅美术学院雕塑系；1990年毕业于鲁迅美术学院雕塑系研究生获硕士学位；1990~2000年为中央美术学院雕塑研究所研究员；2000年起至今为清华大学美术学院教授、博士生导师；2014年至今任鲁迅美术学院副院长。现任鲁迅美术学院副院长，清华大学美术学院教授、博士生导师，清华大学美术学院学术委员会委员、教育部高等学校美术学类专业教学指导委员会副主任委员、中国美术家协会雕塑艺委会副主任、中国城市雕塑家协会副主席、全国城市雕塑指导委员会艺术委员会副主任。第五届、第六届北京国际艺术双年展策委会委员，第十二届全国政协委员，第十二、第十三、第十四届北京市人民代表大会代表，获得中宣部第三届全国中青年德艺双馨文艺工作者称号、全国宣传文化系统 “四个一批”人才，英国肖像雕塑协会会员。

198/ 李永康，1970年生于新疆，1993~1994年学习于中央工艺美术学院环境艺术系，1999年毕业于新疆艺术学院雕塑专业留校任教，2005年~2008年在俄罗斯列宾美术学院雕塑系恰尔金工作室攻读硕士研究生，获雕塑专家证书和硕士学位，2008年就职于新疆艺术学院美术学院任副教授，现为中央美术学院雕塑系在读博士。

45/ 刘炳南，1954年生于湖北孝感，毕业于湖北美术学院雕塑专业，进修于广州美术学院城市雕塑专业；曾工作于湖北甲级城市规划研究院环境艺术研究室，高级工程师，

1992年毕业于广州美术学院雕塑研究生班，现为广州市楚汉园林雕塑有限公司法人代表、全国城市雕塑资格雕塑家、中国工艺美术学会雕塑专业委员会常委、中国雕塑家学会会员。

201/ 刘春尧，1972年生，重庆人。中国雕塑学会会员，四川省美协理事，西南交通大学副教授，西南交通大学美术馆馆长。1996年毕业于四川美术学院雕塑系，2008年毕业于西南交通大学艺术与传播学院“环境艺术”硕士研究生方向，2013-2014年美国佐治亚州立大学访问学者。

202/ 刘奉霖，1978年生于四川巴中，1998~2002年在西南大学学习，在校期间参与创作西南大学60周年校庆大型青砂石浮雕《青春、热血》，1999年创作《岳母刺字》入选第九届美展重庆展，2010年被聘为西华师范大学民间美术与文化研究所副所长，2013年毕业于全国抽象雕塑高级研修班，现任重庆东唐胜景园林景观艺术有限公司总经理、首席设计师。

119/ 刘国柱，毕业于上海大学美术学院雕塑系；于福建崇武半岛独立实践、研究和创作石雕作品五年；于上海创建“布楚艺术创作室”；华东师范大学艺术学院客座教师；创办36.8℃艺术助学——聋、哑、盲、残人义务教学班。

276/ 刘　恺，1984年生于内蒙古呼和浩特，2013年毕业于中央美术学院雕塑系公费研究生获硕士学位；2008年毕业于中央美术学院雕塑专业获学士学位。2013年工作于故宫博物院。

278/ 刘立国，1986年生于黑龙江省大庆市，2007~2012年就读于中央美术学院雕塑系第二工作室。

275/ 刘　蓓，1987年生，硕士学历。2009年毕业于郑州大学美术学院雕塑系；2010年结业于中央美术学院雕塑系；2014年毕业于广西艺术学院雕塑系。

204/ 刘若望，1977年生于陕西佳县，2005年毕业于中央美术学院助教研究生课程班，现为职业艺术家。多次参加各种艺术展事活动，举办个人展览，受到学术界艺术界普遍关注。

277/ 刘　松，2004年鲁迅美术学院雕塑系学士；2008年南京大学美术研究院硕士；2009年中国艺术研究院博士。现为中国青年雕塑家创作中心副秘书长、中国民主同盟盟员、中国美术家协会会员、中国雕塑学会会员。

279/ 刘　涛，2007年就读于海南大学艺术学院绘画专业雕塑方向，毕业后被保送至海南大学艺术学院美术学硕士研究生，期间曾去浙江龙泉进行陶艺实习，并去各地进行考察学习。

10/ 刘万琪，1935年生于四川省新津县，1956年四川美术学院毕业；1959年考入中央美术学院雕塑研究班，导师刘开渠，付天仇，钱绍武；1963年毕业后回贵州群众艺术馆工作。现为中国美术家协会会员、中国雕塑专业委员会会员、贵州大学艺术学院教授、硕士生导师，获国务院有突出贡献专家特殊津贴。

11/ 刘　雍，1944年生，布依族，贵州省福泉人，现为中国美协会员、国家一级美术师、第五届中国工艺美术大师、中国工艺美术学会金属工艺专业委员会常务理事、贵州省文史研究馆馆员，并被联合国教科文组织授予“一级民间工艺美术家”荣誉称号。在美术方面全靠自学，先后在贵阳市工艺美术研究所、贵州省美术家协会、贵州省艺术馆工作。

203/ 刘　洋，1972年生，食品工程与工商管理双学士。任中国雕塑专业委员会副秘书长，中国雕塑学会会员，班夫国际山地电影节全球巡展中国站执行委员会委员，中国宋庆龄基金会虹基金顾问委员会委员，国家二级足球裁判，网易专栏作家。

12/ 刘远长，中国工艺美术大师、中国美术家协会江西分会会员、景德镇雕塑研究会秘书长、国际高岭陶艺学会名誉会长，享受国务院颁发的政府特殊津贴专家，第九届全国人大代表，全国“五一劳动奖章”获得者，国家人事部授予有突出贡献的中青年专家。

113/ 刘延久，1963 年生，1985 年毕业于河北工艺美术学校雕塑专业；1985 至今工作于牡丹江规划设计研究院；2000 年至 2015 成年参加一年一度的牡丹江雪堡雪雕工程；2006 年取得《全国城市雕塑创作资格证书》；2009 年于牡丹江三道关国家森林公园创作完成 30 余组园林雕塑作品；同年参加中国动力 2009 国际雕塑年鉴展。

114/ 刘艺杰，1960 年生，祖籍山东阳谷，1982 年毕业于西安美术学院雕塑系并留校任教，创建西安美术学院雕塑艺术中心并任该艺术中心主任，曾任西安大唐芙蓉园艺术总监，陕西省城雕委、艺委会委员。20 世纪 90 年代初赴美国考察当代艺术并定居纽约，创立美国 AD 公司（AD AMERICA INC）东方艺术中心。现为美国当代艺术家协会会员，中国美术家协会会员，中国工艺美术学会雕塑专业委员会副主任，国际园林景观规划设计行业协会高级景观规划师，西北农林科技大学教授。

9/ 刘政德，1931 年生于湖北天门。1947 年入武昌艺专学习，1950 年毕业于中南文艺学院。1953 年广州美术学院雕塑系任教。1963 年毕业于中央美术学院雕塑研究生班。1964 年，广州美术学院雕塑系主任。湖北美术学院教授、研究生导师。全国城市雕塑艺术委员会委员，中国雕塑学会常务理事。1985 年，作品《黄鹤归来》获全国工艺美术百花奖创作设计一等奖。1987 年，湖北省授予“工艺美术大师”称号。同年获国务院政府特殊津贴。1990 年，东湖寓言雕塑公园的八座雕塑作品获湖北省文艺最高奖“屈原文艺奖”。2011 年，刘政德教授三十年前的设计作品《大江截流》终于屹立于葛洲坝纪念广场。2014 年，中国雕塑学会授予中国雕塑终身成就奖。

270/ 刘知音，2004 年毕业于鲁迅美术学院服装系，获文学学士学位；2008 年毕业于鲁迅美术学院服装系，获文学硕士学位。

209/ 罗彬文，1999 年毕业于西南大学美术学院，2014 年结业于全国雕塑研修班。现为四川省雕塑协会会员、成都市雕塑学会会员、成都市雕塑学会理事、持《全国城市雕塑创作设计资格证书》。

282/ 罗　幻，1983 年生于内蒙古赤峰市。2005 年毕业于清华大学美术学院雕塑系获学士学位；2010 年毕业于清华大学美术学院雕塑系获硕士学位。现任教于清华大学美术学院雕塑系，中国美术家协会会员、中国雕塑学会会员。

115/ 罗小平，1960 年生，1987 年毕业于景德镇陶瓷学院雕塑专业，获学士学位，曾任教于上海同济大学、美国亚利桑那州菲尼克斯梅萨公共学院。现任中国美术学院上海设计学院公共艺术系主任，教授、硕士生导师，全国城雕艺委会委员、中国城市雕塑家协会常务理事、中国雕塑学会理事、中国陶瓷艺术大师、中国陶瓷协会陶瓷艺术委员会副会长、中国陶瓷大师联盟常务副主席兼秘书长、上海市民革文化专委会副主任、上海市普陀区政协常委、全国大学生公共视觉优秀作品双年展策划人。

116/ 罗雪春，1964 年生于中国湖南，1989 年进入广州美术学院雕塑系进修，师从著名雕塑家、美院院长梁明诚教授，并得到著名雕塑家潘鹤、关显伟等几位老师的言传身教。于 1994 年创立广州市方园雕塑艺术制作中心至今，期间与国内外众多雕塑大师合作，例如《醉花》《冼星海》《非典纪念碑》《中华正气龙》《世界和平女神》等，多项雕塑项目在设计制作上获得了业界的一致好评。

117/ 罗志奇，1964 年生于艺术家庭，广东佛山人，从事雕塑艺术创作 30 多年。1981 年广州美术学院学习，1984 年湖南醴陵陶瓷研究所学习美术陶瓷。作品曾多次参加全国、省、市大型美展获奖。现为中国雕塑学会会员，广东省美术家协会会员，佛山市美术家协会雕塑艺术委员会副主任，国家中级美术师，现任佛山市艺术创作院、佛山市雕塑院全职雕塑家。

118/ 吕品昌，1962 年生于江西。1978~1982 年在景德镇陶瓷学院雕塑系，获得学士学位。1982~1983 年在中国美术学院雕塑系学习，1985~1988 年在景德镇陶瓷学院雕塑系，获得硕士学位。现任中央美术学院雕塑系主任，教授，硕士生导师，中央美术学院雕塑系第四导师工作室主任、陶艺工作室主持人。中国美术家协会雕塑艺委会秘书长，中国雕塑学会常务理事，副秘书长，建设部全国城市雕塑指导委员会副秘书长，国务院“政府特殊津贴”专家。

207/ 吕旗彰，1977 年生。1998~2003 年，中国美术学院雕塑系，获学士学位。2003~2007 年，国家公派留学俄罗斯莫斯科苏里科夫美术学院雕塑系，获硕士学位。2009~2011 年，中国美术学院上海设计学院教师。2011 年至今，华东师范大学美术系讲师。

208/ 吕绍藩，1976 年生，1993 年起，就读广州美术学院附中、本科、硕士研究生。2008 年至今，任教于广州美术学院雕塑系，讲师，现任公共艺术方向的专业教学工作。抽象雕塑家，公共艺术研究者，当代艺术观察员。

200/ 雷云瑞，1978 年生于福建。1999 年以专业第一的成绩考入清华大学美术学院，专攻金属，曾师从日本东京艺术大学院长宫田亮平。毕业后，怀揣理想远赴德化陶瓷学院当老师，志在授课之余专心研究金属材质与陶瓷的结合。2004 年在今日美术馆举办个展，开始了职业艺术家生涯。

52/ 雷宜锌，1953 年生，1982 年毕业于广州美院雕塑系。现为国家一级美术师，享受国务院特殊津贴专家。湖南省优秀专家。现任湖南省文联副主席，湖南人民对外友好协会副会长，省雕塑院院长，湖南省美协副主席。中国雕塑学会理事，全国城市雕塑艺术委员会委员，省、市两级政协委员。

271/ 黎春辉，1988 年生，2013 年毕业于景德镇陶瓷学院艺术设计专业（陶艺方向），获艺术硕士学位。现为上海第二工业大学应用艺术设计学院教师。

13/ 陆光正，1945 年生于浙江东阳。1960 年师从东阳老艺人楼水明先生。1965 年赴浙江美术学院深造。现为中国工艺美术大师、中国工艺美术学会木雕艺术专业委员会会长，曾任中国工艺美术学会雕塑专业委员会副会长、历届中国工艺美术百花奖评委、东阳木雕总厂厂长。

111/ 梁　好，1960 年生于北京。1985 年毕业于中央美术学院雕塑系，工作于城建部雕塑壁画工作室。1989 年在美国密执安州克兰布鲁克艺术学院学习雕塑并获得奖学金，完成硕士学位。毕业之后，作为自由艺术家，于底特律、芝加哥、佛罗里达、新泽西、纽约、德国、柏林、北京等各地举办展览。2007 至今在中央美术学院雕塑系任客座教授。

206/ 洛　鹏，1978 年生于上海，籍贯辽宁大连，现居广州。2005 年毕业于广州美术学院雕塑系，获学士学位。2008 年毕业于广州美术学院雕塑系，获硕士学位。师从雕塑家梁明诚教授。2008 年至今，广州美术学院雕塑系教师。

205/ 鲁普及，1977 年生。上海格言艺术设计有限公司创始人；同济大学讲师。

281/ 柳 青，1982 年生于湖南省湘潭市，现居住于北京。2001 年毕业于中央美院附中；2006 年毕业于中央美术学院雕塑系第六工作室，获学士学位；2009 年毕业于中央美术学院雕塑，获硕士学位。

106/ 冷 杉（夏水涛），1966 年生于江苏启东，1989 年毕业于南通大学美术学院，1991 年入中央美院学习；1992 年入韩美林工作室，1993 年开始从事公共空间雕塑的设计制作。现为上海心象艺术机构董事长兼艺术总监、上海雕塑专业委员会常务副会长兼秘书长、江苏省启东版画院画师。

274/ 丽 莎，80 后蒙古族当代原创女雕塑家，生于内蒙古，2007 年毕业于清华大学美术学院雕塑系。北京美术雕塑协会会员、内蒙古美协会员、内蒙古雕塑家协会会员，景观、家装雕塑设计师。现进驻宋庄艺术区丽莎雕塑工作室从事个人创作。

283/ 龙忠，1986 年生，2009 年毕业于天津美术学院雕塑系，获学士学位；2012 年毕业于天津美术学院雕塑系，获硕士学位，现任教于西北师范大学美术学院。

M

14/ 马长辐，1939 年生于四川阆中，1962 年重庆建筑工程学院建筑系毕业，从事园林规划设计。持证雕塑家、高级建筑师。成都市美神园林雕塑艺术研究所所长。

120/ 马 辉，1968 年生于西安，曾就学于西安美术学院附中及雕塑系，艺术学学士。现任陕西省雕塑院创研部副主任。中国美术家协会会员、中国雕塑学会理事、中国工艺美术学会雕塑专业委员会会员、国家一级美术师、陕西省“三五人才”、陕西省体育文化艺术协会理事、持《城市雕塑设计资格证书》。

284/ 马宏法，1984 年生于山东菏泽，2009 年毕业于西安美术学院。

210/ 马 珺，1988~1992 年 就读于北京工艺美术学校雕塑专业，1993~1997 年 就读于中央工艺美院雕塑系。中国雕塑学会会员；中国工艺美术学会雕塑专业委员会会员。

211/ 马 强，1970 年生于陕西省宝鸡市，1990 年考入西安美术学院院雕塑系，1995 年毕业获学士学位并分配至西安白杨化工总厂工作，1998 年入西安美术学院院雕塑系工作，2001 年调入陕西省雕塑院工作至今并客座西安美院雕塑系讲师。陕西省雕塑院艺术部主任；国家二级美术师；中国雕塑学会理事；中国工艺美术学会雕塑专业委员会委员；《中国城市雕塑资格证》持有者。

212/ 马天羽，1976 年生，开封人。1998 年毕业于中央工艺美术学院装饰雕塑专业，获学士学位；2003 年毕业于清华大学美术学院雕塑系，获硕士学位；现任北京服装学院造型艺术系雕塑专业副教授、硕士生导师，中国工艺美术学会雕塑专业委员会委员、中国雕塑学会会员。

286/ 马文甲，1982 年生于沈阳。清华大学美术学院博士。现为中国工艺美术学会雕塑专业委员会副秘书长、中国美协会员、中国雕塑院青年雕塑家创作中心雕塑家、中国雕塑学会会员。

287/ 孟 昊，1983 年生于青岛，10 岁开始接受严谨的美术训练，14 岁尝试艺术创作。2003 年毕业于中央美院附中，2008 年毕业于中央美院雕塑系。

289/ 孟祥轲，1986 年生山东省泰安市，本科毕业于清华大学美术学院雕塑系，现清华美院硕士在读。

288/ 苗　鹏，1982 年生于山东威海，2001 年考入西安美术学院雕塑系，2005 年毕业留校任教至今。2011 年获艺术硕士学位。2011~2012 年赴法国巴黎艺术城学习、交流。现为西安美术学院雕塑系第一工作室主任、讲师；中国雕塑学会会员、特约记者。

53/ 闵一鸣，1957 年生于西安。现生活工作于厦门、北京，职业艺术家，毕业于西安美术学院。

285/ 门雅旭，1984 年生于黑龙江省，现工作于上海，职业艺术家。2003 年毕业于鲁迅美术学院附属中学；2008 年毕业于鲁迅美术学院雕塑系；2011 年毕业于上海大学美术学院雕塑系，获硕士学位。

N

15/ 聂承兴，资深雕塑家，中国雕塑学会会员、中国国际友人研究会画院常务副院长、城市公共艺术研究中心专家委员会委员，中国国际书画研究会理事，北京中山雕塑院院长，北京荆楚艺术家联谊会会长，文化部、建设部颁发的全国城市雕塑创作资格持有者。

213/ 南　超，1977 年生。2000 年清华大学美术学院（原中央工艺美术学院）绘画系毕业；2002 年吉林艺术学院美术学院任教；2005 年北京宋庄建个人工作室；2013 年中国国际现代艺术研究院艺术顾问。

290/ 农帮敏，2005 年本科毕业于广西艺术学院雕塑系获学士学位；2009 年硕士毕业于广西艺术学院雕塑系获得硕士学位；2012 年硕士毕业于美国西弗吉尼亚大学陶艺系获得陶瓷艺术硕士学位。现任教于广西艺术学院造型艺术学院。

P

121/ 朴吉友，1966 年生，1993 年毕业于天津美术学院。1993 年中国体育美展获银质奖并收藏于国际奥林匹克博物馆；1997 年中国第四届体育美展入选；2001 年第十五届新人新作展入选；2010 年上海国际艺术博览会；2013 年香港亚州当代艺术博览会 2014 年“正好晴秋”雕塑个展。

214/ 潘　松，1972 年生于安徽。1997 年毕业于中央工艺美术学院装饰雕塑专业获学士学位；2001 年毕业于清华大学美术学院雕塑系获硕士学位。现任教于北京服装学院造型艺术系装饰雕塑专业，副教授，中国美术家协会会员、中国雕塑学会常务理事、国家一级美术师。

215/ 逄耀坤，1977 年生于山东胶南市，现居深圳。1998 年考入湖北美术学院雕塑系，2003 年毕业，同年考入广州美术学院雕塑系，就读研究生，2006 年毕业。

Q

55/ 钱步辉，1956 生于安徽蚌埠，1985 进修于鲁迅美术学院雕塑系研究生班。曾任安徽省雕塑院副院长，现居北京宋庄，自由职业艺术家。现为中国雕塑学会会员、中国工艺美术学会雕塑专业委员会委员、安徽省城市雕塑评审委员会评委、中国传统工艺大师。

16/ 钱绍武，1928年生于江苏无锡，雕塑家，画家，书法家，长期从事美术教育和美术理论工作，曾任国家教育委员会委员和北京市人民政府专业顾问，中央美术学院教授，数学委员会常设小组成员，中国工艺美术学会雕塑专业委员会名誉会长，中国城市雕塑全国艺术委员会常委，中国美术家协会雕塑委员会委员。

125/ 秦 红，江苏常州人，自由艺术家，高级工艺美术师。

54/ 秦 璞，1956年生，山东省济南人。1982年毕业于江西景德镇陶瓷学院美术系雕塑专业。现为中央美术学院雕塑系公共艺术工作室主任教授、硕士生导师、中国城乡住房部建设环境艺术艺术专业委员会常务理事、中国观赏石协会科学顾问、首都规划建设咨询专家组织专家、中国美术家协会陶瓷艺术委员会委员、原任中央美术学院雕塑艺术创作研究所副所长、中国工艺美术协会雕塑专业委员会副会长、北京市人民政府顾问团第八届环境艺术顾问。

122/ 乔 迁，1968年生于江苏省徐州市，毕业于清华大学美术学院，博士。中国民主建国会会员，北方工业大学艺术学院副教授，全国城市雕艺委会委员，中国工艺美术学会雕塑专业委员会副秘书长，青铜文化专家。作品曾入选国内外多次大展，并举办多次个展。作品被国内外艺术机构和个人广泛收藏。

123/ 乔旭明，1961年生于山西太原，1987年7月毕业于山西大学美术学院油画专业，1987年在太原大学任教。现任山西油画雕塑艺术研究院院长；山西现代雕塑艺术设计院院长。

124/ 戚雅峰，1965年生，浙江人，现生活工作于广州。独立艺术家，1984年从艺，1992年灵性澎湃、顿悟明道。20年道心澄明、抱元守一、厚积薄发，完成创作近百件。雕塑作品独具个性，艺术语言、高古通灵，形体结构、刚柔遒劲、深具异势，造型纯练，极具美感，是一位具有艺术灵魂和艺术精神的艺术家。

216/ 屈 峰，1978年生。2002年毕业于中央美术学院雕塑系获学士学位，2002年毕业于中央美术学院雕塑系，获硕士学位，2011年毕业于中国艺术研究院，获博士学位。现任故宫博物院馆员，中国艺术研究院中国雕塑院青年创作中心副秘书长。作品《十字街头》参加第十一届全国美展并被中国美术馆收藏；作品《迷雾》参加“天工开悟”展并被收藏。作品《小女人》系列木雕和陶瓷作品四件参加硕士毕业展，中央美术学院美术馆收藏。

291/ 祁杰飞，1982年生，现工作生活在北京。毕业于中国戏曲学院获学士学位，后师从于清华美院张锠教授。现为中国工艺美术学会会员、颐和悦馆•莱维艺术空间艺术总监。

56/ 覃继刚，1959年生，广西柳州市人。1987年毕业于广西艺术学院美术系雕塑专业、获学士学位。1987~1988年广西桂林旅游专科学校工艺美术系任教；1989~1991年任广西柳州市建筑科学研究设计院城市雕塑研究室副主任；1991~1992年任广西柳州市园林局城市雕塑研究室主任；1992年渡日本留学深造；1997年毕业于日本爱知艺术大学研究生院，获雕塑艺术硕士学位；1998年回国，任教于广西艺术学院美术学院雕塑系，副教授；2002~2011年任广西艺术学院美术学院雕塑系副主任；2012年至今任广西艺术学院造型艺术学院公共艺术系主任。

R

126/ 任 戎，1960年生于中国江苏省南京市。1982~1986年就读于南京艺术学院美术系；1989~1992 年就读于德国蒙斯特与杜塞道夫国立美术学院；1992 年入德国艺术教授弗依慈 . 史威格勒研究室；1993 年德国史莱斯威西 · 赫尔斯坦州文化部艺术奖学金。

219/ 任雪梅，华东理工大学硕士、江苏大学艺术学院讲师、中国雕塑学会会员。

217/ 任艳明，1974 年生于辽宁铁岭。2000 年毕业于鲁迅美术学院雕塑系获学士学位，2008 年毕业于南京大学美术研究院获硕士学位。现为中国城市雕塑协会理事、南京大学美术研究院雕塑创作室主任、中国青年雕塑家创作中心特聘雕塑家，持有中国城市雕塑资格证书。

292/ 任　哲，1983 年生于北京，毕业于清华大学美术学院雕塑系获学士学位，现为中国雕塑学会会员。

218/ 冉光号，1978 年生于贵州印江。2001 年毕业于贵州大学艺术学院雕塑专业。现为中国工艺美术协会雕塑专业委员会会员、持城市雕塑设计创作资格征书。

S

17/ 孙家彬，1941 年生于哈尔滨，1966 年毕业于鲁迅美术学院雕塑系。1984~1998 年历任鲁美雕塑系副主任、主任。现为鲁迅美术学院教授，院学术委员会委员，硕士研究生导师，中国美术家协会会员，中国雕塑学会会员，辽宁省城市雕塑指导委员会委员，沈阳市城市雕塑领导小组成员，辽宁省建筑学会艺术顾问，沈阳市政协委员。创作成就斐然，作品多次在全国及省市美展获奖，多次参加国际艺术交流，部分作品立于国外或被收藏。

221/ 孙龙本，1970 年生，中国艺术研究院中国雕塑院副教授、中国雕塑院招生教学办公室主任。1995 年毕业于山东工艺美术学院获学士学位；2006 年毕业于俄罗斯列宾美术学院获硕士学位；2009 年毕业于俄罗斯穆西纳工艺美术学院获博士学位。

132/ 孙　伟，1962 年生于北京，1989 年毕业于中央美术学院雕塑系，获学士学位，1995 年结业于中央美术学院在职研究生班，1998~1999 年西班牙马德里大学美术学院访问学者。现任中央美术学院雕塑艺术创作研究所所长、中国工艺美术学会雕塑专业委员会主任、中国中央美术学院教授、中国雕塑学会常务理事、 中国美术家协会雕塑艺术委员会委员、中国艺术职业教育学会常务理事及常务副秘书长、教育部全国文化艺术职业教育教学指导委员会委员。

294/ 尚明玉，1990 年生于山东潍坊青州。2013 年毕业于山东工艺美术学院，雕塑本科专业。现自由职业，雕塑创作，设计，平面等。

128/ 尚晓风，1961 年生于北京，1985 年毕业于中国中央美术学院雕塑系，获文学学士学位，1994 年获墨尔本大学维多利亚艺术学院硕士学位，现为中央美术学院雕塑系教授、硕士生导师。

57/ 石　村，1955 年生，1975 年毕业于西安美术学院雕塑系。1987 年毕业于西安美术学院研究生，获硕士学位并留校任教，教授 、博士研究生导师。现为美术家协会会员、中国雕塑学会会员、中国工艺美术学会雕塑专业委员会顾问、全国城雕委艺术委员会委员、中国城市雕塑家协会理事。

127/ 石向东，1967 年生于广西桂林市，1990 年本科毕业于广西艺术学院，2002 年毕业于中央美术学院雕塑系研究生班。现任广西艺术学院造型学院雕塑系主任、副教授、广西美术家协会副主席、广西雕塑艺术委员会主任、中国美术家协会会员、中国雕塑学会常务理事、中国美术家协会雕塑艺委会委员、中国工艺美术学会雕塑专业委员会委员、中国城市雕塑建设艺术委员会委员。

130/ 沈烈毅，1969 年生于杭州，1995 年毕业于中国美术学院雕塑系，硕士，现为中国雕塑学会理事、浙江省雕塑家协会理事、中国美术学院公共艺术学院公共空间艺术系常务副主任。

131/ 沈允庆，1989 年毕业于四川美术学院雕塑专业，就职于四川雕塑艺术院至今。国家一级美术师，中国美术家协会会员，中国雕塑学会会员，中国工艺美术学会雕塑专业委员会委员，四川省雕塑协会理事。2001~2013 年参加各种国际雕塑大展及雕塑创作营活动二十余次。作品收藏于北京、上海、福建、河北、安徽、山东、成都、重庆、深圳、香港等。

295/ 松　博，内蒙古自治区乌兰察布市人。2010 年毕业于内蒙古师范大学雕塑艺术研究院雕塑专业，后赴蒙古国攻读蒙古国文化艺术大学蒙古工笔画专业，获硕士学位。

129/ 申红飙，1968 年生于沈阳市。1993 年毕业于鲁迅美术学院雕塑系，获学士学位；2001 年毕业于法国巴黎第一大学——索邦获造型艺术硕士学位；2007 年毕业于法国巴黎第一大学——索邦获造型艺术博士学位。现为中央美术学院雕塑系副教授、联合国教科文组织造型艺术协会会员、国际蒙古呼麦协会会员。

293/ 宋　如，1987 年生。2010 年毕业于中国美术学院雕塑系 获学士学位；2014 年毕业于中国美术学院雕塑系获硕士学位。

307/ 宿志鹏，1981 年生于山东潍坊，汉族，中共党员。中国美术学院雕塑系博士在读。2009 年中央美术学院雕塑系硕士研究生毕业，并获文学硕士学位，2005 年中央美术学院雕塑系本科毕业，并获文学学士学位。现为中科院建筑设计研究院公共艺术中心主任，中国工艺美术学会雕塑专业委员会副秘书长，中国建设文化协会环境艺术委员会常务理事。

220/ 史钟颖，1999 年毕业于中央美术学院雕塑系，获学士学位。2007 中央美术学院雕塑系公共艺术专业，获硕士学位。 2014 年获“中国中青年美术家海外研修工程”资助赴英国学习。现任北京林业大学艺术设计学院造型基础部主任，副教授，中国美术家协会会员、中国雕塑学会会员、城市雕塑创作设计资格证书持有者。

T

223/ 田　禾，1978 年生于贵州省清镇县，1999 年毕业于中央美术学院附中，2006 年毕业于天津美术学院。

18/ 田世信，1941 年生于北京。1964 毕业于北京艺术学院，分配到贵州清镇中学教学，1978 年调贵州省艺术学校，1989 年调中央美术学院雕塑研究所。曾任中国美术家协会理事及中国美术家协会雕塑艺术委员会副主任。现为中央美术学院教授、中国艺术研究院中国雕塑院特聘教授，全国城市雕塑建设指导委员会顾问。

58/ 田跃民，1958 年生，祖籍河南，山东聊城人，职业雕塑家。1978 年，考入山东曲阜师范大学，后追随著名雕塑大师刘开渠、潘鹤学习雕塑。1986 年任职于中国国家博物馆研究员，1990 年进修于中央美术学院雕塑系；现为山东省雕塑家协会副主席，中国城乡青少年健康基金会雕塑艺术顾问。多座雕塑作品立于北京展览馆、北京电影制片厂、中国石油大学等处。其雕塑马的风格势不可挡，威风八面，气势宏大，深得收藏家们的热爱和收藏。

224/ 陶都罕，1979 年生于内蒙古呼和浩特市。2002 年毕业于中央美术学院成人教育绘画专业专科；2007 年毕业于中央美术学院雕塑系第二工作室本科；2015 年毕业于中央美术学院，获硕士学位。

222/ 谭 勋，1974 年生于河北保定。1993 年毕业于河北工艺美术学校，1997 年毕业于天津美术学院雕塑系并留校任教；2000 年毕业于中央美院研究生同等学历班；2001 年进修于巴黎美院“安娜．罗歇特”教授材料研究班。现任天津美术学院雕塑系副主任、中国雕塑学会会员、中国工艺美术学会雕塑专业委员会常委。

133/ 唐 尧，1960 年生于北京。现任中国雕塑学会副秘书长，学术部部长，《中国雕塑》副主编。2008 年曾任北京奥运会百件雕塑项目艺术总监；2011 年获中国雕塑学会颁发的“中国雕塑理论研究大奖”；北京奥运雕塑《东方欲晓》获第二届中国雕塑大展公共艺术学术奖；《日神剧场》获首届“刘开渠奖”国际雕塑大展优秀作品奖。

W

21/ 王笃芳，1947 年生，毕业于中央工艺美术学院特艺系。享受国务院政府特殊津贴专家，中国工艺美术大师，高级工艺美术师，中国民间文化杰出传承人，联合国教科文国际民间艺术组织授予民间工艺美术大师，浙江省非遗传承人，浙江省文化厅命名为浙江省民间艺术家，2010 年被聘为中国艺术研究院客座研究员。

298/ 王立伟，1983 年生于黑龙江，2009 年毕业于鲁迅美术学院雕塑系获学士学位；2012 年毕业于天津美术学院雕塑系获硕士学位。现为南开大学滨海学院艺术系教师，中国雕塑学会会员。

225/ 王 琪，1977 年生于山东。中国雕塑学会会员，1994~1999 年，在中央美术学院雕塑系读大学本科，获学士学位，1999~2002 年在中央美术学院雕塑系读硕士研究生，获硕士学位。2002 年至今在北京电影学院美术系任教。

61/ 王少军，1959 年生于中国天津，1978 年考入中央美术学院雕塑系，1982 年毕业获学士学位。现任中央美术学院教授，雕塑系硕士研究生导师，中央美术学院党委副书记。全国城市雕塑艺术委员会委员，中国雕塑学会常务理事、副秘书长，北京市美术家协会雕塑艺术委员会委员。

138/ 王胜利（笔名：亦马），1960 年生于吉林省东辽县，1977 年梨树师范学校美术专业学生，1979 年梨树师范学校教师，1981 年鲁迅美术学院国画系学生，1985 年吉林文史出版社美术编辑，1998 年中央美术学院版画系研修班，2001 年成立一丹陶艺工作室。2008 年吉林艺术学院 CAC 工作站教师，吉林大学艺术学院、吉林艺术学院设计学院、黑龙江大学艺术学院客座教授。现为吉林艺术学院设计学院陶艺专业硕士生导师、吉林大学艺术学院、黑龙江大学艺术学院客座教授、国际陶艺家协会会员。

297/ 王天进，1984 年生，硕士。现为哈尔滨画院雕塑创作室主任、中国城市雕塑家协会会员、民建黑龙江省成员、黑龙江省美协会员、黑龙江省当代艺术研究院雕塑院研究员。

134/ 王 伟，1968 年生于北京，1989 年毕业于中央美术学院附中，1994 年毕业于中央美术学院雕塑系后留校任教，1996 年毕业于中央美术学院研究生班，2007 年考取中央美术学院博士研究生。现为中央美术学院雕塑系第一工作室主任，副教授。

60/ 王小蕙，1954 年生于上海。毕业于中央工艺美术学院，先后任教于中央工艺美术学院装饰艺术系和清华大学美术学院雕塑系。系中国雕塑学会、中国工艺美术雕塑专业委员会会员，中国工艺美术学会木雕专业委员会委员。

300/ 王希杰，1981 年生，毕业于福州大学工艺美术学院雕塑专业，毕业后从事过五年的泰国某外资企业日用瓷装饰瓷研发设计，之后对玉石喜好，痴迷成瘾。

226/ 王向荣，1970 年生于惠安崇武，成长于民间石雕艺术世家，为第五代传人，高级工艺美术师。现为中国石雕艺术大师、福建省工艺美术大师、中国雕塑学会会员、中国工艺美术学会雕塑专业委员会会员、中国文化报“2013 年文化产业年度人物”、泉州市非物质文化遗产惠安石雕代表性传承人、泉州市文化产业优秀人才、泉州市特色专业人才领军人物、福建省鼎立雕刻集团艺术总监、惠安向荣石雕艺术研究所所长。创建并主持设计中国首个当代石雕艺术馆——鼎立艺术馆，汇集众多雕塑艺术家、工艺美术师组成“石创组合”创作团队。

299/ 王元明，1980 年生。2004 年毕业于清华大学美术学院雕塑系，2005 年至今工作于海南大学艺术学院雕塑系。

136/ 王　中，1963 年生于北京，1988 年毕业于中央美术学院雕塑系。现为中央美术学院教授、城市设计学院院长、中国公共艺术研究中心主任、北京市人民政府专家顾问团顾问、全国城市雕塑艺术委员会副主任、中国城市雕塑家协会副主席、中国雕塑学会常务理事、国际动态艺术组织艺术委员。曾荣获中国环境艺术杰出贡献奖、新中国城市雕塑 60 年建设成就奖等国家级艺术奖项， 参加北京国际美术双年展，巴黎中国当代雕塑艺术展，美国中国当代雕塑与装置展等国内外重要展览。

135/ 王志刚，1961 年生于兰州市，祖籍甘肃静宁。1982 年毕业于西安美术学院雕塑系。现为西安美术学院雕塑系主任、教授。中国美术家协会雕塑艺术委员会委员，全国城市雕塑建设指导委员会艺术委员会委员，中国雕塑学会常务理事，中国城市雕塑家协会常务理事，中国工艺美术学会雕塑专业委员会常务委员。曾任西安美术学院雕塑系副主任、创研室主任，雕塑系王志刚教学工作室主任，甘肃省美术家协会雕塑艺术委员会主任，甘肃省青年美术家协会副主席，兰州雕塑艺术研究所所长，兰州雕塑院雕塑创作室主任。

22/ 王则坚，1944 年生，福建省福州市人，1963 年毕业于厦门工艺美术学院雕塑系。现为福州大学工艺美术学院雕塑系教授、中国工艺美术学会理事、中国雕塑学会会员、全国城市雕塑建设指导委员会资格证书持有者。1987 年被福建省人民政府授予“福建省工艺美术大师”荣誉称号；1993 年被中华人民共和国国家教委和中华人民共和国人事部评为全国教育系统劳动模范，并被授予人民教师奖章。

137/ 王忠民，1966 年生于新疆石河子，1991 年毕业于新疆教育学院美术专业，1996 年在中央工艺美术学院装饰雕塑系进修。现为中国工艺美术学会雕塑专业委员会会员、中国雕塑学会会员、新疆美术家学会会员、新疆雕塑艺术委员会委员、新疆工艺美术大师。

296/ 王朝勇，1986 年生于山东聊城，2012 毕业于中央美术学院雕塑系。现中央美院硕士在读。

20/ 吴诚仁，1941 年生，全国城雕艺术委员会委员（第四届），中国美术家协会云南省分会雕塑艺术委员会委员、中国工艺美术学会雕塑专业委员会会员、工业艺术造型与结构高级工程师、成都理工大学美术客座教授，现任云南造型艺术研究院院长。

302/ 吴高志，1983 年生于山西稷山吴城。2009 年毕业于湖南科技大学雕塑系；

2010年在清华研修学习。现为亚洲现代雕塑家（中国）协会会员、渭南师范学院客座教授。

142/ 吴为山，1962年生。全国政协委、中国美术馆馆长、中国美术家协会副主席、中国雕塑院院长、南京大学美术研究院院长、教授、博士生导师。2012卢浮宫国际美术展金奖、英国皇家“攀格林奖”、首届中华艺文奖、新中国城市雕塑建设成就奖获得者。香港中文大学荣誉院士、韩国仁济大学名誉哲学博士、英国皇家雕塑家协会成员、英国皇家肖像雕塑家协会会员。

19/ 吴显林，1943年生，二级美术师。1972年在四川美术学院雕塑系学习，曾在四川美术学院雕塑系研究生班进修。后到南京市雕塑工作室工作。

143/ 吴尧辉，1964年生于浙江省乐清市，艺名：木石，英文名：Milo，高级工艺美术师、浙江省工艺美术大师。现为中国工艺美术协会会员、中国工艺美术学会雕塑专业委员会会员、中国工艺美术学会木雕专业委员会副秘书长、中国民间文艺家协会会员、中国根艺美术协会会员、浙江省民间工艺美术家协会副主席、浙江省创意设计协会副秘书长、浙江省工艺美术协会会员、浙江省工艺美术行业协会常务理事、浙江省根艺美术协会会员。

59/ 吴雅琳，1956年生于广东省汕头市，1993年任广州美术学院雕塑系教授，现为硕士生导师。中国雕塑家学会会员，全国城市雕塑创作设计资格证获得者。

140/ 魏　华，1963年生于湖南张家界，苗族。1989年毕业于广州美术学院雕塑系，韩国檀国大学环境与陶艺硕士。广东省高校设计委员会陶艺委员会主任。现任职广州美术学院陶艺教研室主任硕士生导师，中国美术家协会会员、中国工艺美术学会雕塑专业委员会委员。

139/ 魏小杰，1968年生。1989年西安美术学院雕塑系毕业；2000年西安美院雕塑系研究生毕业，获硕士学位；2013年西安美院博士研究生毕业，获艺术学博士学位。现为郑州大学美术学院常务副院长、教授、硕士生导师，中国美术家协会会员、中国雕塑学会理事、中国工艺美术学会雕塑委员会常务委员、全国城市雕塑指导委员会委员、教育部人文社科通信评审专家、中国城市雕塑家协会理事、河南省高等学校文学教学指导委员会副主任委员、河南省高等学校艺术教育教学指导委员会委员、河南省教育界书画家协会副主席、河南省美协理事、雕塑艺委会副主任兼秘书长、河南省美协教育艺委会副主任、河南省工业设计协会副会长；河南省教育厅学术与技术拔尖人才、河南省省级骨干教师、郑州大学首届最受学生欢迎的教师等荣誉称号。

301/ 文　豪，2010年毕业于四川音乐学院成都美术学院，其作品《幻相》获2010全国高校毕业生优秀雕塑作品展学术奖。

227/ 韦扬锋，1978年生于广西武宣县。2001年考入广西艺术学院就读雕塑专业；2005年本科毕业获学士学位；同年考取本院美术学雕塑方向研究生；2008年研究生毕业获硕士学位；并任教于广西艺术学院美术学院雕塑专业。现为广西艺术学院造型艺术学院雕塑系副主任、广西青年美术家协会副主席。

141/ 温朝勃，1989年毕业于北京工艺美术学校，1996年毕业于中央美术学院雕塑系。2007年参加首届“中国职业雕塑家联展”（成都）、“物界”——雕塑首展（娑罗花馆 · 北京）2008年“物界—2”雕塑展（娑罗花馆，北京）、未来天空——中国当代青年艺术家提名展（今日美术馆 · 北京），2012年《坐观山水》入选中国刘开渠国际雕塑大展，《悄悄话》入选中国国际铜雕艺术展，椅子系列《坐观山水》、《悄悄话》入选“理想国当代艺术联展”（马奈艺术空间）。

X

64/ 徐伯初，1952 生于成都。1987 年西南师范大学美术系工艺专业毕业，获学士学位，并留校任教；1989~1995 年奥地利维也纳国立应用美术大学，获艺术硕士学位，并荣获奥地利教育部科学艺术司颁发的杰出毕业设计奖。现主持中国自主知识产权高速列车外观及室内设计。同时参与公共艺术、环境艺术等方向的研究设计实践并以此致力于中国美术教育的创新与改革。

65/ 徐国华，1959 年生于北京。1988 年中央美术学院油画研修班；1991 年中央工艺美术学院装潢系毕业。现为北京美术家协会会员；中国工艺美术学会漆艺委员会会员；中国工艺美术学会雕塑委员会会员；英国皇家雕塑学会会员。

63/ 徐龙华，1954 年生。美籍华人，雕塑家。他集绘画，雕塑之修养于一身，虽然在美国工作生活了 27 年，骨子里还是个追求完美，精益求精的上海人。这就使得他无论对人生的体悟还是对艺术的创作实践，都融贯中美，贯通东西。他的作品在现代主义的理性化的外在形式下更多了一层古典主义的抒情气质，给人一种拨动心弦的美。他的雕塑作品在美国被当地学校，医院，广场，美国国家公园，博物馆广泛收藏。

306/ 徐笑非，1982 年生。2007~2010 年，西南交通大学建筑学院，建筑学研究生；2010 年西南交通大学艺术与传播学院，讲师。

148/ 徐晓虹，1960 年生于合肥。先后就读于上海大学美术学院雕塑专业和中国艺术研究院研究生院美术学专业研究生班。曾任合肥市城雕办主任，合肥市雕塑院院长。现在安徽省文联所属的安徽省城市雕塑院任执行院长，全国城市雕塑建设指导委员会艺委会委员，中国美术家协会会员，中国雕塑学会理事，中国工艺美术学会雕塑专业委员会委员，中国城市雕塑家协会常务理事、安徽省美术家协会副主席；安徽省美术家协会雕塑艺委会主任，国家一级美术师。1990 年获得全国城市雕塑设计资格证书，编号 0346。1997 年获国家建设部劳动模范称号。获省委宣传部授予的“安徽省首届（文艺类）专业技术拔尖人才”称号。

228/ 徐悦翔，1972 年生。现为中国雕塑学会理事、中国工艺美术学会雕塑专业委员会会员、中国壁画学会会员、甘肃省美术家协会会员，持《全国城市雕塑创作设计资格证书》。

305/ 许　迪，1986 年生于大庆，祖籍安徽。现工作生活在北京，自由职业。2000 年师承油画家陈默老师、邓龙老师、刘曼文老师学习绘画；2004 年考入清华美院雕塑系；2008 年保送本系研究生。

229/ 许桂英，1975 年生，常住北京，北京市昌平区美术家协会理事。2004 年《虎门销烟》荣获全国首届壁画大展工艺成就奖；2008 年《夜游赤壁》《特色社会》荣获中国木雕艺术大展银奖。

147/ 许鸿飞，1963 年生于广东阳江市，1990 年毕业于广州美术学院雕塑系，现任广州雕塑院副院长，中国工艺美术学会雕塑专业委员会会员、中国雕塑学会会员、广东文史馆馆员、大学毕业后一直从事雕塑艺术创作，创作的“肥雕塑”系列作品在社会各界引起了强烈反响，各类报纸杂志刊载了大量作品和评论，电视、报纸杂志等媒体作了多个访问报道。作品多次入选全国及广东省美术展览，在法国、泰国、香港、澳门和国内多个城市成功举办个人雕塑展览，雕塑作品被国内外多个艺术机构、企事业单位和个人收藏。

230/ 许　剑，1976 年生。1995 年毕业新疆师范大学美术学院；2007 年毕业于广州美术学院雕塑系高级研修班；2014 年结业于王少军教授雕塑创作高级研修班。现为中国雕塑学会会员、环境艺术师。

145/ 许庚岭，1963 年生于北京，1990 年毕业于中央美术学院雕塑系。1990~2002 年于北京建筑艺术雕塑工厂研究室任创作员；2002 年至今任四川音乐学院成都美术学院雕塑系教授、系主任。

146/ 许正龙，江西上饶人。清华大学美术学院教授、博士生导师、《学院雕塑》执行主编。作品入选第四届北京国际美术双年展、第 11 届全国美展等国家大型展览；获第 3 届全国城市雕塑展、中国·郑州国际雕塑精品展、当代国际金属艺术展、河北国际石雕作品邀请展优秀作品奖；为瑞典 ARBOGA 雕塑公园、意大利 CASORIA 博物馆、北京国家奥林匹克公园、上海城市雕塑艺术中心、长春世界雕塑公园、芜湖雕塑公园、江西名人雕塑园永久收藏。出版专著《雕塑概论》、《雕塑学》、《雕塑构造》等，其中《雕塑构造》获北京高等教育精品教材奖，2014 年获中国雕塑史论奖。

66/ 项金国，1950 年生于湖北省黄陂县。1979 年毕业于湖北艺术学院（现湖北美术学院雕塑系）美术系雕塑专业，现为湖北美术学院教授、中国国家画院雕塑院研究员、湖北城市雕塑工作委员会委员、湖北省美术家协会雕塑艺术委员会副主任、全国城市雕塑建设指导委员会艺术委员会委员、中国美术家协会雕塑艺术委员会委员、中国雕塑学会常务理事、中国工艺美术学会雕塑专业委员会顾问委员会委员。

303/ 项　祎，1981 年生于湖北省武汉市，2005 年毕业于湖北美术学院雕塑专业本科；2009 年毕业于湖北美术学院雕塑专业硕士。2009 年至今入西安美术学院担任教师。

62/ 夏和兴，1956 年生于江苏江阴，毕业于景德镇陶瓷学院美术系雕塑专业，现为深圳雕塑院副院长、中国工艺美术学会雕塑专业委员会副秘书长、中国雕塑学会理事、中华陶艺大师联盟副主席。

149/ 解少勃，1991 年毕业于西安美术学院雕塑系。现为郑州大学美术系副教授，硕士生导师，雕塑系主任，中国美术家协会会员， 中国雕塑家学会会员，中国工艺美术学会雕塑委员会会员，河南省美协雕塑艺委会委员，河南省书画院学术委员。

144/ 肖小裘，湖南耒阳人。毕业于景德镇陶瓷学院，现任长沙理工大学副教授，湖南雕塑院副院长。中国美术家协会会员，中国雕塑学会会员，湖南省美术家协会理事，美协雕塑艺术委员会主任，湖南书画研究院特聘书画家。

304/ 谢扬帆，1985 年生，2001~2014 年就读于中央美术学院雕塑系附中、本科、研究生。现就职于故宫博物院。

Y

67/ 杨冬白，1959 年生于上海。1997 年东京艺术大学美术学部雕塑系毕业获学士学位；1999 年东京艺术大学大学院美术研究系雕塑专攻毕业获硕士学位。2002 年国立福井大学教育地域科学部美术系任副教授；2006 年上海油画雕塑院雕塑创作室任雕塑室副主任、一级美术师。现为上海视觉艺术学院美术学院雕塑专业负责人、上海美术家协会理事、中国工艺美术学会雕塑专业委员会委员、2010 上海世博会园区雕塑评委。

236/ 杨　飞，1993 年湖北艺术设计学院设计本科，2003 年至今武汉工程大学艺术设计学院任教。2004 年上海同济大学林家阳大师设计研修班；2007 年湖北美术学院油画研究生 2008-2009 年北京电影学院动画学院进修动画；2013 年第二届抽象雕塑进修班。

310/ 杨　光，1987 年生于黑龙江鹤岗。2011 年毕业于中央美术学院雕塑系；2014 年至今为中央美术学院雕塑系研究生。

68/ 杨建强，1951 年生，江苏南京人，曾就读于北京中国城市雕塑高级研究班，后留学于俄罗斯列宾美术学院雕塑系，先后在导师库巴索夫工作室和导师格雷沃伊工作室研修。现为中国工艺美术学会雕塑专业委员会常务委员，中国美术家协会会员，中国雕塑学会会员，中国城雕资质证 0335 号，江苏省美术家协会雕塑艺委会委员，南京市雕塑协会副会长，江苏省美术馆国家一级美术师，江苏省油画雕塑院专职雕塑家，作品十余次入选全国性美展并获奖，建有众多大型城市雕塑。

311/ 杨 松，1987 年生，2008 毕业于中央美院附属中学同年保送到中央美院。

308/ 杨　彧，1982 年生于福建厦门，本科毕业于福州大学厦门工艺美术学院，硕士毕业于厦门大学艺术学院雕塑专业，第三届全国抽象雕塑高级研修班学员，中国工艺美术学会雕塑委员会会员，福建省雕塑学会会员，现于福州大学厦门工艺美术学院任教。

309/ 于航勇，1988 年生，2011 年毕业于福州大学厦门工艺美院雕塑系，获学士学位；2014 年毕业于福州大学厦门工艺美院，获硕士学位。现任教于厦门南洋学院。

313/ 于吉普，1983 年生，原名卓勇，河南杞县人。河南广播电视大学教师、中国工艺美术学会雕塑专业委员会会员、中国国际现代艺术研究中心会员、河南省青年美术家协会理事、河南省美术家协会会员，持《全国城市雕塑创作设计资格证》。

69/ 于牧洋，1954 年生。1985 年获美国新泽西州艺术创作奖金；1986 年美国梅森古尔斯艺术学院个人作品展；1986 年美国紫慕利艺术博物馆参展，作品被该博物馆收藏；1988 年中国美术馆第一届国际青年书法参展；1990 年美国西雅图大伟森画廊参展，作品被西雅图银行收藏；2013 年中国北京 798 林大画廊 《占地一平方米》专题参展；2014 年中国北京 798 景峰画廊《零界》双人摄影展。

70/ 于世宏，1953 年生于天津，1982 年毕业于天津美术学院雕塑系，并留校任教。现任天津美术学院教授，研究生导师、中国国家画院雕塑院副院长、中国美术家协会雕塑艺委会委员、全国城市建设雕塑艺术委员会会员、中国美术家会员、中国雕塑家协会会员、享受国务院特殊津贴。

71/ 于小平，1957 年生于安徽芜湖，1982 年浙江美院雕塑系毕业，1988 年湖北美院雕塑专业毕业获硕士学位。现为中国美术学院公共艺术学院副院长、教授，中国雕塑学会常务理事、中国工艺美术学会雕塑专业委员会副主任。

235/ 袁　侃，1971 年生于上海。1994 年毕业于上海大学美术学院雕塑系，同年至今任上海油画雕塑院雕塑创作员，上海美术家协会会员，中国雕塑学会会员，中国工艺美术学会雕塑专业委员会会员，国家二级美术师。

315/ 袁 佳，1983 年生于沈阳。2006 年毕业于鲁迅美术学院雕塑系，获文学学士学位。2010 年毕业于中央美术学院雕塑系，获文学硕士学位， 导师秦璞。现任教于鲁迅美术学院雕塑系。

72/ 袁 源，1986 年毕业于西美雕塑五年本科。中国美协、中国雕塑学会、中国工艺美学、陕西美协会员。《全国城市雕塑创作设计资格证》获得者、西安美院教师。作品五次入选全国美展。多次在国内外参展、获奖、收藏、发表。独立完成室内外大型雕塑数件。

雕塑力求内涵深邃与形式的完美统一。个人艺术传略及作品入辑《中国现代美术全集》、《世界美术全集》等专业画册。曾获陕西省十佳青年艺术家、西安美院跨世纪人才等殊荣。获省文艺创作奖。曾随雕塑家艺术团赴欧访问考察。

316/ 尹　冰，1982 年生于吉林省长春市，现居北京。清华大学美术学博士研究生、80 后新锐艺术家、当代艺术策展人。长期从事国内外艺术展览的策划及文化项目运营，在北京 798 艺术区有 7 年的艺术馆管理经验，艺术作品被多家艺术机构及个人收藏。

154/ 尹祥明，1963 年生于江苏宜兴，自幼学艺。1985 年从事紫砂陶艺、雕塑的创作，师从徐秀棠先生，后就学于中央美术学院雕塑系。1998 年创建宜兴日月陶坊，2010 年建成明陶空间。曾入选全国美展的紫砂陶艺家之一，参加中国当代陶艺出国巡回展，在全国性的陶艺创作评比中多次获奖。现为研究员级高级工艺美术师、职业陶艺家、江苏省工艺美术名人、中国美术家协会会员、中国工艺美术学会雕塑专委会会员。

312/ 易春辉，1980 年生，2006 年毕业于南京艺术学院雕塑专业，获学士学位并为雕塑系外聘教师。2011 年毕业于南京师范大学美术学院陶瓷艺术设计专业，获硕士学位留校任教至今。

232/ 易乐平，1971 年生于湖南岳阳。1994 年毕业于江西景德镇陶瓷学院美术系，获文学学士学位；1997 年毕业于湖北美术学院雕塑系，获文学硕士学位。现为湖北省武汉理工大学艺术与设计学院副教授，湖北省美术家协会会员，湖北省第六届壁画艺术委员会委员，湖北省美术院特聘艺术家，中国雕塑学会会员，中国工艺美术学会雕塑专业委员会会员。

233/ 俞剑坤，1999 年毕业于鲁迅美术学院雕塑系，获学士学位。2004 年结业于中央美术学院雕塑系研究生主要课程班。1999 年至今工作于北京艺术设计学院公共环境艺术系。多次参加重要展示活动，作品被艺术机构及私人收藏。

151/ 俞　峥，1968 年生，1988 年毕业于现闽江学院装饰（漆画）专业，2001 年开始创办漆艺工作室，从事雕塑及漆艺创作；2007 年进修于厦门工艺美院。现为职业艺术家、中国美协会员、中国工艺美术学会漆艺专业委员会会员、福建省美协漆画艺委会委员、省漆艺研究会会员、福建省首批“漆艺大师”、省古典艺术家具研究会副会长。

155/ 余　键，1969 年生。中学就读于四川美院附中；本科就读于中国美术学院；硕士就读于中央美术学院。1992 年至今任教于福州大学厦门工艺美院。

234/ 余　澎，1996 年毕业于中央美术学院雕塑系。现任职于深圳市形而上雕塑壁画艺术有限公司艺术总监。现为中国美术家协会会员、中国工艺美术学会雕塑专业委员会会员、中国雕塑家协会会员、中国环境艺术专业委员会理事、广东省美术家协会会员、深圳画院特聘雕塑家。

231/ 姚兰生，1974 年生，1998 年毕业于西北民族大学美术系。2002 年创办一彩雕塑工作室，现为职业雕塑家。

23/ 姚永康，1942 年生于江西南昌，1966 年毕业于景德镇陶瓷学院美术系，现任陶瓷学院教授，硕士研究生导师，中国美术家协会会员，江西省雕塑艺术委员会主任，高岭陶艺协会会长，国务院享受政府特殊津贴的专家。

24/ 叶毓山，1935 年生，四川德阳人。擅雕塑。1956 年毕业于四川美术学院并留校任教。1963 年毕业于中央美术学院雕塑研究生班。历任四川美术学院院长、教授。四川省美术家协会副主席；全国城市雕塑艺术委员会委员；国家级有突出贡献专家；四川美术学院名誉院长。

153/ 叶仄辉，1992 年毕业于江西省景德镇陶瓷学院美术系雕塑专业，2004 年毕业于中央美术学院雕塑系研究生同等学历；中国民主同盟， 海南大学艺术学院教授，雕塑学硕士生导师，雕塑系主任；中国雕塑学会理事，全国城市雕塑创作设计资格证专家；中国工艺美术学会雕塑艺术委员会常务委员，海南省工艺美术大师。

314/ 鱼苗，1982 年生于陕西。2006 毕业于西安美术学院雕塑系；2013 年毕业于中国抽象雕塑高级研修班。现为中国工艺美术学会雕塑专业委员会会员。

150/ 印 萍，生于北京，1991 年毕业于中央工艺美术学院装饰艺术系金属工艺专业，多年来一直从事锻铜艺术和金属雕塑的创作与研究，多件作品被海内外人士收藏。其作品充满婉约的女性情怀，形成了融传统与现代于一体，充满情感化的作品。1998 年成功举办《火与力的创造》个人作品展。自 1998 年起先后创办“印萍雕塑壁画工作室”，“北京印萍文化艺术有限公司”，承揽国内外公共雕塑的设计与制作。现为中国工艺美术学会雕塑专业委员会会员，九三学社成员。

152/ 垚 乡，1963 年生于陕西商洛市，1986 年考入西安美术学院雕塑系，修满五年，于 1986 年 7 月毕业分配至陕西省雕塑院工作至今。现为中国美术家协会会员、中国雕塑学会会员、现任陕西省雕塑院创作研究部主任、一级美术师。

Z

318/ 张 超，1987 年生于内蒙古鄂尔多斯。2007 年考入四川美术学院雕塑系获得学士学位；2013 年考入四川美术学院雕塑系，在读研究生。

25/ 张得蒂，1932 年生，山东菏泽人。1953 年毕业于中央美术学院，1955 年毕业于中央美术学院研究生班，现为中央美术学院雕塑研究所教授。曾任中国美术家协会理事、中国雕塑家协会理事、全国城市雕塑艺术委员会委员。曾为国内十几座城市及台湾、菲律宾、澳大利亚等创作大型城市雕塑，作品曾获得《意大利共和国总统奖》以及国内外多个奖项。出版著作有：《中国当代女雕塑家作品选集》《雕塑家看国外雕塑》（上下集）《雕塑教学》等。

156/ 张海军，河南长垣人。2001 年毕业于中国美术学院雕塑系研究生班，2008 年赴法国巴黎美术学院研修，现为中国美术学院公共空间艺术系城市雕塑工作室主任、副教授，中国雕塑学会会员。作品多次参加国内外展览并屡有获奖。2013 年 《萌》获中央电视台雕塑大赛佳作奖（北京），2014 年《度》参加中国 · 芜湖第四届“刘开渠奖”国际雕塑大展，获优秀奖（芜湖），2014 年《孕》参加第三届中国 · 青岛国际雕塑艺术节（即墨）。

74/ 张 琨，1957 年生于安徽，1982 年毕业于西安美术学院雕塑系，获艺术学学士学位。后任陕西省雕塑院创作员。现任陕西省雕塑院院长，国家一级美术师，中国美术家协会理事，陕西省美术家协会副主席，美国奥克兰中国美术博物馆名誉馆长。陕西省政协委员，陕西省侨联副主席，中国雕塑学会常务理事，全国城雕艺委会委员，陕西省体育文化协会副主席，文化部优秀专家，全国文化系统先进工作者，享受省部级劳模待遇。

239/ 张若愚，1978 生于湖南。2001 年毕业于广州美术学院雕塑系学士；2009 年毕业于入清华大学美术学院雕塑系硕士。现为中国雕塑学会会员。

75/ 张松正，1953 年生。1984 年结业于中央美术学院版画系，1988 年毕业于河南大学美术系。郑州市雕塑壁画院院长、研究馆员、中国美术家协会会员、中国雕塑学会会员、中国壁画学会会员、中国工艺美术学会雕塑专业委员会常务理事。

240/ 张天奎，1972 年生于黑龙江省明水县。现任黑龙江省绥芬河市美术家协会副主席、黑龙江省绥芬河市画院艺雕委主任、黑龙江省绥芬河市天奎建筑装饰有限公司总经理、黑龙江省绥芬河市天奎金属艺术馆经理。

241/ 张 威，1974 年生于新疆乌鲁木齐。1992 年就读于山东工艺美术学院雕塑系。中国雕塑学会会员，新疆美术家协会会员，新疆雕塑学会副秘书长，新疆雕塑艺委会理事。

157/ 张文山，福建泉州市无匠堂创意工艺制品有限公司艺术总监、中国工艺美术学会雕塑专业委员会会员、中国雕塑学会会员、中国雕塑学会福建省创作中心成员、中韩雕刻家协会理事、福建省青年美术家协会雕塑艺术委员会理事。

160/ 张英超，1963 年生于沈阳，1984 年毕业于鲁迅美术学院油画系专业，现任鲁迅美术学院环境艺术设计系副教授。中国工艺美术学会雕塑专业委员会会员。

242/ 张 宇，1973 年生于陕西省汉中市。1993~1998 年就读于西安美术学院雕塑系，获文学学士学位；2005~2009 年就读于西安美术学院雕塑系，获文学硕士学位；2012~2013 年，作为教育部高等学校青年骨干教师访问学者，于中央美术学院雕塑系学习；1998 年至今任教于西安理工大学艺术与设计学院雕塑专业。

161/ 张宇彤，1968 年生。1992 年毕业于中央美术学院雕塑系获学士学位。曾任职于中央美术学院雕塑创作研究所，现任职于中央美术学院雕塑系。

159/ 张燕根，1963 年生于江西樟树市。1987 年毕业于中国人民解放军艺术学院。现为中国美术家协会会员、中国工艺美术学会雕塑专业委员会委员、广西海联画院院长，并任职于广西艺术学院，教授、硕士研究生导师。

76/ 张永见，1958 年生于山东，1980 年毕业于济宁师专美术专业，现为职业艺术家。多年来参加各类艺术展事并屡获重要奖项。

158/ 张亚平，1989 年毕业于湖北美术学院；2010 年毕业于中央美术学院综合绘画高研班。1989~1993 年在华中理工大学建筑学系视觉艺术教研室任教；1993 年至今任职广州大学美术与设计学院、暨南大学教授、硕士生导师。

319/ 赵 盾，2005 年进入陕西省雕塑院至今。

321/ 赵俊皓，1989 年生。2008 年考入西安美术学院雕塑系；2012 年考入西安美术学院雕塑系，获硕士学位。

243/ 赵 磊，1970 年生于北京雕塑世家。1995 年毕业于中央美术学院雕塑系，后任职于北京市建筑艺术雕塑工厂研究室，现任职于北京市人文空间雕塑研究所，职业雕塑家。中国雕塑学会会员，中国工美学会雕塑专业委员会会员， 北京市美术家协会雕塑艺委会委员。长期致力于城市雕塑设计、公共艺术品、架上艺术品的探索、研究与实践。在常年修习实践过程中，建成的室外城市雕塑和公共艺术品主要集中在北京市及其他省市，另外在亚洲，美洲和欧洲也有分布。专长于石雕等材料创作，曾任教于川音美院雕塑系，现兼职任教于中央美院雕塑系石雕工作室。经常组织和参与各种国内外学术活动，与国内外同行有密切交流。

78/ 赵 萌，1982 年毕业于中央工艺美术学院特艺系，1998~2000 年中华世纪坛组委会艺术总监，1999~2005 年清华大学美术学院雕塑系主任，2006~2008 年北京奥组委形象景观艺术总监，2007~2014 年清华大学美术学院副院长、党委书记。现为清华大学美术学院教授，兼首都规划建设委员会咨询专家、中国工艺美术协会副理事长、中国园林学会公共艺术委员会副主任、中国雕塑学会常务理事、中国《雕塑》杂志副主编。

164/ 赵天智，1967 年生，三级美术师。1993 年西安美术学院雕塑系毕业。现在陕西省雕塑院工作。

243/ 赵　勇，毕业于西安美术学院雕塑系；中国雕塑学会会员；现工作生活在北京。作为中国雕塑艺术的年青一代，赵勇多次获得国内大赛奖项，其雕塑作品《纸飞机》参加中国郑州国际城市雕塑艺术年“首届国际雕塑精品展”并被郑州市政府收藏。近年多次参加国际雕塑创作营与国际同行进行学术交流活动。

244/ 赵　展，1979 年生于山东。2004 年毕业于天津美术学院雕塑系。2007 年天津美术学院雕塑系硕士研究生毕业并留校任教。现为天津美术学院雕塑系讲师、中国雕塑学会会员、中国工艺美术学会雕塑专业委员会会员、天津美术家协会会员。

322/ 赵忠勤，1985 年生。2014 年《侗家糯香》获第十二届全国美术作品展览雕塑展提名奖；2013 年《唱完这山唱那山》获中央电视台雕塑大赛银奖（中国 · 北京）。

73/ 郑国明，1957 年生，现任惠安国明雕刻艺术园艺术总监，中国工艺美术大师、中国木雕艺术大师、高级工艺美术师。几十年来，本人认真钻研工艺美术专业理论，研究寺庙古建筑、神仙菩萨、古今人物、飞禽走兽等雕刻艺术，特别是对天然根包石雕、浮雕、民间与现代艺术进行了深入的探讨。

320/ 郑　晖，1984 年生。2008 年毕业于四川美术院雕塑系获学士学位；2011 年毕业于广西艺术学院雕塑系获硕士学位。2011 年至今任教于兰州商学院。

323/ 郑明柳，1983 年生。2006 年毕业于西安美术学院。2014 年《云想 NO.1》被国家大剧院收藏。

246/ 郑天则，1974 年生，1998 年毕业于内蒙古师范大学美术系获学士学位；2007 年毕业于中央美术学院雕塑获硕士学位；2007 年至今任教于内蒙古师范大学雕塑艺术研究院。现为中国美术家协会会员、中国雕塑学会会员。

167/ 郑玉奎，职业陶艺雕塑家。1964 年生。 毕业于山东轻工业美术学校。 进修于中央美术学院雕塑艺术研究所。 中国工艺美术学会雕塑专业委员会会员。

238/ 朱福临，1974 年生于湖南省新邵县。2001 年毕业于广州美术学院雕塑系，现为亚洲现代雕塑家协会（中国区）理事，中国雕塑学会会员，湖南省青年美术家协会副主席，湘潭市美术家协会理事、雕塑艺术委员会主任。2003 年创建湖南科技大学艺术学院雕塑系，出任系主任，现任教于湖南科技大学艺术学院雕塑系。

163/ 朱军岷，1969 年生于杭州。北京大学宗教系研究生，中国工艺美术金属艺术委员会副秘书长，杭州市工商联副会长。2009 年被评为杭州市十大青年领军人物。杭州市人民政府和浙江省人民政府选定的新世纪“131”“151”重点青年培养人才，杭州市十大新锐企业青年领军人物。

165/ 朱　林，1969 年生在山东枣庄市，中国工艺美术学会雕塑专业委员会委员。1990 年毕业于青岛科技大学（原青岛工艺美术学院）。1994~1996 年在南京艺术学院院雍崇教授雕塑工作室学习；1998~1999 年在清华大学美术学院（原中央工艺美术学院）

装饰雕塑系、环艺系学习。2003 年创办枣庄市大方装饰雕塑厂、山东大方城市空间设计有限公司。2009 年在北京大学建筑景观设计师高级研修班学习；2011 年参加中国首届抽象雕塑艺术高级研修班。

77/ 朱尚熹，1954 年生于四川达县，1982 年毕业于中央工艺美术学院装饰雕塑专业，现任中国美术家协会雕塑艺术委员会委员，中国雕塑学会常务理事、副秘书长，中国工艺美术学会雕塑专业委员会会长，北京美术家协会理事，英国皇家雕塑家协会会员。爱尔兰雕塑家协会会员。北京人文空间雕塑研究所所长，国家一级美术师。

79/ 周尚仪，1982 年毕业于中央工艺美术学院特艺系获学士学位，1986 年调入中央工艺美术学院装饰艺术系金工专业任教，1999 年至今在清华大 学美术学院工艺美术系金属艺术实验室主任。现任清华大学美术学院教授、中国金属艺术学会副会长、北京工艺美术学会金属艺术学会秘书长。

317/ 周 巍，1987 年生。2012 年毕业于广州美术学院，获学士学位。

162/ 章 华，1964 年生，1985 年毕业于河北工艺美术学校雕塑专业，1998 年考入中央美术学院雕塑系主要研究生课程班。现为中国雕塑学会会员、中国工艺美术学会雕塑专业委员会会员、北京市城市规划公共环境艺术与城市雕塑专业委员会委员、河北省雕塑院特聘雕塑家、获全国城市雕塑创作设计资格证书。

247/ 曾令香，1977 年生于湖南省怀化市。1993 年考入株洲市冶金工业学校；1997 年入湖南省株洲市 601 兵工厂；2000 年考入中国美院雕塑系；2005 年攻读中国美院雕塑系公共空间艺术工作室硕士研究生；2009 年攻读中国美院公共艺术学院博士研究生。博士、中国雕塑协会会员、全国城市雕塑创作设计资格证获得者。

245/ 郅 敏，1975 年生，1997 年毕业于中央工艺美术学院，获文学学士学位，2007 年毕业于中央美术学院雕塑系第四工作室，获文学硕士学位，2006~2007 年中央美术学院公派赴美国罗德岛设计学院学习。现为中国艺术研究院中国雕塑院副教授；全国城市雕塑建设指导委员会艺委会副秘书长、委员；中国艺术研究院中国雕塑院青年雕塑家创作中心秘书长；联合国教科文民间艺术国际机构（IOV）成员；中国美术家协会会员；国家社科基金“20 世纪中国现代雕塑的民族化问题研究”课题负责人；全国城市雕塑创作设计资格证持有者。

166/ 展 望，1962 年生于北京，山东人。1981 年毕业于北京工艺美术学校，1988 年毕业于中央美术学院雕塑系，1995 年毕业于中央美术学院雕塑系获硕士学位。现为中央美术学院雕塑艺术创作研究所副所长。

237/ 志 勇，1978 年生，祖籍内蒙古通辽市。2005 年毕业于内蒙古师范大学雕塑院，获硕士学位；2005 年任海南大学艺术学院雕塑系讲师。